कितने गाजी आए
कितने गाजी गए

कितने गाजी आए कितने गाजी गए

आत्मकथा

लेफ्टिनेंट जनरल के.जे.एस. 'टाइनी' ढिल्लों (रिटायर्ड)

प्रकाशक

प्रभात प्रकाशन प्रा. लि.

4/19 आसफ अली रोड, नई दिल्ली–110002

फोन : 011–23289777 • हेल्पलाइन नं. : 7827007777

इ–मेल : prabhatbooks@gmail.com ❖ वेब ठिकाना : www.prabhatbooks.com

संस्करण

2026

पेपरबैक मूल्य

छह सौ रुपए

अनुवाद

आनंद कुमार राय • नितिन माथुर

मुद्रक

आर–टेक ऑफसेट प्रिंटर्स, दिल्ली

———— ★ ————

KITNE GHAZI AAYE, KITNE GHAZI GAYE

by Lt Gen. K.J.S. 'Tiny' Dhillon (Retd)

(Hindi translation of KITNE GHAZI AAYE, KITNE GHAZI GAYE)

Published by **PRABHAT PRAKASHAN PVT. LTD.**

4/19 Asaf Ali Road, New Delhi-110002

ISBN 978-93-5521-541-3

₹ 600.00 (PB)

मैं इस पुस्तक को अपने जीवन में आई चार पीढ़ियों की चार अद्‍भुत महिलाओं : मेरी नानी, माँ, पत्नी और बेटी के साथ ही हमारे बेटे को समर्पित करता हूँ।

मैं अपनी नानीजी की याद में और उनके द्वारा दिए गए नैतिक मूल्यों तथा शिक्षाओं के सम्मान में अपना सिर झुकाता हूँ, जिनकी देखभाल और जुझारू बनने की भावना के बिना मैं कभी वह नहीं बन पाता, जो आज मैं हूँ। धन्यवाद, 'बीजी'।

मैं अपनी माँ की बेजोड़ ताकत और साहस का भी सम्मान करता हूँ, जिन्होंने मुझे अपने व्यक्तिगत और पेशेवर जीवन में प्रेरित किया। मेरी माँ भले ही मेरे जीवन में लंबे समय तक शारीरिक रूप से मौजूद नहीं रह सकीं, लेकिन उनकी वीरता की याद ने मुझे सबसे कठिन चुनौतियों के बीच आगे बढ़ने की शक्ति दी है और एक बेटे, पति, पिता तथा सैनिक और इन सबसे अधिक एक भारतीय के रूप में हमेशा मुझे तराशा है, सिर उठाकर चलना और अपनी मातृभूमि के लिए आखिरी साँस तक लड़ना सिखाया है।

मेरी पत्नी नीटा हमारी शादी के बाद पिछले 35 वर्षों से मेरे लिए विशेष रूप से शक्ति-स्तंभ रही है और इस यात्रा के सबसे कठिन समय में निरंतर मेरा साथ निभाते हुए मेरा हौसला बढ़ाया है। अच्छे और बुरे वक्त में भी हमेशा मेरे साथ रहने के लिए धन्यवाद, नीटा। जब मेरे पास सबकुछ अस्थिर हो रहा था, तब तुम मेरे लिए अटल स्तंभ बनकर खड़ी रहीं।

हमारी बेटी मेरी सबसे बड़ी सकारात्मक आलोचक रही है, जिस तरह के मैं कपड़े पहनता हूँ, वहाँ से लेकर संगीत की मेरी पसंद और मेरे उच्चारण (दोष) तक।

अंत में लेकिन महत्त्वपूर्ण रूप से, मैं अपने परिवार की आधारशिला, हमारे बेटे को धन्यवाद देना चाहूँगा, जो मेरे जीवन की सभी महत्त्वपूर्ण घटनाओं का एक मौन गवाह है, जो शायद ही कभी कुछ कहता है, लेकिन जब कहता है, तो उसकी संक्षिप्त टिप्पणी, 'मस्त है' सबकुछ बता देती है।

आभार

'शुक्राना' और 'वाहेगुरु मेहर' ऐसे उद्बोधक शब्द हैं, जिनके द्वारा मैं ईश्वर की आशीष के प्रति अपनी गहन कृतज्ञता और आभार व्यक्त करता हूँ। क्योंकि यही वे चीज हैं, जिससे मुझे देश के प्रति अपने दायित्व को निर्भय और निष्पक्ष होकर पूरी पेशेवर निष्ठा व लगन के साथ सतत रूप से निभा सका। जो ऐसा दायित्व था, जिसे मैं जरूरत पड़ने पर पूर्ण स्वेच्छा और प्रसन्नता के साथ फिर से निभाऊँगा।

मैं इस पुस्तक के लिए आभार की शुरुआत में अपने उन सभी बहादुर सहकर्मियों और साथियों को पूरे गर्व और आभार के साथ शीश नवाता हूँ, जिन्होंने इस देश के लिए सर्वोच्च बलिदान दिया। अपने होंठों पर प्रार्थना और दिल में गर्व सहित, मैं चौड़ी छाती के साथ उन्हें सलाम करता हूँ और वादा करता हूँ कि उनका बलिदान आने वाले वर्षों में आगामी पीढ़ियों को भी प्रेरित करता रहेगा।

निश्चित ही मैं अपनी पत्नी नीटा को, जो बीते पैंतीस वर्षों से मेरे साथ हैं और अपने बेटे व बेटी को धन्यवाद देना चाहूँगा, जिन्होंने मेरे हर काम में पूरे दिल से साथ दिया, भले ही इसके लिए उन्हें मेरी सेवानिवृत्ति के बाद विदेश में अल्पवास की काफी समय पहले बनाई योजना के रूप में कीमत क्यों न चुकानी पड़ी हो। मैं अपने परिवार का भी बेहद शुक्रगुजार हूँ, जिन्होंने मेरे सैन्य जीवन की चुनौतियों को समझा और मौन रहकर स्वीकार किया, जिससे मैं पूरे सेवाकाल में अपने दायित्वों को पूरे जोश और उत्साह के साथ निभा सका।

मैं अपनी बीजी, मेरी नानी, और अपने लाली वीर (मेरे बड़े भाई) के प्रति भी गहरा सम्मान व्यक्त करता हूँ, जो मेरे बचपन को जोड़ने वाली कड़ी रहे। जिन्होंने उस तीन-वर्षीय बच्चे को जीवन का उद्देश्य बताया, जिसने एक दुःखद हादसे में अपनी माँ को खो दिया था, जो उनकी देखरेख और मदद के बिना निराधार ही हो जाता। मेरा दुर्भाग्य है कि वे बहुत जल्दी ही ईश्वर के पास चले गए। बीजी और लाली वीर, आपका शुक्रिया!

मैं अपने पिता, माँ और भाइयों सुखबीर और तेजवीर को शुक्रिया कहूँगा कि वे मेरे जीवन में आए। मेरे अपने मामा जी, गुरवतार सिंह संधू और मामी जी, रशपाल संधू का भी

दिल से आभारी हूँ, जिन्होंने बाल्यावस्था में मेरी देखरेख की और मेरे साथ शक्ति-स्तंभ की तरह हमेशा अडिग खड़े रहे। इसके अलावा मैं अपने रिश्ते के सभी भाई-बहनों का भी उनके सहयोग के लिए आभार व्यक्त करना चाहूँगा, जिनके साथ मैंने अपनी परवरिश के दिनों में अनमोल क्षण साझा किए।

यहाँ मैं अपने श्वसुर स्व. स. आत्मा सिंह बाजवा, और सास, बलबीर कौर बाजवा का विशेष रूप से उल्लेख करना चाहूँगा, जो हमेशा मेरे व मेरी पत्नी के आसपास रहे। विशेष रूप से हमारे दोनों बच्चों के जन्म के समय, जब मैं अपनी पेशेवर प्रतिबद्धताओं के दबाव में इनके पास मौजूद नहीं था।

अपने परिवार के बाहर मैं जिस पहले व्यक्ति के प्रति आभार प्रकट करूँगा, वे मेजर गौरव आर्या (रिटा.) हैं, क्योंकि अपनी यादों को कलमबद्ध करने का विचार मुझे पहली बार उस साक्षात्कार के दौरान ही आया, जो मैंने अपनी सेवानिवृत्ति के कुछ ही दिन बाद, फरवरी, 2022 को उनके चाणक्य फोरम पर दिया था। मैं पुस्तक लिखने के बारे में सोच रहा था, लेकिन अचानक ही सब अस्तव्यस्त हो जाता था। लेकिन इसके बाद मैंने छह महीने के भीतर ही अपनी पांडुलिपि तैयार कर ली थी।

मैं अनुपम मेहता को भी हार्दिक धन्यवाद देना चाहूँगा, जिन्होंने मेरी कहानी में अपने सुझावों, संपादकीय कौशल और शोध-आधारित योगदान द्वारा शुरुआत से ही पुस्तक के यथोचित निर्माण में मदद की। उनके साथ हुई विभिन्न बैठकों में उन्होंने जिस धैर्य के साथ मेरे निजी व पेशेवर जीवन की विविधतापूर्ण व महत्त्वपूर्ण घटनाओं से निष्कर्ष निकाले, वह गेहूँ को छानने जैसा था और उन्होंने इस पुस्तक की उल्लेखनीय, लेकिन दो-टूक ईमानदारी से वर्णित घटनाओं को क्रमिक रूप से ठोस आकार दिया। बल्कि वे उस उत्सुक ऊदबिलाव की तरह रहीं, जिन्होंने इसे इस तेज गति से बुना कि मैंने प्रकाशक द्वारा मुझे इसके लिए दी अंतिम समयसीमा के भीतर रहकर ही इसे पूरा कर लिया। निश्चित ही उनके सार्थक सहयोग के बिना मैं अपने इस ड्रीम प्रोजेक्ट को कभी सच नहीं बना पाता, जिसे मैंने अपने पाठकों के समक्ष पूरी प्रसन्नता के साथ पेश किया है।

प्रेमांका गोस्वामी, पेंगुइन रेंडम हाउस इंडिया के एक्जिक्यूटिव एडिटर ने मुझे पुस्तक लिखने को लेकर किए सभी वादे पूरे करने के लिए प्रेरित किया। उन्होंने जहाँ पूरी सावधानी सहित पांडुलिपि के ड्राफ्ट की समीक्षा की, वहीं पांडुलिपि में सुधार के लिए मध्य-क्रम के लिए कई संरचनात्मक बदलाव भी सुझाए। प्रेमांका आपको आपके समर्पित प्रयासों के लिए धन्यवाद।

अपने पेशेवर जीवन की बात करूँ, तो मुझे सेवा में शामिल होने के शुरुआती वर्षों के साथ ही साथ अगस्त, 2019 में पुलवामा आई.ई.डी. धमाके और धारा 370 व 35ए के

समापन के बाद के चुनौतीपूर्ण समय में बतौर चिनार कोर कमांडर कश्मीर के मामलों को सँभालने में मेरे कुछ सम्मानित वरिष्ठों और प्यारे सहकर्मियों, दोनों ने ही सतत सहयोग दिया। यहाँ मैं अपने पहले कमांडिंग अफसर और सच्चे पितृपुरुष, ब्रिगेडियर त्रिगुणेश मुखर्जी, ए.वी.एस.एम. (रिटा.) की निभाई अहम भूमिका को प्रकाश में लाऊँगा, जिन्होंने बीते चालीस वर्षों में मेरा निरंतर मार्गदर्शन किया और आज भी कर रहे हैं। उन्होंने मुझे पेशेवर रवैये और व्यक्तिगत मूल्यों के बारे में सिखाया, जिनसे न केवल मेरे कॅरियर को धार मिली बल्कि इसने मेरे सामाजिक और व्यक्तिगत जीवन को भी गहराई से प्रभावित किया। मुखो सर, आपका धन्यवाद!

मैं बेहद भाग्यशाली रहा कि सेना में बतौर सेकेंड लेफ्टिनेंट शामिल होने के शुरुआती वर्षों से ही राजपूताना राइफल्स में मेरे पूरे कार्यकाल के दौरान रेजिमेंट के सबसे शानदार जूनियर कमिशंड अफसरों और नॉन-कमिशंड अफसरों ने मुझे तैयार किया। बटालियन की कमान सँभालने के दौरान के जो नाम मेरे दिमाग में सहज आ रहे हैं, उनमें सूबेदार मेजर नंदराम (रिटा. 4 राज.रिफ.) और 15 राज.रिफ. के सूबेदार मेजर अमर सिंह (रिटा.) शामिल हैं। मैं यहाँ उन सब लोगों से माफी चाहूँगा, जिनका नामोल्लेख नहीं हो सका है और जो मुझे वह बनाने का साधन रहे जो मैं आज हूँ।

हमारी 4 राज.रिफ. में सख्त तैयारी और प्रशिक्षण ने दायित्व निभाने में हमारे अनम्य अनुपालन को सुनिश्चित किया। मैं पूरे मान के साथ कहता हूँ कि इसने मुझे मुसीबत में अपने साथियों का साथ न छोड़ना सिखाया। मेरे सभी वरिष्ठ अधिकारियों के सतत मार्गदर्शन ने इस नींव को और मजबूत बनाया।

राष्ट्रीय राइफल्स में मेरा कार्यकाल अत्यधिक चुनौतीपूर्ण और पेशेवर पुरस्कारों से परिपूर्ण रहा। मणिपुर में मेरे कमांडिंग अफसर रहे ब्रिगेडियर एस.डी. नायर (रिटा.) ने मुझे, विशेष रूप से बुरे हालातों में, मजबूत और आवेगहीन रहना सिखाया। उत्तरी कश्मीर के राजवर के जंगलों में हमारे कई खतरनाक स्वार्मिंग ऑपरेशंस के दौरान मेरा सहारा बनने वाले सभी सहकर्मियों में से मैं तत्कालीन चिनार कोर कमांडर, लेफ्टिनेंट जनरल एस.ए. हसनैन (रिटा.) और तत्कालीन जनरल ऑफिसर कमांडिंग किलो फोर्स, स्व. मेजर जनरल रवि थोड्गे का उल्लेख करूँगा।

मेरा 15 चिनार कोर कमांडर के अपने कार्यकाल के दौरान चिनार कोर के अपने सहकर्मियों के प्रति आभार और प्रशंसा व्यक्त न करना अनुचित होगा। मेरा सबसे पहला विनम्र और दिल से धन्यवाद, मैं अपने तत्कालीन चीफ और बाद में सी.डी.एस. स्व. जनरल बिपिन रावत को उनके पुलवामा घटना के बाद तथा कश्मीर में धारा 370 और 35ए के समापन की तैयारी के दौरान एवं इसके बाद भी मेरे अटल समर्थन के लिए देता हूँ। उनके

जाने से मेरे जीवन में जैसा गहरा सूनापन आया है, वे कभी नहीं भर सकेगा।

मैं यहाँ हमेशा सौम्य और पूरी तरह से पेशेवर रहने वाले नॉर्दन आर्मी कमांडर लेफ्टिनेंट जनरल रणबीर सिंह का विशेष रूप से उल्लेख करना चाहूँगा, जिनका मुश्किल वक्त में बेझिझक समर्थन और सलाह अकेला ही, जैसे हम सेना रूपक में कहते हैं, 'युद्ध-विजेता कारक' बना रहेगा।

उस चुनौतीपूर्ण समय के दौरान मेरे साथ जमीन पर जो सैन्य सहकर्मी मौजूद थे, उनमें मैं चिनार कोर में अपने युद्धभूमि में सहायक रहे कैप्टन संदीप सिंह का विशेष रूप से उल्लेख करना चाहूँगा। यहाँ मैं व्यक्तिगत नाम न लेते हुए सेना, जम्मू व कश्मीर पुलिस, सेंट्रल रिजर्व पुलिस फोर्स, बॉर्डर सिक्योरिटी फोर्स, इंटेलिजेंस एजेंसियाँ और नागरिक प्रशासन के सभी पदासीन व्यक्तियों का विशेष रूप से आभार व्यक्त करूँगा, जिन्होंने कश्मीर में उन बेहद मुश्किल हालातों में शांति और कानून व व्यवस्था बनाने के लिए शानदार जमीनी काम किया।

मेरे कुछ नजदीकी मित्रों और साथियों ने मेरी इस यात्रा को कीमती और अत्यंत परिपूर्ण बनाया है। इनमें कर्नल मनीष साँगा और कर्नल नीलगगन सिंह शामिल हैं, जिन्होंने उस वक्त युवा अफसर होते हुए भी आवश्यकता पड़ने पर, बिना मेरी वरिष्ठता या पेशेवर तफसील की परवाह किए, हमेशा मेरा मार्गदर्शन किया और जरूरी सलाह दीं। जिम्मी भुल्लर उर्फ मेजर हरमिंदर सिंह भुल्लर (रिटा.) जवानी से लेकर मेरे कॅरियर के दिनों तक, हमेशा मेरे दोस्त रहे हैं, बल्कि जिम्मी तो मेरे लिए 'भरत जैसे भाई' रहे।

अंत में मैं अपने तीसरे बच्चे, मेरे जीवन भर के साथी और राजसी काले कोट वाले दुलारे बोल्ट का उल्लेख करना चाहूँगा, जो अनुपमा और प्रेमांका के साथ हुई मेरी सभी बैठकों में मौजूद रहा, और जब देर रात मैं अपनी जीवनगाथा को संजोता था, तो वह मेरी कुरसी से सटा टाँगें सिकोड़कर बैठा रहता। शाबाश, बोल्ट!

अनुक्रम

1

एक निडर माँ के जुझारूपन से प्रेरित

कितने गाजी आए, कितने गाजी गए

'कितने गाजी आए, कितने गाजी गए', इस मशहूर वाक्य का इस्तेमाल पहली बार 19 फरवरी, 2019 में भारतीय सेना के 15वीं कोर के मुख्यालय, बादामी बाग छावनी में प्रेस कॉन्फ्रेंस के दौरान किया गया था, जब पाकिस्तानी आतंकवादी कामरान उर्फ गाजी का सफाया किया गया था। गाजी प्रतिबंधित आतंकवादी संगठन जैश-ए-मोहम्मद का सदस्य था। यह वाक्य भारतीय सैन्य बलों के शौर्य का पर्याय बन गया है, जिन्होंने उपरोक्त पाकिस्तानी आतंकवादी समेत अनेक भारत-विरोधी तत्त्वों के खिलाफ निरंतर लड़ाई लड़ी है। कामरान गाजी 14 फरवरी, 2019 के दुर्भाग्यपूर्ण दिन कश्मीर के पुलवामा में केंद्रीय रिजर्व पुलिस बल (सी.आर.पी.एफ.) के जवानों के एक काफिले पर आई.ई.डी. (इंप्रोवाइज्ड एक्सप्लोसिव डिवाइस) से किए गए दुस्साहसिक हमले का मास्टरमाइंड था। अपने से पहले कई आतंकियों की तरह ही गाजी का सफाया भी सुरक्षा बलों ने उसकी ओर से अंजाम दी गए बर्बर घटना के 100 घंटे के भीतर कर दिया था। लेकिन इसे और महत्त्वपूर्ण स्तर पर ले जाएँ, तो यह वाक्य मेरे जीवन की दिशा का सार है : ऐसा जीवन, जो हमेशा अनिश्चितता के साये में रहा, जिसे निर्भीकता से जीया और जहाँ अपने सैनिकों और अधिकारियों की व्यावसायिक निष्ठा के भरोसे ही जीवित रहा जा सकता है।

शेरमार माँ

मुझे बताया गया था, मेरे अंदर साहस की बुनियाद उस समय ही पड़ गई थी, जब मैं माँ की कोख में था। मेरी माँ, जिन्हें मैंने तीन साल की छोटी उम्र में खो दिया, लेकिन मेरे चरित्र को उन्होंने मूलभूत आकार दिया, अवचेतन रूप से एक सैनिक के मेरे उतार-चढ़ाव भरे जीवन के साथ ही पति, पिता और सबसे अधिक एक भारतीय के रूप में हर प्रयास में मेरा मार्गदर्शन किया। अपनी गैर-मौजूदगी में भी वे हमेशा मौजूद

रहीं। साल 1964 के शुरुआती महीनों में मेरे सिविल इंजीनियर पिता को जब विदेशी प्रतिनियुक्त पर नेपाल जाना पड़ा, जबकि कुछ दिन पहले ही लुटियंस दिल्ली में उनकी पहली पोस्टिंग हुई थी, तो शायद ही किसी ने कल्पना की होगी कि आने वाला वक्त उन्हें और उनके परिवार को कैसा समय दिखाएगा। रोजाना की तरह ही नेपाल की ठिठुरा देने वाली ठंड में 19 दिसंबर, 1964 की सुबह मेरी माँ के साथ की जा रही सैर का अंत एक जंगली जानवर के साथ हुई घातक मुठभेड़ में हुआ, जिसने बेफिक्र घूम रहे मेरे माता-पिता को घातक नुकसान पहुँचाया। मेरे पिता को उस जानवर ने गंभीर रूप से जख्मी कर दिया और लगभग मार ही डालता। आज भी मेरे पिता की कलाई, टखने और गरदन पर उस आक्रमण के और उस जानवर के पंजों के निशान हैं। असहाय होने के बाद, जब उनकी आँखों में मौत नजर आने लगी थी, तब उस घटना की असली हीरो बनकर मेरी माँ ने उस जानवर का मुकाबला किया। 5 फीट 8 इंच की कदकाठी वाली मेरी माँ स्वयं भी गंभीर रूप से घायल हो गईं, लेकिन उस जानवर की बर्बरता से निर्भीक होकर हिम्मत दिखाते हुए अपनी शॉल उस जानवर की गरदन में लपेट दी और तब तक कठोरता से उसे कसती चली गईं, जब तक कि उसका दम नहीं घुटने लगा। इस प्रकार उन्होंने अपनी बहादुरी और अपने साहस से अपने पति को मौत के मुँह से निकाल लिया। मेरे माता-पिता गंभीर रूप से घायल हो गए थे, लेकिन मेरे पिता जहाँ जख्मों से जंग जीत गए, वहीं ईश्वर मेरी माँ के लिए इतना दयालु नहीं था। नेपाल के एक सुदूर गाँव में, जहाँ वह अस्पताल के बिस्तर पर जीवन की लड़ाई लड़ रही थीं, वहीं उन्हें एक ऐसा इंजेक्शन दिया गया, जो 100 कि.मी. से भी अधिक की यात्रा तय कर उत्तर प्रदेश के गोरखपुर से वहाँ तक पहुँचा था। एक ऐसे फ्लास्क में उसे लाया गया था, जो आवश्यक मानदंड से अधिक तापमान में रखे जाने के कारण दूषित हो गया था। अपने जख्मों और उस इंजेक्शन के दोहरे प्रभाव के कारण 20 जनवरी, 1965 को मेरी माँ ने दम तोड़ दिया, लेकिन उनकी वीरता जीवित रही, जिसने उसे 'शेरमार माँ', यानी शेर को मारने वाली माता का नाम दिया। हमारी मातृभूमि के रक्षकों पर हमले की साजिश रचने वाला गाजी जिस दिन मारा गया, उस दिन अनजाने में ही मुझे बरसों पहले की याद आ गई, जब मेरी माँ ने भी ऐसे ही बर्बर हमले का सामना किया था। उसके साहस की यादें जिंदा हैं। मुझे उन सारे गाजियों के सामूहिक खतरे का सामना करने के लिए लगातार प्रेरित करती हैं, जो गाजी आए और गए।

मेरी माँ, 'जिंदां', मेरे पिता के साथ, वर्ष 1957

कितने जग्गी आए, कितने जग्गी गए''

'कितने जग्गी आए, कितने जग्गी गए' वाक्य की जड़ें मेरे बचपन की एक घटना से जुड़ी हैं। उसकी प्यारी यादें मुझे मेरे गृह राज्य पंजाब में अपने मामा के गाँव में ले जाती हैं, जहाँ मैंने अपने बचपन के कई वर्ष अपनी नानीजी की देखरेख में बिताए, जिन्हें हम सभी 'बीजी' कहते थे। एक शाम नौ साल का मैं और सात साल के मेरे ममेरे भाई ने जग्गी नाम के गाँव के एक लड़के से कड़े मुकाबले में कंचे का गेम जीत लिया। इस जीत से हम खुश थे, लेकिन उसने हमें कंचे देने से मना कर दिया और लड़ने के

लिए ललकार रहा था। मेरा ममेरा भाई दबंग जग्गी से झगड़ा मोल नहीं लेना चाहता था, इसलिए उसने सुझाव दिया कि हम बात खत्म कर दें और चुपचाप घर लौट चलें। हालाँकि कंचे वापस लेने पर मैं अड़ गया, जिन पर हमारा वाजिब अधिकार था, और तब मैंने अपने भाई को हुंकार भरते हुए कहा, 'कितने जग्गी आए और कितने जग्गी गए।' आखिरकार, जीत हमारी हुई और हम अपनी 'प्रॉपर्टी' और अपना आत्मसम्मान, दोनों साथ लेकर आए। वड्र्सवर्ध की कविताओं में यादों के महत्त्व की तरह ही, शायद यही घटना थी, जो दशकों बाद पुलवामा में मेरे अवचेतन मन की गहराइयों से बाहर निकली और मुझसे कहा कि दबंगई करने वाले से हटना नहीं डटना है, फिर चाहे हालात कितने ही भयानक या चुनौतिपूर्ण क्यों न हों।

'बीजी', मेरी नानी सरदारनी लाभ कौर

बचपन... जिसने मुझे समय से पहले ही वयस्क बनाया

घटनाओं से भरे मेरे बचपन में अभी और दु:ख तथा नाटकीय मोड़ बाकी थे। मेरी माँ की मौत के बाद मेरे पिता ने फिर से शादी कर ली और नेपाल में ही रहने का फैसला किया। बाद में मेरे पिता को दो छोटे बेटे, यानी मेरे दो भाई हुए, जबकि मैं और मेरा बड़ा भाई बीजी तथा अपने मामा के साथ रहने पंजाब के गाँव में चले आए। स्कूल की छुट्टियाँ होने पर हम नेपाल जाया करते थे। बड़े मामा जहाँ सेना में थे, वहीं छोटे मामा ने सीमा सुरक्षा बल (बी.एस.एफ.) ज्वॉइन कर लिया, और जब दोनों अपनी वर्दी पहनते, तो मैं उन्हें गर्व और सम्मान से देखता था। इसी ने मेरे भीतर एक दिन ऐसी ही वर्दी पहनने के सपने को जन्म दिया। मेरी यह इच्छा तब और मजबूत हो गई, जब 16 फरवरी, 1974 को हुई एक और त्रासदी ने मेरे जीवन को झकझोरकर रख दिया। पहली त्रासदी के महज नौ साल बाद, मेरे बड़े भाई, जसबीर सिंह ढिल्लों, जिन्हें मैं आदर से 'लाली वीर' कहा करता था, उस वक्त जानलेवा सड़क हादसे का शिकार हुए, जब उनके स्कूटर को एक ट्रक ने टक्कर मार दी। दुर्घटना वाले उस दिन उन्होंने 1969 की बनी 'सीको' घड़ी पहन रखी थी, जो अस्पताल ले जाते समय उनके हाथ से खुलकर गिर गई। एक ईमानदार रिक्शा वाले को घड़ी मिली और अगले दिन हमारे घर आकर उसने वह घड़ी मुझे लौटा दी। मैं आज भी उस घड़ी को पहन रहा हूँ और पचास साल बाद भी मैंने एक निशानी के रूप में इसे चालू हालत में रखा है। अपनी माँ और अपने भाई को हिंसक मौत के हाथों गँवाने के बाद मुझे जल्दी ही अहसास हो गया कि अल्हड़ लड़कपन के मेरे दिन अब नहीं रहे और अपने आने वाले पूरे जीवन के लिए मुझे अपनी सारी सूझबूझ और साहस का इस्तेमाल करना होगा। मेरी नानी, मेरे मामा और पिता ने मुझे बेइंतहा प्यार दिया, उसके बावजूद समय के साथ और असली दुनिया का सामना करते हुए मेरे भीतर जबरदस्त अकेलेपन और आत्मनिभरता की भावना ने ठोस रूप से लिया। मैंने पाया कि मैं सही मायने में अपने में अकेला था, जिसका 'अपना' कोई परिवार नहीं था कि उसका सहारा ले सकूँ। मैं जैसे-जैसे बड़ा हुआ और जीवन की सच्चाई से वाकिफ होता गया, वैसे-वैसे मुझे सेना से अच्छी कोई और जगह नहीं दिखी, जहाँ मैं अपने आरंभिक जीवन की त्रासदियों को एक 'पक्के' सैनिक की दृढ़ता में ढाल सकता था। निडर होकर अपने देश की सेवा करते हुए अपने काम के प्रति पूरी ईमानदारी से कर्मठ और प्रतिबद्ध रहना सेना में मेरे पूरे कॅरियर की विशेषता रही है, जिसके दौरान कई बार मेरे वरिष्ठ अधिकारियों ने भी कुछ अधिक ही खतरा मोल लेने पर मुझे डाँटा भी है। लेकिन मैं ऐसा ही हूँ और पूरी पुस्तक में मेरी कहानी मेरे अनुभवों और साहसिक कार्यों के वर्णन के साथ सामने आएगी।

मेरी माँ मेरे बड़े भाई, लाली वीर के साथ, वर्ष 1958

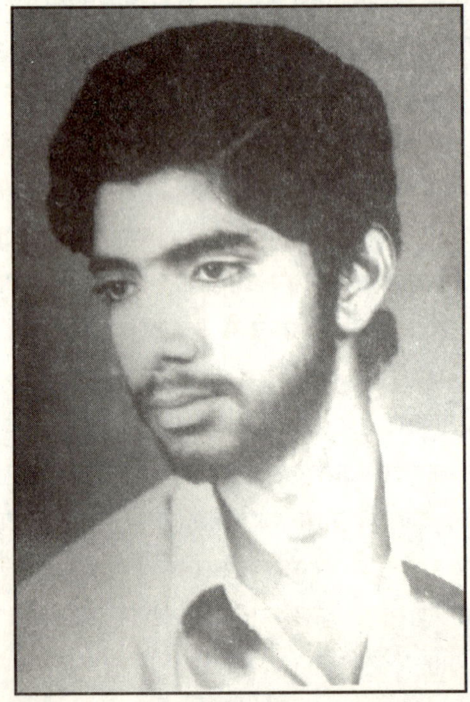

मेरे बड़े भाई, जसबीर सिंह ढिल्लों उपाख्य लाली वीर, वर्ष 1974

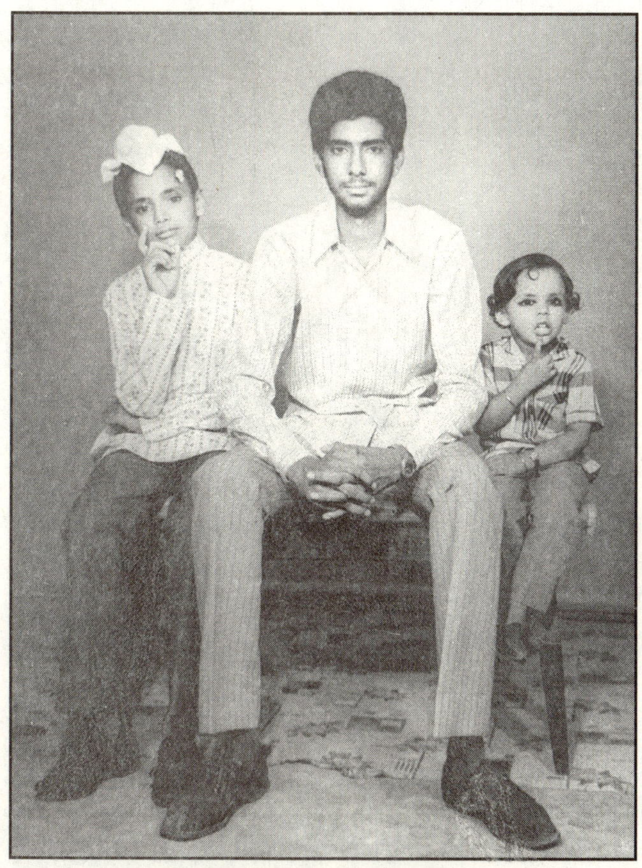

अपने बड़े भाई और छोटे भाई सुखबीर के साथ, वर्ष 1973

अपने भाइयों के साथ, वर्ष 1969

अपने बड़े भाई के साथ, वर्ष 1970

मेरी नानी मेरे डेढ़ महीने के बड़े भाई, लाली वीर को गोद में लिये हुए, साथ में मेरी माँ और पिता दिल्ली में 29 सितंबर, 1957 को

अल्हड़ शरारतों से भरा लड़कपन

वैसे तो मेरा शुरुआती बचपन त्रासदी और शोक से भरा था, लेकिन अपनी नानीजी की गोद और उनके घर की सुखद छाँव में बीते जवानी के बाद के वर्ष शरारत भरी अनेक घटनाओं की याद दिलाते हैं। मेरे दिमाग में आने वाली पहली घटना ऐसी है, जिसे हम अपनी नानी से चोरी-छिपे किया करते थे, जिसमें मेरा साथ मेरे कुछ ममेरे भाई भी दिया करते थे। मेरी नानी काफी धार्मिक महिला थीं और इस कारण ही वे विशुद्ध रूप से शाकाहारी थीं। हालाँकि, हमारे समूह के लड़कों को कुक्कड़ (चिकन) खाना पसंद था और हम हमेशा इस ताक में रहते थे कि नानी घर पर न हों तो हम उसे बनाकर खा लें। क्योंकि उनके रहते तो हम उसे पका ही नहीं सकते थे। हम हफ्ते में एक बार उनके बाहर जाने का इंतजार करते थे, जब हर रविवार सत्संग के लिए कम-से-कम तीन घंटे के लिए वे चली जाया करती थीं। हमारे लिए यह समय 'मांसाहार ग्रहण' करने का हुआ करता था। हम इस व्यंजन के लिए सारी सामग्री जुटाते थे, पकाते, खाते और इस तरह सफाई करते थे कि किचन में चिकन बनने का कोई सुराग नहीं रहता था। और कभी-कभी तब टाइमिंग गलत हो जाती थी, जब हम छत से देखते थे कि नानी तो समय से पहले ही लौट रही हैं। हमें बीच रास्ते में ही अपने व्यंजन के रोमांच को विराम देना पड़ता था और इससे पहले कि नानी को कुछ पता चले कि उनकी

पीठ पीछे हम क्या कर रहे थे, अधपके व्यंजन को फेंककर सारे सबूत मिटा देते थे। भोजन बनाने की यह कला नेशनल डिफेंस एकेडमी (एनडीए) और इंडियन मिलिट्री एकेडमी (आईएमए) के प्रशिक्षण शिविरों तथा कुछ अवसरों पर शादी के बाद भी बड़ी काम आई।

मुझे एक और घटना याद आती है, जब मेरे छोटे मामाजी, जो बीएसएफ में अधिकारी थे, उनकी सगाई स्थानीय गर्ल्स कॉलेज की एक लैक्चरर से हुई थी। उनकी पोस्टिंग जब कश्मीर में थी, तब उनकी मंगेतर अकसर बीजी से मिलने हमारे घर आया करती थीं। एक दिन उन्होंने बीजी को अपनी सहेलियों के साथ फिल्म दिखाने ले जाने का फैसला किया, और जब मैंने भी साथ जाने की जिद की तो मुझे सख्ती से कह दिया गया कि मुझे घर पर ही रहना होगा। इस अपमान से जल-भुनकर मैंने इन महिलाओं को सबक सिखाने के लिए एक शरारती योजना बनाई। मैंने बीजी की साज-सँवार वाली फूलों की क्यारी में लगे सभी रंग-बिरंगे पौधों को उखाड़ा और उन्हें जैसे-तैसे मिट्टी से दबाकर फिर से लगा दिया। मूवी देखने के बाद नानीजी जब लौटीं तो उन्हें तुरंत कुछ भी गड़बड़ नहीं लगा, लेकिन दो दिन बाद, जब पौधे एक-एक कर सूखने लगे, तो बीजी को शक हुआ और उन्होंने मुझसे पूछा कि क्या चल रहा है? मैंने दोटूक कह दिया कि अगली बार वे मुझे फिल्म दिखाने साथ नहीं ले गईं, तो ऐसा फिर से होगा। क्या मुझे बताने की जरूरत है कि इसके बाद मेरे साथ क्या हुआ होगा?

मेरे प्रेरणास्रोत मेरे मामाजी गुरअवतार सिंह संधू, वर्ष 1972

अपने मामा कुलवंत सिंह के साथ, वर्ष 1974

एनडीए की राह

बीजी के घर पर रहने के दौरान मेरी जो पहचान एक शरारती की थी, वह धीरे-धीरे मेरी आंतरिक आक्रामकता को एक सकारात्मक शक्ति में बदलने की गहरी इच्छा का रूप लेती चली गई, और सशस्त्र बलों में शामिल होने का रास्ता स्पष्ट रूप से दिखाई देने लगा। यह अवसर तब सामने आया, जब मैं एक छोटे शहर में स्थित बीजी के घर से अपेक्षाकृत बड़े शहर फिरोजपुर के एक हॉस्टल में चला गया। मेरे साथ पढ़ने वालों में से एक हरेश जंग बहादुर, जिसकी पारिवारिक पृष्ठभूमि सेना की थी और उसके चार बड़े भाई एनडीए में शामिल हो चुके थे, और जो अपने बड़े भाई-बहनों के नक्शेकदम पर चलने का इच्छुक था, अकसर क्लास के सभी लड़कों को एनडीए की परीक्षा देने के लिए प्रेरित करता था। वास्तव में इस सोच को लेकर उसमें इतना अटल संकल्प था कि वह स्वयं ही स्थानीय भर्ती कार्यालय से एनडीए प्रवेश फॉर्म लेकर आता था और क्लास के अन्य छात्रों के लिए उन्हें भर दिया करता था।

हमने उसके जुनून को पूरा करने का फैसला किया और परीक्षा देने के लिए पटियाला जाने के लिए भी तैयार थे, क्योंकि हमारे शहर में कोई परीक्षा-केंद्र नहीं था। हालाँकि पटियाला जाने के पीछे इससे अधिक उमंग इस बात की थी कि हमें उन हिंदी फिल्मों को देखने का मौका मिलेगा, जो हमारे शहर में बहुत बाद में पहुँचती थीं। इस तरह जबरदस्त 'मनोरंजन और परीक्षा' योजना के साथ हम पाटियाला के लिए रवाना हुए, और कार्यक्रम कुछ इस तरह का होता था—सुबह 9 बजे से दोपहर 12 बजे तक परीक्षा, उसके बाद 12:30 बजे से 3:30 बजे के शो को देखने के लिए मूवी हॉल तक की दौड़। अंतिम परीक्षा के दिन हमें दोपहर 3 बजे पटियाला से फिरोजपुर की आखिरी बस पकड़ने के लिए फिल्म को बीच में ही छोड़ बस स्टैंड की तरफ निकलना पड़ा था। कुछ महीने बाद मैं कुछ दिनों की छुट्टी के लिए माता-पिता और दो छोटे भाइयों से मिलने के लिए नेपाल चला गया तो कुछ समय के लिए एनडीए का यह अभियान ठंडे बस्ते में डाल दिया गया।

हालाँकि भाग्य ने कुछ और ही तय कर रखा था। जब मैं बस से लुधियाना रेलवे स्टेशन जाने के लिए बस में सफर कर रहा था, ताकि ट्रेन से लखनऊ और वहाँ से गोरखपुर और फिर नेपाल पहुँच सकूँ, तो मैंने समय काटने के लिए बस में बैठे यात्री से अखबार का पहला पन्ना माँग लिया। मेरी नजर पहले पन्ने पर एक अधिसूचना पर पड़ी, जिसमें घोषणा की गई थी कि एनडीए परीक्षा के परिणाम अंदर के पन्ने पर उपलब्ध हैं। मैंने झिझकते हुए अखबार के उस विशेष पृष्ठ के लिए अनुरोध किया, उत्सुकता से उसे खोला और सफल उम्मीदवारों की सूची में अपना नाम देखकर अवाक् रह गया, जिन्हें चयन के अगले चरण के लिए सेवा चयन बोर्ड (एसएसबी) को रिपोर्ट करना था। यह अज्ञात सज्जन मुझे बधाई देने वाले और जीवन की सबसे सुखद यात्रा के लिए मंगल कामना करने वाले पहले व्यक्ति थे। मैं यह सोचने पर विवश हो गया कि यह नियति थी, जिसने उस बस यात्रा को करने के लिए मेरा मार्गदर्शन किया और नियति ही फिर से मेरे सामने उस खास अखबार को लेकर आई, ताकि मैं परिणाम देख सकूँ। उसने स्पष्ट रूप से तय कर दिया था कि मैं भारतीय सेना में शामिल हो जाऊँ, जिसके कारण सबकुछ इस अविश्वसनीय तरीके से हुआ, नहीं तो मैं एनडीए का परिणाम जानने का प्रयास कभी नहीं करता।

पिता को मनाना

एसएसबी और मेडिकल परीक्षा पास करने, अंततः सफल उम्मीदवारों की योग्यता सूची में जगह बनाने के बाद मेरे सामने एक और चुनौती थी। मेरे पिता ने सेना में शामिल होने के लिए मुझे अनुमति देने से एकदम इनकार कर दिया। मैं उन्हें अपना फैसला बदलने के लिए मनाने की कोशिश करने नेपाल लौटा, लेकिन वे इस बात पर अड़े थे कि मैं सिविल

इंजीनियर बनूँ। उन्होंने यह भी कहा कि सेना में मुझे जो वेतन मिलेगा, वह उस वेतन के बराबर भी नहीं होगा, जितना वह अपने सहायक कर्मचारियों को दे रहे थे, जो अब ट्रांसपोर्ट के फलते-फूलते व्यवसास में उनकी मदद कर रहे थे। लेकिन अपनी माँ का बेटा होने के नाते मैं भी हठपूर्वक अपनी बात पर अड़ा रहा और इस बात पर अड़ा रहा कि मैं सेना में वेतन के लिए नहीं, बल्कि इससे मिलने वाले गौरव और प्रतिष्ठा के लिए शामिल हो रहा हूँ। जब हम दोनों में से कोई भी अपने फैसले से पीछे नहीं हटा, तो मैंने अपने ब्रह्मास्त्र (सृष्टि को नष्ट करने और सभी प्राणियों को जीतने में सक्षम हथियार) का उपयोग करने का फैसला किया, यानी कि बीजी का समर्थन, जिनके बारे में मुझे पता था कि वह निश्चित रूप से मेरे साथ खड़ी होंगी।

इस प्रकार मैं बीजी को पंजाब से नेपाल ले आया, और उन्होंने मेरे पिता (उनके दामाद) से आग्रह किया कि वे मुझे इस इच्छा को पूरा करने दें, और उन्होंने मेरे पिता को यह कहकर भावनात्मक रूप से ब्लैकमेल भी किया कि वह समाज के आरोपों का सामना नहीं करना चाहती कि लड़का जीवन में सफल नहीं हो सका और अपने सपनों को पूरा नहीं कर सके। क्योंकि उसका पालन-पोषण उसके पिता से दूर उसकी नानी ने किया था। उन्होंने विवेकपूर्ण ढंग से यह भी सुझाव दिया कि मेरे पिता अंततः मुझे 'खरीद द्वारा छुट्टी' के विकल्प का उपयोग करने के लिए राजी कर सकते हैं, या एक निर्धारित भुगतान करके सेना की नौकरी से छुट्टी हासिल कर सकते हैं। यह एक ऐसी प्रक्रिया है, जिसे आम बोलचाल की भाषा में खुद को खरीदकर नौकरी से बाहर करने के रूप में जाना जाता है। मैं दिल से जानता था कि एक बार एनडीए में प्रवेश करने के बाद मैं कभी भी सेना से बाहर नहीं निकलूँगा, खुद को इससे बाहर निकालने का प्रयास तो दूर की बात है। लेकिन यह समझौता इस समय सुलगती समस्या को शांत करने का सही समाधान लग रहा था, और मेरे पिता ने अनिच्छा से मुझे एनडीए में शामिल होने की अनुमति दी। एनडीए छोड़ने और उसमें बने रहने के बीच यह रस्साकशी एनडीए के पहले दो टर्म के दौरान पिता और पुत्र के बीच पूरे एक साल तक जारी रही, जब तक कि यह अंततः एक के लिए हार मानने और दूसरे के लिए आगे की लंबी कठिन यात्रा के रूप में समाप्त नहीं हुई।

मेरी नानीजी, पिता, माँ और सबसे छोटा भाई दिसंबर 1982 में मेरी एनडीए पासिंग-आउट परेड देखने के लिए आए थे। इससे हमारे बीच चीजें थोड़ी सहज होने में मदद मिली, क्योंकि मेरे पिता ने आखिरकार मेरे फैसले को स्वीकार कर लिया था। एनडीए की पासिंग-आउट परेड के बाद मेरे माता-पिता पंद्रह वर्षों तक मेरी पोस्टिंग के स्थान पर मेरे पास नहीं आ सके, जब तक कि मेरे पिता 1997 में भूटान में मुझसे मिलने नहीं आए, जहाँ मैं एक मेजर के रूप में तैनात था। हालाँकि इस समय तक उनके शुरुआती दिनों के विरोध

की जगह सेना की जीवन शैली के प्रति गहरी प्रशंसा तथा सम्मान और उस स्थान पर प्रत्येक सदस्य के बीच सौहार्द ने ले ली थी, जिसे वह व्यक्तिगत रूप से देख रहे थे। यह स्वीकार करते हुए प्रशंसा में कहे गए उनके शब्द कि मैंने वास्तव में 'सही निर्णय लिया था', हमेशा मेरे साथ रहे। आखिरकार पेशे के अपने चुनाव को मैं अपने पिता की नजरों में सही मानते हुए देख रहा था।

एक प्रकार से सेना ने हमारे पारिवारिक जीवन की दिशा भी बदल दी, क्योंकि मेरी तरह मेरे छोटे भाइयों ने भी मेरे पिता के व्यवसाय में शामिल न होने का फैसला किया; इसके बजाय पेशेवर कॅरियर चुना—जो बड़ा है, वह डॉक्टर है और अमेरिका में बस गया है, और छोटा न्यूजीलैंड में कंप्यूटर इंजीनियर है। मेरे पिता ने यह शिकायत करते हुए कहा कि अगर तीन बेटों में से कोई भी उनके काम को सँभालने के लिए तैयार नहीं है, तो उनके पास विदेशी भूमि पर अपना काम जारी रखने का कोई कारण नहीं था। इस प्रकार मेरे पिता ने व्यवसाय बंद कर दिया, अपने सभी ट्रक और बस अपने ड्राइवरों को बेच दीं, जिन्होंने धीरे-धीरे सुविधाजनक किश्तों में सभी बकाया राशि का भुगतान कर दिया। इसके बाद माता-पिता ने अपना सामान पैक किया और पंजाब वापस चले आए, जहाँ उन्होंने एक घर खरीदा, जहाँ वे तीस वर्षों से एक शांत सेवानिवृत्त जीवन जी रहे हैं।

मेरे जीवन में इन सभी असाधारण घटनाओं ने मुझे ईश्वर के विधान का सम्मान करने और नियति ने जो आदेश दिया है, उसे विनम्रतापूर्वक स्वीकार करने के लिए प्रेरित किया है। के सेरा सेरा, जो होगा वो होगा, और भविष्य के गर्भ में क्या छिपा है, कोई नहीं जानता।

यह कहने के साथ ही जीवन ने मुझे यह भी सिखाया कि कभी-कभी उस उद्देश्य के लिए खड़ा होना ठीक हो सकता है, जो आपको उचित लगता है। जैसा कि दसवें सिख गुरु श्री गुरु गोबिंद सिंहजी ने जफरनामा (विजय के पत्र) में मुगल शासक औरंगजेब को संबोधित करते हुए कहा है, चू कर अज हमा हीलते दार गुजश्त, हलाल अस्त बुरदान बा शमशीर दस्त, यानी 'किसी अन्याय को समाप्त करने या समस्या का हल निकालने के लिए, सभी रणनीतियों/प्रयासों के समाप्त होने पर तलवार उठाना एक पवित्र और न्यायसंगत निर्णय है।' मेरे मामले में बीजी को मेरे हित के लिए लड़ने के लिए कहना शायद मेरे जीवन का वही क्षण था, लेकिन मेरे सेना के कॅरियर के बाद के वर्षों में, ऐसे कई मौके आए, जब जीवन में सीखे गए शुरुआती सबक ने आने वाली चीजों की दिशा ही बदल दी।

'नशे में लाने वाली' ड्रिंक

सेना में शामिल होने में मेरे फैसले पर हमारी शुरुआती असहमति के बावजूद अपने पिता के साथ मेरे कुछ अविश्वसनीय क्षण रहे हैं और एक घटना, जिसका मैं यहाँ जिक्र

करना चाहूँगा, यह सभी फौजियों से संबंधित है, जब वह घर जाता है। यह उस सैनिक और उसके परिवार, दोनों के लिए एक बहुप्रतीक्षित घटना होती है, जो अकसर लंबे समय के बाद एक-दूसरे से मिलने के लिए उत्सुक रहते हैं। हालाँकि इन मुलाकातों या पुनर्मिलन को अपने आप में उत्सव नहीं कहा जा सकता है, लेकिन अवसर निश्चित रूप से विशेष होते हैं, क्योंकि इनमें स्वागतयोग्य भोजन या पेय, या पड़ोसियों के साथ उत्साही मुलाकातें शामिल रहती हैं। जब हम सभी एक साथ बैठते हैं और अपने अनुभवों को याद करते हैं, तो सेना के जीवन के बारे में सुनने के लिए लोग हमेशा उत्सुक रहते हैं। मेरे मामले में, जब भी मैं घर जाता हूँ, मेरे पिता एक उत्साही जाम पिलाने वाले की तरह मेरे साथ ड्रिंक का आनंद लेने के लिए उत्सुक रहते हैं, चमकदार क्रिस्टल गिलास की जोड़ी और विभिन्न प्रकार की खास किस्म की शराब का इंतजाम करके रंगीन शाम की तैयारी करते हैं।

एक दिन मैं पंजाब से गुजर रहा था और दोपहर के भोजन के लिए घर पर रुका। घर में घुसते ही मैंने अपने पिता से कहा, 'पापा, आइए एक गिलास वोदका पीते हैं।' चूँकि वह आम तौर पर दिन में शराब नहीं पीते और शाम को स्कॉच पीना पसंद करते हैं, इसलिए उन्होंने कहा, 'नहीं, मैं अपना सामान्य पेय लूँगा। तुम अपना वोदका लो। मैंने पेय को पूरे जोश के साथ मिलाना शुरू कर दिया, जिसमें वोदका, कॉकटेल बिटर की एक चुटकी, थोड़ा सा अदरक, कुछ ताजा पुदीने की पत्तियाँ, कुछ कटा हुआ मसालेदार प्याज और यहाँ तक कि कुछ हरी मिर्च भी शामिल थीं। इतना ही नहीं, मैंने कुछ ताजा नीबू और कुछ मसाले मिलाए, जिससे वास्तव में एक शानदार कॉकटेल तैयार हुआ। इस दिलचस्प रेसिपी से प्रभावित होकर मेरे पिता मुझे पेय में एक के बाद एक सामग्री मिलाते हुए देखते रहे और आखिरकार, अपनी भावनाओं को दबाने में असमर्थ होने पर उन्होंने अपने ठेठ पंजाबी व्यंग्य के साथ कहा, 'बेटा, हूण इहदे विच थोड़ा जेहा देसी घिओ पा के तड़का वी लगा ही लै (तुम थोड़ा सा देसी घी के साथ इसमें तड़का भी क्यों नहीं लगा देते)!' उनके तीखे पंजाबी हास्य का जवाब देते हुए मुझे उन्हें समझाना पड़ा कि पेय में इन सभी अद्वितीय सामग्रियों को मिलाने से यह मसालेदार हो जाता है, जिससे यह न केवल इससे तीखा होता है, बल्कि ताजी सब्जियों के स्वाद के साथ वोदका की कड़वाहट भी दब जाती है। हालाँकि मेरा तर्क उनके गले नहीं उतरा!

आगे आने वाले अध्यायों में मैं पाठकों को अपने सैन्य जीवन की एक अंतरंग यात्रा पर ले जाऊँगा। जैसे-जैसे हम आगे बढ़ेंगे, इसे छोटे-छोटे किस्से और यादों से भर देंगे। □

2

सैनिक बनना भाग्य में लिखा था

राजपूताना राइफल्स की चौथी बटालियन से पुराना रिश्ता

सेना का जीवन चुनौतियों भरा है, और एक अधिकारी के लिए प्रतिकूल और प्राणघातक परिस्थितियों में सही समय पर सही फैसला करना सबसे बड़ी जिम्मेदारी होती है, जो राष्ट्र, सेना, उसकी रेजिमेंट और उसकी यूनिट, उसके जवानों और स्वयं उसकी निश्चित मृत्यु तथा सुनिश्चित जीत के बीच अंतर कर सकता है। मैं यहाँ आपको आश्वस्त कर देना चाहता हूँ कि किसी सैन्य परचे में या सैन्य प्रशिक्षण के किसी भी क्लासरूम में प्रत्यक्ष लड़ाई की स्थिति का ज्ञान नहीं दिया जा सकता है। मैं यहाँ जिन घटनाओं के बारे में बता रहा हूँ, वे दिखाती हैं कि मेरे जीवन के अलग-अलग समय पर कैसे विभिन्न घटनाओं ने मुझे शक्ति दी, मुझे शारीरिक, मानसिक और भावनात्मक रूप से अविचलित होने वाला बनाया है।

पीछे पलटकर देखता हूँ, तो मुझे अहसास होता है कि इन विविध घटनाओं ने, जो आपस में जुड़ी नहीं हैं, फिर भी उस बड़े ब्लूप्रिंट का हिस्सा थीं, जिन्हें मेरे जीवन में वृहद स्तर पर छोटे-छोटे तत्त्वों के रूप में बुना गया है। ऐसी ही एक घटना मेरे बचपन में उस वक्त घटी, जब मैं जनवरी 1980 में एनडीए में शामिल होने से पहले फिरोजपुर में स्कूल में पढ़ रहा था और मेरे दोनों मामा की तैनाती वहीं थी। संयोग से सेना की वह यूनिट, जिसमें आखिरकार मेरा कमीशन हुआ, राजपूताना राइफल्स (राजरिफ) की चौथी बटालियन, वह भी उस समय वहीं तैनात थी। मुझे बास्केटबॉल खेलना अच्छा लगता था, लेकिन हमारे स्कूल में सही ढंग का बास्केटबॉल ग्राउंड नहीं था। इसलिए अपने अभ्यास के लिए हमारे स्कूल के सभी सदस्य 4 राजरिफ के लंबे-चौड़े बास्केटबॉल ग्राउंड में जाया करते थे, जिसकी अपनी एक बेहतरीन बास्केटबॉल टीम भी थी, जिनमें कुछ ऐसे खिलाड़ी भी थे, जिन्होंने टीम का प्रतिनिधित्व सेना और राष्ट्रीय स्तर पर भी किया था। स्कूली बच्चों के रूप में हम 4 राजरिफ के साथ, जिसे फ्रेंडली मैच कहते

हैं, वहीं खेला करते थे और हम चाहे मैच जीतें या हारें, हमें हमेशा गरमागरम समोसा और जलेबी खिलाई जाती थी, जो यूनिट की वेट कैंटीन से बनकर आती थी। कहने की आवश्यकता नहीं कि हमेशा सम्मान सहित भेंट हुआ करती थी। इसलिए 4 राजरिफ के साथ कॅरियर में मेरे लंबे रिश्ते की शुरुआत तभी शुरू हो गई थी, जब मैं 1970 के दशक के मध्य में स्कूल में पढ़ रहा था। इसके कई वर्षों बाद औपचारिक रूप से मैं सेना में शामिल हुआ और 17 दिसंबर, 1983 को उस उत्कृष्ट बटालियन का हिस्सा बन गया। दिलचस्प रूप से, 4 राजरिफ दूसरे विश्व युद्ध के दौरान 'फ्लीट स्ट्रीट बटालियन' के नाम से भी मशहूर थी। यह लंदन के फ्लीट स्ट्रीट का संदर्भ था, जहाँ दूसरे विश्व युद्ध के दौरान सभी प्रमुख अखबारों के दफ्तर थे, और युद्ध के दौरान 4 राजरिफ, जो अपने सफल सैन्य अभियानों के कारण हमेशा खबरों में रहती थी, उसने अपने लिए 'फ्लीट स्ट्रीट बटालियन' का नाम अर्जित कर लिया। और इस प्रसिद्ध बटालियन में मैंने सेना के अपने कॅरियर की शुरुआत की। यहाँ भी ऐसा लगा, जैसे भाग्य सक्रिय था, मुझे आरंभिक वर्षों में सेना में अपने आखिरी गंतव्य की ओर ले जा रहा था, ताकि मैं लड़ने की भावना और उन मौलिक मूल्यों को आत्मसात् कर सकूँ, जो इस यूनिट के साथ मेरे औपचारिक जुड़ाव से पहले ही प्रसिद्ध थे। यहाँ मुझे कहना ही होगा कि 4 राजरिफ की टीम के साथ मैच के बाद हम जिस समोसा और जलेबी पर टूटा पड़ा करते थे, वह आज भी मेरा पसंदीदा नाश्ता है। इसके अतिरिक्त चूरमा मुझे पसंद है, जो चीनी और देसी घी के अलावा ढेर सारा प्यार मिलाकर बनाया गया उत्तर भारतीय व्यंजन है, जिसे राजपूताना राइफल्स के जवान बेहद पसंद करते हैं। इस बटालियन के अधिकांश सैनिक राजस्थान और हरियाणा से आते हैं।

स्कूल के सबक, जो मिलकर जीवन के सबक बन गए

फिरोजपुर में मेरे स्कूली साल, वास्तव में मेरे बचपन के यादगार पल थे, जिन्होंने अकादमिक शिक्षा के अतिरिक्त जीवन के सबक दिए और विफलताओं के सामने 'कभी हार न मानने' की भावना पैदा की। एक मजेदार वाकया उस वक्त हुआ था, जब मैंने दसवीं कक्षा की परीक्षा में सब गड़बड़ कर दिया था और कुछ ही दिनों पहले दिल्ली के एक प्रतिष्ठित स्कूल से आए नवनियुक्त प्रिंसिपल मिस्टर जुनेजा ने मेरी जमकर क्लास लगाई थी। प्रिंसिपल ने मुझसे या तो अपने माता-पिता या स्थानीय अभिभावक को लेकर आने के लिए कहा, ताकि उनके सामने फटकार लगाई जा सके। घबराकर मैंने गुरदीप सिंह संधू से मदद माँगी, जो मेरे मामा के ऑफिस में मध्य-स्तर के अधिकारी के रूप में काम कर रहे थे। इत्तेफाक से मेरे मामा गुरवतार सिंह संधू भी शॉर्ट में अपना नाम गुरदीप

सिंह संधू की तरह ही लिखते थे और नए प्रिंसिपल के सामने जी.एस. संधू बनाकर उन्हें ले जाना मेरे लिए आसान था, क्योंकि वह प्रिंसिपल मेरे मामा से पहले मिले भी नहीं थे। मेरे साथ अभिभावक के रूप में जाने पर वह सहमत हो गए और अपनी साइकिल पर मुझे बिठाकर प्रिंसिपल की झाड़ सुनने के लिए चल दिए।

सबकुछ तब तक प्लान के मुताबिक चल रहा था और प्रिंसिपल भी मेरे 'स्थानीय अभिभावक' के साथ सौहार्द से पेश आ रहे थे, जब तक कि मर्फी के नियम ने अपना खेल उस वक्त नहीं दिखाया, जब हम प्रिंसिपल के ऑफिस से बाहर निकलने ही वाले थे। गुरदीप सिंह भावनाओं में बह गए और शेखी बघारने के लिए कह दिया कि मैं एक अच्छा छात्र था और पिछले साल मुझे स्कॉलरशिप भी मिली थी। हैरान होकर प्रिंसिपल ने मेरे क्लास टीचर श्री मनोहर लाल कक्कड़ को यह पूछने के लिए बुला लिया कि आखिर गड़बड़ कहाँ हुई कि स्कॉलरशिप हासिल करने वाले छात्र का प्रदर्शन इतना खराब हो गया। श्री कक्कड़ मुझे बहुत अच्छी तरह जानते थे, क्योंकि मैं उस स्कूल में तीन साल से पढ़ रहा था, और उनका सामने आना मेरे लिए ठीक नहीं होता। इसलिए यह समझ आते ही कि मेरे स्थानीय अभिभावक के अति उत्साह के कारण मामला हाथ से बाहर जा रहा है, हम दोनों चुपचाप वहाँ से खिसक आए।

इस घटना से परोक्ष रूप से यह संदेश भी मिलता है कि आवश्यक नहीं कि किसी का प्रदर्शन हर परीक्षा में अच्छा ही हो या कभी खराब प्रदर्शन हुआ तो दिल छोटा कर ले, क्योंकि शिक्षा के बड़े लक्ष्य की दिशा में ऐसे इम्तिहान सहायक की भूमिका निभाते हैं। बड़ा लक्ष्य वास्तविक जीवन में अपनी सच्ची क्षमता का प्रदर्शन करना होता है। गुरदीप सिंह संधू को शामिल करने वाली इस घटना से मैंने दूसरा सबक यह सीखा कि किसी अनिश्चित या पहली बार के अभियान की योजना बनाते समय, समापन पर पूरी तरह विचार करना चाहिए और सभी आकस्मिक परिस्थितियों को ध्यान में रखना चाहिए, जैसा कि अपने बाद के सैन्य कॅरियर में मैंने यह भी सीखा कि शत्रु से पहली मुठभेड़ में कोई भी प्लान धरा-का-धरा ही रह जाता है।

माँ की ममता का शून्य

जैसा कि मैंने पहले बताया है, मेरे जीवन में माँ की बहुत जल्द मृत्यु के कारण मन में माँ से वंचित होने की भावना ने ऐसा घर कर लिया कि अवचेतन रूप से मैं उसका शिकार हुआ, विशेष रूप से किशोरावस्था और फिर जब उसके कुछ ही वर्षों बाद मैं एक युवा अधिकारी के रूप में सेना में शामिल हुआ। इस भावना ने मुझे एक विशेष अवसर पर घोर कष्ट में डाला दिया, जब मेरी यूनिट फील्ड में बेहद मुश्किल

दौर के बाद एक पीस स्टेशन पर आई थी। मैं एक बुलेट मोटरसाइकिल खरीदना चाहता था और एक परिवारिक दोस्त से उसकी बाइक के लिए सौदा भी हो चुका था, लेकिन मैं उसे खरीद नहीं सका। मैंने जब अकेले में उसके इनकार करने पर विचार किया, तो मुझे यही अहसास हुआ कि यदि मेरी माँ जीवित होती, तो कभी अपने बेटे को इस स्थिति से गुजरने नहीं देती। बचपन की मेरी चिंता ने शायद मेरे चरित्र का निर्माण किया, जिसने इस तथ्य को मुझे स्वीकार करने योग्य बनाया कि जीवन में कुछ भी मेरे सामने परोसकर नहीं रखा जाएगा और मुझे उसके लिए मेहनत करनी पड़ेगी। हालाँकि उस घटना ने बुलेट (या बुल्ट, जैसा कि पंजाबी बोलचाल की भाषा में कहते हैं और मैं भी वही कहना पसंद करता हूँ) खरीदने के मेरे निश्चय को कमजोर नहीं किया। मैंने अपने स्कूल के क्लासमेट और एनडीए के कोर्समेट से बात की, जो तब लेफ्टिनेंट हरमिंदर सिंह भुल्लर (या जिम्मी भुल्लर, आज तक मेरा सबसे जिगरी दोस्त) था, जिसने कमाल की कीमत पर एक सेकेंड हैंड बाइक खरीदी, क्योंकि 1980 के दशक के मध्य में पंजाब में बुलेट मोटरसाइकिल प्रतिबंधित थी और इस कारण कम कीमत पर उपलब्ध थी। यहाँ तक कि उसने रेलवे से बुल्ट को उदयपुर भी भिजवा दिया। मोबाइल या ऑनलाइन ट्रैकिंग सिस्टम तो तब था नहीं, इसलिए मैं हर दिन यह पता लगाने के लिए उदयपुर रेलवे स्टेशन जाता था कि मेरा 'पहला प्यार' या 'बुल्ट मेरी जान' आई या नहीं। मैं जो भी चाहता, उसे हासिल करने के लिए कड़ी मेहनत का मेरा इरादा पेशे को लेकर मेरे चुनाव से भी साफ होता है, जो आत्मनिर्भरता और अंदरूनी शक्ति का एक और रूप है।

माँ की ममता की कमी से शून्य का वह अहसास तब अत्यधिक सशक्त रूप में सामने आया, जब मैं कश्मीर में कोर कमांडर था और वही भावना 'ऑपरेशन माँ' की मेरी सोच का बीजमंत्र था। आगे के अध्याय में हम इस पहल की चर्चा करेंगे, जो कश्मीर में आतंक-विरोधी अभियानों के लिए एक नया मोड़ साबित हुआ, जब हमने बेटों को आतंकवादी बनने से रोकने के लिए माताओं का समर्थन माँगा और हमें अप्रत्याशित सफलता मिली। अनेक युवकों को हम देश के खिलाफ हथियार उठाने से प्रभावी ढंग से रोक सके। इस ऑपरेशन के पीछे का मूल विचार यही था कि 'कोई भी माँ बगैर बच्चे के और कोई भी बच्चा बगैर माँ के न रहे'।

मेरी पहली 'बुल्ट', 1985

मेरी आज की बुल्ट

बचपन के भय पर विजय

अधिकांश बच्चों की तरह ही मैं भी जब छोटा था तो मुझे अँधेरे से डर लगता था, लेकिन अपनी किशोरावस्था में इस भय पर भी विजय पाने से जुड़ी एक बेहद दिलचस्प घटना है। मेरी नानीजी के पास एक भैंस थी, लेकिन उनका घर चूँकि आबादी से कुछ दूरी पर था, आसपास की बस्ती से लगभग एक किलोमीटर दूर, तो रात को घर पर भैंस को छोड़ना पशु चोरी के लिहाज से जोखिम भरा था, और हम इस संपत्ति को खो नहीं सकते थे। इसलिए उस भैंस को हर रात पास के इलाके में रहने वाले एक रिश्तेदार के घर तक ले जाते और फिर अगली सुबह उसे वापस लेकर आते थे। उस समय परिवार में सबसे छोटा होने के कारण भैंस को लाने और ले जाने की जिम्मेदारी मेरे कंधों पर आ गई। उस भैंस के साथ रात को पैदल जाने के कारण मुझे विचित्र आवाजों और दूर की खामोशी की आदत पड़ गई, जिसका फायदा मुझे एक सैनिक के रूप में अपने बाद के वर्षों में मिला, जिनके जीवन में भय नाम की कोई चीज होनी नहीं चाहिए। मैं एक खास मकसद से इस घटना का जिक्र कर रहा हूँ, ताकि सेना में जाने के इच्छुक युवक महसूस करें और समझ सकें कि सुरक्षा बलों में शामिल होने के लिए मनोबल का निर्माण लिखित परीक्षा पास करने या एसएसबी क्लियर करने या शारीरिक रूप से एनडीए/आईएमए/अन्य किसी प्री-कमीशन ट्रेनिंग एकेडमी में शामिल होने से नहीं होता, बल्कि यही जीवन की सारी शिक्षा का सार है और यही अनुभव एक सैनिक के चरित्र को आकार देते हैं। और जो भी एसएसबी क्लियर करने के टिप्स मुझसे माँगते हैं, उन सभी को मेरी यही सलाह है 'तुम जैसे हो बस वैसे ही रहो।'

एक सैनिक की दृढ़ता उसके काम और उसके खेल, दोनों में ही दिखती है। मैंने भी खेलों के प्रति अपने प्रेम को आगे बढ़ाया और अपनी पढ़ाई के दौरान विभिन्न स्तरों पर इंटर-स्कूल बास्केटबॉल और कबड्डी का खेल खेला। हालाँकि मैं जब दसवीं कक्षा में था, तब इसने मुझे एक बड़ी मुसीबत में डाल दिया, जब कबड्डी खेलते हुए मेरे घुटने में चोट लग गई थी। इस डर से कि घर में मैंने अपनी चोट किसी को दिखाई तो मुझे प्रैक्टिस के लिए नहीं जाने दिया जाएगा, मैंने उस चोट को नजरअंदाज कर दिया। मैंने किसी डॉक्टर को नहीं दिखाया और अपनी दिनचर्या सामान्य रूप से आगे बढ़ाता रहा। यहाँ तक कि साइकिल से स्कूल जाता रहा। फिर एक दिन मैं उग्र हो चुके घाव को ज्यादा नहीं छिपा सका। मुझे लँगड़ाकर चलते देख नानीजी ने पूछना शुरू किया और हम दोनों को पता चला कि उसमें संक्रमण हो चुका है। उनके दिमाग में संक्रमण हुई मेरी माँ की मृत्यु की बात एकदम ताजा थी, इसलिए वे रोने लगीं और मुझे तुरंत एक डॉक्टर के पास ले गईं, जो जख्म की उग्रता को देखकर चौंक गया। जख्म अब तक बहुत डरावना

हो चुका था और उसे ठीक होने में काफी समय लगा। मुझे लगता है कि इतनी कम उम्र में शारीरिक कष्ट को सहने और अनजाने डर तथा मानसिक तनाव पर विजय पाने की यह क्षमता जोखिम भरी कारवाइयों और आतंकवाद विरोधी अभियानों के दौरान कई बार एक पूँजी की तरह काम आई। साल 1999 में कश्मीर में ऐसे ही एक ऑपरेशन के दौरान मेरे घुटने और टखने के बीच की हड्डी में चोट आई, लेकिन मैंने इसकी परवाह नहीं की और ऑपरेशन के अंत तक भिड़ा रहा, जब तक कि हमने घेराबंदी के बीच मौजूद आतंकवादियों का सफाया नहीं कर दिया। वैसे लोग कहते हैं कि 'सेना आपको दृढ़ता सिखाती है', लेकिन मेरे मामले में, मुझे लगता है, आप यह कह सकते हैं कि सेना में शामिल होने से पहले ही जीवन ने मुझे दृढ़ बनना सिखा दिया था।

मौत खुद पर गर्व मत करो

दर्द और चोट की तरह ही मौत से भी मेरी मुलाकात अपने जीवन में कई बार बिन बुलाए ही हो चुकी है। अपने प्रसिद्ध लघुकाव्य 'डेथ बी नॉट प्राउड' में सत्रहवीं सदी के विख्यात अंग्रेज आध्यात्मिक कवि जॉन डॉन ने मौत को शक्तिशाली और खतरनाक बल बताया है। हालाँकि यहाँ सबसे महत्त्वपूर्ण शर्त यह है कि चाहे आप कितने ही दृढ़ क्यों न हों, कुछ भी ऐसा नहीं, जो मौत को स्वाभाविक रूप से स्वीकार करने के लिए आपको तैयार करता हो, और मौत मेरे पूरे जीवन में और मेरे चाहने वालों पर कई बार मँडरा चुकी है।

मेरी माँ और मेरे भाई की मृत्यु के बाद मेरे जिस अगले करीबी व्यक्ति ने इस दुनिया को बहुत जल्दी छोड़ दिया, वे मेरे ममेरे भाई, मेरे मामाजी के छोटे बेटे मेजर हरिंदर पाल सिंह संधू थे, जिनके साथ मैंने बीजी के घर में खुशियों भरे मौज-मस्ती के कितने ही दिन बिताए थे। हम साथ-साथ बड़े हुए, न केवल कंचे का खेल बल्कि हॉकी, क्रिकेट और फ्रेंच क्रिकेट (उस खेल का एक गढ़ा हुआ रूप जो केवल दो खिलाड़ियों के बीच खेला जाता है, जहाँ बैट्समैन के पैर विकेट का काम करते हैं और गेंदबाजी काफी करीब से की जाती है) समेत अनगिनत खेल खेले थे। उस बदमाशी में भी वे मेरे साथी थे, जिसमें हमने दबंग जग्गी को सबक सिखाया था, जब वह हमारे कंचे लेकर भागना चाहता था।

मुझसे दो साल बाद उन्हें ब्रिगेड ऑफ गार्ड्स की छठी बटालियन में कमीशन मिला था और आगे चलकर उन्होंने राष्ट्रीय राइफल्स की यूनिट में योगदान दिया, जो दक्षिण कश्मीर में तैनात थी। 23 दिसंबर, 1993 के उस घटनापूर्ण दिन, उन्होंने अपने कमांडिंग ऑफिसर को बचाने के दौरान सर्वोच्च बलिदान दिया, जिनके वाहन पर आतंकवादियों ने बिजबेहरा स्थित घात लगाकर हमला किया था। मैं यकीन से कह सकता हूँ कि सैनिकों

की 'कभी हार न मानने' वाली भावना उनके मन में थी, जब वे मुठभेड़ वाली जगह पर पहुँचे। भारत के माननीय राष्ट्रपतिजी ने वीरता की उनकी कारवाई के लिए उन्हें 'शौर्य चक्र' (मरणोपरांत) से सम्मानित किया, जिसे उनकी पत्नी ने प्राप्त किया था। तीस वर्ष की उम्र में हुई अकाल मृत्यु के बीच वे अपने पीछे दो छोटे-छोटे बच्चों, तीन साल की बेटी और चार महीने के बेटे के अलावा अपनी युवा पत्नी को छोड़ गए। यह मेरे लिए ऐसी व्यक्तिगत क्षति थी, जिसके सदमे से मेरा उबर पाना मुश्किल था। मुझे आज भी उनके साथ हुई आखिरी मुलाकात याद है, जब मैं जम्मू सेक्टर में तैनात था। कुछ दिनों की छुट्टी लेकर वे अपने नवजात बेटे को देखने आए थे और जम्मू ट्रांजिट कैंप में ड्यूटी ज्वॉइन करने से पहले मेरे साथ रात को ठहरे थे। वहाँ से वे वापस कश्मीर में अपनी यूनिट में लौट गए थे। अपने प्रियजन को खो देने का खालीपन और असहमीय कष्ट आप पर इतना गंभीर प्रभाव छोड़ जाता है, जिसे उन्हीं हालातों में पीछे छूटी निर्जीव भौतिक वस्तुएँ गहरा कर देती हैं, जबकि उनसे जुड़ा इनसान दुनिया से जा चुका होता है, जैसे कि मेरे घर के बिस्तर की वह चादर, जिस पर आतंकियों से जानलेवा मुठभेड़ से कुछ रात पहले मेरा भाई सोया था और वह चादर उसी बिस्तर पर बिछी थी। उस चादर का इस्तेमाल वह अब जीवन में फिर कभी नहीं करने वाला था! उसकी पत्नी, जो एक बहुत साहसी महिला हैं, अपने बच्चों को ढंग रूप से पाला-पोसा और उनकी सर्वोत्तम शिक्षा तथा आगे चलकर प्रोफेशनल ट्रेनिंग को सुनिश्चित किया। उनका बेटा एक कमर्शियल पायलट है और बेटी एक इंटरनेशनल एयरलाइंस के साथ काम कर रही है।

मेरे जीवन से जुड़ी इन सारी दुःखद घटनाओं ने, जिनमें मेरे काम या मेरे घर के करीबी व्यक्तियों की मौत शामिल है, बेशक भावनात्मक रूप से मुझे प्रभावित किया, लेकिन मुझे अपनी ड्यूटी के प्रति दृढ़ निश्चयी बनाने के साथ ही शारीरिक और मानसिक रूप से अधिक शक्तिशाली भी बनाया। पीड़ा देने वाले इन व्यक्तिगत नुकसानों ने कुछ पलों के अनुभव वाली इस यात्रा की क्षणभंगुरता का महत्त्व भी समझाया, जिसे 'जीवन' कहते हैं। सेना में यह अनुभूति विशेष रूप से स्पष्ट दिखती है, जहाँ हर अगले पल जानलेवा हमला हो सकता है या शत्रु अथवा आतंकवादियों से घातक मुठभेड़ हो सकती है।

वास्तव में अपनी पूरी सेवा के दौरान कई बार मौत को मैंने बेहद करीब से देखा है। भारत के कश्मीर या उत्तर-पूर्व में आतंकवादियों से लड़ते हुए, जहाँ चल रही गोलियों से मेरी मौत किसी भी समय हो सकती थी। मेरे या मेरे साथियों या अधीनस्थों के जीवन के ये सर्वव्यापी खतरे और कभी-कभी सचमुच में आई मौत मेरे लिए लगभग एक रुटीन की तरह रही है। लेकिन मैंने जिन लोगों को अपनी व्यक्तिगत या पेशेवर यात्रा के दौरान खोया है, उनके प्रति मेरे अंदर के गहरे शोक को अनदेखा नहीं किया जा सकता है,

और जब-जब उनमें से किसी की मौत हुई, तब-तब मेरे भीतर का एक हिस्सा मरा है।

यहाँ मैं इतना अवश्य कहूँगा कि कोई सैनिक आतंकवादी या दुश्मन सैनिक को अपना कर्तव्य निभाने के दौरान मारता है, तो वह भी मृत्यु की सच्चाई को ही बताता है, क्योंकि यह किस्मत की ही बात होती है कि यमराज ने इस बार उसके शत्रुओं के प्रति नहीं बल्कि उसके प्रति दया दिखाई। मैंने फरवरी 2019 में चिनार कोर कमांडर का दायित्व सँभाला। उससे पहले मैं सात बार पूर्वोत्तर या जम्मू-कश्मीर में उग्रवाद विरोधी/ आतंकवाद विरोधी अभियानों की जिम्मेदारी सँभाल चुका था। अपनी सेवा के दौरान मेरी कमान में तब तक सिर्फ एक सैनिक की क्षति हुई, जो लांस नायक पाते तासुक थे, जिन्हें एक नहीं, दो-दो बार वीरता की कारवाई के लिए 'सेना मेडल' से सम्मानित किया गया था। वह भी ब्रिगेड ऑफ गार्ड्स से ताल्लुक रखते थे और आतंकवादियों के साथ जब मुठभेड़ हुई, तब उत्तर कश्मीर में राष्ट्रीय राइफल्स के साथ तैनात थे। जहाँ ब्रिगेडियर के रूप में मैं एक राष्ट्रीय राइफल्स सेक्टर को कमांड कर रहा था। वह अरुणाचल प्रदेश के थे और उनमें शिकारी का जन्मजात गुण था, जिसके कारण किसी समूह के बीच चल रहे आतंकवादी को वह महज उसकी चाल या हाथ-पैर की हरकत से पहचान लेते थे। लांस नायक पाते तासुक की वीरता, और कैसे देश के लिए सर्वोच्च बलिदान देने वाले शेरदिल जवानों के परिवारों के कल्याण का खयाल कमांडर रखते हैं, इसकी चर्चा इस पुस्तक में आगे विस्तार से की गई है।

मुकद्दर का सिकंदर फिल्म का हिंदी गाना 'जिंदगी तो बेवफा है, एक दिन ठुकराएगी, मौत महबूबा है, अपने साथ लेकर जाएगी', इस कठोर वास्तविकता को सबसे सही तरीके से बताती है, और एक सैनिक के जीवन से अधिक यह कहीं और लागू नहीं होती है, जो हर दिन मौत से इश्क लड़ाता है, चाहे उसे शत्रु से लड़ना हो, या छिपे लक्ष्य को ढूँढ़ निकालना, या बस सबसे प्रतिकूल इलाकों और मौसम में उसे जीते रहना हो, जिनका सामना उसे करना पड़ता है।

एक सैनिक के लिए मौत हमेशा उसके साथ रहने वाली प्रेमिका के जैसी होती है, लेकिन हममें से अधिकांश सेवा के दौरान इसे 'पलटन की इज्जत और देश की इज्जत' की अवधारणा के रूप में स्वीकार नहीं करते, जो उस समय हमारे मन में सबसे प्रभावी विचार होता है। एक व्यक्ति या उससे अधिक महत्त्वपूर्ण रूप से एक सैनिक के रूप में मैं भी उनसे अलग नहीं हूँ, क्योंकि तीन साल की उम्र से ही मौत मेरे जीवन और मेरे कॅरियर में लगभग एक पृष्ठभूमि की तरह रही है, हालाँकि मैंने इसे कभी अपने सामने नहीं आने दिया है।

अगले अध्याय में मैं अपने पाठकों को वापस एकदम शुरुआत में ले जाऊँगा, सेना

में अपने जीवन के आरंभ में, उसकी ट्रेनिंग और अनेक सबक और मूल्यों की चर्चा करूँगा, जिन्हें भारतीय सेना में एक अधिकारी के रूप में शामिल किए जाने पर मैंने आत्मसात् किया है।

अपने बड़े मामाजी के बच्चों के साथ, बाएँ से दाएँ :
देविंदर (कर्नल के रैंक से रिटायर), तेजिंदर (एक कर्नल से विवाहित),
हरिंदर (मेजर, शौर्य चक्र [मरणोपरांत]), वर्ष 1975

□

3

यह सब कैसे शुरू हुआ : नेतृत्व का पालना

जैसा कि मैंने पहले बताया था, फिरोजपुर में अपने क्लासमेट हरेश जंग बहादुर के कारण मैं एनडीए में प्रवेश कर सका, जो कि नेतृत्व का पालना है। उसने पूरी क्लास को प्रेरित किया कि एनडीए के लिए आवेदन करना चाहिए। परीक्षा पास करने के बाद मैंने नतीजे को अचानक ही बस के एक सफर के दौरान अखबार में देखा था। मैं प्रवेश के अगले चरण, एसएसबी इंटरव्यू की तैयारी के लिए अपने मामाजी के घर फिरोजपुर लौट गया। मैंने अपने पुराने दोस्त और क्लासमेट हरमिंदर सिंह भुल्लर के साथ, जो मेरे साथ ही सफल हुआ था और जिसे प्यार से हम जिम्मी भुल्लर बुलाते थे, चंडीगढ़ स्थित मिनर्वा एकेडमी में दाखिला लिया, ताकि इंटरव्यू की तैयारी कर सकें। इंटरव्यू और उसके बाद मेडिकल परीक्षा भोपाल में हुई थी। दोनों में सफलता प्राप्त करने के बाद मैं तनाव की स्थिति में मेरिट लिस्ट की घोषणा किए जाने की प्रतीक्षा कर रहा था। और तब मुझे कॉल लेटर मिला जिसमें मुझसे ट्रेनिंग के लिए रिपोर्ट करने को कहा गया था।

एनडीए में जाने से पहले, दिसंबर 1979

कल्याण और पुणे रेलवे स्टेशन पर दो ट्रंकों की कहानी

भारतीय सेना के सदस्य के रूप में मेरी यादगार यात्रा की शुरुआत 2 जनवरी, 1980 को हुई, जब जिम्मी भुल्लर और मैं फिरोजपुर से पुणे के लिए पंजाब मेल में सवार हुए। हमने अपना सारा सामान खास ट्रंकों (चपटा और चौड़ा) में रखा, जिन्हें विशेष रूप से सेना के सफर के लिए बनाया जाता है, ताकि आराम से ट्रेन के बर्थ के नीचे खिसकाया या बैरकों में बिस्तर के नीचे आसानी से फिट किया जा सके, जहाँ अपनी तरह की जगह होती है। इस सफर की शुरुआत कल्याण स्टेशन पर एक दिलचस्प घटना से हुई, जहाँ हमें पुणे के लिए ट्रेन बदलनी थी। चूँकि हमने दो ट्रंकों को ऊपर तक ठूँसकर ढेर सारा सामान भर रखा था, इसलिए टिकट चेकर ने हमारे सीमा से अधिक वजन वाले ट्रंकों के एवज में 80 रुपए का फाइन भरने को कहा, जो उस समय बहुत बड़ी रकम हुआ करती थी। अपनी मंजिल तक पहुँचने से पहले आई इस बाधा से हैरान-परेशान होकर हमने टिकट चेकर से विनती करते हुए कहा कि हम दोनों के पास कुल मिलाकर भी उतना कैश नहीं है, जितना आप माँग रहे हैं, और हम इतना बड़ा फाइन देने की स्थिति में नहीं हैं। चूँकि वह सज्जन आदमी थे, उन्होंने देश के दो उभरते सैनिकों पर दया दिखाई और हमें सुझाव दिया कि हम ट्रंक का सामान एक दूसरे में इस तरह अदल-बदल दें, ताकि एक ट्रंक बिना फाइन के जा सके और कुछ अतिरिक्त सामान कंधे पर लटकाने वाले बैग में रखा जाए, जो रेलवे स्टेशन पर ही (उन्होंने हमें बताया भी कि कहाँ मिल जाएगा) बिक रहा था। इस प्रकार हमने दोनों ट्रंकों में सामान का संतुलन बिठाया, जिससे फाइन काफी कम हो गया। कहने की आवश्यकता नहीं कि जीवन के आरंभ में सीखे गए इस सबक ने अपने आगे के जीवन में विमान या ट्रेन से किए जाने वाले अनेक सफर के दौरान अपने सामान के वजन को मैनेज रखना सिखाया। एनडीए/आईएमए में 'मैनेज' शब्द का इस्तेमाल धड़ल्ले से होता है, जिसका मतलब होता है, 'भीख माँगो, उधार लो या चोरी करो' (लाक्षणिक रूप से कह रहा हूँ) और विपरीत परिस्थिति को अनुकूल बना लो। एनडीए के आभायुक्त एनडीए के दरवाजों के अंदर जाने से पहले ही 4 जनवरी, 1980 की सुबह कल्याण स्टेशन पर हमने यह अच्छी शिक्षा ली। उस दिन शाम को हम पुणे रेलवे स्टेशन पहुँचे।

चूँकि हम 5 जनवरी, 1980 को ट्रेनिंग की निर्धारित शुरुआत से एक दिन पहले ही पुणे पहुँच गए थे और कल्याण रेलवे स्टेशन पर कुछ बेशकीमती कैश बचा लिया था। इसलिए हमने किसी होटल में एक दिन ठहरने और नई-नई फिल्मों को एक के बाद एक देखने का लंबा-चौड़ा प्लान बनाया। समय काटने के लिए फिल्में देखना हमारा सबसे बड़ा शौक था। हालाँकि ऐसा हो न सका, क्योंकि एनडीए के सूबेदार साब, जो रेलवे स्टेशन पर मौजूद थे, ने तुरंत हमारे ट्रंक को पहचान लिया, सामान सहित हमें सेना की 3 टन वाली गाड़ी में

बिठाया, जो बाहर खड़ी थी और हमें पुणे के घोरपुरी ले गए, जहाँ पर एनडीए के पहले टर्म की ट्रेनिंग हुआ करती थी। इसने फिल्में देखने के हमारे सपने को चूर-चूर कर दिया, जो अब तभी संभव होगा, जब हमें 'लिबर्टी' दी जाएगी, यानी छह महीने की पूरी ट्रेनिंग के दौरान किसी एक या दो रविवार को हमें शहर जाने की अनुमति दी जाएगी।

एकेडमी नंबर : 14156
नाम : कँवलजीत सिंह ढिल्लों
सेवा : सेना
स्क्वाड्रन : ए
कोर्स : 63

14156 ए 63 एनडीए कोर्स—
4 जनवरी, 1980 के बाद से मेरी पहचान

एकेडमी नंबर : 14157
नाम : हरमिंदर सिंह भुल्लर
सेवा : सेना
स्क्वाड्रन : एफ
कोर्स : 63

14157 एफ 63 एनडीए कोर्स—
हरमिंदर सिंह भुल्लर उर्फ जिम्मी भुल्लर

पहला उल्लंघन

हमारी सेना की ट्रेनिंग दो हिस्सों में बँटी थी, छह महीने का पहला टर्म पुणे के घोपुरी में होना था एवं बाकी बचे पाँच टर्म एनडीए के खड़कवासला स्थित मेन कैंपस में होने थे। ट्रेनिंग में अभी दो महीने ही हुए थे, तब होली के मौके पर बारह कैडेट्स के हमारे ग्रुप ने, जिनकी उम्र सत्रह-अठारह साल की होगी, त्योहार को मनाने के लिए स्थानीय शराब की एक बोतल खरीदी। इस तरह एनडीए की ट्रेनिंग के दौरान शराब पीने पर पाबंदी के नियम का उल्लंघन किया। हमने मजे से पूरी बोतल (सोचिए 750 एमएल की एक बोतल बारह बंदों के बीच!) पूरी बोतल पी और नतीजे तुरंत ही भुगतने पड़े, क्योंकि अगले दिन खाली बोतल डिवीजनल ऑफिसर (कैप्टन) को मिल गई। चूँकि यह अपराध गंभीर था, इसलिए हमें डिप्टी कमांडेंट, कोमोडोर विजय सिंह शेखावत के ऑफिस तक मार्च कराया गया, जो आगे चलकर एडमिरल और नौसेना प्रमुख बने। नियम तोड़ने वालों में सबसे सीनियर होने के कारण मैं बारह कैडेट्स वाले अवज्ञाकारी समूह में सबसे आगे था। हम मान चुके थे कि दंड के रूप में हमें पिछले टर्म में भेज दिया जाएगा, जिसका मतलब होगा, एनडीए में एक टर्म का नुकसान या छह महीने जूनियर हो जाना और अगले बैच के साथ ट्रेनिंग के लिए मजबूर होना, जो काफी अप्रिय अनुभव होता है।

उनके ऑफिस में मैं जब सिर झुकाए खड़ा था और 'शराब पीने' का अभियोग पढ़ा गया, तब कोमोडोर वी.एस. शेखावत ने कड़क अंदाज में सीधे मेरी आँखों में देखते हुए मुझसे पूछा, 'तुमने शराब पी थी?' मेरा भोला-भाला और ईमानदार जवाब था, 'यस, सर'। अगला सवाल उससे भी अधिक सख्त और सीधा था, 'क्यों?' ड्रिल स्क्वायर ट्रेनिंग के अनुसार, आपको सवाल पूछने वाले की आँखों में सीधे देख कर बात करनी है। डिप्टी कमांडेंट की आँखों में खौलते ज्वालामुखी को मैं देख रहा था और जानता था कि मेरे साथ और बाहर खड़े मेरे ग्यारह साथियों के साथ क्या होगा, जब वे अपनी-अपनी बारी में अंदर मार्च कराए जाएँगे। उस एक शब्द के सीधे सवाल का जवाब देने को जो विकल्प थे, वो ये कि में कहता 'सॉरी, सर' या सच-सच बताने के लिए लंबा जवाब देता, 'सर, मुझे पता नहीं था कि होली पर शराब पीना गुनाह है, क्योंकि मेरे परिवार में होली पर उत्सव मनाने के लिए सभी शराब पीते हैं।' मैंने दूसरा विकल्प चुना और उस नतीजे की प्रतीक्षा करने लगा, जो जाना हुआ था। हालाँकि, मेरे जवाब ने कोमोडोर शेखावत के मन में किसी सही तार को छू लिया था, क्योंकि उन्होंने मुसकराते हुए जवाब दिया, 'मेरे परिवार में भी होली पर शराब पीने की परंपरा है।' इन शब्दों के साथ उन्होंने मुझसे कहा 'मार्च आउट', और मैं हैरान रह गया कि हमें एक टर्म पीछे नहीं भेजा गया, लेकिन हम पर चौदह दिनों की पाबंदियाँ (कुछ शारीरिक ड्रिल और पूरी जा के दौरान कोई 'लिबर्टी' नहीं) लगाई गईं। हम सभी अपने ही कोर्स में आगे बढ़ते रहे, लेकिन हमने अच्छी तरह सबक सीखा था, और हमने फिर कभी कोई उद्दंडता नहीं की। कठोरता से सभी नियमों और कायदों का पालन किया। हमने तब तक दोबारा शराब नहीं पी, जब तक कि आईएमए के प्लाटून कमांडर, कैप्टन भरत सिंह सांगवान ने हमें 17 दिसंबर, 1983 को कमीशन किए जाने से कुछ दिन पहले परंपरा के अनुसार एक-एक गिलास बियर के लिए हमें अपने घर पर बुलाया।

'पूरी' जो कभी थी ही नहीं

'लिबर्टी' एक ऐसी रियायत है, जो एनडीए की ट्रेनिंग शुरू होने के कुछ महीने बाद तब दी जाती है, जब कैडेट ड्रिल स्क्वायर टेस्ट पास कर लेते हैं, जो उनकी ड्रिल में उनकी चाल-ढाल में उत्कृष्टता की परीक्षा होती है। 'लिबर्टी' बिल्कुल सटीक नाम दिया गया है, जिसका वास्तविक मतलब है आजादी या रविवार को सुबह 10 बजे से शाम 6 बजे तक पुणे शहर में कुछ समय के लिए जाने की अनुमति, जिसका इंतजार सभी कैडेट्स को बेसब्री से रहता है, क्योंकि इससे पहले उन्हें एनडीए कैंपस से बाहर जाने की बिल्कुल भी इजाजत नहीं होती है। जिम्मी भुल्लर और मैं, दोनों ही 'लिबर्टी' की घोषणा का बेचैनी से इंतजार कर रहे थे, क्योंकि पंजाब के एक छोटे शहर से आने के कारण, हमने तब तक

दुनिया में बहुत कुछ नहीं देखा था, और पुणे हमें किसी शानदार शहर के जैसा लगता था। करीब 10 रुपए की अपनी क्षुद्र सी पॉकेट मनी लेकर हम पुणे शहर की ओर निकल पड़े, यह सोचते हुए कि इस मामूली रकम में बस टिकट, फिल्म और लंच/नाश्ते का खर्च कैसे मैनेज करेंगे।

शहर में आकर जिम्मी और मेरा ध्यान भेलपुरी बेच रहे खोमचे वाले की ओर गया, जहाँ सिर्फ एक रुपए में खाया जा सकता था। और फिर 'पुरी' शब्द से ही पंजाब में अपने घर में तेल में तली जाने वाली गरमा-गरम पूड़ियों याद आ गई। अपनी पहली 'लिबर्टी' के लॉन्च के लिए इससे शानदार नाश्ता और क्या हो सकता था। हमें क्या पता था कि महाराष्ट्र की स्ट्रीट फूड भेलपुरी का तेल में तली जाने वाली पूड़ी से कोई संबंध नहीं होता। हमें जो परोसा गया, उसे 'शुरुआती' पाचक समझकर हमने खा लिया, और फिजूल में खोमचे वाले के पास इस इंतजार में खड़े रहे कि वे हमें स्वादिष्ट पूड़ियाँ परोसेगा और वह इस इंतजार में था कि मसाले और सब्जियों को मिलाकर परोसे गए मुरमुरे के पैसे हम कब देंगे। आखिर में हमने पैसे दिए और अपनी 'पूड़ियों' से मरहूम किए जाने का गम लेकर मुँह लटकाए चल दिए। इस तरह हमारी पहली 'लिबर्टी' का अंत भारतीय संस्कृति और व्यंजनों की विविधता के बारे में एक सबक और खाली पेट से हुआ, क्योंकि हमारा बजट धड़ाम हो गया था, जिस कारण हम खाने को और कुछ नहीं खरीद सके। हालाँकि मैं यहाँ एक स्पष्टीकरण देना चाहूँगा कि भेलपुरी आज तक मेरा एक पसंदीदा स्नैक्स है।

अपनी जोटिल उँगली का उपचार नहीं अपचार

एनडीए में अपनी ट्रेनिंग के दौरान मुझे खेलों के प्रति अपने लगाव को आगे बढ़ाने का अवसर मिला, क्योंकि एनडीए अपने प्रत्येक कैडेट को सभी खेल खेलने का अवसर देता है, जिनमें पारंपरिक 'फौजी खेलों' के साथ ही गोल्फ, स्क्वॉश और टेनिस शामिल हैं। अपनी ट्रेनिंग के दूसरे टर्म में ऐसे ही एक इंटर-स्क्वॉड्रन फुटबॉल मैच के दौरान मैं गोलकीपर था। एनडीए में ऐसे मैच इस उसूल के साथ खेले जाते हैं कि 'जो जीता वही सिकंदर' और एक-दूसरे के खिलाफ खेलने वाले दो स्क्वॉड्रनों के बीच उन्हें किसी छद्म युद्ध की गंभीरता और 'करो या मरो' की स्थिति के रूप में देखा जाता है, क्योंकि गेम हारने से हारने वाली टीम की प्रतिष्ठा उस स्क्वॉड्रन में धूल में मिल जाती है। 30 अक्तूबर, 1980 को हुए इस विशेष मैच में खराब मौसम के कारण मैदान काफी फिसलन भरा था। इस कारण एक गोल बचाने के दौरान मैं कीचड़ भरे मैदान में फिसल गया, जिससे मेरा हाथ खुद को बचाने के दौरान गोल पोस्ट से टकरा गया। इससे मेरे दाहिने हाथ की तर्जनी इतनी बुरी तरह अपनी जगह से हिल गई कि मेरी हड्डियाँ उँगली से बाहर निकल आईं।

इसके बाद एक हास्यास्पद घटना और हुई। उँगली में चोट लग जाने पर मैं जब अपनी टीम के एक सदस्य के पास गया, जो हमारी तरफ से फुलबैक की जगह पर खेल रहा था और उसे अपने साथ हुई दुर्घटना की बात बताई। उसने जब हृदयविदारक स्थिति में आई मेरी उँगली को देखा, जिसकी हड्डियाँ खून से सनी थीं और चमड़े से बाहर आ चुकी थीं, तो वह बेहोश हो गया और दहशत में सब उसकी तरफ दौड़े। तुरंत एक एंबुलेंस बुलाई गई। उसे स्ट्रेचर पर डाला गया और अस्पताल भेज दिया गया, जबकि मैं, जो व्यक्ति सच में घायल था, उसे मैदान में यह सोचने के लिए खड़ा छोड़ दिया गया कि वह करे तो क्या! फिर मैं मैदान में मौजूद डिविजनल ऑफिसर, लेफ्टिनेंट अनिल सावे के पास गया और उनसे कहा कि मुझे भी चोट लगी है। पहले तो उन्होंने मेरी उँगली को हक्का-बक्का होकर देखा, और फिर सँभले तो अपनी मोटरसाइकिल पर बिठाकर मुझे खड़कवासला मिलिट्री हॉस्पिटल ले गए।

उसके बाद मेरी चोट की गंभीरता को देखते हुए खड़कवासलान में प्राथमिक उपचार के बाद मुझे देर रात खड़की स्थित मिलिट्री हॉस्पिटल में ट्रांसफर कर दिया गया, जहाँ ड्यूटी सर्जन और एनेस्थेटिस्ट को तुरंत बुलाया गया, ताकि मेरी उँगली की आधी रात को ही सर्जरी की जाए। अगले दिन सीनियर सर्जन के अनुसार, देर रात हुई सर्जरी जाहिर तौर पर ठीक से नहीं हुई थी, इसलिए मुझे दूसरी सर्जरी के लिए फिर से ऑपरेशन थिएटर में ले जाया गया, जहाँ सीनियर सर्जन ने उँगली को खोला और फिर से उसका ऑपरेशन किया। मैं जब वार्ड में लौटकर आया, तो ड्यूटी सर्जन, जिसने पहली सर्जरी की थी, अपने राउंड पर आया और मेरी उँगली देखकर चिढ़ के साथ उसने कहा कि फिर से सर्जरी सही जगह पर नहीं हुई है, और उसे फिर से उसका ऑपरेशन करना पड़ेगा। मेरे लिए तीसरी सर्जरी की योजना थी। इन सबके बीच, वार्ड का एक नर्सिंग असिस्टेंट, जो पंजाब का रहने वाला बाँका सिख जवान था और दुनिया भर का ज्ञान रखता था, उसने उन हालातों में मुझे सबसे व्यावहारिक सुझाव दिया। उसने कहा, 'सर, ये लोग आपका ऐसे ही खोलना-जोड़ना करते रहेंगे, इसलिए आप यहाँ से निकल लो।' तो मैंने अपना बैग और सामान उठाया और खड़कवासला लौटने के लिए खड़की अस्पताल से भाग निकला। मुझे डर था कि अस्पताल से किसी को बिना बताए या डिस्चार्ज स्लिप के बगैर भागने के लिए मुझे सजा दी जाएगी। हालाँकि, मुझे बख्श दिया गया और कोई अनुशासनात्मक कारवाई नहीं हुई, जबकि मेरा इलाज फिर से हुआ और आखिर में मेरी चोट पर ध्यान दिया गया। उफ्फ!

मेरे दाहिने हाथ की वह ढंग से स्टिच न की गई उँगली आज भी 'टेढ़ी' है, लेकिन यह एक प्रेस कॉन्फ्रेंस के दौरान ऐतिहासिक पिक्चर-परफेक्ट पोज में काफी काम आई, जो इस

वाक्य 'कितने गाजी आए, कितने गाजी गए' का पर्याय बन गई। इस पुस्तक के कवर पर भी वही तस्वीर लगी है। सोशल मीडिया पर मेरी इस टेढ़ी उँगली की तस्वीर को लेकर बहुत कुछ लिखा और कहा गया, जो शायद तब इतना ध्यान नहीं आकर्षित कर पाती, अगर मेरी उँगली सामान्य और सीधी होती! दिलचस्प रूप से यह तस्वीर प्रसिद्ध हिंदी मुहावरा 'घी सीधी उँगली से ना निकले तो उँगली टेढ़ी करनी पड़ती है' पर भी बिल्कुल सटीक बैठती है, जिसका मतलब है, शराफत उन्हीं से दिखानी चाहिए, जो सीधे हैं, जबकि टेढ़े लोगों से निपटने के लिए टेढ़ा ही बनना पड़ता है।

यह रेखांकित करते हुए कि सेना में अनुशासन का पालन किस हद तक होता है, यहाँ तक कि कभी-कभी तत्काल चिकित्सा देखभाल को भी नजरअंदाज कर दिया जाता है, मेरे चोटिल उँगली के साथ 'इसकी टोपी उसके सर' वाली घटना एक अनिश्चित माहौल (या 'फॉग ऑफ वॉर', एक शब्द जिसके बारे में मैंने बाद के कॅरियर में जाना) में मानसिक और शारीरिक कष्ट को सहने की क्षमता और अपने आरंभिक जीवन में अपनाए आत्मसंयम का महत्त्व भी बताया है, जिसके कारण बिना हाय-तौबा मचाए मैंने अहसनीय दर्द को भी सह लिया।

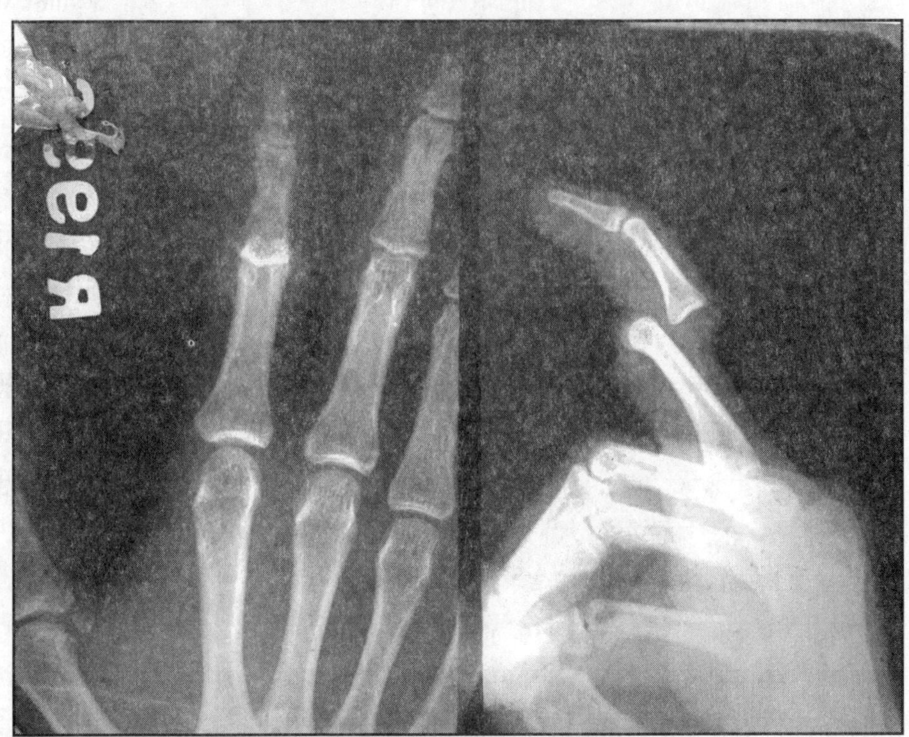

चोटिल तर्जनी का एक्स-रे

DIST: - JULLUNDUR स० से० चि० से० फा०—8 ब
AFMS F-8B.

M. H. KHARAKVASLA DIET AR

नोट :—(i) पतला कार्ड रोगी और सभी प्रलेखों सहित वार्ड को।
Note :— Flimsy to ward with patient and all documents.
(ii) अस्पताल के कार्यालय को कार्ड की प्रति।
Card copy to hospital office.

30/10/80 Nreg.
Not taken on diet

भाग—I (स्वागत-कक्ष में भरा जाए)
PART—I (To be completed in Reception Room)

दाखिले की तारीख Date of admission 30/10/80 वार्ड सं० Sent to ward No. CDT'S WD को भेजा गया

1. पूरा नाम Name in full	2. सेवा नम्बर Service No.	3. रैंक/दर Rank/Rate	4. सेवा Service थलसेना/नौसेना/वायुसेना ARMY/NAVY/AIR FORCE	5. ए० बी० 64 प्राप्त A-B-64 available
KJS DHILLON	1H 156	CDT		

6. आयु Age 18 yrs 7. धर्म SIKH 8. कुल सेवा 10 MONTHS 9. यूनिट/जहाज NDA 10. सेना का अंग/कोर/शाखा/ट्रेड Army

11. स्टेशन KAPURTHALA 12. निकटतम सम्बन्धी Name of next-of-kin MR. DHILLON 13. रिश्ता FATHER 14. निकटतम सम्बन्धी का पता Address of next-of-kin

निदान Diagnosis DISLOCATION OF (RT) HAND INDEX FINGER
दाखिला और रुखसत रजिस्टर में क्रम सं० *Serial No. in A. & D. Book
बैठा रहने वाला, चलता फिरता, लेटा रहने वाला Sitting, Walking, Lying N-834 F-884
*सीधा दाखिला *Direct admission → 232/10/80
पहुंचने पर देखने वाले का नाम Seen on arrival by
*जिस स्थान से बदली हुई *Transferred from M.H. K'WASLA
पहुंचने का समय Time of arrival 1835 Hrs
(CAPT AMC M. MISSC BANDS)

हॉस्पिटल एडमिशन फॉर्म – *'नॉट टेकेन ऑन डाइट'* की टिप्पणी शायद मेरी एनडीए में अनधिकृत वापसी के कारण है

किताबों के बोझ से छुटकारा नहीं

अब तक मैंने बताया है कि एक सैनिक के रूप में देश की सेवा करने की इच्छा से प्रेरित मैं सेना में शामिल होने को लेकर कितना उत्साहित था और मेरे सभी मामा तथा अन्य लोगों ने मुझे कितना प्रेरित किया कि मैं सेना की वर्दी पहनूँ। हालाँकि, एक छिपा रहस्य, विशेष रूप से मेरे परिवार के सदस्यों से छिपी बात यह है कि सेना में शामिल होने के पीछे प्रेरित करने वाला बड़ा कारण यह भी था कि मैं पढ़ाई से बच जाऊँगा, जो मुझे लगता है कि फिरोजपुर में मेरे कई सहपाठियों के लिए भी एनडीए प्रवेश परीक्षा के फॉर्म भरने का प्रमुख कारण था। हालाँकि यह भ्रम जल्दी ही टूट गया, जब मुझे अहसास हुआ कि एनडीए की ट्रेनिंग और सेना की आगे की सेवा में सबकुछ बाहुबल ही नहीं होता, बल्कि बुद्धि की भूमिका भी अच्छी-खासी होती है।

मुझे अच्छी तरह याद है कि हमारे एनडीए ज्वॉइन करने के दूसरे ही दिन हमारे बैच के सभी कैडेट्स को एक स्टोर पर जाने के निर्देश दिए गए थे, जहाँ हवलदार ने हमें भौतिकी, रसायन और गणित (पीसीएम) की ढेर सारी भारी-भरकम किताबें जारी कर दीं। किताबों से जब हमें लाद दिया गया, तो हम हैरान-परेशान एक-दूसरे को देख रहे थे। हमारे हाव-भाव अंदरूनी भावनाओं को व्यक्त कर रहे थे—हम यहाँ पढ़ाई से बचने

के लिए आए थे, न कि पढ़ाई के उससे भी अधिक कठोर जंजाल में फँसने। हमारी उलझन को देखते हुए हवलदार हमारी मदद के लिए आगे आए, निर्विकार भाव से हमें यह सलाह दी, 'चिंता न करो, ये किताबें सच में पढ़ने के लिए नहीं हैं। बस इन्हें रख लो, इन पर अच्छा कवर लगाओ और अपनी अलमारियों में सुरक्षित रख दो।' क्या राहत मिला इन शब्दों को सुनकर, जैसे जख्म पर मरहम लग गया हो!

हालाँकि यह बात चंद दिनों की ही बात थी और हमें तब भारी गुस्सा आया, जब हमने पाया कि एनडीए की ट्रेनिंग के दौरान हमें कम-से-कम तीस विषय पढ़ने होंगे। यह बहुत बुरा हुआ, क्योंकि ह्यूमनिटीज का छात्र होने के बावजूद मुझे घोर तकनीकी पीसीएम विषयों को पढ़ना था, लेकिन यह संकट और बढ़ गया, जब विशिष्ट विषयों का रोस्टर आया, जिनमें से कई के बारे में मैंने सपने में भी नहीं सोचा था कि वे अकादमिक पाठ्यक्रम का हिस्सा होंगे। उनमें सोल्डरिंग, मॉल्डिंग, वेल्डिंग, कारपेंटरी, इंजीनियरिंग, ड्रॉइंग और लेथ वर्क के अलावा भी कई विषय शामिल थे। यह और बात है कि एनडीए में प्रतिस्पर्धा के जबरदस्त माहौल ने मुझे पीछा छुड़ाने वाले छात्र के बजाय एक उत्साही विद्यार्थी बनने की प्रेरणा दी और मैंने न केवल अच्छे प्रदर्शन के साथ अपनी एनडीए की डिग्री पूरी की, बल्कि एम.फिल. भी किया और बाद में पीएच.डी. की डिग्री भी हासिल की।

हालाँकि लंबे-चौड़े सिलेबस और उन भारी भरकम किताबों को देखने के बाद शुरुआती झटके से उबरने में मुझे थोड़ा समय लगा, जो पहले टर्म में मेरे 2.0 (न्यूनतम) के बेहद कम संचयी ग्रेड पॉइंट औसत (सीजीपीए) से दिखता है। इस खराब प्रदर्शन के लिए मैंने खुद को फटकार लगाई और तय किया कि मेहनत करूँगा और फिर गंभीरता से पढ़ाई करने लगा। इस संकल्प ने परिणाम दिए और मैंने फाइनल टर्म को 6.8 के काफी सम्मानजनक सीजीपीए के साथ पास किया। इसने एक बार फिर मेरे विश्वास को सुदृढ़ किया कि एक खास परीक्षा या सेमेस्टर में खराब प्रदर्शन आपकी किस्मत का फैसला नहीं करता। जीवन एक लंबा सफर है और कठिन परिश्रम ही सफलता की एकमात्र कुंजी है, जब हर विफलता हमें जीवन के अनमोल सबक सिखाती है। यहाँ मैं अवश्य कहूँगा कि सच्ची शिक्षा मुझे पुस्तकों से नहीं बल्कि भारतीय सेना के जूनियर कमीशन अधिकारियों (जेसीओ) और जवानों की सलाह तथा शिक्षा से मिली, विशेष रूप से मेरे रेजिमेंट राजपूताना राइफल्स में, जहाँ कुछ हद तक मैंने व्यवस्थित रूप से सीखा, लेकिन अधिकांश बातें जबरदस्त प्रतिस्पर्धा और काँटे की टक्कर वाले खेल के आयोजनों में या फील्ड में अपने कार्यकाल के दौरान गोलियों का सामना करते हुए सीखीं, जहाँ माहौल इतना व्यवस्थित नहीं था।

घोरपुरी के माइक स्क्वॉड्रन में पहले छह महीने की ट्रेनिंग पूरी करने के बाद मुझे मुख्य एनडीए में अल्फा स्क्वॉड्रन में भेजा गया, जो एनडीए में मेरी अगले ढाई साल की ट्रेनिंग के दौरान मेरा घर होने वाला था। एक खास स्क्वॉड्रन के साथ किसी का संबंध किसी के भी सेवा की अवधि के सबसे आकर्षक पहलुओं में से एक होता है, क्योंकि इससे हर कैडेट को एक पहचान मिलती है, जो उस स्क्वॉड्रन और उसके अन्य सदस्यों के साथ आजीवन संबंध में बदल जाती है।

शरीर और आत्मा के लिए भोजन

मैंने यह भी पाया कि स्कूल से निकला एक नया छात्र, जो महज सत्रह साल का होता है, बिना आकार की मिट्टी होता है, जिसे एनडीए की ट्रेनिंग कुशलता से एक शक्तिशाली लेकिन शिष्ट, बाहर से कठोर लेकिन अंदर से कोमल बनाती है, जो समानुभूति और सर्वोच्च स्तर की क्षमता का अप्रत्याशित और अगाध परिस्थितियों में प्रदर्शन करता है। इसका कारण यह है कि एनडीए की ट्रेनिंग किसी को न केवल शारीरिक और मानसिक रूप से सशक्त बनाने के लिए ही अनुकूलित नहीं है, बल्कि शिक्षा के क्षेत्र में भी वह उत्कृष्ट प्रदर्शन करे, वहीं उसके व्यवहार और सामाजिक शिष्टाचार पर भी ध्यान केंद्रित किया जाता है।

ट्रेनिंग के दौरान आकर्षण का सबसे बड़ा केंद्र होता है, खाना। हालाँकि, मात्रा और गुणवत्ता के लिहाज से हमेशा ही पर्याप्त खाना उपलब्ध रहता था, फिर भी न जाने हमारी भूख कभी शांत क्यों नहीं होती थी। इसका कारण यह हो सकता है कि हम एकदम जवान थे और शरीर विकास कर रहा था, साथ ही शायद इस कारण भी कि हमसे भरपूर शारीरिक गतिविधियाँ कराई जाती थीं, इसलिए हमारे पेट में हमेशा चूहे दौड़ते रहते थे। एक और कारण एनडीए की मेस में परोसा जाना वाला शानदार खाना हो सकता है, वास्तव में अपनी सेवा या व्यक्तिगत जीवन में मैंने कहीं और जगह इतना स्वादिष्ट खाना नहीं खाया, जितना कि एनडीए की मेस में परोसा जाता है। हमारा पेटू समूह नियमित रूप से जितना भोजन किया करता था, उनमें नाश्ते में बटर से भरपूर लगभग पच्चीस टोस्ट शामिल थे। हालाँकि, दूध के साथ बटर की सीमा प्रति व्यक्ति लगभग 26-28 ग्राम निश्चित की गई थी, जिसके कारण हम हमेशा ही अपने टोस्ट दूध, चाय या कॉफी में डुबोकर खाते थे और आखिरी सहारे के तौर पर पानी में भी, और इसके बाद भी अंत में हम यही कहते थे, 'यार, आज लंच में क्या है?' इस भारी-भरकम नाश्ते को समाप्त करने का समय सीमित था और इसके फौरन बाद शैक्षणिक क्लास हुआ करती थीं, जिन्हें अधिकांशतया असैनिक शिक्षक लिया करते थे, जिनमें से कुछ एनडीए में तीन दशकों से भी अधिक

समय से पढ़ा रहे थे और कैडेट्स के जीवन के बारे में खुद उनसे कहीं अधिक जानते थे। हमें जो भी खाना मिलता, उसे फटाफट गटक लेते थे, ताकि लेट होने पर सजा की नौबत आने से पहले ही क्लास में पहुँच जाएँ। चूँकि खाना बरबाद करना या निर्धारित मात्रा को खाने में विफलता एक कैडेट के लिए पाप के समान था, इसलिए जो निर्धारित समय में हमारे मुँह में नहीं जा पाता था, वह हमारी जेब में चला जाता था। अकसर हम क्लास में पहुँचते थे, तो ब्रेड के स्लाइस हमारी खाकी ड्रेस की पैंट से बाहर झाँकते नजर आते थे।

एनडीए के खाने से जुड़ी मेरी सबसे प्यारी याद बेहिसाब मात्रा में चना-भठूरे पर टूट पड़ने से जुड़ी है, जो रविवार को एनडीए मेस में परोसी जाने वाले स्पेशल मेन्यू का हिस्सा हुआ करता था। ये मसालेदार चना हमारे कमरों तक भी पहुँच जाता थे, जहाँ हम उसे रथ वनस्पति के किसी खाली टिन में छुपाकर रख दिया करते थे। रथ वनस्पति यानी एक प्रसिद्ध वनस्पति तेल जिसका उन दिनों बहुत बड़ा बाजार था। उनमें अकसर मेरी नानीजी घर का बना, देसी घी भरकर दे दिया करती थीं, जब मैं छुट्टी के बाद घर से एकेडमी लौटता था। रथ वनस्पति का टिन फ्राइंग पैन का भी काम करता था और चने में अतिरिक्त मसाले मिलाकर तड़का लगाने के भी काम आता था, जिससे वह व्यंजन और खुशबूदार हो जाता था। हमारे लगभग पाँच कैडेट्स के लिए जीवन इससे अधिक अलौकिक नहीं हो सकता था, जिनमें मेरा पुराना साथी जिम्मी भुल्लर भी शामिल था, जब हम सभी घी से भरी चना की ग्रेवी को चटखारे लेकर खाते थे, जिसमें टमाटर की प्यूरी, प्याज, हरी मिर्च और लहसुन का तड़का लगाया जाता था। एनडीए के सभी कुक को ईश्वर सदा खुश रखे, जो हमेशा ही भूख से तड़पते रहने वाले कैडेट्स के लिए इतना शानदार खाना पकाते हैं। कैडेट्स के कमरे में खाना पकाने की इजाजत नहीं थी, लेकिन हमने इस आदेश को अनदेखा किया और चना को मसालेदार बनाने का काम जारी रखा—यहाँ बचपन में बीजी की अनुपस्थिति में चिकन पकाए जाने के दौरान (जिसकी चर्चा पीछे एक अध्याय में है) पहरेदारी करने की मेरी आदत काफी काम आई। एनडीए के इंस्ट्रक्टर खाना पकाने के हमारे दुःसाहस से अवश्य अगवत होंगे, लेकिन रविवार को वे हमें कुछ रियायतें दे दिया करते थे। रविवार ही राहत का एक दिन होता था, नहीं तो ट्रेनिंग का पूरा हफ्ता काफी व्यस्त रहता था।

एनडीए में ट्रेनिंग की अवधि के दौरान की ऐसी अनेक छोटी-छोटी कहानियाँ और मजेदार वाकए हैं, जिनका वर्णन अगले अध्याय में है।

एनडीए अल्फा 63 के आर्मी कैडेट अपने हथियारों के ट्रेनिंग इंस्ट्रक्टर के साथ

एनडीए की क्रॉस कंट्री अंतर-स्क्वाइन के बीच की सबसे कड़ी प्रतिस्पर्धा थी

एनडीए के आउटडोर कैंप सबसे अधिक सुखद लेकिन थकाने वाले आयोजन थे। बैठे हुए (बाएँ से) : मैं, जिम्मी भुल्लर, तरुणदीप; खड़े (बाएँ से) : परमजीत, कंधोला, शमशेर

□

4

एनडीए कैडेट और आईएमए में जेंटलमैन कैडेट बनने की खुशियाँ

टीम की भावना

एनडीए ट्रेनिंग से सीखने की एक और बात संपूर्ण अनुशासन, टीम भावना और सहकार की भावना है, जिसे कैडेट व्यावहारिक प्रशिक्षण के दौरान सीखते हैं, जिन्हें पढ़ाया नहीं जाता बल्कि प्रत्येक कैडेट को जीवन के ऐसे सिद्धांत के रूप में बताया जाता है, जिससे कभी समझौता नहीं करना है। सबसे प्रभावी तरीका, जिससे सेना का एक योग्य सैनिक टीम की भावना को सबसे प्रभावी ढंग से सीखता है, वह है 'सामूहिक पुरस्कार और सुधार के लिए सामूहिक उपचार' (जो वैसे तो सजा होती थी, लेकिन मैं उसे ऐसा मानने के पक्ष में नहीं हूँ) की कठोर नीति। एक छोटी सी गलती या किसी टीम के एक सदस्य की ओर से हुई कोई चूक पूरी क्लास/कोर्स स्क्वॉड्रन के साथ सामूहिक सुधार के लिए किए जाने वाले उपचार के रूप में सामने आती थी और उसी तरह कोर्स के किसी एक साथी की असाधारण उपलब्धि का सम्मान पूरे बैच की प्रशंसा से किया जाता था।

इस प्रकार ऐसे मौके आते थे, जब अनुशासनहीनता की छोटी सी कारस्वाई या क्लास में किसी एक कैडेट के ऊधम मचाने के कारण, भले ही वह क्लासरूम में शोर करने जैसा अहानिकर कार्य हो, फिर भी पूरी क्लास को रविवार सुबह दो हजार साल पुराने ऐतिहासिक किले सिंहगढ़ तक दौड़ लगानी पड़ती थी। सामूहिक सुधार का तरीका इस तथ्य से और भी गंभीर हो जाता था कि यह 'लिबर्टी' के बदले होता था, जिसके कारण हम सप्ताह के अंत में पुणे शहर घूमने का मौका गँवा बैठते थे, जिसका हमें बेहद इंतजार रहता था। शुरुआत में यह तरीका क्रूरता का दूसरा रूप लगता था, क्योंकि यह हम से हमारे साप्ताहिक विशेषाधिकार को छीन लेता था, लेकिन स्टॉकहोम सिंड्रोम, यानी परिस्थिति से जूझने की मानसिकता की तरह ही हमने जल्दी ही इस शारीरिक रूप से कठिन गतिविधि से गहरा रिश्ता बना लिया, क्योंकि इसकी वजह से हमने अपनी ट्रेनिंग के कुछ सबसे यादगार पल बिताए, जहाँ हमने

उस किले तक की दौड़ के दौरान जीवन भर के लिए दोस्त बनाए। कुछ कैडेट, जिन्होंने मेरे साथ सिंहगढ़ तक की दौड़ लगाई थी, वे आज भी मेरे बहुत अच्छे दोस्त हैं और हम एक-दूसरे को 'सिंहगढ़' टाइप्स बुलाते हैं। यहाँ तक कि आज भी मेरी पत्नी और मेरे बच्चे इन अफसरों को इसी नाम से जानते हैं। वैसे हमारे दूसरी 'टाइप्स' के भी जीवन भर के दोस्त हैं, जैसे कि 'स्कूल', 'स्क्वॉड्रन', 'क्लास' और 'हाइकिंग' टाइप्स, लेकिन सबसे करीबी दोस्त 'पनिशमेंट' टाइप्स हैं!

कैडेट्स के बीच भाईचारा बनाने का एक और भी पक्का, लेकिन कम आकर्षक तरीका यह नियम था कि सभी कैडेट्स को एक बड़े और कॉमन वॉशरूम में इकट्ठे नहाना पड़ता था, जहाँ एक-दूसरे के बीच कोई दीवार या विभाजन नहीं होता था। इसका उद्देश्य कैडेट्स के बीच किसी भी आत्म-चेतना या शर्म को मिटाना था, ताकि उन्हें वास्तविक जीवन में ऐसी किसी भी अप्रत्याशित या अप्रिय परिस्थिति के लिए तैयार किया जा सके, जहाँ बिना किसी संकोच के सामूहिक काररवाई करनी हो।

एनडीए छठा टर्म 1982

सजा का महत्त्व

सजा वास्तव में मिलिट्री ट्रेनिंग का एक महत्त्वपूर्ण उपाय है, क्योंकि यह ट्रेनिंग लेने वालों को मुश्किल वक्त के लिए प्रभावी ढंग से तैयार करता है, जो आगे आने वाला होता है और वे इस योग्य बन सकें कि वास्तविक जीवन में अकसर आने वाली प्रतिकूल

परिस्थितियों और कठिनाइयों का सामना कर सकें। कभी-कभी किसी कैडेट को तब भी सजा दी जा सकती है, जब उसने कोई गलत काम नहीं किया है, जिसका उद्देश्य उसे शारीरिक कष्ट और बेवजह के 'बुरे बर्ताव' को सहने और बिना सवाल किए स्वीकार करने योग्य बनाना होता है, क्योंकि एक सैनिक को इसके लिए तैयार रहना चाहिए कि लड़ाई या युद्ध में किसी भी स्थिति में शत्रु हो या आतंकवादी, उसे ऐसे अनेक शत्रुतापूर्ण व्यवहारों का सामना करना पड़ सकता है।

यहाँ मुझे एक घटना याद आ रही है, जब फुटबॉल के मैच में मेरी उँगली में चोट लगने के बाद मैं किनारे बैठकर सुस्ता रहा था, जबकि दूसरे कैडेट शारीरिक व्यायाम कर रहे थे। मुझे बिना काम के वहाँ खड़ा देखते ही ड्यूटी पर मौजूद एक फिजिकल ट्रेनिंग इंस्ट्रक्टर ने मुझसे पूछा कि मैं फिजिकल ट्रेनिंग क्यों नहीं कर रहा हूँ, तो मैंने उसे अपनी उँगली दिखा दी। उसने छूटते ही कहा, 'तो क्या हुआ, तुम्हारी उँगली में चोट है, पर तुम्हारे पैर तो ठीक हैं। तो तुम सिट-अप्स क्यों नहीं करते?' यह घटना एक बार फिर बताती है कि सेना कैसे कैडेट्स को लगातार शारीरिक रूप से सशक्त और जीवट बनाने का प्रयास करती है, चाहे कुछ भी हो, जिससे वे परेशान हुए बिना किसी भी परिस्थिति का सामना कर सकें और दबाव के आगे भी खड़े रहें। यहाँ मैं यह भी कह दूँ कि इस कठिन रगड़ाई को कुछ कैडेट सह नहीं पाते और बीच में ही ट्रेनिंग छोड़ अपने घर लौट जाते हैं। हालाँकि यह विचार मेरे मन में कभी नहीं आया, क्योंकि मुझे अपने परिवार के सामने अपनी बात को साबित करना था, इसलिए मैंने इरादा कर लिया था कि किसी दबाव के आगे कभी नहीं झुकूँगा, चाहे घर का दबाव हो या ट्रेनिंग ग्राउंड का।

अकारण ही दंडित किए जाने के अनेक अवसर 'वर्दी में हास्य-विनोद' के सबसे अच्छे पलों को भी याद दिलाते हैं। ऐसी ही एक लोटपोट कर देने वाली सजा से जुड़ी घटना है, जिसका सामना मैंने तब किया था, जब हर कैडेट को अपनी जेब में अपनी पहचान की पर्ची रखनी होती थी, जिस पर उसका नाम, नंबर, स्क्वॉड्रन और टर्म की जानकारी होती थी, ताकि जब भी कोई गलती हो जाए, तो उस कैडेट की पहचान-पर्ची जब्त हो जाती थी और एडजुटेंट की ओर से तय की गई सजा उसे इकट्ठा होने पर दी जाती है, जो आम तौर पर लंच से पहले पढ़ाई की क्लास के बाद दी जाती थी। एक दिन मुझे पता भी नहीं था कि मैंने क्या गलती की है, मुझे एडजुटेंड मेजर एस.एस. ढिल्लों के ऑफिस में बुलाया गया, जिनका आखिरी नाम मेरे वाला ही है। वे इनफैंट्री की मराठा लाइट इनफेंट्री के एक बेहद कर्मठ अधिकारी थे। वहाँ मैंने जब अपनी पहचान पर्ची देखी तो यह साफ हो गया कि दूसरे कैडेट ने, जिसने गलती की थी, 'चालाकी से' (जानबूझकर की गई शरारत, जिससे अपनी बजाए किसी दूसरे कैडेट को फँसा दिया जाए) अपनी पहचान परची पर मेरा नंबर लिख

रखा था, जिसके कारण सजा के लिए मुझे बुला लिया गया। हैरानी इस बात की हुई कि मेरे नाम पर जो अपराध था, वह 'लंबे बालों' का था, क्योंकि सारे कैडेट के बाल 'आर्मी कट' या एकदम छोटे होने चाहिए थे। एक सिख कैडेट, यानी मुझे इस बेतुके अपराध के आरोपी के तौर पर अपने सामने देख एडजुटेंट मुसकराए और पूछा, 'हाँ मेरे हमनाम, तुम यहाँ क्यों आए?' एकदम निश्चिंत होकर कि मेरे खिलाफ वह आरोप लग नहीं सकता और मुझे छोड़ दिया जाएगा? मैंने आत्मविश्वास के साथ कहा, 'सर, मेरे ऊपर लंबे बाल रखने का आरोप है।' लेकिन एडजुटेंट ने बिना भेदभाव किए कहा, 'हाँ, तुम लंबे बाल तो रखते हो, इसलिए सात दिन की एक्स्ट्रा ड्रिल।' मैं जब वहाँ से मार्च करता हुआ बाहर निकला, तो मुझे लॉर्ड टेनिसन की मशहूर कविता 'द चार्ज ऑफ द लाइट ब्रिगेड' की सलाह देती पंक्ति याद आई, 'उन्हें उत्तर देने का अधिकार नहीं, कारण पूछने का अधिकार नहीं, उन्हें तो करना और मरना है।'

एनडीए स्पेशल

एनडीए ट्रेनिंग का एक और दिलचस्प हिस्सा वह ब्रेक है, जो एक कैडेट को हर टर्म को पूरा करने के बाद मिलता है, और हमें हमेशा ही इस ब्रेक में 'एनडीए स्पेशल', 'सिर्फ कैडेट्स के लिए मिलिट्री ट्रेन' से घर जाने का इंतजार रहता था, जो हमें पुणे के पास स्थित खड़की रेलवे स्टेशन से दिल्ली तक ले जाती थी। हर बार हम टर्म समाप्ति के ब्रेक के बाद जो दो दिन एनडीए से घर और घर से एनडीए तक ट्रेन यात्रा में बिताते थे, उसमें भरपूर आनंद मिलता था, जो न केवल ट्रेनिंग बल्कि एनडीए में लागू कठोर अनुशासन से भी ब्रेक होता था, हालाँकि वापसी की यात्रा उत्साहहीन होती थी। क्योंकि इसका मतलब सही मायने में ट्रेनिंग के कठिन रुटीन में वापसी होती थी, जिसमें अपने कोर्स के साथियों और उससे अधिक दिलचस्प जूनियर्स के नए बैच से मुलाकात की उत्सुकता जुड़ी होती थी।

एनडीए स्पेशल ट्रेन का हर सफर सीनियर टर्म के कैडेट्स के लिए अतिरिक्त 'विशेषाधिकार' लेकर आता था, जिनमें यह छूट होती थी कि कॉफी लेने के लिए गाउन के भीतर पायजामा या शर्ट पहनने की जरूरी नहीं पड़ती थी या इससे भी अधिक स्पष्ट दिखने वाला फायदा मिलता था कि हमें कंधे पर क्रॉस करता बस्ता नहीं लटकाना होता था, बल्कि बस कंधे के किनारे लटका लेते थे। ऐसे छोटे-छोटे फायदे उन दिनों बहुत बड़ी खुशी के समान हुआ करते थे।

डीएलटीजीएच 'डेज लेफ्ट टू गो होम', यानी घर जाने के लिए बाकी बचे दिनों का शॉर्ट फॉर्म है, जिसे एनडीए में रह चुका हर कैडेट जीवन भर के लिए जान लेता है कि '00' होने का मतलब होता है, खड़की रेलवे स्टेशन की ओर मिलिट्री स्पेशल ट्रेन पकड़ने के

लिए निकल जाना। कुछ स्क्वॉड्रन के बोर्ड सेंट्रल लॉबी में होते थे, जिन पर हर सुबह सबसे जूनियर टर्म का एक कैडेट डीएलटीजीएच लिख देता है। जब भी किसी कैडेट को यह मौका मिलता तो पूरा दिन उस खुशनसीब मूड सातवें आसमान पर होता था।

डिनर नाइट

डिनर नाइट की अवधारणा अंग्रेजों की दी हुई है, जो एनडीए की ट्रेनिंग का अभिन्न अंग थी। डिनर नाइट में टेबल पर शिष्टाचार से जुड़े लंबे-चौड़े सबक होते थे और व्यावहारिक रूप से उन्हें करके दिखाया जाता था। सभी कैडेट से इस शिष्टाचार का पालन करने की अपेक्षा की जाती थी, डिनर नाइट के अवसर पर अपनी ट्रेनिंग का प्रदर्शन टेबल पर करना होता था, जब एकेडमी मेस में तीन या चार तरह के खास व्यंजन परोसे जाते थे और उन्हें कैडेट तथा उनके इंस्ट्रक्टर साथ बैठकर खाते थे। सभी को एनडीए मेस में पूर्व-निर्धारित वर्दी में आना होता था।

मेरे तीसरे टर्म में ऐसी ही एक डिनर नाइट के दौरान एक कैडेट ने, जो मुझसे एक टर्म सीनियर था, इंस्ट्रक्टर को प्रभावित करने के लिए उसके बगल में बैठने का फैसला किया। दुर्भाग्य से इंस्ट्रक्टर से यही करीबी उसके लिए घाटे का सौदा साबित हुई, क्योंकि अपने काँटे, छुरी और चम्मच से चिकन खाना उसके लिए मुश्किल हो रहा था, जबकि हममें से जो लोग इंस्ट्रक्टर से दूर बैठे थे, वे दिल खोलकर चिकन के मजे ले रहे थे, और गुपचुप तरीके से काँटे और छुरी के बजाय अपने हाथों से ही उसे खा रहे थे।

एक समय तो ऐसा हुआ कि अपने काँटे और छुरी से जब वह कैडेट चिकन खाने में संघर्ष कर रहा था, तभी चिकन की टाँग उसकी प्लेट से हवा में उछली और शर्मनाक रूप से टेबल के बीच जाकर गिर गई। बेजान चिकन की इस छलाँग पर हम अपनी हँसी को दबाने में नाकाम रहे और जहाँ वह शर्मसार था, वहीं हम दबी हँसी हँस रहे थे। लेकिन एक सीनियर का मजाक उड़ाने की कीमत हमें जल्दी ही चुकानी पड़ी। उसने हमारे 'अवज्ञापूर्ण' आचरण के लिए हमें दंडित किया। हमें उस डाइनिंग टेबल के नीचे से गुलाटी मारनी पड़ी, जिसके ऊपर से कुछ देर पहले चिकन का वह पीस हवा में उड़ा था!

अगर पीछे पलटकर देखें तो ये सारी घटनाएँ हमें एनडीए की ट्रेनिंग की असीम महत्ता का अनुभव कराती हैं, जो सबसे संपूर्ण और समग्र शिक्षा के समान हैं, जो किसी युवा को दी जा सकती हैं। वास्तव में एनडीए की हर एक गतिविधि को हमें तराशने के लिए तैयार किया गया है, ताकि हम बेहतर व्यक्ति बन सकें और अच्छे, तथा उससे भी अधिक महत्त्वपूर्ण रूप से बुरे वक्त का सामना भी अदम्य साहस के साथ कर सकें। भाईचारा और पारस्परिक मित्रता के ये मूल गुण इससे अधिक स्पष्ट रूप से कहीं सामने नहीं आते, जब युद्ध या लड़ाई

की स्थिति उत्पन्न होती है, जहाँ सैनिकों को स्वत: ही अपनी जान या सुरक्षा की परवाह किए बिना इकाइयों के रूप में लड़ना पड़ता है, और अंत में हम जीवन भर के लिए दोस्त नहीं, भाई बना लेते हैं। मैंने अब तक की जो सबसे स्थायी मित्रता की है, वह एनडीए में मेरे साथ प्रशिक्षण लेने वालों के साथ की है, जो आज भी मेरे सबसे अच्छे साथी हैं। रिश्तेदारों से भी करीब, क्योंकि वे चार दशकों से भी अधिक समय से मेरे जीवन का हिस्सा हैं।

अपनी साइकिल कभी मत छोड़ो

एनडीए के लंबे-चौड़े कैंपस में एक से दूसरी जगह तक आने-जाने के लिए पूरी ट्रेनिंग के लिए हर कैडेट को एक साइकिल जारी की जाती है। हालाँकि परिवहन के इस साधन के साथ कुछ मुश्किलें भी जुड़ी थीं और अकसर ट्रेनी साइकिल की जितनी सवारी नहीं करता था, उससे ज्यादा साइकिल ही उस पर सवार रहती थी। साइकिल चलाते समय हमें कुछ सख्त नियमों का पालन करना पड़ता था, जिनमें यह शर्त थी कि हम कभी साइकिल से अकेले नहीं जा सकते थे और हमें अनिवार्य रूप से छह या कम-से-कम चार के स्क्वॉड में आना-जाना होता था, या कुछ इलाकों में साइकिल की सवारी एकदम वर्जित थी। जब कभी टायर पंचर होता या हम इनमें से किसी नियम को तोड़ते पकड़े जाते, तो सजा यह थी कि साइकिल उठाओ और उसे कंधे पर लादकर दौड़ लगाओ। निर्देश यह था कि साइकिल अब कैंपस में तुम्हारे जीवन का अभिन्न अंग है और हम उसे छोड़ नहीं सकते थे, चाहे जो हो जाए!

साइकिल का बोझ उठाने की ऐसी घटनाएँ हमारे बीच अकसर चिंता का कारण बन जाती थीं, लेकिन इसका महत्त्व हमें बाद में समझ आया कि साइकिल उठाना असल में इस सबक का शुरुआती हिस्सा था कि युद्ध के दौरान जंग के मैदान में हमें कोई सामान या किसी साथी को पीछे नहीं छोड़ना है। फिल्मों में हमने न जाने कितने ही दृश्य ऐसे देखे हैं, जिनमें घायल या वीरगति प्राप्त कर चुके साथी को लेकर सैनिकों को लड़ाई के मैदान में भागना पड़ता है, क्योंकि यह सेना के लिए सामान्य बात है और हमें वास्तविक जीवन में अपने कंधों पर बोझ उठाने की बात एक मशहूर नर्सरी राइम से भी सीखने को मिलती है : 'जहाँ कहीं भी कैडेट जाता, बाइक साथ जरूर ले जाता'। दुनिया की अधिकांश सेनाओं में 'किसी को भी पीछे न छोड़ना' एक आदर्श के रूप में अपनाया जाता है, लेकिन भारतीय सेना में यह और भी स्पष्ट है, जहाँ यह लगभग एक धर्म के जैसा है, क्योंकि हम कभी किसी को पीछे नहीं छोड़ते, यहाँ तक कि अपने वीरगति प्राप्त साथियों को भी नहीं। वास्तव में, मेरा मानना है कि एनडीए की साइकिलें हमारे शरीर का एक अंग बन गई थीं, क्योंकि हम जहाँ भी जाते, वे हमारे साथ जाती थीं।

फैशन परेड, लेकिन जरा हट के

एनडीए और आईएमए में ट्रेनिंग का एक और हिस्सा है पट्टी परेड। इस परेड में एक वरिष्ठ नियुक्त कैडेट हाथ में स्टॉपवॉच लिए बीच में खड़ा रहता है और जूनियर कैडेट्स से अपने कैबिन में दौड़ कर जाने, कोई खास ड्रेस या यूनिफॉर्म पहनने और निश्चित समय में दौड़कर मैदान में आने का हुक्म देता है। हर बार एक आदेश जारी कर ड्रेस को दूसरे ड्रेस या यूनिफॉर्म में बदलने को कहा जाता था, जो ड्रिल की ड्रेस, पीटी ड्रेस, मुफ्ती (जिसमें पतलून, शर्ट, जैकेट और टाई होती है) या फील्ड सर्विस मार्चिंग ऑर्डर (एफएसएमओ) हो सकती है, यानी बैकपैक सहित युद्ध लड़ने वाली ड्रेस, जिसमें सारे निर्धारित सामान होते हैं—जुराबों की अतिरिक्त जोड़ी, जर्सी, अंडरगार्मेंट और 'हाउसवाइफ' नाम का एक दिलचस्प आइटम भी होता है, जिसमें सिलाई के सामान होते हैं, जैसे कि नोक, सुइयाँ और जैतूनी हरे और सफेद रंग के धागे तथा बटन वगैरह होते हैं।

जब तक वह सीनियर पूरी तरह संतुष्ट नहीं होता, तब तक पट्टी परेड चलती रहती है। अपने आप में यह एक मुश्किल काम था, लेकिन मेरे लिए यह और भी कठिन था, क्योंकि सिख कैडेट्स को उनकी पगड़ी के लिए अतिरिक्त समय नहीं दिया जाता था और हर अलग ड्रेस के साथ अलग रंग की पगड़ी (मुफ्ती के लिए नेवी ब्लू, ड्रिल के लिए ग्रे और एफएसएमओ के लिए राइफल ग्रीन) पहननी पड़ती थी। उस समय मुझे लगता था कि एक सिख कैडेट से उतने ही समय में उस अभ्यास को पूरा करने की उम्मीद करना बड़ी नाइनसाफी थी, हालाँकि मैंने जब पीछे पलटकर देखा, तो मुझे अहसास हुआ कि इस कथित नाइनसाफी के पीछे का तर्क यह था कि जंग के मैदान में कोई भी संकट सिख या गैर-सिख, या किसी भी अन्य धर्म के सैनिक के बीच भेद नहीं करेगा और दोनों को समान मुश्किलों का सामना करना होगा तथा उन्हें काररवाई या प्रतिक्रिया के लिए एक ही निश्चित समय मिलेगा। शायद यह सभी सैनिकों के बीच समानता का पहला सबक था। चाहे वे किसी धर्म या वित्तीय पृष्ठभूमि के हों, भारतीय सुरक्षा बलों के लिए उनकी समानता सबसे महत्त्वपूर्ण पहलुओं में से एक है। यहाँ आने के बाद अफसर को उसके स्क्वॉड्रन, कोर्स, रेजिमेंट, बटालियन या 'बुल्ट' ('बुलेट' के लिए पंजाबी उच्चारण, जो रॉयल इनफील्ड की मशहूर मोटरसाइकिल का नाम है) से ही जाना जाएगा, जिसकी सवारी वह शान से करता है। कुछ सीनियर्स के बीच, जो एक खास शरारत कुख्यात थी और जिसे मैं कभी भूल नहीं सकता, वह थी 'फैंटम ऑर्डर', जो उस भयंकर भूत को समर्पित थी, जो बंगाल्ला से चलकर आता है। फैंटम ऑर्डर का मतलब था, सिर्फ स्वीमिंग ट्रंक और उसके ऊपर बरसाती को अपने कंधे के ऊपर लबादे के तौर पर पहनना।

हालाँकि, मैं यहाँ एक खास बात भी बता दूँ। इन पट्टी परेडों ने हमें पूरी तरह चंद

सेकेंड में कपड़ा पहनना सिखा दिया, लेकिन इस हुनर ने दूसरे मोर्चे पर एक बड़ी मुसीबत खड़ी कर दी। सामाजिक समारोह या अन्य कार्यक्रमों के दौरान पति को रिकॉर्ड टाइम में तैयार होने के बाद पत्नी को देखते रहना पड़ता था कि वह कब तैयार होगी। सेना के लिहाज से यह फायदा असल जीवन में घरेलू नुकसान साबित हुआ और इसके कारण कई बार परिवारों में तनाव भी पैदा हुए!

भारतीय सैन्य अकादमी की ओर मार्च

एनडीए में तीन साल की ट्रेनिंग दिसंबर 1982 में पूरी हुई, जब हमें जवाहरलाल नेहरू यूनिवर्सिटी से ग्रैजुएट की डिग्री मिली। दुनिया में सबसे मुश्किल किस्म के शारीरिक और मानसिक प्रशिक्षण को पूरा करते हुए, जो तीन साल बीते, उन्होंने हमें सही मायनों में लड़कों से पुरुष बनाया, लोहे के पुरुष, और अब हम अगले, इंडियन मिलिट्री एकेडमी (आईएमए) में उससे भी अधिक कठिन प्रशिक्षण के चरण के लिए तैयार थे। अपने देश की रक्षा के लिए दुनिया से टकराने को तैयार थे। हमारे जीवन में आईएमए के अध्याय की शुरुआत जनवरी 1983 में हुई, जब वायु सेना और नौसेना में शामिल होने के लिए चुने गए हमारे साथी अपनी-अपनी सेना की एकेडमी में चले गए, जबकि हम देहरादून स्थित इंडियन मिलिट्री एकेडमी चले आए। आईएमए में हमारे इस अगले चरण के प्रशिक्षण की चर्चा विस्तार से अगले पैराग्राफ में है।

एनडीए, वर्ष 1980

एनडीए, दिसंबर 1980

मसूरी नाइट्स

आईएमए की ट्रेनिंग के दौरान सबसे आकर्षक (पीछे मुड़कर देखने पर लगता है, जबकि उस समय यह काफी कठिन था) घटनाओं में से एक को 'मसूरी नाइट्स' नाम दिया गया था। जैसा एनडीए में था, वैसे ही मसूरी नाइट्स भी एक प्रकार का सामूहिक 'उपचार' (मैं इसे सजा नहीं कहूँगा) था, जो पूरे कोर्स को दिया जाता था, भले ही गलती किसी एक की ही क्यों न हो। कभी-कभी यह उपचार प्रशिक्षण के अलिखित पाठ्यक्रम के रूप में सिर्फ इस कारण दिया जाता था, ताकि हम मानसिक रूप से सुदृढ़ बन सकें। मसूरी एक खूबसूरत पर्यटक स्थल है, जो देहरादून के करीब एक पहाड़ी पर है और जिसे दिन और रात में आईएमए से देखा जा सकता है। यह उपचार आम तौर पर देहरादून की सर्द ठिठुराती रातों में दिया जाता था, जहाँ तापमान कभी-कभी शून्य तक चला जाता है। इस उपचार में हाड़ कँपाने वाली ठंड में कपड़े उतारकर नंगे पाँव रात को मसूरी की जलती बत्तियों की ओर मुँह करके खड़ा होना पड़ता था। यह दंड कितने समय तक दिया जाएगा, वह अपराध की गंभीरता, सीनियर की मर्जी, और उपचार के दौरान दिखाए जाने वाले अनुशासन पर निर्भर करता था। सभी उपचारों या दंड के दौरान इसे भी जेंटलमैन कैडेट्स (जी सी) को कठोर बनाने और उन्हें सभी प्रकार के मौसम में खुद को ढालने के लिए बनाया गया था, जिनका सामना उसे अधिक ऊँचाई वाली फील्ड पोस्टिंग के दौरान, विशेष रूप से जम्मू क्षेत्र, कश्मीर, लद्दाख, सियाचिन, हिमाचल प्रदेश, उत्तराखंड, सिक्किम और अरुणाचल प्रदेश में करना पड़ सकता है, जो ठंडे क्षेत्रों में आते हैं।

पहली आधिकारिक ड्रिंक

सेना से खास तौर पर जुड़ी एक रस्म है, जिसके जरिए आईएमए में ट्रेनिंग पूरी होने की घोषणा की जाती है, जो एक प्रकार से जेंटलमैन कैडेट और सेना में अधिकारी के रूप में उसके पेशे के बीच एक प्रकार का रिश्ता जोड़ती है। आईएमए की ट्रेनिंग पूरी होने के ठीक एक हफ्ते पहले, इस रस्म के तौर पर कैडट्स के प्लाटून कमांडर, जो कैप्टन रैंक के एक अधिकारी होते हैं, आधिकारिक रूप से प्रशिक्षुओं को अपने घर पर निमंत्रित करता है और उन्हें एक गिलास बियर ऑफर करता है। तकनीकी रूप से यह पहली बार होता है, जब कैडट को ट्रेनिंग के दौरान अकादमी के कैंपस में किसी भी प्रकार की शराब का सेवन करने की अनुमति दी जाती है। जहाँ तक मेरी बात है, तो 17 दिसंबर, 1983 को आधिकारिक रूप से कमीशन किए जाने से एक हफ्ते पहले, यह मौका कुछ अधिक खास था, क्योंकि इसने तीन साल पहले मुझे होली के त्योहार की याद दिला दी थी, जब हम अपनी एनडीए की ट्रेनिंग के दौरान पहले टर्म में कैंपस में शराब पीने के बाद पकड़े गए थे।

मैं जब अपनी बियर पी रहा था, तो मुझ पर नशा सवार होने लगा, लेकिन यह नशा शराब का नहीं था। मुझे यकीन नहीं हो रहा था कि मैं अब सेना का अधिकारी बनने जा रहा हूँ, जो अपने दम पर चीजों को कर सकता था! सेना के जीवन के अनेक दूसरे पहलुओं की तरह ही इसने भी ऐसी भावना पैदा की, जिसे शब्दों में बता नहीं सकता। इसमें उस आजादी की भावना थी, जो मुझे एक वयस्क के रूप में दी गई थी, जिसके साथ उस भारतीय सेना में प्रशिक्षण प्राप्त कर चुके एक व्यक्ति के रूप में मुझे अपनी जिम्मेदारी का पूरा अहसास था, जिसे प्रशिक्षण के लिहाज से दुनिया के सबसे मुश्किल मैदानों में से एक माना जाता है। मद्रास रेजिमेंट के कैप्टन भरत सिंह सांगवान, जो आईएमए में जोजिला कंपनी में मेरे प्लाटून कमांडर थे, उनके कहे शब्द 'आओ, लो एक ड्रिंक' आज भी मेरी यादों में जादुई शब्दों के रूप में बसे हैं। उन्हें सुनकर मैं याद कर रहा था कि मैंने जो चाहा, उसे पाने के लिए फिरोजपुर के स्कूल में एनडीए का फॉर्म भरने से लेकर मैंने और क्या-क्या किया था। पुरानी यादें आँखों के सामने घूम रही थीं!

□

5

राजपूताना राइफल्स में खतरों से खेल और यादगार पल

राजपूताना राइफल्स—घर से दूर एक घर

यहाँ उन घटनाक्रमों की चर्चा करना उचित होगा, जिनके कारण मैं राजपूताना राइफल्स का हिस्सा बना, जो सेना में मेरे पूरे कार्यकाल के दौरान मेरे घर के जैसा था। यह तब हुआ, जब मैंने आईएमए में अपने दूसरे टर्म की ट्रेनिंग पूरी कर ली थी और चार दिन की छुट्टी पर दिल्ली गया था। इस समय नेपाल में अपने माता-पिता के पास जाने के बजाय, मैं अपने करीबी दोस्त के पास रुका, जो एनडीए में मुझसे छह महीने सीनियर थे। सेकेंड लेफ्टिनेंट मनवंत सिंह जोहर जून 1983 में एक अधिकारी के रूप में कमीशन हुए और वे राजपूताना राइफल्स की 16वीं बटालियन में शामिल हुए। उनकी रेजिमेंटल ओरिएंटेशन ट्रेनिंग दिल्ली कैंट स्थित राजपूताना राइफल्स रेजिमेंटल सेंटर में चल रही थी। भारतीय सेना के प्रत्येक रेजिमेंट का एक रेजिमेंटल सेंटर होता है, जहाँ उसी रेजिमेंट के जवानों को प्रशिक्षण दिया जाता है एवं राजपूताना राइफल्स के जवानों की ट्रेनिंग दिल्ली के रेजिमेंटल सेंटर में होती है।

आईएमए में ट्रेनिंग पूरी करने के बाद और अपनी यूनिट को ज्वाइन करने से पहले प्रत्येक अधिकारी को अनिवार्य रूप से दो हफ्ते के लिए रेजिमेंटल सेंटर जाना पड़ता है, जहाँ उसका परिचय रेजिमेंट के इतिहास, उसकी पृष्ठभूमि और जवानों की आदतों के साथ ही रेजिमेंट के अन्य पहलुओं से कराया जाता है। महत्त्वपूर्ण रूप से किसी विशेष इनफैंट्री रेजिमेंटल सेंटर में ट्रेनिंग के लिए भेजे जाने वाले जवान आम तौर पर उसी भर्ती क्षेत्र के होते हैं, जैसे कि राजपूताना राइफल्स के अधिकांश जवान राजस्थान, हरियाणा, मध्य प्रदेश और उत्तर प्रदेश के राजपूत और जाट होते हैं। राजपूताना राइफल्स की कुछ बटालियनों में दूसरी जातियों के भी कुछ सदस्य होते हैं और ऐसा ही भारतीय सेना की अधिकांश इनफैंट्री रेजिमेंट के साथ है, जैसे कि सिख, डोगरा, जाट, बिहार, कुमाऊँ, मराठा लाइट इनफैंट्री और सिख लाइट इनफैंट्री रेजिमेंट। किसी कंपनी या बटालियन में निश्चित वर्ग के सैनिकों

का होना वास्तव में जोड़ने वाला तत्त्व होता है, हौसले और ऑपरेशन के स्तर पर जिसका काफी प्रभाव पड़ता है। उदाहरण के लिए, राजपूताना राइफल्स की राजपूत जाति की कंपनी के साथ किसी ऑपरेशन पर निकलने से पहले उस सब-यूनिट के जवानों को हौसला बढ़ाने के लिए मुझे बस इतना कहना होता था, राजपूतों की शान रखनी है, उनका नाम हमेशा ऊपर रहना चाहिए। इनफैंट्री रेजिमेंटों में निश्चित वर्ग के सैनिकों को रखने की प्रथा अंग्रेजों के समय से ही चली आ रही है, जिन्होंने व्यावहारिक और अन्य कारणों से, लड़ाकू सैन्य इकाइयों के सजातीय समूह बनाए, क्योंकि उनके सदस्यों की भाषा, खान-पान की आदतें और संस्कृति एक ही थी।

राजपूताना राइफल्स में मुझे कमीशन किए जाने से जुड़ी एक और घटना बास्केटबॉल खेल के प्रति मेरे प्रेम से जुड़ी है, जो मेरा पसंदीदा खेल रहा है। आईएमए के जैंटलमैन कैडेट हर दिन शाम 4 बजे अपनी-अपनी कंपनी के कोर्ट में बास्केटबॉल खेला करते थे, लेकिन मैं हमेशा काफी पहले पहुँच जाता था, लंच के तुरंत बाद, बोलें तो दोपहर 2:30 बजे और अकेले ही बास्केटबॉल में प्रैक्टिस शुरू कर देता था। 1983 में सितंबर की गरम दोपहर में ऐसे ही एक प्रैक्टिस सेशन के दौरान ब्रिगेडियर पी.एस. वर्मा, जो आईएमए में ट्रेनिंग के हेड थे और जिन्हें राजपूताना राइफल्स की चौथी बटालियन में कमीशन किया गया था तथा जो 1971 का युद्ध उसी बटालियन में रहते हुए लड़ चुके थे और बाद में 8 राजरिफ को कमांड किया था, उन्होंने मुझे दोपहर में अकेले प्रैक्टिस करते देखा, जबकि वह समय कैडेट्स के आराम करने का होता है। कुछ देर तक वह वहीं खड़े होकर मुझे दौड़ते हुए और बास्केट पर निशाना लगाते देखते रहे और फिर मुझसे पूछा कि अपने आराम के समय में मैं अकेले क्यों खेल रहा हूँ, और क्यों प्रैक्टिस के लिए मेरे पास एक ही बास्केटबॉल है, जिसके कारण मुझे हर बार गेंद को बास्केट में डालने के बाद उसे दौड़कर लाने में ज्यादा ताकत लगानी पड़ रही थी। इस बात से चिंतित होकर कि उस समय मेरे खेलने का मतलब यही निकाला जाएगा कि मैं ट्रेनिंग के निर्धारित कार्यक्रम का पालन नहीं कर रहा हूँ, मैंने हिचकते हुए कहा कि प्लाटून में केवल एक ही बास्केटबॉल है। इसके बाद कोई और बातचीत किए बिना, उन्होंने बस मेरा नाम पूछा और चले गए। आईएमए में कोई इंस्ट्रक्टर आपका नाम पूछ ले तो समझ लीजिए की आप मुसीबत में पड़ने वाले हैं!

अगली सुबह-सुबह की पीटी क्लास से लौटने के बाद और इससे पहले कि मैं नाश्ते के लिए जाता, मुझे हमारे कंपनी कमांडर मेजर डी.जे. सिंह ने, जो कैवेलरी के अफसर थे, मुझसे पूछा कि बास्केटबॉल कोर्ट में कल क्या हुआ था। मुझे तुरंत हालात की गंभीरता का अंदाजा हो गया और जब उन्होंने मुझसे कहा कि उन्हें मेरे साथ ब्रिगेडियर वर्मा से उनके ऑफिस में मिलने के लिए कहा गया है। किसी बड़े संकट की आशंका के साथ मैं खुद को

कोस रहा था कि क्यों मैंने कहा कि प्लाटून में एक ही बास्केटबॉल है, वहीं नाश्ता न कर पाने की चिंता मेरे मन में चल रही दूसरी बड़ी चीज थी। हालाँकि, मेरी दूसरी चिंता को मेजर डी.जे. सिंह ने दूर कर दिया। उस सज्जन अधिकारी ने मुझसे कहा, 'जाओ, नाश्ता कर लो और दस मिनट में मुझे चेटवोड हॉल के सामने मिलना।' एकेडमी में दस मिनट जीवन भर के बराबर होता है, और मैं ब्रिगेडियर के सामने मार्च कराए जाने को भूल गया और पूरा ध्यान अपने नाश्ते पर लगाया। भरपेट खाया, और उसके बाद भी समय से पहले चेटवोड हॉल पहुँच गया।

हम जैसे ही ब्रिगेडियर वर्मा के ऑफिस पहुँचे, उन्होंने हमें छह एकदम नए बास्केटबॉल दिए, और मेजर डी.जे. सिंह को निर्देश दिया कि सभी कैडेट्स को खेल के सारे साधन मिलने चाहिए। उन्होंने मुझसे यह भी पूछा कि क्या मैंने तय कर लिया है कि मैं किसी यूनिट में जाना चाहता हूँ और क्या राजपूताना राइफल्स में शामिल होने में मेरी दिलचस्पी है। मुझे तुरंत ही राजपूताना राइफल्स रेजिमेंटल सेंटर की ट्रेनिंग याद आ गई, जिसे मैंने मोहित होकर देखा था, जब मैं सेकेंड लेफ्टिनेंट मनवंत सिंह जोहर का मेहमान था। मैंने उत्साह के साथ 'हाँ' में सिर हिलाया और उस रेजिमेंट में शामिल होने की अपनी इच्छा जता दी। राजपूताना राइफल्स (राजरिफ) में शामिल होने के लिए अपनी इच्छा जताने के पीछे एक और प्रेरणादायी कारण था, मेरे उस समय के वेपंस ट्रेनिंग इंस्ट्रक्टर हवलदार मोती सिंह, जो राजपूताना राइफल्स के छह फुट लंबे राजपूत थे। उनकी मोटी-मोटी मूँछें थीं, जिनकी वे खूब देखभाल करते थे। उनमें चीते जैसी फुर्ती और हर काम के प्रति सैनिकों वाला गर्व था, चाहे कड़क सूती वर्दी हो या अपने बड़े हाथों में राइफल को किसी खिलौने की तरह खोलना और जोड़ना। इनफैंट्री में राजरिफ को अपनी एक पसंद बनाने के साथ ही, आखिर में मुझे राजपूताना राइफल्स की चौथी बटालियन में कमीशन किया गया, जिसमें हवलदार मोती सिंह, सेकेंड लेफ्टिनेंट मनवंत सिंह जोहर और ब्रिगेडियर प्रीतम एस वर्मा ने राजपूताना राइफल्स के साथ मेरे पूर्वनिश्चित जुड़ाव में नियति के साधनों की भूमिका निभाई।

17 दिसंबर, 1983 को मैं उस समय 163 साल से भी पुरानी बटालियन, यानी राजपूताना राइफल्स की चौथी बटालियन का हिस्सा बन गया, जो भारतीय सेना की सबसे पुरानी राइफल रेजिमेंट थी। आम तौर पर कैडेट्स के माता-पिता ही पिपिंग सेरेमनी में अपना रोल निभाते हैं, यानी उस समारोह में, जिसमें जैतूनी हरे रंग की वर्दी के दोनों कंधों के फ्लैप पर एक-एक सितारा लगाया जाता है। यही वर्दी कमीशन किए नए अफसरों के पूरे पेशेवर जीवन के लिए उनकी दूसरी त्वचा बन जाती है। चूँकि मेरे माता-पिता मेरे पासिंग-आउट परेड के लिए नहीं आए, इसलिए मेरी पिपिंग किसी और ने नहीं बल्कि मेरे कंपनी कमांडर और आईएमए में मेरे गुरु के सबसे उम्दा पेशेवरों में से एक और हमेशा ही शिष्ट रहने वाले, मेजर डी.जे. सिंह

ने की। कमीशन अधिकारी के रूप में मैंने पहला सैल्यूट भी मेजर डी.जे. सिंह को किया था, जिन्होंने बदले में सैल्यूट करते हुए मेरे कंधे पर कुछ ही देर पहले सजाए गए धातु के उस काले सितारे को ढकते और पकड़ते हुए, मेरे कंधे को जोर से थपथपाया। राजपूताना राइफल्स के अफसर और जेसीओ अपनी वर्दी पर धातु के काले सितारे लगाते हैं। ऐसा ही भारतीय सेना के अन्य राइफल रेजिमेंट और जम्मू-कश्मीर लाइट इनफैंट्री (जैकलाई) में भी होता है। मैं उनके चट्टानी शब्दों को कभी भूल नहीं सकता, 'अपनी रैंक को सम्मान और गर्व से पहने, जो केवल चुनिंदा लोगों को ही नसीब होता है और सुनिश्चित करना कि देश की सेवा में तुम जो भी करो, उससे एक बदलाव आए। तुम्हारा देश, सेना, रेजिमेंट और पल्टन, जिसके लिए तुम जियोगे और मरोगे, वह तुम्हारा अभियान है।'

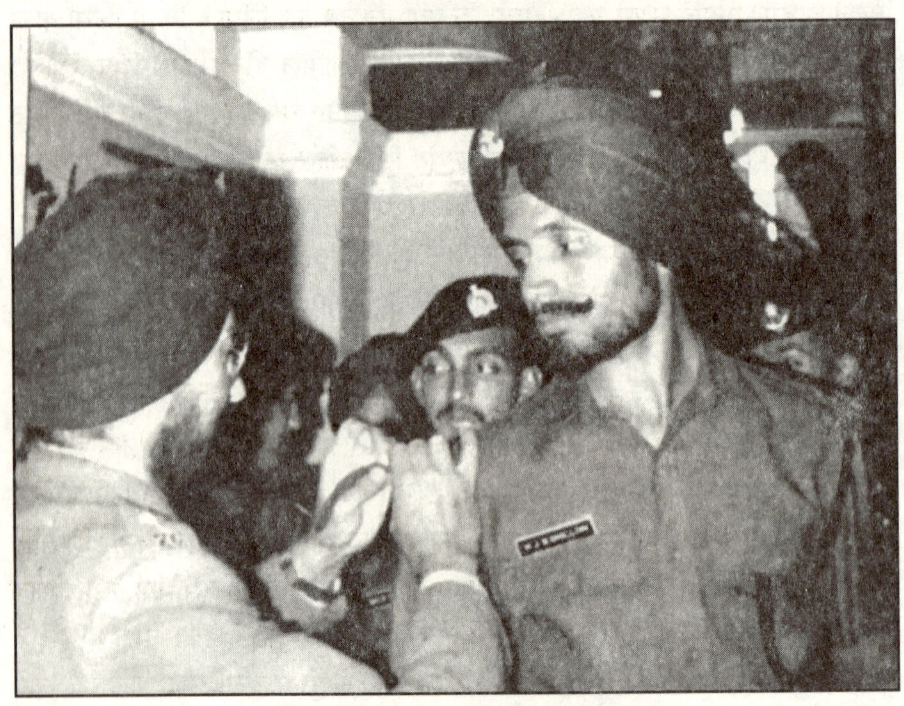

17 दिसंबर, 1983, इंडियन मिलिट्री एकेडमी, देहरादून,
मेजर डी.जे. सिंह मेरे कंधों पर पहला 'ब्लैक स्टार' लगाते हुए

इसके बाद मेरा जीवन और सेना में एक अफसर के रूप में मेरा कॅरियर भारतीय सेना के सबसे पुराने और अत्यधिक सम्मानित एवं अत्यधिक प्रशंसित रेजिमेंट, राजपूताना राइफल्स के साथ शुरू हो गया, जहाँ मैंने अपने जीवन के अनेक यादगार पल और घटनाओं को जिया।

सूबेदार मेजर मानद कैप्टन अमर सिंह साब के साथ, कमांडिंग ऑफिसर के रूप में, 2005

कमांडिंग ऑफिसर के रूप में एक समारोहपूर्ण परेड का नेतृत्व करने के लिए तैयार, जनवरी 2005

'चीनी और नमक' से स्वागत

17 दिसंबर, 1983 को आईएमए से कमीशन किए जाने और उसके बाद दो हफ्ते की अनिवार्य छुट्टी बिताकर मैं दिल्ली कैंट स्थित राजपूताना राइफल्स रेजिमेंटल सेंटर पहुँचा, तो उत्सुकता के साथ अनिश्चितता भी थी कि न जाने आगे क्या होगा। मेरे साथ चल रहे स्पष्ट रूप से दिखने वाले एनडीए बॉक्स के कारण मुझे आसानी से पहचान लिया गया और गेट पर राजरिफ रेजिमेंटल पुलिस (आरपी) के चिरपरिचित ऊँची राजस्थानी मूँछों वाले एक अत्यधिक भव्य वर्दी में मौजूद सैनिक ने मुझे कड़क और आकर्षक सैल्यूट किया। इस असाधारण स्वागत पर अपने आश्चर्य को छिपाते हुए बैरियर से निकलने के लिए थोड़ा झुक गया, लेकिन आरपी संतरी ने विनम्रता से मुझे रोक लिया। उसने ठेठ राजस्थानी उच्चारण में कहा, 'साब, गेट खुलेगा, मगर वेलकम टैक्स लगेगा'। मुझे जल्दी ही पता चल गया कि रेजिमेंट में पहली बार आने वाले को रेजिमेंटल सेंटर के आरपी खंड के लिए 5 किलो जलेबी का इंतजाम करना पड़ता था, जो शुभ अवसरों पर 'मुँह मीठा' कराने की भारतीय परंपरा से जुड़ा था। उसके बाद ताजा जलेबियों को चखने के साथ ही राजपूताना राइफल्स में मेरा समारोहपूर्ण स्वागत किया गया और रेजिमेंट का पाइप बैंड मुझे अफसर मेस तक लेकर आया। इस शानदार स्वागत से अभिभूत होने के साथ ही इक्कीस वर्षीय युवक के रूप में इन नई परिस्थितियों में मैंने थोड़ी चिंता और भविष्य को लेकर आशंका का अहसास किया। उसके साथ ही मैंने बैंड के साथ चलते हुए शांत और संयमित रहने का भी प्रयास किया।

मेस के लॉन तक बमुश्किल 60 मीटर तक पैदल चलने में जैसे बरसों लग गए, साथ ही जिम्मेदारी की भावना भी मेरे मन पर हावी हो रही थी। रास्ते पर आगे बढ़ते हुए मैंने देखा कि करीब चालीस साल का एक अधिकारी शानदार राइफल ग्रीन जैकेट पहने मेस की लॉन के सामने जनवरी की सुबह गरमागरम कॉफी पी रहा है। मैंने उनका अभिवादन किया और औपचारिकताओं तथा हाथ मिलाने के बाद मेरा हाथ जब उनके हाथ में ही था, उन्होंने खास फौज और कड़क आवाज में मुझसे पूछा, 'तो बेटा, किस यूनिट में?' मैंने जब कहा '4 राजरिफ, सर' तो मैंने महसूस किया कि मेरी हाथ पर पकड़ इस तरह कस रही थी, जैसे कह रही हो कि मैं अब सुरक्षित हाथों में हूँ। बाद में मुझे पता चला कि वे 4 राजरिफ के अधिकारी कर्नल राज सिंह थे, जिन्हें 1971 के अभियानों के दौरान वीर चक्र से सम्मानित किया गया था और जिन्हें उनकी ऐतिहासिक रणनीतिक और सैन्य गुणों के कारण सभी कर्नल राज सिंह 'मैकआर्थर' के नाम से बुलाते थे। 4 राजरिफ का हिस्सा होने के कारण, जो गहरा रिश्ता बनता दिखा, वह स्पष्ट था, जब उन्होंने अधिकार के साथ वेटर को पुकारा 'साब के लिए बियर लाओ।' इस तरह रेजिमेंट से मेरे परिचय की शुरुआत मीठे और माल्टी नोट के साथ हुई,

जिसने उन यादगार पलों की नींव रखी, जो मेरे सैन्य जीवन के सफर में आगे आने वाले थे।

रेजिमेंटल सेंटर में दो हफ्ते की ओरिएंटेशन ट्रेनिंग ने मुझे राजपूताना राइफल्स के गौरवशाली इतिहास से भलीभाँति परिचित करा दिया, जो 200 वर्ष से भी अधिक पुराना है। राजपूताना राइफल्स की पहली बटालियन को अब तीसरी बटालियन ब्रिगेड ऑफ गार्ड्स बना दिया गया, उसे 10 जनवरी, 1775 में कैप्टन जेम्स स्टीवर्ट ने बॉम्बे सिपाहियों की 5वीं बटालियन के रूप में खड़ा किया था। 1775 में पहली बटालियन को खड़ा किए जाने के बाद अन्य बटालियनें आनेवाले वर्षों में बनती गईं और शुरुआत से ही इस रेजिमेंट की यह विशेषता थी कि इसने अंग्रेजों द्वारा लड़ी गई लगभग हर लड़ाई में हिस्सा लिया, जिनमें भारतीय सीमाओं के अलावा विदेशी धरती पर लड़ी गई जंग भी शामिल हैं। मैंने राजपूतों और जाटों, यानी उन सैनिकों के इतिहास, संस्कृति, परंपराओं, धारणाओं के बारे में बहुत कुछ जाना, जिनके साथ मैं अपने जीवन का एक बड़ा हिस्सा बिताने वाला था।

दिल्ली में दो हफ्ते बिताने के बाद मैं असम मेल के फर्स्ट क्लास कंपार्टमेंट से सफर पर निकला। इस ट्रेन से मैं सिलीगुड़ी पहुँचा, फिर असैनिक परिवहन सिक्किम नेशनल ट्रांसपोर्ट (एसएनटी) से गंगटॉक, और फिर सेना की गाड़ी मुझे अपनी यूनिट की जगह तक ले आई। यहाँ मेरा नया परिवार मेरे आने की प्रतीक्षा कर रहा था। वैसे ही जैसे परिवार के बड़े लोग किसी भारतीय घर में दुलहन के आने का इंतजार करते हैं। यात्रा के पहले हिस्से में, पहली बार किसी ट्रेन के फर्स्ट क्लास कंपार्टमेंट में की गई यात्रा मुझे अलग ही दुनिया में ले गई, जहाँ मुझे उपलब्धि और गर्व का एक गहरा अहसास हुआ।

मेरी यूनिट 4 राजरिफ उन दिनों सिक्किम के ऊँचे इलाके में तैनात थी और चूँकि वह बर्फ से ढका था, और रास्ता बेहद खराब था, इसलिए हम किसी गाड़ी में वहीं तक जा सकते थे, जिसे 'कार पोस्ट' कहा जाता था, जो किसी जगह का बड़ा अजीब नाम था। बाद में मुझे पता चला कि कोई भी ऐसी जगह, जहाँ तक एंबुलेंस हताहतों को निकालने के लिए पहुँच सकती थी, उसे सेना में 'कार पोस्ट' कहा जाता है। इत्तेफाक से आम तौर पर विलिस के नाम से जानी जाने वाली जीप को सेना की वस्तु सूची के हिसाब से 'कार 250 किलो 4X4 जीएस सीजे3बी' कहा जाता था और मुझे लगता है कि 'कार पोस्ट' नाम इसी से निकला होगा। फील्ड एरिया में वैसे तो कोई कार नहीं थी, फिर भी यह नाम सैन्य हास्य का एक शानदार उदाहरण है, जहाँ आपको उन चीजों की याद लगातार दिलाई जाती है, जो सैन्य सेवा के कारण आपके पास नहीं हैं, ताकि आपकी याददाश्त से वे पूरी तरह गायब ना हो जाएँ।

कार्यक्रम के अनुसार मुझे रात कार पोस्ट में बितानी थी और फिर वहाँ से आगे यूनिट की नियत जगह पर जाना था। चूँकि यह काफी हद तक आवागमन का कैंप था, इसलिए मुझे एक चारपाई दी गई, जिस पर मैं शून्य के लगभग तापमान में ठिठुरता हुआ सो गया।

यूनिट में मेरा स्वागत सही मायने में 'हॉट एंड स्वीट' हुआ, क्योंकि मुझे गरम चाय और चूरमा दिया गया। चूरमा एक ऐसा व्यंजन है, जो रोटी, चीनी और देसी घी से बनता है और हरियाणा तथा राजस्थान में काफी लोकप्रिय है, जहाँ से राजपूताना राइफल्स के अधिकांश जवान आते हैं। संयोग से जीवन भर के लिए यह मेरा पसंदीदा मीठा व्यंजन बन गया। विशालकाय हिमालय की गोद में उस मनोरम स्थान पर स्थित सेना के पोस्ट में जमाने वाली ठंड में भी चूरमा मेरे मुँह में घुल गया और इस तरह यूनिट में मेरी शुरुआत इससे अधिक स्वादिष्ट नहीं हो सकती थी।

हालाँकि इस मीठे व्यंजन को एक मसालेदार खाने की चीज से अच्छी तरह संतुलित किया गया था, जो मुझे दिया गया, तब सूरज बर्फ से ढकी चोटियों के पीछे छिप रहा था। उसके बाद मेरे रहने का इंतजाम पत्थर की दीवार वाली झोंपड़ी में किया गया, जिसका दरवाजा स्टील का था, लेकिन कोई खिड़की नहीं थी। अंदर बिना काँच की एक लालटेन थी, जिसकी लौ फड़फड़ा रही थी। यह पारंपरिक लैंप का बदला हुआ रूप था, ताकि वहाँ उपलब्ध थोड़ी बहुत ऑक्सीजन आग तक पहुँच कर उसे जलाए रख सके। वास्तव में मैं कंबल से ढकी झोंपड़ी (जिसे मैं अब अधिक सैन्य जानकारी के कारण अपने हिसाब से तैयार बंकर कहना पसंद करूँगा) की दीवार को लालटेन की हल्की रोशनी में बमुश्किल देख पा रहा था। ठीक-ठाक मात्रा में चूरमा खाने के बावजूद मैं सच में मशहूर 'लंगर के खाने' का इंतजार कर रहा था, जो आखिरकार एक स्टील की प्लेट में आया। दाल और सब्जी के अलावा एक कटोरी में कोई ऐसा व्यंजन था, जिसे मैं पहचान नहीं सका, फिर भी उसका एक निवाला मुँह में डाल लिया। नतीजा यह हुआ कि मेरी जीभ पर आग लग गई, क्योंकि उस कटोरी में देसी घी में तली साबुत लाल मिर्च और लहसुन था, जिसने मिर्च का तीखापन और बढ़ा दिया था। अब मेरे जैसे आदमी के लिए बचने का रास्ता नहीं था, जिसे इतना तीखा व्यंजन खाने की आदत नहीं थी। ड्यूटी पर तैनात जवान जो बोलने में माहिर था, उसने कहा, 'साब, राजरिफ में आए हो तो लाल मिर्ची सहनी और काले तारे लगाने ही पड़ेंगे।' राजपूताना राइफल्स के अफसरों और जवानों की तरह ही मुझे भी धातु के सुंदर काले सितारे लगाने और हमेशा लाल तीखी मिर्च खाने की आदत पड़ गई, लेकिन पहली बार मैंने जब इस आग लगा देने वाले व्यंजन को चखा तो वह यूनिट में मेरे स्वागत की अमिट याद बन गई।

स्लीपिंग बैग से दोस्ती

सिक्किम की जबरदस्त ऊँचाई पर भयंकर ठंड का अंदाजा लगाते हुए बीजी, यानी मेरी नानीजी ने मुझे रात के लिए एक मोटी रजाई दी थी, जिसे चमड़े की बेल्ट वाली कैनवास

की अपनी बेडिंग (जिसे बिस्तरबंद कहते हैं) से निकालकर मैं रात को अपनी चारपाई पर उसके भीतर घुस गया। हालाँकि मेरी मोटी रजाई उस कड़ाके की ठंड में मेरा बचाव नहीं कर पा रही थी। मेरी परेशानी को देखते हुए कंपनी के सीनियर जेसीओ सूबेदार लक्ष्मण सिंह मेरी झोंपड़ी में आए और मुझसे पूछा कि मैंने कैंप में जारी किए गए स्लीपिंग बैग के बजाय रजाई में सोने का फैसला क्यों किया? मैंने स्लीपिंग बैग को दिखाते हुए कहा कि मैंने उसका इस्तेमाल कभी पहले नहीं किया, इसलिए मैं हिचक रहा था और फिर मुझे रजाई में सोने की आदत थी। उनका ठेठ फौजी जवाब था, 'अगर आप रजाई में सोते हो, तो अपने आराम की जिम्मेवारी आपकी है, क्योंकि आप जब उसमें घुस जाते हो तो ठंड से बचने के लिए आपको उसे कभी इधर तो कभी उधर से दबाते रहना पड़ता है, जबकि आप स्लीपिंग बैग का इस्तेमाल करते हो, तो यह जिम्मेवारी वह बैग उठाता है और ठंड से बचने के लिए आपको कोई काम नहीं करना पड़ता है।' इस तरह 4 राजरिफ में मेरे पहले दिन की शुरुआत अपनी नानीजी के प्यार के बजाय बेहद कठोर मौसमी और जमीनी हालात के लिए सेना की ओर से जारी उपकरणों/कपड़ों का महत्त्व और तीखे तथा मीठे व्यंजनों के बीच संतुलन को समझने से हुई।

सेना के प्रति मेरे जीवनपर्यंत सेवा के संकल्प की नींव

कार पोस्ट में अनुभव से भरे अठारह घंटे बिताने के बाद अगली सुबह मैं बटालियन हेडक्वार्टर की जगह पर पहुँचा। चारों ओर की प्राकृतिक सुंदरता को देखकर मैं हैरान रह गया, जैसा मैंने केवल रिचर्ड बर्टन और क्लिंट ईस्टवुड की मशहूर अंग्रेजी फिल्म व्हेयर ईगल्स डेयर में देखा था। बटालियन के कमांडिंग अफसर, लेफ्टिनेंट कर्नल (बाद में ब्रिगेडियर) त्रिगुणेश मुखर्जी से मेरी पहली मुलाकात हुई, और मुझे उनकी पेशेवर सलाह आज भी याद है, जो मेरा स्वागत करने के बाद उन्होंने मुझे दी थी। उन्होंने मुझे काफी गंभीरता से कहा था, 'अगर तुम अपने पेशे के साथ जुड़े रहोगे, (भाषा के लिए माफी) कोई *** की औलाद तुम्हें छू नहीं सकता', एक ऐसा कथन, जो मेरे दिमाग की गहराई में उतर गया और सेना के पूरे कॅरियर के दौरान मेरे साथ रहा। इसने मेरी व्यावसायिक क्षमता और लगन की बुनियाद भी रख दी, जहाँ मेरा ध्येय बन गया, 'कभी अपनी यूनिट, अपनी रेजिमेंट, अपनी सेना, अपने देश को किसी भी स्थिति में निराश नहीं करूँगा।'

मुझे यह अहसास हुआ कि मेरी पहली पोस्टिंग अगर मुश्किल स्थान पर नहीं होती, तो मैं अपने जवानों की ताकतों के बारे में नहीं जान पाता कि ये बहादुर जवान किस प्रकार कठोर मौसम और बेहद कठिन इलाके का सामना करते हैं और किसी सहनशक्ति से एक सैनिक के जीवन में निरंतर आने वाली विपरीत परिस्थितियों से जूझते हैं। इस कार्यकाल ने

भारतीय इनफैंट्री के सैनिकों के बारे में मेरी अवधारणा को 'अधम हत्यारी सेना' से बदला और मैं उन्हें पूरी तरह समर्पित बेटा/पति के रूप में देखने लगा, जिनका राष्ट्र के प्रति अतुलनीय संकल्प है, जो दल का स्व-प्रेरित और निर्मम सदस्य होता है, जिसमें बेजोड़ व्यावसायिक निष्ठा होती है और इन सबसे अधिक, मानव मूल्यों और संस्कृतियों के लिए सम्मान होता है।

सेना में सेवा के आरंभ में
ब्रिगेडियर त्रिगुणेश मुखर्जी के साथ, वर्ष 1984

सेना में सेवा की समाप्ति के दिन
ब्रिगेडियर त्रिगुणेश मुखर्जी के साथ, जनवरी 2022

राजपूताना राइफल्स—एक सैनिक की दृष्टि से यूनिट पर गर्व

सैनिकों की अपनी अवधारणाओं पर मेरी जानकारी को एक खास घटना ने काफी बढ़ाया, जिसका संबंध हवलदार से नायब सूबेदार के पद पर प्रमोशन से था। यह ऐसी परीक्षा थी, जिसमें मैं साक्षात्कार की परीक्षा का मूल्यांकन करने वालों में शामिल था। मैंने नायब सूबेदार बनने के प्रतिभागियों में से एक हवलदार शायर सिंह से यह प्रश्न पूछा, 'मान लो कि तुम अल्फा कंपनी में हो और तुम्हें प्लाटून नंबर वन का कमांडर बनाया जाता है और कमांडिंग अफसर ने निर्देश दिया है कि अल्फा कंपनी पहला हमला करेगी

और अल्फा कंपनी की ओर से नंबर एक प्लाटून सबसे आगे रहेगी। तुमने जवानों को जब आदेश दिया, तो एक जवान आकर तुमसे कहता है, 'हमेशा हमारी कंपनी ही हमले में आगे रहती है, लेकिन इस बार हम आगे नहीं रहेंगे।' तब प्लाटून कमांडर के रूप में अपने एक जवान के इस बयान पर तुम्हारी प्रतिक्रिया क्या होगी?' उस हवलदार ने जो जवाब दिया, उसका मेरी सूझबूझ पर गहरा प्रभाव पड़ा और उसने मुझे अपने सैनिकों की जन्मजात क्षमताओं का अहसास कराया। यह भूलकर कि वह एक परीक्षा दे रहा था और उसे परीक्षक को (यानी मुझे) प्रभावित करने के लिए कोई समझदारी भरा उत्तर देना चाहिए, वह हवलदार इस बात से रुष्ट हो गया कि कोई जवान अपने कमांडर से कह देगा कि उसे अपनी कंपनी को हमले में सबसे आगे नहीं रखना चाहिए, और हवलदार शायर सिंह ने गंभीरता से कहा, 'सर, आप इस बटालियन में नए आए हो, इसलिए मुझे शायद आपको इसकी परंपराओं के बारे में थोड़ी जानकारी दे देनी चाहिए। इस यूनिट का हर एक जवान देश के लिए लड़ते हुए प्राण न्योछावर करने के लिए तैयार है, लेकिन उनमें से कोई भी युद्ध लड़ने से इनकार नहीं करेगा। इसलिए 4 राजरिफ के किसी भी कीमत पर समझौता न करने के उसूलों को देखते हुए आपका प्रश्न सही नहीं है।' हालाँकि उसके दावे की सत्यता की जाँच के लिए मैंने उस सवाल को दोहराया और जोर दिया कि और स्पष्ट जवाब दे। लेकिन वह अपने उत्तर पर अड़ा रहा, और मुझसे लगभग क्रोधित होकर कहा, 'सर, आप अपने इन विचारों को कमांडिंग अफसर के कानों तक पहुँचने मत देना, क्योंकि ऐसी स्थिति कभी पैदा ही नहीं होगी। इस बटालियन के बीते 164 साल के इतिहास में ऐसा कभी नहीं हुआ है, न भविष्य में कभी होगा।'

यहाँ यह बता देना सही होगा कि राजपूताना राइफल्स की चौथी बटालियन का इतिहास बाजीराव पेशवा की पूना सहायक पैदल सेना के समय का है, जिसका गठन पूना (आज का पुणे) में 1812 में किया गया था, जिसके जवानों की भर्ती 'हिंदुस्तान के अन्य प्रांतों' से की गई थी और बाद में उसे बारहवीं रेजिमेंट की पहली बटालियन के रूप में बदल दिया गया, जो मई 1820 में ईस्ट इंडिया कंपनी की एक यूनिट थी। उस समय से ही इस यूनिट का अस्तित्व लगातार बना हुआ है और इसे न तो भंग किया गया, न ही पुनर्गठित। अपने 200 साल से भी अधिक वर्ष के इतिहास में, वर्तमान समय की 4 राजरिफ को उनतीस बार 'बैटल एंड थिएटर ओनर' से सम्मानित किया जा चुका है। इसके साथ ही इस यूनिट ने 1947 के बाद 113 और स्वतंत्रता से पहले 344 व्यक्तिगत सम्मान भी अर्जित किए हैं। इसके इतिहास में ऐसे कई अवसर आए हैं, जब इस यूनिट ने 200 से भी अधिक सैनिकों को गँवाने के बाद नए संकल्प के साथ पलटवार किया। इसलिए हवलदार शायर सिंह का अपनी पलटन की महान् विरासत पर गर्व करना बिल्कुल

सही था, और बर्फीली चोटी पर उसके साथ हुई इस बातचीत ने यह सही सीख दी कि आज के लक्ष्यों को हासिल करने के लिए इतिहास का उपयोग प्रेरणा के लिए किया जा सकता है। साथ ही उस हवलदार के पागलपन की हद तक जाने वाले आत्मविश्वास ने मेरी दृष्टि में भारतीय सेना के जवान के दृढ़ निश्चय और धैर्य तथा उसकी चारित्रिक क्षमता को फिर से ठोस साबित किया, जिसमें मानसिक कठोरता के साथ ही शारीरिक दृढ़ता भी होती है। भारतीय सेना के जवान जिन भरोसेमंद शारीरिक मानदंडों का पालन करते हैं, उन्हें उस ऊँचाई पर चलाए जाने वाले विभिन्न सामरिक और संचालन से जुड़े अभियानों में साफ तौर पर देखा जा सकता था, लेकिन जिसने मुझे सबसे अधिक चकित किया, वह था, आसानी से हार न मानने वाला उनका संकल्प, जो उनमें कूट-कूटकर भरा था और जिसे वे हर परिस्थिति में बनाए रखते थे। इस प्रकार मैंने अपने कॅरियर की शुरुआत में ही यह जान लिया कि सेना के एक जवान के लिए अपने पेशे को लेकर उसका रुख कर्तव्य के प्रति कर्मठता से कहीं ज्यादा होता है और देश की पूजा की हद तक जाता है। उसके लिए सेना सिर्फ एक नौकरी नहीं बल्कि जीवन की शैली है, सम्मान का वह आवरण, जिससे उसे अपने परिवार, समाज, अपने शहर या गाँव और देश में अद्‌भुत आदर मिलता है। इसके कारण ही वह किसी भी परिस्थिति में अपनी प्लाटून, कंपनी, पल्टन (बटालियन), रेजिमेंट या देश को निराश नहीं करेगा।

मैं जब किसी भारतीय सैनिक के चित्त और धारणाओं की अधिक गहराई में जाता हूँ, तो मुझे विलियम शेक्सपियर के जूलियस सीजर में मार्क एंटनी का आखिरी कथन याद आता है—

'उसका जीवन सौम्य था, और तत्त्व
उसके भीतर घुले मिले कि प्रकृति खड़ी हो जाए
और पूरी दुनिया से कहे, यही था वह आदमी!'

राजपूताना राइफल्स में 'तराशा' गया

जैसा कि ऊपर मैंने बताया है, सेना में मेरी सेवा का आरंभ सिक्किम के पर्वतीय इलाके में सर्दी के कड़कड़ाते मौसम में भारी हिमपात के बीच हुआ, इसलिए किसी भी संरचनात्मक प्रशिक्षण के लिए परिस्थितियाँ बेहद मुश्किल थीं और इस कारण मैंने अधिकांश सब 'ऑन द जॉब' ट्रेनिंग के दौरान सीखे। यूनिट में मेरे पहुँचने के पहले ही दिन सुबह की पीटी परेड के दौरान बर्फबारी हो रही थी और दृश्यता काफी खराब थी। मुझे याद आ रहा था कि कैसे एनडीए और आईएमए में पीटी फॉल-इन के दौरान इंस्ट्रक्टर, जो मुख्य रूप से कैप्टन थे, कैडेट्स के पीछे आकर खड़े हो जाते थे। एक

सेकेंड लेफ्टिनेंट के रूप में भी उसी नियम की उम्मीद करते हुए पीटी ग्राउंड पर पहुँचने के बाद मैं जवानों के पीछे खड़ा हो गया, जो पहले ही अपनी प्लाटून या कंपनी स्क्वॉड में इकट्ठा थे। मेरी उम्मीदों के विपरीत उस समय के ट्रेनिंग-इन-चार्ज सूबेदार मेजर नंद राम साब मेरे पास आए और उन्होंने उस समय जो शब्द कहे, उन्होंने न केवल मेरे ऊपर एक गहरा प्रभाव छोड़ा बल्कि उसके बाद सेना के अपने लगभग चार दशक लंबे कॅरियर में मैंने जितने भी अभियान चलाए, उनमें एक मार्गदर्शक सिद्धांत का काम किया। मेरा अभिवादन 'राम-राम साब' से करने के बाद उन्होंने कहा, 'साब, अफसर हमेशा आगे!' इस प्रकार इस घटना ने मुझे निश्चित तौर पर यह बता दिया कि एक अफसर अपने उन जवानों की सुरक्षा और उनके हितों का न केवल अभियानों के दौरान बल्कि यूनिट के जीवन के सभी पहलुओं में पूर्ण रूप से जिम्मेवार होता है, जिनका वह नेतृत्व करता है, क्योंकि उसके नेतृत्व में वही जवान अपनी व्यक्तिगत सुरक्षा की परवाह किए बिना उस अफसर की उनका नेतृत्व करने की क्षमता पर अटूट विश्वास रखेंगे। यह सम्मान का एक ऐसा नियम है, जो हमेशा से ही मेरे दिमाग में अपनी पूरी सेवा के दौरान रहा।

4 राजरिफ का हर दिन सीखने का एक नया अनुभव लेकर आया और हमारे मुख्य शिक्षक, जिन्होंने हमें सेना की कारवाइयों की बारीकियाँ सिखाईं, वह तरीका जिससे कुकहाउस में पक रहे मीट से जुड़ी विभिन्न प्रक्रियाओं से लेकर घात लगाकर किसी ठिकाने पर हमले की योजना और उसे लागू करना शामिल था, वे जेसीओ और नॉन-कमीशंड ऑफिसर (एनसीओ) थे। जबरदस्त अनुभव वाले इन लोगों ने मेरे भीतर अपना दायित्व पूरी निष्ठा के साथ निभाने की गहन भावना को भर दिया, जिसकी सहायता से मैंने अपने जीवन के लंबे और सबसे खतरनाक तथा कठिन सैन्य अभियानों का संचालन किया।

'टाइनी' क्यों?

यहाँ मैं एक बेहद अनूठी परंपरा का जिक्र करना चाहूँगा, जो 4 राजरिफ से जुड़ गई है और उसे बरसोबरस तक बनाए रखा गया है। इस बटालियन में कमीशन होने वाले किसी भी अफसर को एक उपनाम दिया जाता है, जो उसकी कदकाठी और व्यवहार से एकदम अलग होता है। उदाहरण के लिए, मेरे एक सीनियर अफसर कर्नल अनिल कुमार सूरी, जिन्हें हर काम पूरी सफाई और सतर्कता के साथ करने के लिए जाना जाता था, उन्हें 'गूफी' (नादान) उपनाम दिया गया था! एक और वरिष्ठ अधिकारी मेजर जनरल मोहन दीप सिंह घूरा, जिनका कद 6 फीट 3 इंच है, उन्हें शॉर्टी नाम दिया गया और इसी तरह लेफ्टिनेंट कर्नल कोदंडा पूवैया करियप्पा, जिन्होंने 31 जनवरी, 2022 को मेरी सेवानिवृत्ति पर रेजिमेंट के कर्नल के रूप में मुझ से कार्यभार ग्रहण किया, उन्हें

भी काफी लंबा होने के बावजूद 'मिनी' नाम दिया गया! मेरे मामले में भी मेरी लंबाई 6 फीट तीन इंच होने के बाद भी मुझे 'टाइनी' का उपनाम दिया गया। एक नाम, जो मेरे साथ उस समय से ही जुड़ा है और मेरे सोशल मीडिया हैंडल्स जैसे की ट्विटर (@TinyDhillon), इंस्टाग्राम (@tinydhillon) और फेसबुक पेज (@TinyDhillon) पर बना हुआ है। इस प्रकार 4 राजरिफ अपनी जगह अपने सैनिकों के दिलो-दिमाग में बना लेता है तथा हमारे जीवन और हमारी पहचान का एक पक्का हिस्सा बन जाता है।

आगे के अध्याय सेना में मेरे जीवन की अन्य यादगार घटनाओं का वर्णन करने के साथ ही उन सैनिकों के परिवारों की ओर से उनके जीवन और काम में निभाई गई महत्त्वपूर्ण भूमिका को और 'ब्रदर्स इन आर्म्स' (युद्ध में साथ लड़ने वाले) और उनके प्रियजनों के साथ की उस ठोस सहयोग प्रणाली के बारे में बताएँगे, जिसके कारण सेना की मशीनरी हमेशा ही प्रभावी और सुगम रूप से चलती रहती है।

□

6

4 राजरिफ में मेरे शुरुआती दिलचस्प दिन

अपने जवानों का संबल बनना

एकदम हाल ही में कमीशन किए गए अफसर के रूप में मेरे शुरुआती दिनों की एक और घटना है, जिसने मुझे बहुत बड़ी जिम्मेदारी का अहसास कराया। ऐसी जिम्मेदारी, जिसे अपने उन जवानों के लिए एक अफसर को उठाना पड़ता है, जिनका वह नेतृत्व करता है। मैं जब ब्रिगेड हेडक्वार्टर से अपनी यूनिट की लोकेशन पर एक वन-टन, यानी दूसरे विश्व युद्ध के समय की एक पुरानी पेट्रोल गाड़ी से लौट रहा था, तो मैंने देखा कि एक जवान उस वाहन के आगे के रास्ते पर चल रहा है, जो हमारी यूनिट तक जाता था। पूछने पर ड्राइवर ने मुझे बताया कि वह डिस्पैच राइडर है, जो बटालियन के लिए चिट्ठी-पत्री लेकर आता-जाता है। मैंने उस ड्राइवर को, जो अकसर उस रास्ते पर चलता था, निर्देश दिया कि उसे लिफ्ट दे दे, लेकिन उसका बेपरवाही भरा जवाब था, 'ये लांस नायक राम सिंह है, जो किसी गाड़ी में लिफ्ट नहीं लेता, इसलिए उसे पैदल ही जाने दीजिए।' थोड़ी पूछताछ के बाद मुझे पता चला कि किसी भी गाड़ी में बैठने से लांस नायक राम सिंह की मनाही एक दुर्घटना का परिणाम थी, वह वाहन जिसमें वह सफर कर रहा था, बर्फ पर फिसलकर ढलान के नीचे चला गया और किस्मत से उसकी जान तो बच गई, लेकिन दुर्भाग्य से सूबेदार मेजर लक्ष्मी सिंह की मृत्यु हो गई, जो उसके साथ उस वाहन में सवार थे। इस दुर्घटना से इतना सदमा पहुँचा कि लांस नायक राम सिंह ने उसके बाद फिर किसी गाड़ी में बैठने से मना कर दिया और हमेशा अपनी ड्यूटी पैदल ही किया करता था, चाहे कैसा भी मौसम हो, कितनी ही दूरी हो या कितना ही परिश्रम क्यों न करना पड़े।

ड्राइवर ने चाहे जो भी बताया, फिर भी मैंने उसे गाड़ी रोकने और डिस्पैच राइडर को गाड़ी में बिठाने के लिए कहा। हम हैरान रह गए, जब लांस नायक राम सिंह गाड़ी में सवार हो गया और बिना विरोध किए पीछे जाकर बैठ गया। उस फौजी डाकिया के इस विचित्र फैसले से ड्राइवर का चेहरा आश्चर्य से देखने लायक था और इससे मेरी उत्सुकता और बढ़

गई। मैंने ठान लिया कि इसकी तह तक जाकर ही रहूँगा। हम जब अपने आने की सूचना देने के लिए रेजिमेंटल पुलिस गेट पर रुके और राम सिंह उतरने के बाद मुझे सैल्यूट करने आया, तो मैंने उससे पूछ लिया कि आम तौर पर वह किसी गाड़ी में सवार होने से इनकार क्यों करता है और आज वह क्यों सवार हो गया। उसने उस दुर्घटना के बारे में बताया, जिसने उसे इतना भयभीत कर दिया था कि उसने फिर कभी किसी गाड़ी में सफर नहीं किया, लेकिन उस दिन डर पर काबू पाने और मेरे साथ सफर करने का उसने यह कारण बताया, 'साब, आज तो आप भी गाड़ी में बैठे थे।' स्पष्ट रूप से, अपने अफसर की मौजूदगी ने उसमें इतना आत्मविश्वास पैदा कर दिया कि अपने भय को भुलाकर और सुरक्षित महसूस करते हुए उसने अपने लीडर के साथ सफर किया। उसने जितने भोलेपन से इस बात को सच-सच कहा, उसने मुझे चौंका दिया। मुझे अहसास हुआ कि मेरे जवान मेरे फैसले पर किस हद तक निर्भर थे, और मेरी ओर से दिए गए एक आदेश पर वे किस प्रकार अपने प्राण भी दाँव पर लगाने के लिए तैयार थे। किसी सैन्य इकाई में अपने कमांडर में सैनिकों की ओर से प्रदर्शित किया जाने वाला बिना शर्त विश्वास मेरे लिए आँखें खोलने वाला था और मैंने तय किया कि इस कहे-अनकहे विश्वास को, युद्ध या शांति काल में हमेशा सही साबित करूँगा। इसने अपने पेशे को कभी निराश न करने के मेरे पिछले संकल्प और उसके प्रति मेरे अगाध समर्पण को और मजबूत कर दिया।

जो सैनिकों का धर्म, वही अफसर का भी धर्म

यहाँ मैं भारतीय सुरक्षा बलों की एक बहुत ही अच्छी परंपरा का जिक्र करना चाहूँगा। यह है 'मंदिर, मस्जिद, गुरुद्वारा' की अवधारणा (जिसे एमएमजी भी कहा जाता है, और जो मीडियम मशीन गन के संक्षिप्त रूप का पर्यायवाची है। यह गन प्लाटून/कंपनी स्तर पर किसी भी आक्रामक या रक्षात्मक अभियान का मुख्य आधार होती है)। एमएमजी की अवधारणा 'ऑल इंडिया ऑल क्लास' वाले मिले-जुले सैनिकों की इकाइयों और मुखयालयों में और भी स्पष्ट रूप से दिखाई देती है, जबकि निश्चित वर्ग वाली इकाइयों में उनके धर्म से जुड़ा धार्मिक स्थल होता है। ऐसे मुखयालयों और इकाइयों में एमएमजी के अलावा बौद्ध या ईसाई धर्मों के सैनिकों के लिए भी प्रार्थना के स्थान होते हैं। भारतीय सुरक्षा बलों के अधिकारी किसी भी धर्म के हो सकते हैं, चाहे यूनिट के सैनिक किसी भी धर्म के हों। अफसर अपने सैनिकों के धर्म के सभी सिद्धांतों, परंपराओं और रीतियों का पालन करते हैं। सुरक्षा बलों में यह कहावत मशहूर है कि 'भारतीय सुरक्षा बलों में जो धर्म सैनिकों का, वही धर्म अफसरों का होता है'। इस प्रकार, सेना में सभी धार्मिक उत्सवों को साथ मिलकर पूरे उत्साह और सम्मान के साथ मनाया जाता है।

एक धार्मिक कार्यक्रम में
सभी मतों के धर्मगुरुओं के साथ

सेवानिवृत्ति से पहले,
30 जनवरी, 2022 को एक मंदिर में

कानून से ऊपर कोई नहीं है

वैसे तो भारतीय सेना के अधिकांश जवान अपने बेदाग चरित्र और दृढ़ता के लिए जाने जाते हैं, लेकिन यहाँ यह भी बता दूँ कि एक ऐसे पेशे में अनुशासन बनाए रखने के लिए कठोर नियम की फिर भी आवश्यकता होती है, जहाँ थोड़ी सी भी अकर्मण्यता व्यक्ति के जीवन और मृत्यु, देश की विजय और पराजय के बीच का अंतर सिद्ध हो सकती है। इस संदर्भ में सेना का कानून होता है, जिसके अंतर्गत अधिकारियों और जवानों पर अनेक अपराधों के लिए मुकदमा चलाया जा सकता है और सेना के पास त्वरित न्याय देने का बेहद मजबूत आंतरिक तंत्र है, जहाँ कुछ दिनों की अतिरिक्त ड्यूटी से लेकर, जुर्माना या यूनिट के भीतर कठोर कारावास तक, और पदावनत किए जाने या सेना से बर्खास्तगी लेकर अप्रिय या गंभीर अपराधों के लिए नागरिक जेलों में कैद तक की सजा दी जा सकती है। हालाँकि बड़े उल्लंघनों और उनके कारण दी जाने वाली सजा के मामले अधिक नहीं होते हैं।

अपने सभी कर्मियों के बीच उच्च कोटि के अनुशासन को सुनिश्चित करने के लिए सेना साझा जिम्मेदारी और साझा काररवाई का एक अनोखा तरीका अपनाती है। इसमें कोई भी सैनिक शायद ही कभी अकेला कोई काररवाई करता है और 'बड्डी पेयर' या समूह के रूप में काम करने का प्रचलन यह बताता है कि यूनिट के भीतर का कोई न कोई हमेशा दूसरे सहकर्मी पर नजर रख रहा है। इस प्रथा का मुख्य उद्देश्य, जहाँ किसी अनहोनी की स्थिति में सेना के किसी साथी का सुरक्षा बचाव करना है, वहीं यह किसी को भी सीधे और सँकरे रास्ते से इधर-उधर होने से रोकता है, चाहे ऐसा करने का लोभ कितना ही बड़ा क्यों न हो। यहाँ कानून का निर्देशक सिद्धांत यह है कि अपराध आम तौर पर तभी होते हैं, जब अपराधी को ऐसा लगता है कि कोई भी उसे नहीं देख रहा है।

तनाव और चिंता—एक सैनिक के हमेशा के साथी

दुनिया में ऐसे पेशे कम ही हैं, जिनमें इतना अधिक तनाव और आघात सहना पड़ता है, जितना कि सुरक्षा बलों में और प्रत्येक सैनिक को परिवार से उस समय भी दूर रहने की चिंता से जूझना पड़ता है, जब परिवार को उनकी सबसे अधिक आवश्यकता होती है।

हाल के समय में सेना ने सभी वर्गों के बीच तनाव को कम करने के लिए अनोखे साधनों और तरीकों को लागू किया है। नियमित रूप से उन्हें प्रेरित किया जाता है और सलाह दी जाती है, ताकि वे निराशा में न डूब जाएँ। 'वक्त पर काम आने वाला एक ऐसा साथी' यूनिट के पंडितजी या ग्रंथीजी या मौलवी साब होते हैं, जो अनेक दूर दराज के पोस्ट पर जाकर प्रार्थना की शक्ति की शिक्षा देते हैं और आध्यात्मिक सहारा देते हैं। हालाँकि चुनौतिपूर्ण इलाके में ड्यूटी करने वाले किसी भी सैनिक के जबरदस्त उत्साह को स्पष्ट रूप से बताने वाली जो सबसे संगत कहावत है, वह अब भी यही है 'नो न्यूज इज गुड न्यूज' (कोई खबर न आना अच्छी खबर है)। किसी भी जवान से अकसर पूछे जाने वाले सवाल, 'और घर में सब ठीक-ठाक है?' का जवाब होता है 'सब ठीक है साब'। प्रफुल्ल रहने की यह भावना न केवल किसी मिलिट्री यूनिट के पूरे माहौल में घुली रहती है, बल्कि सैनिकों को भी लगातार चंचल और आशावादी बनाए रखती है, जो हमेशा ही उनकी प्रसन्नता और उत्साह में दिखता है।

चिकन सैंडविच

यहाँ इसी उत्साह के साथ मैं आपको एक और बेहद मजेदार घटना के बारे में बताता हूँ, जो उस समय हुई, जब हम सिक्किम में ही थे, लेकिन जल्दी ही उदयपुर की अपनी यात्रा पर निकले की तैयारी कर रहे थे। कोर कमांडर सिक्किम में यूनिट में आने वाले थे, और लेफ्टिनेंट कर्नल त्रिगुणेश मुखर्जी यूनिट के कमांडिंग ऑफिसर (सीओ) थे। मौसम की अनिश्चितताओं को देखते हुए हमारे उस ऊँचे स्थल तक के लिए हेलीकॉप्टर के उड़ान भरने का सबसे उपयुक्त समय सूर्योदय से लगभग सुबह के 11 बजे तक का था, उसके बाद पर्वतीय स्थानों तक हवाई यात्रा की सलाह नहीं दी जाती थी, क्योंकि दिखाई देना मुश्किल हो जाता था और आसमान को बादल ढक लेते थे। इस कारण, जो भी वरिष्ठ अधिकारी किसी यूनिट की जिम्मेदारी वाले इलाके का संक्षिप्त किंतु प्रभावी सैन्य सर्वेक्षण करने आते, वे काफी सुबह आ जाया करते थे। वरिष्ठ अधिकारियों के ऐसे दोरे में हवाई सर्वेक्षण और सीओ के द्वारा किसी ऐसे स्थान से जानकारी दी जाती थी, जहाँ से जिम्मेदारी वाले इलाके का अधिकांश हिस्सा दिखाई पड़ता था।

हमें जानकारी मिली कि कोर कमांडर एक विशेष हेलीपैड पर एकदम सुबह लैंड

करेंगे और वे एक घंटे तक ब्रीफिंग और सीओ के साथ चर्चा के लिए मौजूद रहेंगे। ऊपर के मुखयालय से हमें जानकारी मिली कि चूँकि वह समय काफी सुबह का होगा, इसलिए कोर कमांडर ने नाश्ता भी नहीं किया होगा, तो उन्हें ब्रीफिंग के दौरान हल्का नाश्ता दिया जाए। चूँकि सीओ ऑपरेशन से जुड़ी अपनी जिम्मेदारियों को बखूबी जानते-समझते थे, इसलिए ब्रीफिंग कोई बड़ी चिंता की बात नहीं थी। हालाँकि 'हल्के नाश्ते' के मुद्दे पर चर्चा शुरू हो गई कि कम समय के दौरे पर आ रहे विशेष अतिथि को सुबह के नाश्ते में क्या खिलाया जाए। जब कई सुझाव दिए गए और फिर खारिज कर दिए गए, तब आखिर में उन्हें एक साधारण लेकिन पेट भर देने वाला नाश्ता देने का निर्णय हुआ। इसमें चिकन सैंडविच के अलावा ब्रेड, बटर, जैम, अंडे, जूस और चाय या कॉफी का मेन्यू तय हुआ। मेस-इनचार्ज, हवलदार राम किशन को चिकन सैंडविच के बारे में विस्तार से बताया गया कि ब्रेड ताजा होना चाहिए और चिकन ठीक से पका होना चाहिए। पूरी तरह निश्चिंत होकर कि इतने साधारण नाश्ते में कोई गड़बड़ नहीं होगी, हमने इसे हवलदार राम किशन के जादुई काम के हवाले कर दिया। अस्थायी रूप से बनाया गया कुकिंग एरिया एक बंकर में था, जो ब्रीफिंग की मुख्य जगह से छिपी हुई जगह पर था और हमारा ध्यान अब अधिक महत्त्वपूर्ण बातों पर था।

दौरे वाले दिन, मुझे महत्त्वपूर्ण जिम्मेदारी सौंपी गई, जिसमें दीवार पर ब्रीफिंग के लिए टँगे नक्शे पर जमीनी ठिकानों को चिह्नित करना था। सीओ और कोर कमांडर सामने के इलाके की ओर मुँह कर खड़े थे, जबकि अपनी जगह से मैं पूरे इलाके को सरसरी तौर पर देख रहा था और एक नजर अस्थायी कुकिंग बंकर से आते मेस स्टाफ पर भी थी, जो सीओ की निगाह से छिपा था। सबकुछ योजना के अनुसार चल रहा था, जब तक कि मेस का वेटर, लांस नायक रामधनी कुकिंग बंकर से एक ट्रे में कोर कमांडर का नाश्ते उठाए सामने से आता दिखा। हे भगवान्, मैं यह क्या देख रहा था! मैं जो देख रहा था, उस पर मुझे यकीन नहीं हो रहा था। वेटर जब अंदर आया और उसने पूरी चर्चा के बाद तैयार 'चिकन सैंडविच' के उस व्यंजन से जब ढक्कन हटाया तो सामने एक प्लेट में गरमागरम 'चिकन' (रोस्टेड) था और दूसरे में बटर लगा 'सैंडविच'! चिकन सैंडविच देने के विस्तृत निर्देशों को मेस स्टाफ ने अनोखा रूप दिया और चिकन को सैंडविच के 'अंदर' नहीं, 'बाहर' परोस दिया। अकेला मैं ही था, जो उस भयंकर तबाही को किचन से ब्रीफिंग बंकर की तरफ हमारी ओर बढ़ता देख रहा था, लेकिन परिस्थिति को सँभालने के लिए मैं कुछ कर भी नहीं सकता था। जब ट्रे पहुँची तो सीओ ने मेरी ओर अचंभे के साथ देखा, जबकि मैं अनजान बनकर दूसरी तरफ देख रहा था। गनीमत रही कि कोर कमांडर को कुछ भी अटपटा नहीं लगा और उन्होंने उस हल्के नाश्ते का पूरी तरह मजा लिया, और उस 'सैंडविच' के चिकन

वाले हिस्से को दूसरी और तीसरी बार भी माँगकर खाया। दिलचस्प तौर पर इस अनोखे खाने की खबर दूर-दूर तक फैल गई और दूसरी यूनिट वाले अकसर हमें फोन कर पूछा करते थे कि जब कोर कमांडर हमारी यूनिट के दौरे पर आए थे, तो हमने उन्हें क्या खिलाया था। 4 राजरिफ के रसोइयों ने 'चिकन सैंडविच' का जो अनोखा आविष्कार किया था, वो अनजाने में ही जबरदस्त हिट हो गया तथा उस समय से ही यूनिट के किस्सों के खजाने का हिस्सा बन गया है।

कोर कमांडर के शालीन व्यवहार से शिक्षा लेते हुए मैं जब कई वर्षों बाद कोर कमांडर बना तो मैंने खाने को लेकर अपनी पसंद-नापसंद को कभी जाहिर नहीं किया, और विभिन्न स्थानों पर मेरे दौरे में मुझे जो भी परोसा गया, उसे खुशी-खुशी खाया। मैं कहना चाहूँगा कि खाने की अपनी पसंद को जाहिर न करने के कारण मुझे सच में बेहद शानदार व्यंजन खिलाए गए। यह सकारात्मक और स्वीकार करने वाला दृष्टिकोण, जिसके कारण हम कई चुनौतियों का मुकाबला और कमियों तथा विपरीत परिस्थितियों को नजरअंदाज कर सके, वास्तव में सेना के सभी अधिकारियों और जवानों के स्वभाव में रचा-बसा है।

सकारात्मकता की शक्ति

सामान्य रूप से इस प्रकार की सकारात्मकता हमारी यूनिट के सभी सदस्यों में भरपूर देखने को मिलती थी, लेकिन यूनिट में सबसे आशावादी और खुशमिजाज व्यक्ति क्वार्टरमास्टर एनसीओ हवलदार भावरा राम थे, जो ठेठ पुराने जमाने के सैनिक थे, जिनके चेहरे पर हर हाल में एक मुसकुराहट रहती थी। यूनिट में क्वार्टर मास्टर सामान्य रूप से सभी प्रशासनिक कार्यों की देखभाल करता है, जिनमें राशन, कपड़ों और सैनिकों की दूसरी रोजमर्रा की जरूरतों का इंतजाम शामिल रहता है। एक दिन हम जब बॉलीबॉल खेल रहे थे, तब हमने राशन की गाड़ी को कैंपस में खड़ा देखा, जहाँ हवलदार भावरा राम सामान को उतरवा रहे थे। सिक्किम जैसे दुर्गम इलाके में हर हफ्ते सप्लाई की गाड़ी का आना हमारे लिए महत्त्वपूर्ण घटना हुआ करती थी, क्योंकि उसे कई चुनौतियों जैसे कि ऊँचाई पर चढ़ाई, ऊबड़-खाबड़ इलाके में सफर और अग्रिम चौकियों तक गाड़ियों के लायक सड़क न होने पर भी जाने की मुश्किलों का सामना करना पड़ता था। इसलिए खाद्य सामग्री के ट्रक को देखकर हर कोई उत्साहित था और सीओ टहलते हुए हवलदार भावरा राम के पास यह जानने पहुँचे कि ट्रक में कितना 'फ्रेश' राशन या कितनी हरी सब्जियाँ आई हैं। असल में क्वार्टर मास्टर से हमेशा यह पूछा जाता था, क्योंकि ताजी सब्जियाँ शायद ही कभी आती थीं, इस कारण उस ऊँचाई पर वे खास हुआ करती थीं और इस कारण ही हमें काफी हद तक टिन वाली सब्जियों पर निर्भर रहना पड़ता था, जिनकी कोई कमी नहीं थी।

'फ्रेश' सामानों के बारे में सीओ की दिलचस्पी से उत्साहित होकर हवलदार भावरा राम मुसकराने लगा और जब सीओ ने पूछा, गाड़ी में क्या कुछ आया है, तो उसने उन्हें आश्वस्त किया कि सामान इतना ताजा है, जैसे बगीचे से तोड़ा गया हो और वह आखिरी जवान, आखिरी पोस्ट तक कड़क और ताजा हाल में पहुँचेगा। उत्सुकता से सीओ ने उससे फिर पूछा कि यूनिट के लिए इस बार कौन सी अनोखी हरी सब्जियाँ भेजी गई हैं, लेकिन इस बार भी जवाब यही आया कि आखिरी पोस्ट तक सामान पहुँचने में तीन या अधिक दिन भी लग जाएँ, तब भी सब्जियाँ ताजी और हरी रहेंगी। हवलदार भावरा राम अपनी 'आखिरी जवान, आखिरी पोस्ट' तक हरी सब्जियों को पहुँचाने का वादा दोहराता रहा और उसकी सकारात्मकता ऐसी थी कि हम भी डिनर टेबल पर हर तरह की ताजा हरी सब्जियाँ परोसे जाने की कल्पना करने लगे। जब सीओ से रहा नहीं गया, तो उन्होंने उस सब्जी का नाम पूछा, जिससे क्वार्टर मास्टर फूला नहीं समा रहा था। इस बार क्वार्टर मास्टर बच नहीं सकता था और उसने हमें बताया कि जिस हरी सब्जी की तारीफ वह इतनी चतुराई से कर रहा था, वह असल में टिंडा थी, जिसे भारतीय थाली में अनाकर्षक सब्जी के रूप में देखा जाता है। हवलदार भावरा राम के द्वारा इस उबाऊ सब्जी का महत्त्व इतना बढ़ा-चढ़ाकर बताने का मकसद सिर्फ हमारे उत्साह को बढ़ाना था और टेबल पर जो भी मिले, उसे मजे से खाने का संदेश देना था।

महत्त्वहीन लगने वाली इस घटना ने सकारात्मक सोच के महत्त्व को बताया, जिसे क्वार्टर मास्टर ने साक्षात् रूप दिया तथा इसका सार शेक्सपियर के हैमलेट के उस शाश्वत कथन में छिपा है कि 'कुछ भी अच्छा या बुरा नहीं होता, बल्कि सोच उसे ऐसा बनाती है।' अत्यधिक कठिन दिखने वाली चुनौतियों के सामने यही निरंतर आशावादिता है, जिससे हम सबसे मुश्किल हालातों में आगे बढ़े, खासकर कश्मीर में मेरे कार्यकाल के बाद के वर्षों के दौरान, जो मेरे पेशेवर जीवन का सबसे चुनौतिपूर्ण समय था। यही सकारात्मक सोच थी, जिसने पुलवामा की घटना से निपटने में मेरी मदद की, जिसमें सी.आर.पी.एफ. के हमारे चालीस कर्मियों को सर्वोच्च बलिदान देना पड़ा था, जिसके विषय में आगे एक अध्याय में विस्तार से चर्चा है।

सिक्किम के दिलकश पहाड़ों से खूबसूरत उदयपुर तक

सिक्किम की अपनी पहली पोस्टिंग से हमारे लिए जल्दी ही अगले शांतिकाल के स्टेशन, यानी उदयपुर जाने का समय आ गया, जो 1985 के बाद से ही कुछ दिनों के विश्राम करने की जगह थी। एक युवा अधिकारी के रूप में, जो कभी उदयपुर नहीं गया था, मैं जबरदस्त उत्साह और उत्सुकता के साथ झीलों के इस मशहूर शहर में पहुँचने का इंतजार

कर रहा था। सामान्य रूप से किसी खास जगह पर सेना की यूनिट के पहुँचने से पहले एक एडवांस पार्टी वहाँ जाती है, जो भवनों और वाहनों का चार्ज लेती है और सेना की पूरी यूनिट की नई निर्धारित पोस्टिंग तक जाने से जुड़ी हर छोटी-बड़ी बातों का इंतजाम करती है।

जैसा कि मैंने पहले बताया था, राजपूताना राइफल्स के जवान अधिकांशतया राजस्थान और हरियाणा के रहने वाले हैं, जिन्हें अपनी बहादुरी और कुश्ती में निपुणता के लिए जाना जाता है। इस बार हमारे लिए सबसे महत्त्वपूर्ण व्यक्ति थे, हवलदार संत राम, जो धाकड़ पहलवान थे और जो एडवांस पार्टी के साथ हमसे पहले उदयपुर पहुँच गए थे, लेकिन किसी कारण से सिक्किम वापस आ गए, जब यूनिट यहीं थी। हमने जैसे ही संत राम को देखा, सही मायने में उनका घेराव किया और उदयपुर पर सवालों की बौछार कर दी, मसलन देखने-सुनने की कौन सी जगहें हैं तथा झीलों के शहर में रहते हुए हम जीवन के कौन-कौन से मजे ले सकेंगे। हालाँकि हमें तब निराशा हुई, जब हवलदार संत राम ने एक पहलवान के रूप में अपनी ट्रेनिंग और पृष्ठभूमि के अनुसार अफसोस जताते हुए कहा, 'वहाँ बहुत बुरा हाल है।' दुःखी होकर हम एक-दूसरे को देखने लगे और समझ नहीं आया कि इस झटके को कैसे सहें, जिसने एक शानदार जगह पर जाने को लेकर हमारी उमंगों पर पानी फेर दिया था और फिर साहस जुटाकर संत राम से पूछा कि उदयपुर में कुछ समय के हमारे प्रवास से जुड़ी निराशा का कारण क्या है? उनका यह जवाब सुनकर कि 'वहाँ टमाटर दो रुपए किलो हैं,' हमारी जान में जान आई। उनके लिए उदयपुर शहर की खूबसूरती का मजा एक मामूली सी वजह, सामान्य से टमाटर के चलते किरकिरा हो गया था, जो हर दिन संत राम के भोजन का हिस्सा था और वह उस शहर में 2 रुपए प्रति किलो के 'असाधारण रूप से महँगी' कीमत पर बिक रहा था! कहने की आवश्यकता नहीं कि हमारी जरूरतें संत राम से काफी अलग थीं, और हम एक बार फिर उदयपुर पोस्टिंग से जुड़ी अपनी काल्पनिक योजनाओं और कार्यक्रमों को तैयार करने में व्यस्त हो गए।

अगले अध्याय में हम सिक्किम से उदयपुर जाएँगे, जो मेरे जीवन का एक और महत्त्वपूर्ण समय था। यहीं मुझे अपनी जीवनसंगिनी मिलीं और यहीं से सेना के परिवार के साथ ही मेरे अपने व्यक्तिगत परिवार के प्रति भी जिम्मेदारी तथा समर्पण का एक और दौर शुरू हुआ।

□

7

वैवाहिक जीवन में प्रवेश

सेना अधिकारी से विवाह के मायने क्या

जैसा कि पिछले अध्याय में बताया गया है, उदयपुर में मेरा कुछ समय के लिए रहना और मेरे वैवाहिक जीवन का आरंभ लगभग एक साथ ही हुआ, जब मैंने एक ऐसे साथी के साथ एक नए सफर की शुरुआत की, जो जीवन भर के लिए मेरी सपोर्ट सिस्टम बनने वाली थी। यहाँ मैं सबसे पहले उन सिलसिलेवार घटनाओं के बारे में बताना चाहूँगा, जो मेरी शादी पर आकर समाप्त हुईं, मुझे उम्मीद है कि जो युवतियों और युवकों के कॅरियर और जीवन के लिए एक प्रकार की शिक्षा या मार्गदर्शन का काम भी कर सकती हैं। उन्हें यह जानकारी मिल सकती है कि एक सेना अधिकारी से विवाह का महत्त्व क्या होता है, क्योंकि इसका परिणाम कुछ व्यक्तिगत सुखों के छिन जाने और इस लिहाज से बड़े त्याग के रूप में सामने आता है, जब लंबे समय तक अपने साथी से अलग होना पड़ता है और जीवन तथा भविष्य की योजनाओं के बारे में अनिश्चितताएँ होती हैं, विशेष रूप से उसकी पत्नी के लिए। हालाँकि एक सेना अधिकारी के लिए विवाह का सबसे संतोष देने वाला पहलू जीवन के कठिन और अनिश्चित समय में उसकी पत्नी का अडिग समर्पण होता है।

मेरी उम्र जब शादी के लायक होने लगी और मुझ पर अपना जीवनसाथी चुनने का अप्रत्यक्ष दवाब बनने लगा, तो अपने माता-पिता को मैंने स्पष्ट रूप से बता दिया था कि वे मेरी तरफ से लड़की देख सकते हैं, क्योंकि मेरे पास समय की कमी और मेरा इरादा भी किसी साथी की तलाश खुद करने का नहीं था। इसलिए मेरे लिए अरेंज्ड मैरिज का ही एक रास्ता था। शायद मैं ऐसा अपने अहम को बढ़ावा देने के लिए कह रहा हूँ, लेकिन कड़ी सच्चाई यही है कि एनडीए/आईएमए में चार साल (जब उन दिनों मोबाइल फोन भी नहीं थे) और लगभग दो साल हिमपात की सुदूर ऊँची चोटियों पर बिताने के बाद मेरे पास दो ही विकल्प थे, या तो मैं संन्यासी बन जाऊँ या जल्द से जल्द अरेंज्ड मैरिज कर लूँ। मैंने दूसरे विकल्प को चुना, क्योंकि मेरा पेशा तो पहले ही तय हो चुका था, जिसका सभी व्यावहारिक

उद्देश्यों से यही मतलब था कि मुझे अपना आधा जीवन संन्यासियों की तरह ऊँचे पर्वतों पर बिताना पड़ेगा! अपने माता-पिता और बीजी के साथ शादी की सारी बातों पर चर्चा के बाद मैंने स्पष्ट कर दिया कि मेरी होने वाली पत्नी को उन तमाम चुनौतियों से निपटने के लिए तैयार रहना होगा, जिनका सामना सेना के परिवारों को करना पड़ता है।

शुरुआत में, मेरे माता-पिता जब नेपाल में थे और मैं उदयपुर में तैनात था, और हममें से कोई पंजाब में नहीं था, जबकि शर्त यही थी कि मुझे किसी पंजाबी लड़की से ही शादी करनी है, तो अच्छी लड़की ढूँढ़ना मेरे और मेरे करीबी परिवार के लिए बेहद मुश्किल काम था। इस कारण कुंडली मिलाने और अच्छी लड़की को ढूँढ़ने की जिम्मेदारी मेरे रिश्तेदारों को दे दी गई, जो पंजाब में रहते थे। उनकी कोशिश जल्दी ही रंग लाई, और उन्होंने जब मेरी होने वाली साथी को ढूँढ़ लिया, तो मेरी होने वाली पत्नी नीटा के घर से औपचारिक प्रस्ताव आया। नीटा उस समय फाइन आर्ट्स में अपनी मास्टर डिग्री कर रही थी। दोनों परिवारों के बीच 'बातचीत' के लिए 1 नवंबर, 1986 की तारीख चुनी गई, जिस दिन दीपावली थी, यानी रोशनी और सौभाग्य का उत्सव। इसकी योजना मेरे चाचाजी और नीटा के मामाजी ने बनाई थी, जो अगल-बगल के गाँवों में रहते थे और दोनों परिवार एक-दूसरे को अच्छी तरह जानते थे। दोनों की जोड़ी पर दोनों ही परिवारों के बुजुर्गों ने रजामंदी दे दी, जहाँ दोनों का ही कहना था, 'मुंडा ते कुड़ी दोवें ही बहोत सोहणे ने बड़ी प्यारी जोड़ी बनेगी' (लड़का और लड़की दोनों ही दिखने में अच्छे हैं, और उनकी जोड़ी प्यारी लगेगी)।

मेरे और मेरी होने वाली दुलहन की पहली मुलाकात काफी यादगार थी। मैं होने वाली दुलहन को इंप्रेस करना चाहता था, इसलिए अपनी सीमित आय से खरीदे गए 'डनलप' स्पोर्ट्स शू और 'हारा' जींस (उन दिनों 'हारा' काफी मशहूर जापानी ब्रांड था, और एक जींस की कीमत मेरे आधे मासिक वेतन के बराबर थी) पहनने का फैसला किया, जिसे मैंने नेपाल के एक दौरे पर खरीदा था। दोनों परिवारों के बीच एहतियाती दवाब के बावजूद, जिन्हें लग रहा था कि किसी भी पक्ष के पास 'न' कहने की कोई वजह नहीं है, दोनों ने कुछ भी साफ-साफ नहीं कहा और कुछ हफ्ते तक दोनों तरफ से कोई बात नहीं चली तो लगा, जैसे मामला अटक गया है। व्यक्तिगत रूप से नीटा ने कुछ भी तय नहीं किया था और उसे उस प्रस्ताव को देखने-समझने का वक्त चाहिए था। नीटा के परिवार की कोशिश थी कि वह इस रिश्ते को 'हाँ' कह दे। उनका कहना था कि होने वाला दूल्हा न केवल व्यक्तिगत रूप से अच्छा है बल्कि अपने पेशे में भी उसका भविष्य अच्छा है, क्योंकि आर्मी के कोर्स में उसकी ग्रेडिंग असाधारण रूप से काफी अच्छी थी। यही नहीं, उसने अब तक जितने कोर्स किए हैं, उन सभी में वह अव्वल रहा है। शादी के बाद जब नीटा ने मुझे बताया कि कैसे उसके फौजी रिश्तेदारों ने चुपचाप यह सब पता लगाया था और उसे बताया था, तो उसका

बखान सुनकर मैं गद्गद हो गया था! हालाँकि वह किसी भी दबाव में आकर जल्दबाजी में फैसला नहीं करना चाहती थी और शायद उसे सोचने के लिए कुछ समय चाहिए था, क्योंकि उस समय वह सिर्फ बीस साल के आसपास की थी और पहला रिश्ता आते ही हाँ कहने की उसे जल्दी नहीं थी।

शादी के लिए दी गई मेरी तस्वीर, वर्ष 1986

नीटा बाजवा—वर्ष 1986 की वह तस्वीर, जिसने बात बना दी; और आगे जो हुआ, सब जानते हैं

अपने जीवन की 'कैप्टन' से पहली 'मुठभेड़'

नीटा के घर पर 1986 की दीपावली के दिन हम दोनों की मुलाकात के बाद का नतीजा काफी दिलचस्प रहा। हम दोनों जब इस रिश्ते को लेकर कमोबेश सहमत थे, तब हमारे परिवारों की पूरी इच्छा थी कि यह शादी में बदल जाए, लेकिन आश्चर्यजनक रूप से किसी पक्ष ने स्पष्ट पुष्टि नहीं की, या अच्छा या बुरा संकेत नहीं दिया, ताकि बातचीत को आगे ले जाया जा सके, जिससे यह मामला ठंडे बस्ते में चला गया। जहाँ वे, यानी लड़की वाले सोच रहे थे कि हम उन्हें अपना फैसला बताएँगे, वहीं हमें लग रहा था कि लड़की वाले अपना निर्णय सुनाएँगे। इसके कुछ ही समय बाद, मेरे माता-पिता नेपाल लौट गए और मैं अनिश्चितता भरे इस माहौल के बीच उदयपुर लौट गया। अब दोनों पक्षों ने 'वेट एंड वॉच' का रुख अख्तियार कर लिया।

करीब डेढ़ महीने की शांति के बाद दिसंबर में मैं अपने गाँव लौटा, जहाँ मेरे चाचा की तबीयत ठीक नहीं थी और इलाज के लिए उन्हें पास के शहर ले जाना पड़ा। मैं जब उनके लिए दवा खरीदने निकला था, तब सड़क पार कर मैं दवा की एक दुकान में दाखिल हो ही

रहा था कि संयोग से मुझे नीटा के मामाजी की कार दिख गई। उसके मामा, जो चंडीगढ़ जा रहे थे, उन्होंने कार रोकी, और मैंने उन्हें नमस्कार किया। मेरे नमस्कार का जवाब देते हुए उन्होंने विनम्रता से पूछा कि हमने रिश्ते को लेकर कोई जवाब क्यों नहीं दिया। मैं हैरान रह गया। मैंने कहा कि हमें तो रिश्ता पसंद है, लेकिन हम उनके जवाब का इंतजार कर रहे थे। उलझन के साथ उन्होंने कहा कि हमारा प्रस्ताव तो उन्हें भी पसंद था, लेकिन वे इंतजार कर रहे थे कि रिश्ता पक्का करने की पहल लड़के वालों की तरफ से होगी। इस तरह बस में अचानक अखबार में छपी अधिसूचना ने जैसे मेरा कॅरियर तय किया था, वैसे ही सड़क पर नीटा के मामाजी से संयोगवश हुई इस मुलाकात ने मेरी शादी पक्की कर दी। मैं यह सोचकर चकित था कि नियति भी कितनी शक्तिशाली होती है, या कम-से-कम मेरे व्यक्तिगत और पेशेवर जीवन में तो ऐसी ही सिद्ध हुई थी।

सड़क पर हमारी इस मुलाकात के तुरंत बाद उसके मामाजी ने रास्ता बदला और चंडीगढ़ की बजाय अपनी कार नीटा के माता-पिता के घर की ओर मोड़ दी जहाँ रिश्ते की बात फिर से चल पड़ी। इस मुलाकात के बाद मामला बिजली की रफ्तार से आगे बढ़ा, और कुछ ही घंटे बाद, नीटा का परिवार 'रिश्ता पक्का' करने हमारे फार्महाउस पर मौजूद था। नीटा की थोड़ी सी हिचक, जो मानसिक रूप से शादी के लिए तैयार नहीं थी, वह उसके माता-पिता के मनाने के बाद दूर हो गई, जो मेरी योग्यताओं से काफी प्रभावित थे। यही नहीं, उसकी दोनों बड़ी बहनें भी प्रभावित थीं, जिनकी शादी रक्षाबलों के अधिकारियों से हुई थी। एक की शादी नौसेना अधिकारी से और दूसरी की सेना अधिकारी से हुई थी। सोने पे सुहागा यह था कि उसके दादाजी और पिताजी के बड़े भाई ने क्रमशः पहले और दूसरे विश्वयुद्ध में हिस्सा लिया था, और इस कारण उसके परिवार ने वर्दी पहनने वाले के साथ अपनी बेटियों की शादी को सम्मान दिया और वही उनकी पसंद भी थी। इस तरह इसनी सदियों पुरानी कहावत को सच कर दिखाया कि जोड़ियाँ आसमानों में बनती हैं, क्योंकि हमारा लंबा वैवाहिक जीवन एक-दूसरे के लिए प्यार और समर्पण से भरा है। वैसे देखा जाए तो हमारे मामले में वह 'आसमान' जहाँ हमारा रिश्ता पक्का हुआ वह असल में पंजाब के एक शहर की खूबसूरत सड़क थी!

शादी के वचन

यहाँ मैं बता देना चाहूँगा कि नीटा की अनिच्छा एक अन्य कारण से भी, जो शुरुआत में हमारे बनने वाले रिश्ते में किसी छिपी भावना के रूप में मौजूद थी। बात यह थी कि उसकी होने वाली सासु माँ उनके पति की अपनी नहीं बल्कि सौतेली माँ होगी। उसने इस विषय पर अपने माता-पिता से बात की, लेकिन उन्होंने उसे अपनी हिचक को खत्म करने

की सलाह दी और कहा कि इस छोटी सी वजह को अपने इनकार का कारण न बनाए। यही नहीं, दोनों परिवारों को इस बात से भावनात्मक राहत मिली कि उनकी जड़ें उसी पंजाब में थीं और उनके पुरखे भी वहीं के थे और शादी के पक्ष में यह एक बड़ा प्रभावशाली कारक था। इस तरह 17 दिसंबर, 1986 को हमारी अगली मुलाकात हमारी सगाई के लिए हुई, जो मेरे जीवन का यादगार दिन था, क्योंकि तीन साल पहले सेना में मेरा कमीशन भी 17 दिसंबर को ही हुआ था। इसके बस दो महीने बाद 1 फरवरी, 1987 को हमारी शादी हुई, और यह भी खास तारीख थी, क्योंकि यह मेरा जन्मदिन है। यह तारीख वैसे ही तय की गई थी, क्योंकि दुल्हन के परिवार ने शादी की तैयारियों के लिए करीब छह सप्ताह का समय माँगा और सिख परंपरा में आनंद कारज या 'सुखी जीवन की दिशा में कार्य' के अनुसार, जहाँ गुरुद्वारा साहेब में रविवार की सुबह शादी कराई जाती है, हमने सगाई के छह सप्ताह बाद पड़ने वाले पहले रविवार को शादी समारोह के लिए चुना, जो इत्तेफाक से 1 फरवरी, 1987 की तारीख थी। शादी की तारीख तय होने की जहाँ तक बात है, तो मैं एक और महत्त्वपूर्ण संयोग के बारे में बताना चाहूँगा। सेना का एक नियम है, जो शायद अंग्रेजों के समय का है, जिसके अंतर्गत सेना का एक अफसर विवाहित अधिकारियों के आवास के लिए पच्चीस वर्ष का होने के बाद ही आवेदन दे सकता है। सच में मुझे नहीं पता कि इस नियम के पीछे तर्क क्या है, लेकिन इसे संयोग कहें या नियति, मैंने भी उसी दिन शादी करने का फैसला किया, जिस दिन मैं पच्चीस साल का होने वाला था, जिसका मतलब था कि मेरा जन्मदिन और मेरी शादी की सालगिरह हर साल एक ही दिन पड़ेंगी। वास्तव में पैंतीस साल बाद मेरी सेवानिवृत्ति के दिन यह बेहद दिलचस्प योग के रूप में सामने आया, जब मेरा साठवाँ जन्मदिन, शादी के पैंतीस साल और सेवानिवृत्ति, सब एक ही दिन पड़े!

सगाई के दिन, खास तौर पर समारोह में शामिल होने आईं मेरी नानीजी को एक अनोखी ट्रीट मिली, जब नीटा ने मेरी नानीजी के लिए अपनी विशेष ढंग से तैयार होने वाली कॉफी बनाई। बीजी ने जब कहा कि कॉफी अच्छी बनी है, तो नीटा ने विनीत लेकिन बेबाक होते हुए कहा, 'बीजी, मैं कॉफी अच्छी बना लेती हूँ, लेकिन मुझे खाना पकाना नहीं आता!' मेरी नानीजी और मेरी मंगेतर के बीच की आपसी बातचीत ने आने वाले दिनों में किचन में मेरी पत्नी की शिक्षा-दीक्षा की भूमिका तय हो गई, जहाँ उसने दूसरों से अच्छा खाना पकाने की अपनी इच्छा को पूरा किया, भले ही उसके लिए राह आसान नहीं थी!

आखिरी समय पर शादी के लिए पहुँचा

एक बार फिर सेना के प्रति अपनी जिम्मेदारियों पर वापस आता हूँ। चूँकि मेरी शादी 1 फरवरी को तय हुई थी, इसलिए मैंने 26 जनवरी (गणतंत्र दिवस) के बाद से छुट्टी ली

थी, ताकि सफर के लिए पर्याप्त समय मिल जाए और मैं शादी के लिए कुछ दिन पहले ही घर पहुँच जाऊँ। हालाँकि, मेरी छुट्टी मंजूर हो गई थी, लेकिन इसके शुरू होने के दो दिन पहले भारतीय सेना को 'ऑपरेशन ब्रासटैक्स' के लिए इकट्ठा किया जाने लगा, जब जनवरी 1987 में भारत और पाकिस्तान लगभग युद्ध के कगार पर थे। आखिरकार यह तनाव खत्म हुआ, जब पाकिस्तान के तत्कालीन राष्ट्रपति जिया-उल-हक एक क्रिकेट मैच देखने जयपुर पहुँचे। लेकिन इस सुखद अंत से पहले के दिन सीमा पर दोनों देशों के बीच तनाव से भरे थे। एक तरफ जहाँ मैं छुट्टी पर जाने से पहले अपनी सारी जिम्मेदारियाँ निपटा रहा था, वहीं दूसरी तरफ मेरी यूनिट सीमा की ओर कूच करने की तैयारी कर रही थी।

इन हालातों में यूनिट के कूच करने से पहले मेरे कमांडिंग ऑफिसर कर्नल (बाद में ब्रिगेडियर) त्रिगुणेश मुखर्जी को 'ऑल ओके' और 'रेडी टू मार्च' रिपोर्ट दी गई। मैं मन ही मन मान चुका था कि मुझे अपनी शादी को टालना होगा और मैं अपनी यूनिट के लोगों के साथ बॉर्डर की ओर रवाना हो जाऊँगा। लेकिन कर्नल मुखर्जी ऐसा नहीं सोच रहे थे। मैं हैरान रह गया, जब उन्होंने लगभग इसी अंदाज में कहा, 'ओके, टाइनी, तुम्हारी शादी के बाद मिलते हैं।' मैंने जोर देकर कहा कि मैं यूनिट के साथ जाना चाहूँगा, जबकि उनका कहना था, 'उसकी कोई जरूरत नहीं, तुम जाओ और शादी करो और तुम्हें युद्ध छिड़ने की खबर मिले, तो बस अपने बैग पैक करना और सीधे बॉर्डर पर आ जाना।' चूँकि मैंने पैकिंग कर ली थी और बॉर्डर की ओर जाने के लिए तैयार था, इसलिए मैंने अपना ट्रंक और बिस्तरबंद अपने कंपनी हवलदार मेजर (सीएचएम) के हवाले किया और एक छोटा सा हैंडबैग लेकर इस उम्मीद के साथ अपने घर के लिए निकला कि जल्दी ही युद्ध में अपनी यूनिट के साथ शामिल हो जाऊँगा। युद्ध के दौरान अपने जवानों और अपनी यूनिट के साथ होने का उत्साह एक अलग ही रोमांच और उत्साह पैदा करता है, जिसे बयाँ नहीं किया जा सकता। मेरा यह भाग्य था कि मुझे इस भावना का अनुभव करना सेना के अपने आगे के अधिकांश कॅरियर में लिखा था।

इस अनिश्चित माहौल में आखिरकार मेरी शादी हुई तथा दुर्भाग्य से सेना का मेरा कोई दोस्त, यहाँ तक कि मेरे होने वाले साढ़ू (मेरी पत्नी की बड़ी बहन के पति), जो सेना के एक अधिकारी हैं, हमारी शादी में शामिल नहीं हो सके, क्योंकि सेना की अधिकांश यूनिट अंतरराष्ट्रीय सीमा पर तैनात की जा चुकी थी। चूँकि मन से मैं तैयार था कि शादी के तुरंत बाद मैं अपनी ड्यूटी पर लौट जाऊँगा, इसलिए हमने हनीमून का अपना सारा प्लान रद्द कर दिया और नवविवाहित जोड़े के रूप में कुछ दिन साथ बिताने के बाद हम अपनी यूनिट की लोकेशन के लिए निकल गए। इस तरह मेरे जीवन की सभी महत्त्वपूर्ण घटनाएँ, यहाँ तक कि मेरी शादी भी सेना की घटनाओं से करीब से जुड़ी थी, क्योंकि वह युद्ध के साये में हुई।

यूनिट में नई दुल्हन का स्वागत

शादी के बाद मैं जब अपनी पत्नी को साथ लेकर अपनी यूनिट ज्वॉइन करने के लिए लौटा, तो यूनिट के अधिकांश सदस्य सीमा की ओर आगे जा चुके थे और उदयपुर में सेना के आवासीय परिसर में केवल महिलाएँ या सैन्यकर्मियों की पत्नियाँ मौजूद थीं। उस समय की अनिश्चितता और सामने खड़े युद्ध के तनावपूर्ण माहौल के बावजूद सारी महिलाओं ने पूरे दिल से नई नवेली दुल्हन का स्वागत किया और उस नए माहौल में उसे अच्छा महसूस कराने के लिए हर संभव प्रयास किया, जो उसके मायके की सुखद परिस्थिति की तुलना में एकदम अलग था।

हम मशहूर चेतक एक्सप्रेस से सफर कर रहे थे। उन दिनों दिल्ली से उदयपुर के लिए वही एक ट्रेन थी और अनुमान था कि हम सुबह लगभग 9 बजे उदयपुर रेलवे स्टेशन पहुँचेंगे। हालाँकि ट्रेन थोड़ा लेट चल रही थी। इसके बावजूद कि यूनिट के अधिकांश जवान और अधिकारी उदयपुर में नहीं थे, मुझे यकीन था कि महिलाएँ नई दुल्हन के लिए रेलवे स्टेशन के साथ ही यूनिट में भी पारंपरिक स्वागत का इंतजाम करेंगी। हम जब ट्रेन में ही थे, तब मैं नीटा को लगातार बताता जा रहा था कि रेलवे स्टेशन पर उसका स्वागत किस तरह होगा और लगभग शेखी बघार रहा था कि हमारी यूनिट के अफसर और लेडीज एक-दूसरे से कितना स्नेह करते हैं। उस समय न स्मार्टफोन था, न उनकी हमेशा तैयार रहने वाली पिक्चर गैलरी, फिर भी मैं हर उन महिलाओं के व्यक्तित्व के बारे में उत्साह के साथ उसे बता रहा था, जो रेलवे स्टेशन पहुँच सकती थी और उसे सलाह भी दे रहा था कि उसे कैसा बर्ताव करना है। वैसे तो वह मुझे धैर्य से सुन रही थी, लेकिन उसने मुझे थोड़ा दंभ से देखा, जैसे कह रही हो कि मास्टर्स की स्टूडेंट होने के नाते से एक ऐसे पति से ज्ञान लेने की जरूरत नहीं, जो ग्रैजुएट था। हालाँकि, मुझे भरोसा था कि हम इस अजीब से तनाव से मुक्त हो जाएँगे, जब उनका नया परिवार रेलवे स्टेशन पर उसे प्रेम और स्नेह के साथ गले लगाएगा।

वह बहुप्रतीक्षित पल आ गया, जब चेतक एक्सप्रेस उदयपुर रेलवे स्टेशन के प्लेफॉर्म नंबर 1 पर पहुँच गई। मैं कोच से स्वागत का इंतजाम देखने के लिए लगभग बाहर लटक गया था। लेकिन मैं चलती ट्रेन से लगभग गिरने वाला था, और मेरे सारे अरमान चूर-चूर हो गए, जब मुझे रेलवे स्टेशन पर अपनी यूनिट का कोई एक भी व्यक्ति दिखाई नहीं पड़ा। निराश होकर मैंने अपने बैग उठाए और धीरे से अपनी पत्नी से कहा कि जिस स्वागत का इंतजार था, उसका इंतजाम शायद यूनिट में किया गया होगा, क्योंकि लेडीज रेलवे स्टेशन नहीं आ सकी होंगी। संपूर्ण गरिमा और सौम्य व्यवहार का परिचय देते हुए उसने हामी भरी, विशेष रूप से मेरे डींगें हाँकने के बाद, जिसका नतीजा सिफर निकला था और तब मुझे अहसास हुआ कि मुझे ऐसा जीवनसाथी मिला है, जो हमारे वैवाहिक और पेशेवर जीवन के

अच्छे-बुरे वक्त में मेरे साथ चट्टान की तरह खड़ा रहेगा।

जहाँ तक यह बात है कि स्वागत पार्टी रेलवे स्टेशन से गायब क्यों थी, तो हमें बाद में पता चला कि यूनिट की महिलाओं ने असल में 4 राजरिफ परिवार में शामिल होने जा रही नई दुल्हन के लिए शानदार स्वागत का इंतजाम उदयपुर रेलवे स्टेशन पर ट्रेन के निर्धारित आगमन समय से काफी पहले ही कर लिया था। जहाँ हार, मिठाई, आरती उतारने के लिए पूजा की थाली और रेलवे स्टेशन पर ही चाय की व्यवस्था थी। हालाँकि ट्रेन के आने में देरी के कारण महिलाओं ने झटपट अपना प्लान बदला और एक स्टेशन पहले ही महाराणा प्रताप स्टेशन पर नवविवाहित जोड़े का स्वागत करने निकल पड़ीं, जहाँ ट्रेन उदयपुर रेलवे स्टेशन से पंद्रह मिनट पहले पहुँचती थी। लेकिन दुर्भाग्य से जब तक वे वहाँ पहुँचीं, तब तक ट्रेन उस स्टेशन से निकल गई थी। फिर उन्हें तुरंत स्वागत के मूल स्थान की ओर लौटना पड़ा, लेकिन वे वापस लौटतीं, इससे पहले ही ट्रेन उदयपुर पहुँच चुकी थी और हम उन्हें देख नहीं पाए। हालाँकि कहते हैं न कि अंत भला तो सब भला और हम जब अपना सामान उठाने के लिए किसी कुली को ढूँढ़ रहे थे, तब हमने अपनी यूनिट की सारी लेडीज को देखा, जो हमें जल्दी-जल्दी कोच में फिर से बैठने और तभी नीचे उतरने का इशारा कर रही थीं, जब उनकी तैयारी पूरी हो जाए। इसलिए एक से दूसरे स्टेशन की ये भागमभाग खुशी-खुशी समाप्त हुई और जो स्वागत हुआ, वह न केवल हमारे नए सफर की शुरुआत का सबसे मुबारक तरीका था, बल्कि आज भी हमारी यादों में हमारे वैवाहिक जीवन की सबसे यादगार घटनाओं के रूप में मौजूद है।

यूनिट में पहुँचने के तुरंत बाद, मैं जहाँ अपनी यूनिट के पास बॉर्डर पर चला गया, वहीं मेरी दुल्हन नीटा उदयपुर कैंट में कुछ महीने अकेली रही, जहाँ उसके साथ यूनिट की अन्य सारी महिलाएँ थीं। शुरुआत में उसे कुछ मुश्किल लगा, क्योंकि हमारा सामान भी उदयपुर नहीं पहुँचा था, लेकिन पूरे देश में सैन्यकर्मियों और अधिकारियों की पत्नियों की जो गर्मजोशी और खयाल रखने का उनका तरीका देखा जाता है, उसने इस मुश्किल समय को आसान बनाने में उसकी मदद की। और मैं इतना तो कह ही सकता हूँ कि जब मैं ऑपरेशनल एरिया से कुछ महीने बाद लौटा, तो वह यूनिट का इस हद तक हिस्सा बन गई थी कि उसे मेरी याद शायद ही आई। इस प्रकार की घटनाएँ इस अवधारणा को और बल देती हैं कि अधिकारियों की पत्नियों समेत, पूरी सेना इस प्रकार एकजुट हो जाती है, जो न कवेल एक बड़े परिवार का रूप ले लेती है, बल्कि अपने 'परिवार' के जैसी हो जाती है। मेरे एक सहकर्मी कैप्टन बाला नायर की भी शादी उसी दौरान हुई थी और उनकी पत्नी भी यूनिट के साथ उदयपुर में रह रही थीं। इसलिए हर शाम दोनों दुल्हनें किसी-न-किसी अधिकारी के घर जातीं, वरिष्ठ अधिकारियों की पत्नी के साथ डिनर करतीं, जो उन्हें स्नेह के साथ खिलाती थीं।

देखभाल और करुणा का बंधन

नियम के अनुसार, हर पंद्रह दिनों पर एक ऑफिसर को बॉर्डर से ड्यूटी पर हेडक्वार्टर आकर ऑपरेशन में काम आने वाले कुछ सामान और महत्त्वपूर्ण पत्रों को वापस यूनिट की लोकेशन पर ले जाना पड़ता था। अपने करुणामयी स्वभाव के कारण कर्नल त्रिगुणेश मुखर्जी एक युवा विवाहित अधिकारी को कुछ विवाहित सैनिकों के साथ इस ड्यूटी पर भेजा करते थे, ताकि वे अपनी पत्नी और बच्चों से थोड़ी देर के लिए ही सही, लेकिन मिल सकें, और यूनिट के दूसरे परिवारों का कुशल-क्षेम पूछ लिया करते थे। ऐसे अधिकारी और जवानों के आगमन की प्रतीक्षा उत्सुकता के साथ न केवल उनकी पत्नियाँ और बच्चे बल्कि अन्य महिलाएँ करती थीं, क्योंकि उन्हें अपने पति का समाचार पाकर महसूस होता था कि वे अपने पति से मिल रही हैं और सीमा पर तैनात सभी लोगों के बारे में आम तौर पर अच्छा समाचार मिल जाता था। चूँकि यह स्मार्टफोन से पहले का युग था, इसलिए अपवादस्वरूप होने वाली ऐसी व्यक्तिगत मुलाकातें और चिट्ठियाँ जवानों के परिवारों के लिए संचार का एकमात्र साधन थीं।

अधिकारियों की पत्नियाँ न केवल एक-दूसरे की मदद करती थीं, बल्कि नियमित रूप से स्टेशन में जवानों की पत्नियों से मिलकर उन्हें पति के बारे में ताजा समाचार दिया करती थीं और यदि उनकी कोई समस्या होती तो उसे भी सुलझाती थीं। अधिकारियों और जवानों के परिवारों के बीच कुनबे की यह भावना यूनिट के शांति वाले स्थान पर लौटने के बाद भी स्पष्ट रूप से दिखाई देती थी, जवानों की पत्नियों की मुलाकातें तब तक बिना व्यवधान के होती रहती थीं, जब तक कि यूनिट अगले फील्ड लोकेशन पर नहीं चली जाती थी। सैन्यकर्मी की पत्नी को शादी के तुरंत बाद शायद ही कभी अपने घर से दूर महीनों तक अकेले रहना पड़ता है, क्योंकि यूनिट की तरतीब और सेना की बिरादरी में खयाल रखने के साथ ही चिंता करने की जो सोच होती है, उसके कारण पत्नियाँ कभी अकेली या उपेक्षित महसूस नहीं करती हैं। इसलिए सेना के एक अधिकारी से शादी करने की इच्छा रखने वाले सभी युवक और युवतियों को निश्चिंत रहना चाहिए कि वे एक व्यक्ति से नहीं बल्कि एक संस्थान से विवाह कर रहे हैं, जो हमेशा उनका पूरा खयाल रखेगा।

इस दौरान मेरी पत्नी के साथ एक और घटना हो गई। उसे स्वास्थ्य से जुड़ी समस्या हुई और मिलिट्री अस्पताल में दाखिल होना पड़ा, और एक इंजेक्शन दिया जाना था। इंजेक्शन को लेकर वह सशंकित रहती थी। उस दौरान यूनिट की सभी महिलाएँ और अधिकारी तक उसका हाल जानने के लिए बड़ी संख्या में अस्पताल पहुँचे और संकट की घड़ी में अपना पूरा सहयोग दिया। कंपाउंडर जब उसकी ओर डरावनी सुई लेकर बढ़ा तो काफी बीमार होने के बावजूद नीटा इंजेक्शन से बचने के लिए अचानक एक बिस्तर से दूसरे

बिस्तर पर कूदने लगी। आखिरकार एक वरिष्ठ अधिकारी, मेजर (बाद में कर्नल) होशियार सिंह जटराणा ने उसे शांत किया, जिन्होंने उसी तरह उसे समझाया जैसे उसके पिता समझाते और प्यार से लेकिन सीधे-सीधे कहा, 'बेटा, इंजेक्शन तो लगवाना ही पड़ेगा, आज एक लगवाओ वरना कल तीन लगेंगे।' उस हैट्रिक इंजेक्शन का डर और फिर पिता के जैसी मेजर जटराणा की सलाह ने कमाल दिखाया और वह अंत में इंजेक्शन लेने के लिए तैयार हो गई। इस प्रकार सेना अपने सदस्यों को खूब लाड़-प्यार करती है, फिर उनकी भलाई के लिए उन्हें अच्छी बात सिखाने या उनके फायदे के लिए डाँटने से भी परहेज नहीं करती, जैसा कि उनके माता-पिता या शिक्षक करते।

हमारी रसोई में बनी पहली मीठी चीज, मुँह मीठा

चूँकि शादी के तुरंत बाद उदयपुर ही हमारा पहला ठिकाना था, इसलिए शुरुआत में हम सेना की मेस से ही सुबह, दोपहर और शाम को अपना टिफिन भेजते और खाना मँगवाया करते थे। यह सिलसिला लगभग दो महीने तक चला, जिसके बाद नीटा ने तय किया कि उसे घर पर खाना पकाना चाहिए। किचन में उसका पहला दिन एक और दिलचस्प घटना से जुड़ा है। इस घटना के नायक रोडीज फेम के मशहूर वीजे, रणविजय सिंघा हैं, जो एक्टर हैं और नौजवानों के बीच काफी लोकप्रिय हैं। उनके पिता लेफ्टिनेंट जनरल (तब कैप्टन) इकबाल सिंह सिंघा हैं और जब उनके पिता यूनिट के अधिकारी थे, तब उनकी उम्र करीब चार या पाँच साल रही होगी। चूँकि मेरी पत्नी हमेशा ही बच्चों को चॉकलेट और मिठाई देकर अपना लाड़-प्यार जताया करती थी, इसलिए वह अकसर उनके पास आता रहता था और उनके वैवाहिक साज-श्रृंगार के सामानों में मौजूद कॉस्मेटिक्स तथा नेल पेंट को गौर से देखता था। एक दिन उसे शर्मसार होना पड़ा, जब अपने घर जाकर उसने अपनी माँ से पूछा, 'नीटा आंटी के नाखून लंबे हैं और कितनी अच्छी नेल पॉलिश लगाती हैं, आप क्यों नहीं लगातीं?' इसका जवाब सुनकर मेरी पत्नी और भी शर्मसार हो गई, जब उसकी माँ ने कहा, 'नीटा अपना खाना मेस से मँगवाती है, जबकि मैं खुद पकाती हूँ और इसलिए मुझे अपने नाखून छोटे रखने पड़ते हैं।' इस घटना ने मेस के टिफिन पर निर्भर रहने के बजाय खाना पकाना सीखने के नीटा के संकल्प को और मजबूत कर दिया। इस तरह किचन में उसकी लंबी और कठिन ट्रेनिंग शुरू हुई।

किचन में पहला धावा एक मीठी चीज बनाने को लेकर हुआ और यूनिट की एक और महिला के साथ नीटा ने हलवा बनाकर अपनी पाक-कला का श्रीगणेश करने का फैसला किया। हालाँकि दोनों ही उस व्यंजन को बनाना नहीं जानती थीं, फिर भी सारी सामग्री के साथ वे किचन में सही मायने में एक नई चुनौती का सामना करने के लिए दाखिल हुईं।

चूँकि उस दिन रविवार था, इसलिए मैं भी घर पर ही था। लगभग आधे घंटे बाद, मुझे किचन से किसी हलचल की आवाज या हलवा की जानी-पहचानी महक आती महसूस नहीं हुई, तो मैं पता लगाने के लिए बेडरूम से बाहर निकला। मैं तब हैरान रह गया, जब देखा कि दोनों महिलाएँ खड़ी थीं और सारी सामग्रियों को देखकर दिमाग लड़ा रही थीं कि उस व्यंजन को बनाने की शुरुआत कहाँ से करें, जिसे बनाने वे साहस के साथ निकल पड़ी थीं। चूँकि हलवा बनाने का मेरा अनुभव दोनों महिलाओं से काफी अधिक था, क्योंकि सेना के कैंप में मैंने कई व्यंजन बनाना सीख लिया था, इसलिए मैंने उनसे किचन से बाहर जाने को कहा और हलवा खुद से बनाया। इस तरह हमारी शादी के बाद हमारी रसोई से जो पहली चीज बनकर निकली, उसे पूरी तरह से मैंने ही बनाया, और शेखी बघारने की हद तक जाते हुए कहना चाहूँगा कि वह काफी स्वादिष्ट था।

इस हलवा दुष्प्रयास को चुपचाप सहते हुए मेरी पत्नी का घर में शेफ की जिम्मेदारी सँभालन का इरादा और पक्का हो गया, जिसकी शुरुआत मूलभूत भारतीय व्यंजनों से हुई। मेन्यू में पहला आइटम था दाल, लेकिन यहाँ भी नीटा को किसी कारण से मुश्किल का सामना करना पड़ा। उसकी दाल पकने में कुछ अधिक ही समय लेती थी। हर दिन हमारे किचन का प्रेशर कुकर अनगिनत सीटियाँ देता था, जिससे हैरान-परेशान हमारी पड़ोसनें अकसर उससे पूछा करती थीं, 'हम लगभग आधे घंटे में खाना पका लेती हैं, लेकिन तुम्हारा प्रेशर कुकर नॉनस्टॉप सीटियाँ देता रहता है। उसमें पकाती क्या हो?' वह कैसे बताती कि दाल बनाने को लेकर गलतियाँ करती और फिर उनसे सीखने में जुटी रहती थी। या तो दाल ज्यादा पक जाती और बिल्कुल हलवा बन जाती, या फिर कच्ची रह जाती और उसे प्रेशर कुकर में फिर से गलाने की प्रक्रिया करनी पड़ती थी? किचन में ऐसे प्रयोग कुछ हफ्ते तक चलते रहे, लेकिन अंत में मेरी पत्नी विजयी हुई और जिस युग में सिखाने के लिए यूट्यूब नहीं था, उसने हार न मानने की भावना से कई व्यंजनों में महारत हासिल कर ली।

'बड्डी' की डाँट

सेना के जीवन का एक और महत्त्वपूर्ण पहलू हमारा 'बड्डी' या जवान होता है, जो किसी अधिकारी की परछाईं या उसके दूसरे रूप के जैसा होता है। शांति के समय में वह हमेशा साथ रहता है और युद्ध के दौरान भी ऑफिसर के साथ चलता है। उस समय मेरा बड्डी था नायक रण सिंह, जो राजस्थान की खूबसूरत राजसमंद झील के पास काँकरोली का रहने वाला था। उसने नौकरी के लगभग सत्रह वर्ष पूरे कर लिए थे और उस समय चालीस वर्ष से कुछ कम का था। मेरी वे कुछ ज्यादा ही चिंता किया करता था और मैं जब कुँवारा था, तो मेरा पर्स भी वही सँभालता था। असल में मैं जब भी खरीदारी करने या खाना

खाने जाता, तो मुझे उससे अपने ही पर्स से पैसे आग्रह कर माँगने पड़ते थे। कुछ मौकों पर उसने मुझे अधिक खर्च करने के लिए डाँटा भी और एक बार जब मैंने बाहर खाने के लिए उससे 20 रुपए माँगे, तो उसने नाराज होते हुए कहा, 'आप 20 रुपए का क्या करेंगे? अपना खर्चा 15 रुपए में ही चलाइए?'

मेरे जीवन में माँ और बाप, दोनों की भूमिका निभाने वाला यह किरदार मेरी शादी के बाद काफी रुष्ट रहने लगा, जब उसे अहसास हुआ कि निजी खर्चे का नियंत्रण उसके हाथ से निकला जा रहा है और मेरी नई-नवेली पत्नी धीरे-धीरे मेरे पर्स पर नियंत्रण करती जा रही है। हम जब भी उससे खरीदारी के लिए पैसे माँगते, तो वह बड़े बेमन से पैसे दिया करता था, और हम जब लौटकर आते तो हमारे खरीदे सामान को आलोचनात्मक ढंग से देखता और दिमागी जोड़-घटाव करता था कि हमने खरीदारी के दौरान पैसे बहाए तो नहीं हैं। हमें उसे अपने खर्चे का पूरा हिसाब देना पड़ता था और उसकी फटकार का शिकार अकसर मेरी पत्नी हुआ करती थी और अप्रत्यक्ष रूप से ही सही, लेकिन उसे शाहखर्च होने का ताना सुनना पड़ता था। वह हमेशा उसे बचत की आदत डालने की सलाह देता था, ताकि हम आगे चलकर घर खरीदने के लिए पैसा जमा कर सकें। ऐसे ही एक बार जब उसने पूछा कि क्या मेरी एक शर्ट की मरम्मत टेलर कर देगा, तो उसने सलाह दी कि उसे सिलाई सीख लेनी चाहिए और इन कामों पर फिजूल के पैसे खर्च करने के बजाय छोटे-छोटे काम घर पर ही कर लेने चाहिए। मेरे बड्डी नायक रण सिंह ने जितने प्यार और जितनी परवाह के साथ मेरे खर्चों को सँभाला और मेरी पत्नी को भी समझदार गृहणी बनना सिखाया, वह उन पारिवारिक मूल्यों और करुणा का एक और उदाहरण है, जो सेना के जीवन में देखने को मिलता है और जो पूरी यूनिट को घर से दूर एक घर में रहने वाला एकजुट परिवार बनाता है। एक साल बाद हमारे उदयपुर से जाने के से पहले नायक रण सिंह की बेटी की शादी उनके पैतृक गाँव में हुई और मेरी पत्नी ने उसकी शादी में दीदी की ओर से एक बढ़िया राजस्थानी साड़ी भिजवाई। इस प्रकार हमने नायक रण सिंह द्वारा हम दोनों के सख्त अनुशासन वाले पिता की भूमिका निभाने का आभार स्नेहपूर्वक माना।

अगले अध्याय में मैं अपने व्यक्तिगत और सेना के परिवारों के जीवन से जुड़ी कुछ और महत्त्वपूर्ण घटनाओं के बारे में बताऊँगा।

□

8

नियमों के प्रति 'विश्वास' और नियमों का सम्मान : समझौते से परे मूल्य प्रणाली

'युद्ध सम्मान/स्थापना दिवस'—इतिहास पर गर्व करना

सेना की बटालियनें हमेशा ही अपना 'युद्ध सम्मान दिवस' और 'स्थापना दिवस' धूमधाम से मनाती हैं। यूनिट के इतिहास में ये ऐसे महत्त्वपूर्ण दिन होते हैं, जब सेवा कर रहे अधिकारी, जेसीओ और अन्य रैंक पल्टन के नाम, नमक और निशान की रक्षा के प्रति खुद को फिर से समर्पित करते हैं। 4 राजरिफ 'केरेन दिवस' को अपने युद्ध सम्मान दिवस के रूप में मनाती है, जो 12 फरवरी को आता है। राजस्थान में भीषण गरमी को देखते हुए सैनिकों का मैदानी प्रशिक्षण रेगिस्तान में सर्दियों के महीने में कराया जाता है। फरवरी 1986 में हमारी यूनिट जब रेगिस्तान में ट्रेनिंग कर रही थी, तब राजस्थान के रेत के सुंदर टीलों पर 'केरेन दिवस' मनाने के लिए एक बेहद भव्य समारोह का आयोजन किया गया। लोकप्रिय कहावत 'जंगल में मंगल' को चरितार्थ करते हुए यूनिट ने सैनिकों का मनोरंजन करने के लिए और ट्रेनिंग में बहाए जा रहे पसीने के बीच थोड़ी खुशी और राहत के लिए मशहूर राजस्थानी लोक गायक बूंगर खान को बुलाया था, जो राजपूताना राइफल्स के अनेक सैनिकों की तरह ही उसी क्षेत्र के रहने वाले थे।

बूंगर खान को पहले से तय कार्यक्रम के बीच अचानक ही शामिल किया गया था। पंद्रह से भी अधिक देशों को अपनी मंत्रमुग्ध कर देने वाली उनकी गायिकी हमारे लिए अमिट याद बन गई। हमने रेत को इकट्ठा कर और उस पर फौजी तिरपाल बिछाकर बनाए गए अस्थायी स्टेज से उनके लोक संगीत का जमकर लुत्फ उठाया। वैसे तो मुझे दुनिया भर में बेहतरीन कलाकारों के कई कार्यक्रमों को देखने का अवसर मिला था, लेकिन उस शाम बूंगर खान की गायिकी उन सभी पर भारी थी।

विख्यात भारतीय कलाकार बूंगर खान बाड़मेर में एक टीले पर बने अस्थायी स्टेज से प्रस्तुति देते हुए, फरवरी 1986

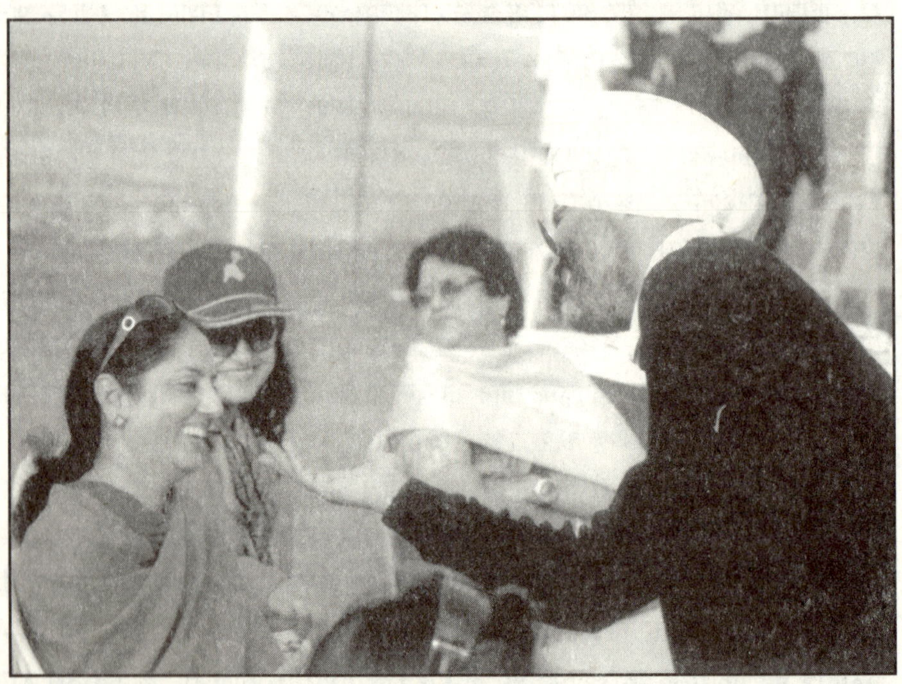

'ऐ मेरी जोहरा जबीं' : नीटा के साथ 'बैटल ऑनर डे' भोज में कुछ आत्मीय पल, फरवरी 2010

बर्फ या रेत : 'बैटल ऑनर डे', फरवरी 2012, उत्सव और आनंद का जोश हमेशा हाई रहता है

'तर्क करने का अधिकार नहीं'

एनडीए में मुझे जिस तरह लंबे बाल रखने की सजा मिली थी, कुछ वैसी ही घटना मेरे साथ उदयपुर में भी हुई। कैप्टन (बाद में लेफ्टिनेंट जनरल) इकबाल सिंह सिंघा एडजुटेंट की ड्यूटी कर रहे थे और एक शाम वे जब गेम्स फॉल-इन की रिपोर्ट ले रहे थे, तब उन्हें लगा कि मैं कुछ सेकेंड की देरी से पहुँचा हूँ। इस कारण उन्होंने 'पूरी रात गार्ड चेक' की सजा सुना दी, जिसका मतलब था कि मुझे यूनिट में पूरी रात हर घंटे सभी संतरियों को चेक करना होगा। वैसे मुझे यकीन था कि मैं गेम्स के लिए सही समय पर पहुँचा था, लेकिन एडजुटेंट का कहना कुछ और था और उनकी समझ पर सवाल खड़ा नहीं किया जा सकता था। पूरी कवायद में लगभग पैंतालीस मिनट का समय लगता, जिसका मतलब यह हुआ कि मुझे अगले घंटे की चेकिंग शुरू करने से पहले सिर्फ पंद्रह मिनट का छोटा सा ब्रेक मिलता।

चूँकि उस जमाने में हमारे पास चाबी भरने वाली हाथ की घड़ी होती थी, जो अकसर सटीक समय नहीं दिखाती थी, इसलिए बटालियन क्वार्टर गार्ड की घड़ी के हिसाब से चलती थी और क्वार्टर गार्ड एनसीओ हर दिन सुबह एडजुटेंट के ऑफिस जाकर समय बताता था, ताकि वे अपनी घड़ी क्वार्टर गार्ड की घड़ी से मिला लें। क्वार्टर गार्ड एनसीओ ये कहते हुए समय बताता था, 'जब मैं कहूँ 'टाइम' तो टाइम होगा दस बजकर तीन मिनट··· 5, 4, 3,

2, 1, 'टाइम'।' इस तरह एडजुटेंट की घड़ी क्वार्टर गार्ड के समय से आखिरी सेकेंड तक मिली होती थी।

अगले दिन जब क्वार्टर गार्ड एनसीओ ने कैप्टन सिंघा को 'टाइम' बताया, तो उन्हें देखा कि उनकी घड़ी कुछ मिनट आगे है, और उन्होंने मुझे कल गलत ही सजा दे दी थी। हालाँकि एडजुटेंट चूँकि हमेशा 'सही' होता है, इसलिए यूनिट के किसी जूनियर सदस्य से माफी माँगने की कोई संभावना ही नहीं थी और मेरे पास दी गई सजा का विरोध करने का या 'कारण पूछने' का कोई विकल्प नहीं था। हालाँकि उन्होंने अपनी भूल को सुधारने का एक अच्छा तरीका चुना और मेरी पत्नी तथा मुझे उस दिन अपने घर डिनर पर बुलाया। इस तरह मुझे गलत ही जो सजा मिली थी, उसकी भरपाई मिसेज बलजीत सिंघा के हाथों बने शानदार डिनर का स्वाद चखकर हो गई।

बिना शर्त विश्वास की अवधारणा को मजबूत करना

सेना एक पेशा नहीं, जीवन भर का बंधन है, जो अपने सेवा काल के दौरान हमारा हर दिन का अस्तित्व उन मूल्यों के बारे में काफी कुछ बताता है, जिन पर सेना चलती है और जिस प्रकार के संबंध सैन्यकर्मियों और उनके परिवारों के बीच होता है। यूनिट का जीवन सच में यह दिखाता है कि सेना के लोगों का एक-दूसरे पर कितना विश्वास होता है या वास्तव में वे आँखें बंद कर एक-दूसरे पर कितना विश्वास करते हैं। मेरी पत्नी के लिए भी यह संपूर्ण विश्वास और सम्मान का एक नया अनुभव था। विश्वास की इस अवधारणा का महत्त्व बताने वाली एक घटना हमारी शादी के कुछ ही दिनों बाद हुई। सभी नई दुल्हनों की तरह ही मेरी पत्नी भी अपने साथ थोड़ा सोना और गहने लेकर आई थी, जो उसे शादी की रस्मों के दौरान मिले थे। उसके पास गहनों का बॉक्स था, जिसमें कई अँगूठियाँ, चूड़ियाँ और दूसरे गहने थे, जिन्हें वह अपने साथ शादी के बाद पहली बार उदयपुर लेकर आई थी। कुछ महीने तक यहाँ रहने के बाद, नीटा को उसकी पोस्ट-ग्रैजुएशन की परीक्षा के लिए वापस अपने घर जाना पड़ा। उसने अपने सोने के गहने तीन जिप पाउच में रखे और सफर पर जाने से पहले उसने मुझसे उन्हें किसी सुरक्षित स्थान पर रखने को कह दिया। मैंने कैप्टन (बाद में लेफ्टिनेंट जनरल) इकबाल सिंह सिंघा से तीनों बैग अपने ऑफिस के लॉकर में अमानत के तौर पर रखने का आग्रह किया (हालाँकि आम तौर पर ऐसा नहीं होता, लेकिन हमारी असहाय स्थिति को देखते हुए वे सहमत हो गए)। न तो उन्होंने और न ही मैंने पाउच में रखे सामान को देखा और उन्होंने तीनों पाउच मुझसे लिए और अपने लॉकर में रख दिए।

नीटा जब यूनिट में वापस लौटी, तो कैप्टन सिंघा ने मुझसे गहनों के बैग वापस ले जाने को कहा। मैंने लॉकर खोला और पाउच निकाल लिए, लेकिन बाद में जैसा कि पता चला,

मैंने केवल दो ही पाउच निकाले और गलती से तीसरा लॉकर में ही छोड़ दिया, क्योंकि वह पीछे चला गया होगा, जिससे मैं उसे देख नहीं पाया। मेरी पत्नी को भी तीसरे पाउच की याद नहीं आई, क्योंकि उसने भी छोटे-मोटे गहनों की गिनती नहीं की थी और उसे पता नहीं था कि उसके पास कुल कितने गहने हैं, न ही यह याद था कि उसने मुझे कितने पाउच सुरक्षित रखने के लिए दिए थे। हमसे हुई यह चूक तीन महीने बाद तब सामने आई, जब कैप्टन सिंघा छुट्टी पर जा रहे थे और उन्हें अपने लॉकर का चार्ज किसी दूसरे ऑफिसर को देना था। चार्ज देने और लेने की प्रक्रिया के दौरान जब वे लॉकर में रखी फाइलों को देख रहे थे, तभी उनकी नजर मेरी पत्नी के गहने के पाउच पर पड़ी। कैप्टन सिंघा ने मुझे फोन किया और बताया कि मैं उनके लॉकर में कुछ भूल गया था। मैंने अपनी पत्नी से पूछा तो उसका कहना था कि उसे याद नहीं कि उसके कुछ गहने गायब हैं। फिर कैप्टन सिंघा ने हमें अपने घर डिनर पर बुलाया और वादा किया कि वे हमें दिखाएँगे कि हम उनके लॉकर में क्या भूल गए थे, जिससे हम सोच में पड़ गए और हमें समझ नहीं आया कि हमारे कौन से गहने गायब हैं। नीटा ने जब उस पाउच को देखा, तब उसे याद आया कि उसमें रखा सोना उसका ही था और पूरे तीन महीने तक उसने देखा तक नहीं था कि उसके सारे गहने उसके पास हैं भी या नहीं। यह घटना स्पष्ट रूप से दिखाती है कि सेना के कर्मियों के बीच एक-दूसरे के प्रति कितना विश्वास है, जो कभी एक-दूसरे की निष्ठा या सही नीयत पर संदेह नहीं करते एवं हमेशा ही सहकर्मियों और दोस्तों की मदद के लिए तैयार रहते हैं, चाहे इसमें कीमती और निजी वस्तुओं को सुरक्षित रखने की बात ही क्यों न शामिल हो।

'अपना कर्तव्य निभाओ और वह सबसे अच्छा हो'

वर्दीधारी जीवन की एक और विशिष्टता है एक अधिकारी के रूप में जिम्मेदारी उठाना और यह सुनिश्चित करना कि कमांडिंग ऑफिसर के आदेशों का अक्षरशः पालन किया जाए, चाहे उसका फायदा उसे व्यक्तिगत रूप से मिलता हो या नहीं। उन दिनों यूनिट में शायद ही एक या दो अफसरों के पास कार होती थी तथा अधिकांश अधिकारी दोपहिया से चलते थे, जिनमें साइकिल भी शामिल थी। इस कारण अधिकारियों और जवानों की पत्नियों और परिवारों को उदाहरण के लिए अस्पताल या रेलवे स्टेशन ले जाने के मकसद सेना के कुछ वाहनों को गद्देदार सीट और उस पर कंबल या बस पर्दों की परत चढ़ाकर सुविधाजनक बनाया जाता था। उन्हें 'ऑफिसर्स' 1 टन या 'जवान बस' कहा जाता था। नीटा को जब अपनी परीक्षा के लिए घर जाना था, तो सीओ कर्नल मुखर्जी ने मुझसे कहा कि ऑफिसर्स 1 टन उसे रेलवे स्टेशन छोड़ देगी। उन्होंने मुझसे यह भी कहा कि मैं देख लूँ कि उसकी हालत ठीक है या नहीं। शाम को जब नीटा को रेलवे स्टेशन निकलना था, तब

सीओ और यूनिट के दूसरे अधिकारी और महिलाएँ उसे विदा करने आए। स्पष्ट रूप से उस वाहन में रखे कंबलों की हालत से सीओ खुश नहीं थे और उन्होंने मुझसे कहा कि मैं अपनी पत्नी को रेलवे स्टेशन छोड़ने के बाद उनसे उनके ऑफिस में मिलूँ। मैं जब सीओ के ऑफिस पहुँचा, तो उन्होंने तमतमाते हुए मुझसे कहा, 'मुझे बताओ, रेलवे स्टेशन जा रही उस महिला को एक ढंग की गाड़ी क्यों नहीं दी जा सकती थी?' मैंने उनसे कहा, 'सर, चूँकि नीटा उसमें सफर कर रही थी, इसलिए मैंने सोचा कि पुराने कंबलों का इस्तेमाल ही ठीक होगा।' यह सुनकर उनका पारा सातवें आसमान पर पहुँच गया और फिर जब वे गरजे, जो मुझे अपने जीवन का सबसे बड़ा सबक मिला, 'एक ऑफिसर के रूप में, यह जरूरी नहीं, सच कहूँ तो तुम्हारे दिमाग में यह कभी आना ही नहीं चाहिए कि तुम्हारे काम या आदेश का लाभ किसे मिल रहा है। एक अधिकारी का कर्म हमेशा संपूर्ण विवेक के आधार पर होना चाहिए और आज तुम एक अधिकारी के रूप में यूनिट की एक लेडी को रेलवे स्टेशन तक जाने के लिए सम्मानजनक गाड़ी देने में फेल हो गए। तुमने यूनिट के स्तर और हम अपनी महिलाओं को जितना सम्मान देते हैं, उसे नीचे गिराया।' पर्याप्त फटकार सुनने के बाद अपने सीओ के इस एक बयान से मैंने सीखा कि सेना अधिकारी के रूप में मेरे सभी कदम ऊँचे स्तर के होने चाहिए और मैं जिनके प्रति जवाबदेह हूँ, यानी अपने जवानों और अपने देश के सर्वोत्तम हितों की रक्षा में होने चाहिए।

कैप्टन के रूप में पदोन्नत होने पर कर्नल त्रिगुणेश मुखर्जी (सीओ) और सूबी सर (सेकेंड इन कमांड) सम्मानित करते हुए

जब ऊपर वाले की मेहरबानी और समझदारी एक साथ दिखी

ऐसी ही एक घटना हुई, जब हम कश्मीर के रास्ते में थे। मैं पहले ही कश्मीर पहुँच गया था और मेरी पत्नी पंजाब से मेरे पास आने वाली थी और उसने अमृतसर से फ्लाइट की टिकट ली थी, जो अमृतसर एयरपोर्ट पर आतंकी खतरे के कारण लगातार देर हो रही थी या रद्द हो रही थी। चूँकि अमृतसर उसके लिए बीच का एक स्थान था, इसलिए वह वहाँ तैनात यूनिट के एक ऑफिसर लेफ्टिनेंट कर्नल (बाद में ब्रिगेडियर) खजान सिंह दलाल के घर ठहरी हुई थी। हमारी जब शादी हुई थी, तब लेफ्टिनेंट कर्नल दलाल की पोस्टिंग हमारी यूनिट में नहीं थी और इसलिए न तो मेरी पत्नी और न ही मैं कभी उनसे या उनकी पत्नी से मिले थे। यहाँ मैं एक बार फिर स्पष्ट कर दूँ कि अमृतसर में मेरे कई रिश्तेदार हैं, लेकिन एक अनजान यूनिट ऑफिसर के घर ठहरने के एकमात्र विकल्प पर विचार किया गया और उसे लागू भी किया गया। लेफ्टिनेंट कर्नल दलाल मेरी पत्नी को हर दिन एयरपोर्ट लेकर जाते, जहाँ उन्हें बताया जाता कि खतरे की आशंका को देखते हुए फ्लाइट कैंसिल कर दी गई है। एयरपोर्ट पर तीसरे दिन जाने के बाद उन्हें बताया गया कि फ्लाइट आ गई है, वह जाने के लिए तैयार है। फ्लाइट पर सवार होने की जल्दी में मेरी पत्नी अपना पर्स अमृतसर एयरपोर्ट के वेटिंग लाउंज में भूल गई। दिलचस्प रूप से उस पर्स में सोने के गहने वाला वही पाउच था, जो कैप्टन सिंघा के लॉकर में रह गया था। श्रीनगर पहुँचने पर वह सेना की एक गाड़ी में सवार हुई, जो उसे उत्तर कश्मीर स्थित कुपवाड़ा में हमारी यूनिट तक लेकर आई। कुपवाड़ा पहुँचने पर उसे पता चला कि उसका पर्स गुम हो गया, लेकिन उसे याद नहीं था कि उसने उसे छोड़ा कहाँ, विमान में या एयरपोर्ट पर या शायद कर्नल दलाल के घर पर।

संयोग से, चूँकि पर्स एयरपोर्ट पर ही छूट गया था (जैसा कि हमें बाद में पता चला), पंजाब में आतंकवाद के खतरे को देखते हुए किसी ने भी उस पर्स को इस डर से हाथ नहीं लगाया कि किसी आतंकी ने इसकी शक्ल में बम रख दिया होगा। इसलिए एयरपोर्ट के अधिकारियों ने पर्स की जाँच के लिए बम डिस्पोजल स्क्वॉड को बुलाया और जब उसे खोला गया, तो उन्हें यह देख कर हैरानी हुई कि उसमें अंदर से विस्फोट सामग्री नहीं बल्कि सोने के गहनों का कलेक्शन निकला। चूँकि मेरी पत्नी का पहचान-पत्र भी उसी पर्स में था, इसलिए वहाँ के सिक्योरिटी ऑफिसर, जो उसके पिता के सहकर्मी थे, तुरंत समझ गए कि पर्स किसका है और उन्होंने नीटा का पता लगा लिया। दो दिन के भीतर हमें इसकी सूचना देने वाला टेलीग्राम मिला कि नीटा का पर्स अमृतसर एयरपोर्ट पर मिला है और हमसे उसमें मिले सामानों की पहचान करने के लिए कहा गया और उपयुक्त जाँच के बाद उसे ले जाने का निर्देश दिया गया। नीटा के अनुसार, उस पर्स में दो चूड़ियाँ, तीन जोड़ी बालियाँ और दो अँगूठियाँ हो सकती थीं।

यूनिट में मेरे हेडक्लर्क, सूबेदार हरदेव सिंह ने इस सूची को चिट्ठी में टाइप किया, जिसे अमृतसर एयरपोर्ट के अधिकारियों को सौंपा जाना था। हालाँकि, उस लिस्ट को भेजने से पहले उस हेडक्लर्क ने, जो एक सैनिक भी थे और विवाहित जीवन का निश्चित रूप से मुझसे कहीं अधिक अनुभव था, मुझे सलाह दी कि लिस्ट को अपनी पत्नी से फिर से चेक करा लूँ, क्योंकि पत्नियाँ अपना नुकसान अनदेखा करती हैं या जानबूझकर कम बताती हैं, खास तौर पर जब नुकसान उनकी गलती से हो गया हो। बिल्कुल ऐसा ही हुआ, जब मैंने नीटा से लिस्ट को फिर से चेक करने को कहा, तो उसने लिस्ट में कुछ और चीजें जोड़ दीं। हेडक्लर्क ने एक बार फिर मुझे कहा कि लिस्ट को और एक बार चेक करा लूँ। मैं हैरान था कि मैंने वह चिट्ठी उसके पास चार बार भेजी और हर बार उसमें कोई सुधार या कोई चीज जोड़ दी गई। आखिरकार हमने उस चिट्ठी को भेज दिया और अमृतसर में तैनात मैंने अपने एक भाई से आग्रह किया कि वह सूची को लेकर जाए और एयरपोर्ट से पर्स को ले आए। आप यकीन करें या नहीं, लेकिन उसने जब उस पर्स को लिया और उसे खोला तो पाया कि उसमें कुछ और भी चीजें थीं, जिनका जिक्र उस लिस्ट में नहीं था, जबकि उसे कई बार चेक किया गया था। गहनों के उस बैग ने भी कभी न भूलने वाला इतिहास रच दिया था! एक बार फिर सैन्य जीवन का एक और महत्त्वपूर्ण सबक 'जो चेक नहीं हुआ वो काम पूरा नहीं हुआ' को सेना की ओर से कठोर तरीके से सिखाए बिना ही जीवन की शुरुआत में भी सीख लिया गया।

उस पर्स को हासिल करने से जुड़ी सिलसिलेवार घटनाओं से भी कहीं अधिक हैरान करने वाली बात उस हेडक्लर्क की बुद्धिमानी और आत्मविश्वास की है, जो कितना सही था कि मुझसे लिस्ट को बार-बार चेक करवाने के लिए कहता और उसमें हर बार सुधार हो जाता था। सेना में जेसीओ और एनसीओ एक प्रकार से जानकारी और अनुभव का खजाना हैं और हर ऐसे मौके पर अधिकारियों को सीखी गई बातें बताते रहते हैं। इसे ही हाथोहाथ अनुभव या 'ऑन द जॉब लर्निंग' कहते हैं। ये दोनों घटनाएँ इस बात की संकेत हैं कि भले ही सेना के अधिकारी और उनके परिवार कभी-कभार को चूक कर जाएँ या लापरवाही दिखाएँ, लेकिन सेना का सिस्टम ऐसी मुश्किलों को दूर करने में मदद करता है और व्यक्तियों तथा संपत्ति की संपूर्ण कुशलता और सुरक्षा को सुनिश्चित करता है।

भरोसा तोड़ना, एक सैनिक के लिए अकल्पनीय पाप

मैंने सैन्य जीवन की जिस सुरक्षा का जिक्र किया है, वह किसी सैनिक के घर और चूल्हे-चौके पर भी लागू होती है। यह अविश्वसनीय लग सकता है, लेकिन सच्चाई है कि सैन्यकर्मी यूनिट में कभी अपने आवास पर ताला नहीं लगाते, चाहे वे लंबी छुट्टी पर ही क्यों न हों। पूरा घर खुला रहता है और स्टाफ की निगरानी तथा देखभाल में रहता है, जहाँ

किसी भी अप्रिय घटना का न कोई जोखिम रहता है, न ही आशंका रहती है। सैन्य कर्मियों के बीच का यह परस्पर विश्वास और भरोसा उनके जीवन के हर क्षेत्र में देखने को मिलता है और इस कारण एक उल्लेखनीय गुण है और सच कहें तो भारतीय सेना की पहचान है। ऐसी भावना जिन प्रमुख मूल्यों से सामने आती है, उनमें एकजुटता और चाहे कुछ भी हो जाए, देश रक्षा करना शामिल है। यह उस भरोसे का भी प्रतीक है, जो पूरा देश सेना के प्रति रखता है, क्योंकि सेना बिना शर्त सुरक्षा देती है और इस कारण ही उसी सेना के किसी भी सदस्य के लिए यह सोचना भी संभव नहीं कि इस भरोसे को तोड़ दे। यहाँ तक कि अपने साथी सैन्यकर्मियों के घरों और उनके घरेलू सामानों की देखभाल करने जैसी छोटी चीज तक में विफल हो जाए।

सैनिकों पर देश अपनी सुरक्षा के लिए जितना भरोसा करता है, वह वास्तव में एक प्रमुख शिक्षा है, जो सेना में अप्रिय रूप से नहीं, बल्कि कर्मों और प्रत्यक्ष अनुभव के जरिए लगातार दी जाती है। अपने देशवासियों के भरोसे पर खरा उतरने को लेकर दिया जाने वाला बल ऊपर से नीचे तक, जवानों से जनरलों तक सेना के सभी स्तरों पर लागू होता है। इस सच्चाई का मूल मंत्र है—हम अपनी जान दाँव पर लगाकर आप पर भरोसा करते हैं, इसलिए यह भरोसा संपत्ति और भौतिक संसाधनों की रक्षा की तुलना में कुछ भी नहीं है, जितना हमारा भरोसा सेना पर है। ये मूल्य मेरे पूरे कॅरियर के अभिन्न अंग बन गए, और आगे चलकर मैं जब सीओ बना, तो इस सच्चाई को मैं अच्छी तरह समझ चुका था, जब लगभग 850 सैन्यकर्मी मेरे प्रति निष्ठावान थे और मेरे एक आदेश पर अपनी जान की बाजी लगाने के लिए तैयार रहते थे। तो फिर मैं इस अडिग विश्वास को किसी भी तरीके से कैसे तोड़ सकता था? इसी प्रकार जब वे अपने प्राणों से भी अधिक मुझ पर विश्वास करते थे, तो छोटी-मोटी सांसारिक चीजों के लिए वे मुझसे छल कैसे कर सकते थे?

भरोसे की अवधारणा के अलावा सेना में अनुशासन भी ऐसी धारणा है, जिससे कोई समझौता नहीं किया जा सकता है। निम्नलिखित घटना यह दिखाती है कि किसी सेना अधिकारी की वास्तविक या समझी जाने वाली अनुशासनहीनता के अवश्यंभावी दुष्परिणाम क्या होते हैं।

मेस की वह खतरनाक मीटिंग

डिक्शनरी के अपने अर्थ के उलट 'मेस' सेना की सभी इकाइयों में एक सुव्यवस्थित संस्थान है, जहाँ कुंवारे या मजबूरी में कुंवारे (विवाहित लेकिन अकेले रह रहे) अधिकारी खाना खाते हैं। यह वह जगह भी होती है, जहाँ सारे आधिकारिक और व्यक्तिगत सामाजिक समारोह-कार्यक्रम आयोजित किए जाते हैं। किसी यूनिट में ऑफिसर्स मेस को सुचारु रूप

से चलाने के लिए एक मेस कमेटी होती है, जिसका गठन उपलब्ध अधिकारियों में से किया जाता है, जिन्हें फूड मेंबर, वाइन मेंबर, प्रॉपर्टी मेंबर या गार्डन मेंबर आदि अलग-अलग जिम्मेदारियाँ दी जाती हैं। यूनिट के सेकेंड इन कमांड (2आईसी) मेस कमेटी के पदेन अध्यक्ष होते हैं, जिन्हें पीएमसी कहा जाता है। यूनिट के ऑफिसर्स मेस को सुचारु रूप से चलाने सहित उससे जुड़े विभिन्न पहलुओं का जायजा लेने के लिए मेस की नियमित बैठकें होती हैं। यह दिलचस्प बैठक 1986 की गरमियों के दौरान कभी हुई थी, जब हमारी यूनिट कुछ महीने पहले ही सिक्किम के ऊँचे पहाड़ों में अपनी पिछली लोकेशन से झीलों के शहर के नाम से मशहूर उदयपुर में आई थी। सीओ थे कर्नल त्रिगुणेश मुखर्जी और सुबी सर 2आईसी थे। अपने प्राकृतिक खजाने के अलावा उदयपुर के सबसे बड़े आकर्षणों में से एक यह था कि यहाँ शानदार खाना मिलता था, जिससे मेरे जैसे युवा कुँवारों का मन ललचा जाया करता था।

मैं यहाँ स्पष्ट कर दूँ कि 4 राजरिफ में उन दिनों लगभग एक दर्जन कुँवारे थे, जिनका कुशल नेतृत्व ऐली सर किया करता थे, जो फैशनेबल युवा मेजर थे। और मैं यह कहने का दुस्साहस करूँगा कि अब भी अपनी 'जवाँ' स्टाइल का प्रदर्शन करते हैं। हमारी यूनिट में 'बुल्ट्स' (जो नहीं जानते उनके लिए बुलेट या रॉयल एनफील्ड मोटरबाइक) का एक समूह भी था, वैसे ऐली सर अपने पुराने भरोसेमंद स्कूटर पर चलना पसंद करते थे।

चूँकि तब जोमैटो और स्विगी नहीं थे, इसलिए सारे कुँवारे लगभग हर दिन शाम को गायब हो जाते और डिनर के लिए काफी देर से लौटते थे, खासकर महीने के बाकी बचे पंद्रह दिनों में। विशुद्ध रूप से पैसों की वजह से! शाम को लापता हो जाने और मेस में कुँवारे अधिकारियों का मनमौजी तरीके से या देर से आने की वजह से मेस के स्टाफ के देर रात तक जागना पड़ता था। युवा अधिकारी जब रात में 'कोई है?' की आवाज लगाते हुए दाखिल होते, तो जवाब में घोर सन्नाटा मिलता था, क्योंकि स्टाफ 'गायब' कुँवारे अफसरों का अंतहीन समय तक इंतजार करने के बाद चला जाता था। आखिरकार यह मामला 2आईसी सुबी सर तक पहुँच गया।

उसके कुछ ही समय बाद हमारी एक मशहूर मेस मीटिंग हुई, जिसमें परंपरा के अनुसार 2आईसी ने शुरुआत में अपने खास लखनवी या इलाहाबादी अंदाज में विभिन्न महत्त्वपूर्ण विषयों को बड़े सलीके और तहजीब के साथ रखा। लेकिन उनका अंदाज धीरे-धीरे कठोर होता गया और आखिर में वे विवादास्पद मुद्दे पर आए और कहा, 'मास्टर (जब वे नाराज होते तो अपने सामान्य स्नेहपूर्ण तौर-तरीकों को बनाए रखते हुए, हमें इसी तरह संबोधित करते थे), मुझे कुँवारे अधिकारियों से जुड़ी एक समस्या के बारे में बताया गया है, जो हर दिन डिनर के लिए काफी देर से आते हैं और मेस स्टाफ उनका इंतजार करता रहता है।' वे आगे अभी और कुछ कहते, लेकिन अचानक कुछ ऐसा हुआ, जो कभी होता नहीं। सब हैरान रह

गए, जब 'शॉर्टी' घूरा, जो एक युवा अधिकारी था और जिसे सेना में आए अभी पाँच साल भी नहीं हुए थे, उसने 2आईसी की स्पीच को बीच में ही रोक दिया और कहा, 'सॉरी सर, लेकिन यही तो मैं कहना चाहता था। हम जब मेस में देरी से आते हैं, तो हमें मेस स्टाफ इंतजार करता नहीं मिलता है।' पल भर के लिए एकदम सन्नाटा फैल गया और फिर ऐसा लगा, जैसे बाँध टूट गया है, सीओ कर्नल मुखर्जी दहाड़ उठे, 'यू ब्लडी चैप्स...' (उनका बाकी का लाड़-प्यार प्रिंट नहीं किया जा सकता है)। इतना कहना काफी होगा कि शॉर्टी के ऐतराज से अधिक महत्त्व मेस स्टाफ की शिकायत को दिया गया था और हम सभी को स्पष्ट रूप से कह दिया गया कि हम अनुशासन की हद में रहें और खाने के लिए हमें जब भी देर हो तो मेस स्टाफ को पहले ही बता दें और हम जो समय बताएँ, उस समय तक वापस लौट आए। मुझे लगता है कि मनमौजी कुँवारों की इस अनुशासनहीनता पर शादी के बाद काफी लगाम लग गई, जिसने अफसरों के जीवन और व्यवहार में अपने आप ही अनुशासन भर दिया।

आगे आने वाले अध्याय मेरा वैवाहिक यात्रा की दिशा की कहानी को बुनेंगे, जिसके रास्ते में कई बार मेरे सैन्य जीवन की कठिनाइयाँ और जिम्मेदारियाँ आती रहीं।

4 राजरिफ की बैचलर ब्रिगेड का कुशल नेतृत्व तत्कालीन मेजर अजीत सिंह (ऐली सर, सामने की पंक्ति में बाएँ से तीसरे) कर रहे थे; साथ हैं मुन्ना, बाला, खेवी, गूफी और लोचन; शॉर्टी, केरी और टाइनी पीछे की पंक्ति में

□

9

धीरज और साहस के किस्से : पर्दे के पीछे का पारिवारिक जीवन

बच्चों का आगमन

माँ-बाप बनना किसी के भी जीवन में सबसे सुखद पल होता है। अपने जिगर के टुकड़े पर अपने प्यार को न्योछावर करने के अवसर ने उसी सुख का अनुभव कराया। उसके साथ-साथ हम जब अपने पहले बच्चे के जन्म की प्रतीक्षा कर रहे थे, तब नीटा और मुझमें उतनी ही चिंता भी थी और उत्साह भी था। उस समय मैं महू में कैप्टन के रूप में तैनात था और हमने बेबी के आने पर जश्न के न जाने कितने प्लान बना रखे थे। नीटा जब अपनी गर्भावस्था के चौथे महीने में थी तो हमारे बच्चे को जन्म देने के लिए वह अपने घर चली गई और मैं अपनी अगली पोस्टिंग के आदेश का इंतजार कर रहा था, जिसमें कुछ देरी हो गई थी। हालाँकि महू में भगवान् के दिए लंबे कार्यकाल का इस्तेमाल मैं डिफेंस सर्विस स्टाफ कॉलेज (डीएसएससी) प्रवेश परीक्षा की तैयारी के लिए सकारात्मक रूप से कर रहा था, जो उस साल सितंबर में होने वाली थी। इस बीच मैंने पहले ही अपनी छुट्टी डिलीवरी के अनुसार लेने की योजना बना ली थी, ताकि बच्चे का स्वागत हमारी इस दुनिया में करने के समय मैं मौजूद रह सकूँ।

एसटीडी और पीसीओ से कॉलिंग के उस जमाने में मैं नीटा को हर शनिवार शाम फोन किया करता था और फिर आने वाले हफ्ते में बिना बाधा पढ़ाई के लिए अपनी किताबों में डूब जाता था। संभावित डिलीवरी के लगभग दस दिन पहले, जब मैं महू में तैनात अपनी यूनिट के एक अधिकारी और उनकी पत्नी को उनकी शादी की सालगिरह की मुबारकबाद देने गया हुआ था, तब इच्छा हुई कि लौटते समय नीटा को फोन कर लूँ, जबकि उस दिन शुक्रवार था और मैं शनिवार को फोन किया करता था। इसलिए मैं महू शहर के अपने पसंदीदा पीसीओ बूथ पर गया, जिसका मालिक दुकान के ठीक ऊपर रहता था। नीटा अपने माता-पिता के यहाँ थी और मैंने जब उसे फोन किया तो किसी ने भी फोन नहीं उठाया। कई

बार कोशिश के बाद बात नहीं हुई तो मैं घबरा गया और मैंने पड़ोसियों को फोन किया। उन्होंने मुझे बताया कि शाम को लेबर पेन होने के बाद नीटा को अस्पताल ले जाया गया है। चूँकि उस जमाने में मोबाइल फोन नहीं होते थे, इसलिए मुझे नीटा के पिता के घर लौटकर आने और मेरा फोन उठाकर नीटा की सेहत और खैरियत के बारे में ताजा जानकारी लेने तक इंतजार करना पड़ा। मैं हर दस मिनट पर फोन करता रहा और आखिर में आधी रात के करीब नीटा के पिता ने फोन उठाया, जो उसके लिए कुछ जरूरी निजी सामान लेने घर आए थे। उन्होंने मुझे बताया कि वह बिल्कुल ठीक है और डिलीवरी किसी भी समय हो सकती है।

घोर चिंता के उन पलों में चूँकि करीबी परिवार का कोई नहीं था, जिससे मैं बात कर पाता, इस कारण महू बाजार के उस एसटीडी पीसीओ बूथ में मैं बैठा-बैठा समय काटता रहा और मेरे पास हर पंद्रह या बीस मिनट बाद फोन घुमाने के सिवाय कोई चारा नहीं था। मैं उम्मीद कर रहा था कि कोई फोन उठाएगा और मुझे मेरी पत्नी की सलामती की खबर देगा। अब तक रात काफी हो चुकी थी और दुकान का मालिक शटर गिराकर सोने जाना चाहता था। हालाँकि सैन्य बलों के प्रति अपने अगाध सम्मान के कारण उसने मुझसे कहा कि मैं दुकान में ही रहूँ और फोन करता रहूँ, जबकि वह खुद ऊपर अपने घर चला गया। मैं पूरी रात उस खबर के इंतजार में यों ही जागता रहा, जो आई नहीं। आखिरकार, दिल हारकर और अंतहीन इंतजार से थककर सुबह के लगभग 7 बजे मैं घर चला गया, ताकि 8 बजे युवा अधिकारियों के लिए होने वाली क्लास में शामिल हो सकूँ। टी ब्रेक के दौरान मैं भागकर फिर से उस पीसीओ बूथ पर पहुँचा, लेकिन जैसा कि हम आर्मी में कहते हैं 'सिचुएशन रिपोर्ट', वह बिल्कुल भी नहीं बदली थी। पूरे दिन यही चलता रहा और मुझे अपने बेटे के आगमन और माँ-बच्चे के स्वस्थ होने की खबर दोपहर में काफी देर होने पर ही मिली। आह! कितनी बड़ी राहत मिली!

हालाँकि, चिंता की घड़ियाँ वहीं खत्म नहीं हुईं। जन्म के तुरंत बाद बच्चे को एक संक्रमण हो गया। इस कारण डिलीवरी तो सामान्य थी, फिर भी उस नन्ही जान के स्वास्थ्य पर अचानक आए इस संकट के कारण माँ-बच्चे को दस दिनों तक अस्पताल में ही रहना था। सच में मेरी पत्नी के लिए यह किसी से यातना से कम नहीं था। मैं ग्यारहवें दिन ही घर पहुँच सका, जब मेरी पत्नी और मेरे बेटे को अस्पताल से छुट्टी दी जा रही थी!

जहाँ तक मेरी बात है, तो ड्यूटी की वजह से मेरे लिए अपनी शादी में पहुँचना ही मुश्किल हो गया था और हमारे पहले बच्चे के जन्म के समय मैं मौजूद नहीं था। असल में किस्मत मेरे धैर्य का इम्तिहान आगे भी लेती रही, क्योंकि मैं अपनी दूसरी संतान के जन्म के समय भी वहाँ नहीं था। उस समय मैं मणिपुर और नागालैंड क्षेत्र में तैनात था, जहाँ

परिवार को साथ नहीं रख सकते थे। एक बार फिर उसकी पहली गर्भावस्था की तरह ही अपनी पत्नी से मेरी आखिरी मुलाकात तब हुई थी, जब वह तीसरे महीने में थी और मुझे डिलीवरी के समय मौजूद रहने के लिए जून में छुट्टी पर आना था। हमारी बेटी का जन्म और हमारी यूनिट का नॉर्थ-ईस्ट से कश्मीर जाना एक ही समय पर हुआ। किसी सैनिक के जीवन की व्यक्तिगत और परिवार से जुड़ी चुनौतियों को बाहरी दुनिया शायद ही जान पाती है। सीमा पर दुश्मन से निपटना हो या आतंकवाद विरोधी अभियानों में आतंकियों से, सेना के अधिकारियों और सैनिकों के बलिदानों के बारे में सब जानते हैं, लेकिन उनकी पत्नियों और परिवारों के मौन त्याग को न कोई लिखता है, न देखता है और इस कारण ही उनके लिए कोई पुरस्कार भी नहीं मिलता। मैं सेना की बिरादरी के उन गुमनाम नायकों और नायिकाओं का भरपूर सम्मान करता हूँ, जो पर्दे के पीछे रहकर अकसर अपनी लड़ाई अकेले ही लड़ते हैं और अपने घरेलू मोर्चे को सँभालते हैं, जबकि उनके जीवनसाथी घर से बाहर अपनी ड्यूटी करते हैं।

मैंने इसका प्रत्यक्ष अनुभव किया है। मेरी पत्नी गर्भावस्था के आखिरी महीने में थी और उसी समय कश्मीर घाटी में आतंकियों की गतिविधियाँ तेजी से बढ़ रही थीं, जहाँ आतंकियों की ओर से किए जाने वाले फिदायीन या आत्मघाती हमलों के साथ ही सुरक्षा बलों पर आतंकियों के हमले लगातार बढ़ते जा रहे थे। मेरी तैनाती राष्ट्रीय राइफल्स (आरआर) की एक यूनिट में थी, जो उत्तर-पश्चिमी कश्मीर में कुपवाड़ा के पास लोलाब घाटी में भीषण आतंक-विरोधी अभियानों में शामिल थी। एक फिदायीन आतंकवादी का तरीका यह होता है कि वह सुरक्षा बलों के किसी पोस्ट में विस्फोटकों के साथ घुस जाए और मारे जाने से पहले अधिक से अधिक सुरक्षाकर्मियों को निशाना बनाए, ताकि नुकसान और मृत्यु अधिकतम हो। मेरी यूनिट लोलाब घाटी में एक दिन पहले ही आई थी और मेरी कंपनी एक अलग-थलग पोस्ट पर तैनात की गई थी, जो पहाड़ों के किनारे था, जहाँ मदद में और सुरक्षा बलों या अन्य किसी भी मदद के वाहनों से आने में भी कम-से-कम 45 मिनट लग जाते। मेरी 'बी' कंपनी थी, जिसे 'बजरंग बली की कंपनी' कहा जाता था और इसके अनुसार ही हमने भगवान् हनुमानजी की मूर्ति को पोस्ट के परिसर के बीच में छोटे से ढाँचे के भीतर अपनी कंपनी के मंदिर में स्थापित किया था।

अष्टधातु (समान मात्रा में आठ धातुओं के मिश्रण से बनी एकदम विशुद्ध धातु) की बनी भगवान् हनुमानजी की मूर्ति को विशेष रूप से जयपुर से मँगवाया गया था।

मैं जिस पोस्ट पर आरआर का कंपनी कमांडर था, वहाँ मेरी बेटी के जन्म की रात फिदायीन हमले की कोशिश की गई थी। आतंकवादियों ने फिदायीनों के तरीके से मेरी कंपनी पोस्ट में घुसने की कोशिश की थी। उस समय मैं एक सीनियर मेजर था और कंपनी

पोस्ट के बीच में खड़ा था, जो मंदिर के ठीक बाद था और ऑपरेशन को नियंत्रित कर रहा था। जबरदस्त गोली-बारी चल रही थी, तभी मेरे सीओ ने अचानक रेडियो सेट पर हालात जानने के लिए कॉल किया। मैं जब उनसे बात कर रहा था, तभी मैंने एक रॉकेट अपनी ओर आते देखा। अनजाने में ही मैंने चिल्लाकर कुछ कहा, जिससे मेरे सीओ स्वाभाविक रूप से नाराज हो गए। रॉकेट मेरे बिल्कुल पास आकर गिरा और जमीन में धँस गया, लेकिन फटा नहीं। अगले दिन जब कमांडर के साथ सीओ मेरी कंपनी के दौरे पर आए, तो उन्होंने मुझे बताया कि रेडियो सेट पर बीती रात में मैंने चिल्लाकर क्या कहा था। मुझे अंदाजा नहीं था कि मैंने क्या कहा, लेकिन बिना फटे वह रॉकेट अब भी मंदिर के बगल में जमीन में धँसा था और सबकुछ साफ-साफ बयाँ कर रहा था। चाहे कोई कुछ भी कहे, पंजाबी बड़ी अच्छी भाषा है। हमने अपने किसी भी जवान की जान गँवाए बिना उस हमले को विफल कर दिया और अपने पोस्ट में सभी आतंकियों के घुसने के रास्ते बंद कर दिए। इस घटना को मैं भगवान् हनुमानजी का और 'लेडी लक' का आशीर्वाद कहूँगा, जो साक्षात् मेरी बेटी के रूप में आई थी, हालाँकि उस समय मुझे पता नहीं था कि वह इस दुनिया में आ चुकी है। इसके चार दिन बाद जब मैं जंगलों में एक भीषण आतंकवाद-विरोधी ऑपरेशन का सामना कर रहा था, तब मेरे सीओ को हमारी बेटी के जन्म की खुशखबरी मिली, लेकिन उन्होंने वह खबर मुझ तक नहीं पहुँचाई। इसकी बजाय उन्होंने मुझे और उस ऑपरेशन में शामिल सभी अधिकारियों को ऑपरेशन के बाद मेरी कंपनी पोस्ट पर आने का आदेश दिया।

हम लगभग तीन दिनों से लगातार ऑपरेशन कर रहे थे, और हमें लगा कि यह संदेश एक और आने वाले बड़े ऑपरेशन का संकेत दे रहा है। हालाँकि हम जब पोस्ट पर लौटे, तो हमारी मुलाकात सीओ से हुई, जो हेडक्वार्टर में मौजूद सभी अधिकारियों के साथ खुद पोस्ट पर आए थे, ताकि मुझे मेरी बेटी के जन्म की खबर दे सकें। यूनिट के सभी अधिकारी मेरे साथ थे और हमने छोटी सी ही सही, लेकिन जोरदार पार्टी से मेरी दूसरी संतान के आने की खुशियाँ मनाईं। मैं खुद कुपवाड़ा अठारह दिन बाद ही जा सका, जहाँ से एसटीडी कॉल के जरिए अपनी पत्नी से बात की और अठारह दिन बाद ही उसे बधाई दे सका। आमने-सामने तो हमारी मुलाकात हमारी बेटी के जन्म लेने के लगभग दो महीने बाद ही हो सकी और तब मैं अपनी बेटी को सच में देख सका। मैं दोनों बार उसकी गर्भावस्था और बच्चों के जन्म के समय अपनी पत्नी के साथ नहीं रह सका। इसका अफसोस मुझे हमेशा ही रहेगा। सुनने में यह भले ही एक रोमांटिक पति या समर्पित पिता के जादुई शब्दों के जैसे लगें, लेकिन मुझे इस कड़वे सच के साथ जीवन भर रहना है कि मैं अपने दोनों बच्चों के जन्म के समय मौजूद नहीं था।

हालाँकि हमारी बेटी के साथ मेरा पहला 'आमना-सामना' काफी असौहार्दपूर्ण था, क्योंकि उसे अपनी माँ और नाना-नानीजी की मीठी और प्यारी आवाजों की आदत पड़ चुकी

थी। लेकिन मैं जिस पल घर में दाखिल हुआ और सभी से अपनी सेना वाली भारी आवाज में बात करना शुरू किया, वैसे ही वह घबरा गई और बहुत देर तक रोती रही। मेरी आवाज के डर को दूर करने में उसे थोड़ा समय लगा और तब तक मेरे कदमों की आहट सुनकर भी वह रोने लग जाती थी। मैं नहीं जानता कि मैं इतना अनुभवी था या नहीं, लेकिन यह एक ऐसी अजीब मुश्किल थी, और मुझे यकीन है कि जिसका सामना मैंने किया, कई साथी सैन्यकर्मियों ने भी किया होगा। पिता होने के नाते मैं हमेशा ही अपनी नन्ही बिटिया को गोद में लेना चाहता था। यह आसान नहीं था। मैं जब पीछे पलटकर देखता हूँ तो यह छोटी सी ही सही, लेकिन ऐसी कीमत है, जो देश की सेवा के लिए चुकानी पड़ती है। मेरी गैरहाजिरी के बावजूद मेरे ससुरजी, सरदार आत्मा सिंह बाजवा, जो एक सेवानिवृत्त पुलिस अधिकारी और अपनी जवानी में एक बेहतरीन एथलीट थे, ने घर का मोर्चा सँभाला, जबकि हमारी बेटी के जन्म के समय उनकी आँख का ऑपरेशन हुआ था। मेरी पत्नी का मन जब भी छोटा होता, तब उनकी मौजूदगी भर से ही उसका हौसला बढ़ जाता था।

मेरे श्वसुर, स्वर्गीय सरदार आत्मा सिंह बाजवा

दो-दो बार 'मरा' और फिर जिंदा हो गया

सैनिकों की पत्नियाँ और उनके परिवार साहस और बलिदान के आदर्श उदाहरण होते हैं, जो अपने पति, बेटों और भाइयों के साथ हर मुश्किल हालात में खड़े रहते हैं, भले ही सेना में सेवा में शामिल सैनिकों के प्रति उनके इस अनमोल योगदान को माना नहीं जाता, सराहना या सम्मान की तो बात ही छोड़ दीजिए। एक सैन्यकर्मी की पत्नी का जीवन और उन्हें क्या-कुछ सहना पड़ता है, वह कभी सुर्खियों में नहीं आता, लेकिन हमेशा ही मुख्य कहानी की जान होता है। मेरे जीवन की कहानी में भी मेरी पत्नी के बलिदान और शौर्य की ऐसी ही घटनाएँ भरी पड़ी हैं, जिसे कम-से-कम दो बार भयंकर सदमे से गुजरना पड़ा, जब उसने मेरी 'मौत' का आभास देने वाली या फिर मीडिया में मेरी मौत की खबर सुनी। ऐसी पहली घटना तब हुई, जब मैं कश्मीर में एक मेजर के रूप में आरआर में तैनात था और लोलाब घाटी में आतंकवाद-विरोधी अभियान में शामिल था तथा मेरी पत्नी अपनी गर्भावस्था के आठवें महीने में थी, जब हमारी दूसरी संतान होने वाली थी। दुर्भाग्य से सेना ने एक दिलेर अधिकारी को एक ऑपरेशन के दौरान खो दिया था, जिसका पद भी मेरे समान था और नाम भी मिलता-जुलता था। उनका नाम मेजर के.जी. सिंह था, जबकि मेरा नाम के.जे. सिंह है और उनकी तैनाती भी पास ही आर.आर. बटालियन में लोलाब में थी। जब टीवी के एक समाचार बुलेटिन में उनकी मृत्यु की खबर चली, तो गलती से उनका नाम के.जे. सिंह बताया गया और उस खबर के साथ टिकर पर चल रहे स्क्रॉल में लिखा था : 'राष्ट्रीय राइफल्स के मेजर के.जे. सिंह लोलाब में शहीद'। मेरी पत्नी ने यह खबर न केवल टीवी पर सुनी बल्कि अगले दिन सुबह के अखबार में भी पढ़ी। सदमाग्रस्त और बुरी तरह टूट चुकी मेरी पत्नी के पास मुझसे जुड़ी उस खबर पर शक करने की कोई वजह नहीं थी, क्योंकि तीन महत्त्वपूर्ण जानकारियाँ मेरी पहचान से मेल खाती थीं—उस अधिकारी का नाम, यूनिट, राष्ट्रीय राइफल्स और लोकेशन लोलाब। शुरुआती झटके से उबरने के बाद उसने फैसला किया कि वह अपने बुजुर्ग माता-पिता को शोक से जब तक संभव होगा बचाएगी और उसने उनसे अखबार को छिपाने का प्रयास किया। हालाँकि इस समय तक मेरी यूनिट के सूबेदार मेजर सूबे सिंह को गलत पहचान का पता चल गया था और मेरी गर्भवती पत्नी पर इसके गंभीर नतीजों को समझते हुए उन्होंने मुझसे कहा कि मैं अपनी पत्नी को फोन कर बता दूँ कि मैं ठीक हूँ। लेकिन कहना जितना आसान था, करना उतना ही मुश्किल, खास तौर पर मोबाइल फोन से पहले के उस जमाने में, जब तुरंत बातचीत का कोई साधन नहीं था। वास्तव में हमारी लोकेशन पर सिविल लैंडलाइन फोन की भी सुविधा नहीं थी और मुझे कुपवाड़ा में अपने एक समकक्ष से संपर्क कर उससे आग्रह करना पड़ा कि वह मेरी पत्नी को बता दे कि मैं ठीक हूँ और वह खबर मेरे बारे में नहीं थी।

यह मानकर कि मीडिया में जिस मौत की खबर दी गई थी, वह मेरी मौत की खबर थी, कई घंटे तक मानसिक यातना को झेलने के बाद नीटा को हौसला देने वाली खबर मिली कि मैं जिंदा हूँ और ठीक हूँ। इसके बावजूद उसे जितनी बड़ी राहत महसूस हुई, उतनी ही उदासी तुरंत इस अहसास के साथ छा गई कि भले ही नियति की मार से वह बच गई, लेकिन उसकी जगह एक और पत्नी, एक और परिवार अपने पति, बेटे और पिता की मौत का शोक मना रहा था।

उस समय मेरे एक मामा सीमा सुरक्षा बल में सेवारत थे और उनकी तैनाती दक्षिण कश्मीर में थी। उन्होंने जब यह खबर पढ़ी, तो उन्होंने तुरंत इसकी सच्चाई का पता श्रीनगर स्थित कोर मुखयालय से लगवाया। उन्हें भी यही बताया गया कि लोलाब में राष्ट्रीय राइफल्स के मेजर के.जे. सिंह शहीद हुए थे, लेकिन और जाँच-पड़ताल के बाद उन्हें पता चला कि सर्वोच्च बलिदान देने वाले अधिकारी राजपूताना राइफल्स के नहीं, गोरखा राइफल्स के थे। उन्होंने भी मेरी पत्नी को बताया कि घोषणा के विपरीत मैं जीवित और सुरक्षित हूँ। हालाँकि इन बातों की समीक्षा से यह स्पष्ट होता है कि विभिन्न माध्यमों से आने वाली कई तरह की जानकारियाँ भ्रम को और बढ़ा सकती हैं, जो राहत से कहीं अधिक चिंता का कारण बन जाती हैं।

मेरी 'मृत्यु' से जुड़ी दूसरी घटना तब हुई, जब मैं दक्षिण कश्मीर में आतंकवाद से बुरी तरह प्रभावित त्राल नाम के इलाके में अपनी बटालियन का सीओ था। 18 अगस्त, 2002 की देर शाम मेरे ब्रिगेड कमांडर ने फोन किया और मुझसे कहा कि मैं अपनी पत्नी से बात कर लूँ, जो उस समय उत्तराखंड में बटालियन के स्थायी बेस में रह रही थी। इस बार भी टेलीविजन पर समाचार के दौरान चले टिकर ने दिखाया कि कर्नल के.जे. सिंह जम्मू-कश्मीर में शहीद हो गए हैं। हालाँकि इस बार मेरे नाम से मिलते जुलते कर्नल कँवर जयदीप सिंह सलारिया का जिक्र था, जो शौर्य चक्र, सेना मेडल से सम्मानित 6 डोगरा के कमांडिंग ऑफिसर थे और एक महान् सैनिक थे, जिन्होंने नौशेरा सेक्टर में आतंकवादियों से लड़ते हुए सर्वोच्च बलिदान दिया था, जबकि मैं दक्षिण कश्मीर के त्राल में था। एक बार फिर हमारे पोस्ट की एसटीडी लाइन खराब हो गई और मैं नीटा को आश्वस्त करने के लिए उससे बात नहीं कर सका कि मेरे बारे में टीवी पर चल रही खबर सच्ची नहीं है। इसलिए मैंने अपनी पड़ोस की यूनिट के सीओ से अनुरोध किया कि वह अपनी पत्नी से बात करें, जो उत्तरांचल में बटालियन के बेस में रह रही थीं और उनसे आग्रह कर मेरी पत्नी तक खबर पहुँचा दें कि मैं ठीक हूँ। चूँकि रात बहुत हो चुकी थी, कम-से-कम सेना के हिसाब से, इसलिए उन्होंने कहा कि उनकी पत्नी नीटा की नींद में खलल डालने के बजाय अगली सुबह ही बात करेगी। पिछली बार भी ऐसी ही घटना के अनुभव के कारण और यह जानते हुए कि इस खबर को

सुनकर वह कितनी वेदना में होगी, मैंने ठान लिया था कि किसी भी तरह मैं उसे पूरी रात कष्ट में डालने के बजाय तुरंत उसके पास अपनी सलामती की खबर पहुँचा दूँगा। इसलिए मैंने आर्मी की लाइन पर अपने एक प्रिय मित्र लेफ्टिनेंट कर्नल (बाद में मेजर जनरल) अनिल चौधरी से बात की, जो दिल्ली में सेना मुखयालय में तैनात थे। उनसे अनुरोध किया कि वे नीटा से बात करें, लेकिन उनकी भी यही सलाह थी कि रात में उसे परेशान न किया जाए। हालाँकि अपनी गलत पहचान से पैदा होने वाली परेशानी को दूर करने के लिए मैं बेचैन था। मैं अपने सुरक्षित होने की खबर पत्नी तक पहुँचाने की कोशिश करता रहा। इसलिए मैंने आर्मी लाइन पर अपने मामाजी को फोन किया, जो उस समय जालंधर के बीएसएफ मुखयालय में तैनात थे, ताकि मेरी ओर से वे नीटा को फोन करें, लेकिन उनकी सलाह भी यही थी कि मैं धैर्य रखूँ और नीटा को रात के समय परेशान न करूँ। इस समय तक आधी रात से अधिक बीत चुकी थी और अपने सारे संपर्कों के बावजूद जब विफलता मिली, तो मैंने सोचा कि सबसे अच्छा यही रहेगा कि सुबह होने पर मेरी पत्नी तक यह खबर मिले या फिर जैसे ही हमारी एसटीडी लाइन ठीक हो जाए। हालाँकि किस्मत का खेल देखिए कि मेरी तीनों संपर्कों ने भले ही मुझे देर रात मेरी पत्नी से संपर्क करने से मना किया, लेकिन उन सभी को दोबारा खयाल आया और आखिरकार तीनों ने उसी रात उसे फोन किया।

हालाँकि नीटा जब सोने जा रही थी, तभी उसने टीवी न्यूज में उस टिकर को देख लिया था और एक बार फिर भयंकर यातना वाले अनुभव से गुजर रही थी। उसके दिमाग में सबसे पहला विचार एक एकाकी और असुरक्षित जीवन का आया, जहाँ उसे अपने दोनों छोटे-छोटे बच्चों को पालना होगा और बिना अपने पति के सहयोग के घर को चलाना होगा। हालाँकि एक बार फिर उसने अपने आपको सँभाला, भावुक नहीं हुई या टूटी नहीं और शांत मन से सोचा कि इस संकट से उसे कैसे निपटना है। तभी फोन की घंटी बजी, मेरे पड़ोस की यूनिट के सीओ की पत्नी का फोन था। उनका छोटा और स्पष्ट संदेश था, 'नीटा, चिंता मत करो, के.जे. ठीक है,' जिसके बाद उन्होंने फोन काट दिया। लेकिन मेरी पत्नी को उन पर यकीन नहीं हुआ और उसे लगा कि उनका फोन इसलिए आया, ताकि किसी तरह मैं थोड़ी राहत के साथ रात काट लूँ। फिर लेफ्टिनेंट कर्नल अनिल चौधरी और उनकी पत्नी ने फोन किया; उन्होंने भी वही बात कही और फोन काट दिया। अब मेरी पत्नी का शक करना वाजिब था, जो उन संक्षिप्त और बेवक्त आए फोन पर कही गई बातों को स्वीकार करने को तैयार नहीं थी, खास तौर पर जब उनमें से एक दिल्ली में पदस्थापित अधिकारी का फोन था, जिससे यह अपेक्षा नहीं की जा सकती कि कश्मीर में मेरी यूनिट में हो रही घटना की जानकारी होगी, वह भी ऑफिस से निकलने के बाद।

मामले को और उलझाते हुए मेरे मामाजी ने भी लगभग उसी समय फोन किया और उनका मैसेज भी उन दोनों फोन करने वालों की तरह ही संक्षिप्त था, 'चिंता मत करो, वो ठीक है।' अब तक तो नीटा के दिमाग में खलबली मच चुकी थी और इन अच्छी खबरों से निश्चित होने के बजाय उसे यकीन हो गया था कि इतने सारे फोन केवल इसलिए किए गए, ताकि सदमे को थोड़ा कम किया जा सके, क्योंकि कुछ बहुत बुरा हो चुका था। उसने पूरी रात बिस्तर पर सो रहे बच्चों के बगल में बैठकर बिता दी। सोचती रही कि बिना आजीविका और दो बच्चों की जिम्मेदारी के साथ वह अनिश्चित भविष्य में आगे कैसे बढ़ेगी। लेकिन व्यक्तिगत दु:ख और चिंता की उस घड़ी में भी, उसने ठान लिया था कि अपनी भावनाओं पर काबू रखेगी और यूनिट की बेस लोकेशन के जेसीओ और जवानों की पत्नियों की खातिर अपना हौसला बुलंद रखेगी, जिनके पति भी ऐसे ही अभियानों में शामिल थे और उन्हीं हालातों का सामना कर रहे थे। उनकी अग्निपरीक्षा का अंत सुबह 5 बजे हुआ, जब मेरी यूनिट की एसटीडी लाइन ठीक हो गई और मैंने खुद उससे फोन पर बात की। पहले तो उसे मेरी आवाज सुनकर यकीन ही नहीं हुआ, फिर उसके भीतर कैद सारी भावनाएँ फूट पड़ीं, उसके आँसुओं का सैलाब उमड़ पड़ा। मेरे पिता और चाचाजी, जो उससे मिलने आए हुए थे और उसी घर के दूसरे कमरे में रह रहे थे, उन्होंने उसकी बेहिसाब रुलाई को सुना और चूँकि उन्होंने भी रात को कई बार फोन की घंटी को सुना था, इसलिए माजरा जानने के लिए उसके कमरे में आए। उन्हें जब पूरे घटनाक्रम का पता चला, तो वे भी उन्हीं भावनाओं के उथल-पुथल से गुजरे, जिसका सामना नीटा ने किया था। यही नहीं, उसे डाँटा भी कि उसने अपने मन की बात उन्हें क्यों नहीं बताई और अकेली ही हालात से क्यों जूझती रही।

पुराने अनुभव से जुड़ी एक भावना के कारण मेरी पत्नी ने ऐसी ही एक घटना को याद किया, जब एक सैनिक की पहचान को लेकर भ्रम पैदा हो गया था, जो 1987 में श्रीलंका में 'भारतीय शांति सेना' (आईपीकेएफ) के ऑपरेशन के दौरान वीरगति को प्राप्त हो गया था। उस समय उस सैनिक की पहचान सही से नहीं की गई थी, उसके पिता वैसे ही दु:ख और आशंका के भँवर में डूब गए थे। फिर उन्हें यह पता चला कि उनका बेटा जीवित है, तो उन्हें इतनी खुशी हुई, जिसे बताया नहीं जा सकता, लेकिन आखिर में जब उस पिता को पता चला कि उन्होंने अपना बेटा सच में खो दिया है और उनकी किस्मत इतनी अच्छी नहीं थी कि वह खबर गलत निकले, तब एक बार फिर वे अवसाद और उदासी में डूब गए थे। इन सारी बातों के बावजूद हमारे दिल की धड़कनें हर उस सैनिक के लिए कुरबान हैं, जो देश की रक्षा में अपने प्राण न्योछावर करते हैं।

ईमानदारी, वफादारी, जिम्मेदारी

ईमानदारी, वफादारी और जिम्मेदारी—ये तीन शब्द किसी भी सैनिक की मूल्य प्रणाली का आधार होते हैं। ईमानदारी और वफादारी (यूनिट के प्रति, पूरी सेना के प्रति, और अंततः देश के प्रति) जहाँ स्वतः स्पष्ट हैं, वहीं सेना में 'जिम्मेदारी' की अवधारणा असैन्य जीवन की तुलना में काफी अलग है। मैंने अभी-अभी उन दो घटनाओं के बारे में बताया, जो मेरी 'मृत्यु' की खबर से जुड़ी थीं और मैंने उस प्रमाण की चर्चा की, जिनके कारण मेरी पत्नी उन्हें सच मानने पर मजबूर हो गई, लेकिन उसके साथ ही उसमें उसी छावनी में रहने वाले जवानों के परिवारों की खातिर अपने दुःख को छिपाने का जो साहस और प्रण पैदा हुआ, वह उस 'जिम्मेदारी' का एक आदर्श उदाहरण है, जिसे सेना के एक अधिकारी और उसके पूरे परिवार को निभाना पड़ता है। यह दिखाता है कि सीओ की पत्नी के रूप में जहाँ वो काफी हद तक मान चुकी थी कि उसके पति कश्मीर में एक ऑपरेशन में शहीद हो चुके हैं और स्वाभाविक रूप से वह अपने और अपने बच्चों पर इस दुःखद घटना के परिणामों तथा प्रभावों को लेकर चिंतित थी, वहीं उसे अन्य महिलाओं का भी खयाल था, जिनके पति भी कश्मीर में तैनात थे और उसके पति की तरह ही खतरनाक अभियानों में शामिल थे और जिन्हें अपने पति के एक सहकर्मी की अपने कर्तव्य को निभाने के दौरान हुई मृत्यु की खबर के सदमे से बचाना आवश्यक था। इस कारण अपने व्यक्तिगत शोक पर काबू पाते हुए वह सीओ की पत्नी के रूप में उसने अपनी जिम्मेदारी को निभाने का संकल्प ले लिया था। उसने तय किया कि अगली सुबह जब वे उससे मिलने आएँगे, तो वह साहस दिखाएगी, ताकि उनके हौसले भी बुलंद बने रहें।

यह स्पष्ट है कि सेना न केवल अपने अधिकारियों को बल्कि उनके परिवारों को भी जिम्मेदारी भरा व्यवहार करने के लिए और किसी भी विपदा या आपदा का सामना करने या किसी भी परिस्थिति के सबसे बुरे नतीजे को सहने के साथ ही तमाम मुश्किलों के बावजूद अपने साहस और संयम को बनाए रखने के लिए तैयार करती है। सेना की कष्टदायी ट्रेनिंग (जिसे अकसर 'रगड़ा' कहा जाता है) अप्रिय रूप से ही सही, लेकिन अपने प्रत्येक अधिकारी और जवान को किसी भी प्रकार की शारीरिक चुनौती या कठिनाई का सामना करने के लिए तैयार करती है, लेकिन ऐसे भी पल आते हैं, जब मानसिक तनाव शारीरिक दबाव पर भारी पड़ जाता है, ऐसे ही अवसरों पर सेना का भाईचारा और 'साथ युद्ध लड़ने वालों' की प्रणाली सक्रिय हो जाती है और उसके द्वारा दिया गया प्रशिक्षण तथा भावनात्मक शक्ति, जिसे सब नहीं देख पाते, हमें किसी भी प्रतिकूल परिस्थिति का सामना परिपक्वता और सौम्यता से करने योग्य बनाती है। जैसा कि मेरी पत्नी मेरी मृत्यु की झूठी खबर के बाद करने को तैयार थी। इस ट्रेनिंग का जो सबसे स्पष्ट पहलू है, वह एनडीए की प्रार्थना है,

जिसे हम सभी हर सुबह अपनी तीन साल की पूरी ट्रेनिंग के दौरान गाते हैं। इस प्रार्थना का हर शब्द ऐसा है, जो हममें उस परिस्थिति का सामना भी असीम सामर्थ्य से करने का बल भरती है, जिससे निकल पाना असंभव प्रतीत होता है तथा हमेशा ही हमें किसी भी शारीरिक या मानसिक बाधा की स्थिति में आगे बढ़ते रहने के लिए प्रेरित करती है। यहाँ, मैं एनडीए की प्रार्थना को गुनगुनाना चाहूँगा और वही सहायता प्राप्त करना चाहूँगा, जो इसने मुझे तब से दी है, जब 42 वर्षों से भी पहले मैंने इसे पहली बार सुना था—

'हे ईश्वर, हमें खुद को शारीरिक रूप से मजबूत, मानसिक रूप से जाग्रत् और नैतिक रूप से अडिग रखने में मदद करें, ताकि आपके और अपने देश के प्रति अपना कर्तव्य निभाते हुए हम सेवाओं का निष्कलंक सम्मान बनाए रख सकें।

हमें अपने देश को बाहरी आक्रमण और आंतरिक अव्यवस्था से बचाने की शक्ति दें।

ईमानदार व्यवहार और स्वच्छ सोच के प्रति हमारी समझ को जाग्रत् करें, और आसान गलत के बजाय कठिन सही को चुनने के लिए हमारा मार्गदर्शन करें।

सेना के अपने साथियों के प्रति हमारे हृदय में मैत्री का और उन जवानों के प्रति वफादारी की भावना जगाएँ, जिनका हम नेतृत्व करते हैं।

हमें वह साहस प्रदान करें, जो आदर्श चीजों के प्रेम से पैदा होता है और जो सत्य और सही के खतरे में पड़ने पर कोई समझौता या पीछे हटना नहीं जानता।

हमें अपनी, अपने देश की और जिन लोगों का हम नेतृत्व करते हैं, उनकी सेवा के नए अवसर प्रदान करें और ऐसी सेवा को स्वयं से पहले रखने में हमारी सहायता करें।'

□

10

साझा करना और खयाल रखना : सेना का एक अलिखित नियम

वरिष्ठों, समकक्षों और सहयोगियों के लिए खुले दरवाजे की नीति

किसी सैनिक के जीवन की एक सबसे महत्त्वपूर्ण विशेषता होती है जीना और, यदि आवश्यक हुआ तो अपने साथी सैनिक के लिए मरना। सैन्यकर्मियों में एक-दूसरे के प्रति स्नेह और खयाल रखने की जो अवधारणा है, विशेष रूप से एक ही यूनिट के सैनिकों के बीच, वह अतुलनीय है और कई बार सैन्य धर्म और दल की भावना की सीढ़ सिद्ध हो चुकी है। इस संदर्भ में मैं जिस पहली घटना के बारे में यहाँ बता रहा हूँ, वह हमेशा ही मेरे मन में सुखद स्मृतियाँ भर देती है। यह साल 1991-92 के आसपास की है, जब मैं कैप्टन के रूप में मध्य प्रदेश स्थित एक प्रशिक्षण संस्थान में महू में पदस्थापित था। अलग-अलग बटालियनों के विभिन्न अधिकारी दो से लेकर ग्यारह महीने की अवधि के छोटे-छोटे कोर्स की ट्रेनिंग लेने के लिए महू आते हैं। उस समय मैं अपनी पत्नी के साथ वहाँ था और ये हमारे बच्चों के जन्म से पहले की बात है। चूँकि मैं कैप्टन था, इसलिए मुझे दो बेडरूम वाला घर अलॉट किया गया था। मेरे कार्यकाल के दौरान वहाँ दो अधिकारी, जो मेरे काफी करीब थे, उनमें से एक मेरी ही यूनिट के और मुझसे ठीक बाद के सीनियर, कर्नल अनिल कुमार सूरी थे, जिन्हें सब 'गूफी' के नाम से ही जानते हैं और दूसरे अच्छे दोस्त और मेरी यूनिट के ऑफिसर लेफ्टिनेंट जनरल इकबाल सिंह सिंघा के छोटे भाई, कैप्टन (बाद में लेफ्टिनेंट जनरल) गुरपाल सिंह सांघा उर्फ लाली सांघा थे, जो लगभग तीन महीने के निर्देशों की एक ट्रेनिंग के लिए महू आए थे।

मुझे जब उनके आने की जानकारी मिली, तो मैं उन्हें रिसीव करने रेलवे स्टेशन पहुँचा। उनमें से किसी को भी संस्थान में रहने की जगह नहीं दी गई थी, जहाँ उन्हें ट्रेनिंग लेनी थी और दोनों ही अपनी पत्नियों और एक से तीन साल के बच्चों के साथ आए थे। चूँकि वे रहने के लिए किसी जगह का इंतजाम नहीं कर सके थे, इसलिए वे मेरे घर आए और हमने

उन्हें अपने घर में एक-एक बेडरूम (अटैच्ड वॉशरूम के साथ) दिया, चूँकि दोनों को ही अलग-अलग बेडरूम की प्राइवेसी और आराम चाहिए था, क्योंकि उनका परिवार उनके साथ था। इस कारण, मुझे और मेरी पत्नी को ड्रॉइंग रूम में कारपेट पर सोना था।

दोस्तों और सहकर्मियों के रूप में सेना में हमारे बीच जो भाईचारा और एक दूसरे से जुड़े होने की भावना होती है, वह हर जगह देखने को मिलती है और महू की यह घटना उनसे अलग नहीं थी। दोनों अधिकारियों के लिए दोस्त 'टाइनी' की मेजबानी में शामिल होना कोर्स करने के निर्णय का एक स्वाभाविक हिस्सा था, और मेरी जहाँ तक बात है तो मुझे इसमें कोई शक नहीं था कि उनकी जरूरतें हमेशा मुझसे अधिक प्राथमिक होंगी, भले ही मेरी पत्नी और मुझे अपने लिए बड़ा फेरबदल ही क्यों न करना पड़े।

मेरी तरह ही लाली सांघा भी छह फीट तीन इंच लंबा, तगड़ा ऑफिसर है और अकसर लोग हमें भाई समझने की भूल कर बैठते हैं या कम-से-कम कजन तो समझ ही लेते हैं। लाली सांघा अपने नाम की पट्टी अपनी यूनिट में ही छोड़ आया था, जो वर्दी का अनिवार्य हिस्सा होता है और महू मार्केट में नई पट्टी बनाने में तीन से चार दिन लग जाते। सोचिए क्या उपाय किया गया होगा? उसने यह तरकीब निकाली कि वह 'जी एस संघा' के बजाय 'के. जे.एस. ढिल्लों' की नाम पट्टी पहनेगा और कोर्स के चार दिनों तक उसने ऐसा ही किया। सोने पे सुहागा यह कि लगभग एक हफ्ते बाद जब मैंने दोनों को बताया कि मैं उनके रहने की जगह का इंतजाम इनफैंट्री स्कूल में करने की काफी कोशिश कर रहा हूँ, तो उनका भावुक करने वाला और उसी पल एक साथ उनके मुँह से निकले जवाब ने मुझे निःशब्द कर दिया, 'हम बिल्कुल मजे में हैं यहाँ और हमारे लिए तुझे किसी के आगे-पीछे भागने की जरूरत नहीं है।' इस वाकये के कुछ महीने बाद लाली सांघा एक बार फिर डिफेंस सर्विसेज स्टाफ कॉलेज की परीक्षा की तैयारी के लिए महू आया और मेरे साथ मेरे घर पर रहा। इस बार भी एक कमरा उसे मिला, चूँकि नीटा माँ बनने वाली थी और डिलीवरी के लिए घर गई हुई थी, इसलिए मुझे उसी घर में अपने लिए एक कमरा मिल गया!

सीओ के घर और उनकी मेजबानी का लाभ उठाया

ऐसा नहीं है कि सेना में केवल सीनियर ऑफिसर्स को ही जूनियर्स की असीमित मेजबानी का लाभ उठाने का अधिकार है। अकसर जूनियर को ही सीनियर्स से मिलने वाले स्नेह का लाभ उठाने का अवसर मिलता है। मैंने इसका प्रत्यक्ष अनुभव किया, जब हम उदयपुर में तैनात थे, जब हमारी नई-नई शादी हुई थी और मेरा नाम जबलपुर स्थित कॉलेज और मैटेरियल्स मैनेजमेंट में एक कोर्स के लिए तय किया गया था। सेना में यह सामान्य प्रथा है कि जब कोई विवाहित अधिकारी फील्ड में रहते हुए या शांति-काल के स्टेशन पर रहते

हुए किसी अल्पकालीन कोर्स के लिए नामित किया जाता है, तो वह उस संस्थान के प्रमुख को आवास और अपने परिवार को साथ लाने के लिए आवेदन देता है। आवास उपलब्ध कराने में फील्ड एरिया से आने वाले अधिकारियों को प्राथमिकता दी जाती है, लेकिन मेरे अनुरोध को स्वीकार नहीं किया गया और आवास देने से मना कर दिया गया, शायद इस कारण कि मैं किसी फील्ड एरिया से नहीं बल्कि शांति-काल के स्टेशन उदयपुर से जा रहा था। हालाँकि, मुझे अपनी पत्नी को साथ लाने की अनुमति मिल गई और मुझसे रहने का अपना ही इंतजाम करने को कहा गया। जब यह जवाब आया, तो उसे सीओ, लेफ्टिनेंट कर्नल (बाद में ब्रिगेडियर) त्रिगुणेश मुखर्जी के सामने रखा गया और उन्होंने उस पत्र के पीछे लिखा, 'टाइनी मुझसे बात करे।'

ऐसा शायद ही कभी होता है कि इन मामलों में सीओ किसी जूनियर ऑफिसर से बात करने को कहे। मैं काफी डर गया कि आखिर सीओ ने किस वजह से मुझे बुला लिया। इसलिए मैं 2आईसी मेजर सुबी से मिला और उन्हें सीओ की ओर से तलब किए जाने के बारे में बताया। मेरे लिए सीओ से आए फरमान और संभावित कारणों पर विश्लेषण करने के बाद उन्होंने मुझसे पूछा कि क्या जबलपुर में कोर्स के लिए अपनी पत्नी को साथ ले जाने की अनुमति माँगने से पहले मैंने सीओ की मंजूरी ले ली थी। इसने मेरी चिंता को और बढ़ा दिया, क्योंकि कोर्स में शामिल होने से पहले मैंने सीओ से इसकी अनुमति नहीं ली थी। वैसे मैंने उनसे आग्रह किया कि वे मेरी ओर से सीओ से बात करें, लेकिन 2आईसी ने कहा कि चूँकि सीओ मुझसे बात करना चाहते हैं, इसलिए उनके लिए मेरी ओर से बात करना ठीक नहीं होगा, लेकिन उन्होंने मुझे आश्वस्त किया कि जब मैं सीओ के ऑफिस में जाकर अपनी सफाई पेश करूँगा तो वे बाहर मेरा इंतजार करेंगे। उन्होंने मुझसे यह वादा भी किया कि अगर सीओ सच में आपा खो बैठेंगे, तो वे अंदर आएँगे और मामले को शांत करने की कोशिश करेंगे। उन्होंने मुझे सलाह दी कि सीओ जो कहें, उसे पूरी तरह मैं मानता जाऊँ और अपनी तरफ से कोई घबराहट या भ्रम न दिखाऊँ। इस तरह कलेजा मुँह को लिये मैं सीओ का सामना करने के लिए उनके सामने पेश हुआ। उनके साथ हुई बातचीत कुछ इस तरह थी—

सीओ—'तुमने आवास के लिए आवेदन दिया था?'

मैं (दबी आवाज में)—'यस, सर।'

सीओ—'आवेदन क्यों दिया था?'

मैं—'सॉरी, सर।'

सीओ—'तुम्हें मुझे बताना चाहिए था।'

मैं—'सॉरी, सर।'

मैं लगातार माफी माँग रहा था, जैसा कि 2आईसी ने मुझसे सीओ जो कहें उसे विनम्रता से स्वीकार करने और कोई सफाई देने या बहस से बचने को कहा था। इससे आगे की जो बातचीत हुई उसका मुझे अंदाजा तक नहीं था।

सीओ—'तुम्हारी पत्नी अब तुम्हारे साथ जा रही है?'

मैं—'नो, सर।'

सीओ—'उससे कहो, अपने बैग पैक कर ले, वह तुम्हारे साथ जा रही है।'

अचानक आए इस मोड़ से मैं भौचक्का रह गया और जो होने वाला था, उसे तो मैंने सपने में भी नहीं सोचा था। असल में सीओ ने मुझे फटकार लगाने के लिए नहीं बल्कि यह बताने के लिए बुलाया था कि उनकी सासु माँ, मिसेज गांगुली का जबलपुर में एक घर था, जहाँ अपने पति के गुजर जाने के बाद वे अकेली रह रही थीं। असल में वे यह कह रहे थे कि मैं अपनी पत्नी के साथ उस घर में कोर्स के दौरान रह सकता हूँ, जबकि उनकी सासु माँ हमारी खातिर अपनी बेटी और नाती-नातिन के साथ रहने के लिए दिल्ली चली जाएँगी! उफ्फ, कहाँ मैं इतना डर रहा था और कहाँ परिस्थिति एकदम से बदल गई!

हम जब मिसेज गांगुली के घर में रहने पहुँचे, तो हमने पाया कि उन्होंने घर में किचन और फ्रिज में खाने-पीने का पर्याप्त सामान रख दिया था। यहाँ तक कि एक दूध वाले का भी इंतजाम कर दिया था, जो हमारे वहाँ दो महीने तक हमारे आराम से रहने के दौरान हर दिन दूध दे दिया करता था। एक बार फिर यह सेना की उस अनमोल सहायता प्रणाली और भाईचारे का उदाहरण है, जो हर जगह देखने को मिलता है, जहाँ कोई किसी भी रैंक का या कितना ही वरिष्ठ का क्यों न हो, एक दूसरे की मदद के लिए खड़ा रहता है।

मिसेज गांगुली के घर में हम जितने दिन रहे, हमारा सत्कार विशिष्ट मेहमानों के रूप में किया गया, जहाँ पड़ोस के दुकानदार भी हमारी सुख-सुविधा का खयाल आकर रखते रहे। चूँकि दूध वाला सुबह 5 बजे आता था और हमारी नई-नई शादी हुई थी, इसलिए हमारा उस समय दूध लेने के लिए बाहर जाने का कोई इरादा नहीं रहता था, इसलिए मैंने उससे दूध बंद करने को कह दिया और लोकल 'मॉम एंड पॉप' स्टोर से पाउडर वाले दूध का इस्तेमाल करने का फैसला किया। हालाँकि दुकान के मालिक ने एक ग्राहक खोने की कीमत पर भी हमें सलाह दी कि हमें ताजा दूध लेना चाहिए और उसने हमें ऑफर दिया कि दूधवाले से दूध लेकर वह अपनी दुकान पर रख लेगा और सुविधाजनक समय पर हमें दे दिया करेगा। उसकी पत्नी ने तो यहाँ तक मदद कर दी कि हमारा दूध लेकर उसे उबाल दिया करती थी, ताकि दूध फट न जाए। इस प्रकार मैंने देखा कि सैन्यकर्मियों के प्रति देश के नागरिकों में कितना सम्मान है, जहाँ लोग हमारी मदद के लिए किसी भी हद तक जाने को तैयार रहते हैं।

अपने पहले सीओ, ब्रिगेडियर त्रिगुणेश मुखर्जी (रिटा.) के साथ
चिनार कोर कमांडर के ऑफिस में, दीवाली 2019

कमांडर का प्रभामंडल एक प्रेरक तत्त्व

सेना में अपने अधीनस्थों से एक कमांडर का रिश्ता उसकी ओर से हुक्म जारी करने और दूसरों के द्वारा उसे प्रश्न किए बिना लागू करने तक सीमित नहीं होता है। यह रिश्ता कहीं अधिक गहरा होता है और दोनों के बीच जीवन भर का एक अलिखित अनुबंध जैसा होता है। सैन्य जीवन के मानवीय और मानवतावादी पहलू को दिखाने वाली एक घटना साल 1988 में हमारे ब्रिगेड कमांडर, ब्रिगेडियर (बाद में लेफ्टिनेंट जनरल) इंदर वर्मा से जुड़ी है, जिनका अपनी कमांड में तैनात किसी सैनिक की ओर से किए गए अच्छे या साहसी काम की तारीफ करने का बेहद अनोखा अंदाज था। वे उस सैनिक या जूनियर अधिकारी को अपने ऑफिस में बुलाते, जहाँ अपनी मेज पर उन्होंने दो कटोरे रखे थे, उनमें से एक में एकलेयर्स भरा रहता था और दूसरे में सभी तरह के ड्राई फ्रूट्स जैसे कि किशमिश, काजू, बादाम और अखरोट। जब सैनिक उनके ऑफिस में आता, तो ब्रिगेडियर वर्मा उसकी वर्दी

की सारी जेब में एकलेयर्स और ड्राई फ्रूट्स भर दिया करते थे और उन कटोरों को दूसरे सैनिक को सम्मानित करने के लिए फिर से भरवा दिया करते थे। युवा अधिकारियों के रूप में हमारे लिए बड़े सम्मान की बात थी कि ब्रिगेड कमांडर हमें बुलाए। इसके उलट, कई बार यह बुलावा सम्मान के लिए नहीं बल्कि फटकार के लिए होता था और हम उनके ऑफिस से डाँट-फटकार खाकर लौटते थे, हालाँकि जेब तब भी कभी खाली नहीं रहती थी, लेकिन डाँट खाने के मौके कभी-कभार ही आते थे, इसलिए हम हमेशा ही कमांडर के ऑफिस से बुलावा आने के इंतजार में रहते थे, ताकि अच्छी-अच्छी चीजें छककर खाने को मिलें! कहने की आवश्यकता नहीं कि ब्रिगेड कमांडर से ऐसी किसी भी बातचीत के दौरान मौसम चाहे कैसा भी हो, बड़ी-बड़ी जेब वाला बड़ी साइज का स्नो कोट पहनना हमारे लिए एक नियम के जैसा था!

हमारे वरिष्ठ अधिकारियों के द्वारा स्नेह की ऐसी अनोखी भावनाओं का प्रदर्शन हमें पर्याप्त रूप से प्रेरित करता है कि हम सिर्फ चॉकेलट और ड्राई फ्रूट्स जैसे सांसारिक पुरस्कार पाने के लिए नहीं बल्कि अपने वरिष्ठ अधिकारियों से सच्ची प्रशंसा और सराहना पाने के लिए भी लगातार अपना सबसे अच्छा प्रदर्शन करें। इस प्रकार के वाकये हमें उस धारणा को तोड़ने में भी मदद करते हैं, जिनमें सेना के जनरलों की मोटी और ऊँची मूँछों तथा कठोर हावभाव वाली अप्रिय और भयानक छवि बनाई जाती है। जैसा कि उस जमाने की कई हिंदी फिल्मों में बारह बोर की बंदूक लिए जनरल को दिखाया जाता है, जिसे वह किसी अनुशासनहीन व्यक्ति पर ताने रहता है और ऐसी ही छवि सेना में मेरी उम्र के लोगों के मन में पहले बनी हुई थी, जब हमें यह खौफ सताता था कि अपनी ड्यूटी में किसी चूक के बाद हमें एक आगबबूला बॉस का सामना करना पड़ेगा। हालाँकि, समय के साथ हमने इस आशंका को दूर किया और हमें समझ आ गया कि सेना के ब्रिगेडियर और जनरल भी इनसान होते हैं और अपने अधीनस्थों के अच्छे कामों की प्रशंसा करते हैं और दिल खोलकर उनके लिए पुरस्कार एवं सम्मान देते हैं। मैं इस घटना का जिक्र विशेष रूप से सेना में भर्ती होने की इच्छा रखने वाले युवा सैनिकों के लिए कर रहा हूँ, जिन्हें खुले मन से सेना में शामिल होना चाहिए और अवसर के अनुसार, पुरस्कार के साथ फटकार के लिए भी तैयार रहना चाहिए, जिसमें उनके वरिष्ठ अधिकारी कोई भेदभाव नहीं करते हैं।

वर्दी में हास्य—व्यक्तिगत लज्जाजनक व्यवहार और चुनौतियाँ

चूँकि कश्मीर मेरे पेशेवर और निजी जीवन का इतना अभिन्न हिस्सा रहा है कि मेरा दिमाग सेना अधिकारी के रूप में मेरे जीवन की टेपेस्ट्री में वहाँ के मेरे व्यक्तिगत अनुभवों

को बुनता रहता है। एक दिलचस्प लेकिन काफी हद तक व्यक्तिगत रूप से शर्मसार करने वाला वाकया तब पेश आया, जब मैं त्राल बाउल में तैनात था। नए ब्रिगेड कमांडर पहली बार बटालियन का दौरान कर रहे थे और शुरुआती अभिवादनों के बाद उन्होंने शिष्टाचार के नाते मुझसे पूछा, 'तुम्हारे कितने बच्चे हैं?' मैंने उन्हें बताया कि मेरा एक बेटा और एक बेटी है, जिसे सुनकर उन्होंने दूसरा प्रश्न किया, 'तुम्हारा बेटा किस क्लास में पढ़ रहा है?' अब मैं याद करने की कितनी ही कोशिश करूँ, मुझे याद ही न आए और मैं गहरी सोच में डूब गया कि किसी भी तरह यह जानकारी उन्हें दे दूँ, जो मेरे दिमाग में सबसे ऊपर होनी चाहिए थी। मेरे उलझन में फँसे दिमाग को इस मुश्किल से बाहर निकालते हुए मैंने अपने सहकर्मी मेजर शेखावत को मेरी ओर से ब्रिगेड कमांडर को यह बताते सुना कि मेरा बेटा चौथी क्लास में है।

उस समय एक शर्मसार करने वाली एक बड़ी घटना टल गई, फिर भी मेरे मन में उथल-पुथल मची रही और शाम को मैंने जब अपनी पत्नी को एसटीडी कॉल किया, जो मोबाइल से पहले के दिनों में एक रुटीन हुआ करती थी, तो मैंने उससे अपने बेटे की क्लास के बारे में पूछा। उसने कहा, 'वह तीसरी क्लास में है।' आश्चर्य के साथ मैंने पलटकर कहा, 'लेकिन मेजर शेखावत कह रहे थे कि वह चौथी क्लास में है।' उसने मुझसे सवाल किया और उसकी आवाज में चिढ़ को मैं भाँप गया, 'ये मेजर शेखावत कौन हैं?' वो यूनिट के किसी ऑफिसर को नहीं जानती थी, क्योंकि ये नई यूनिट थी और मैंने कश्मीर में तैनात उस यूनिट की कमान हाल ही में सँभाली थी। मैंने उसे बताया कि वह इस यूनिट के एक अधिकारी हैं और उसकी ओर से किसी और आरोप को टालने के लिए, मैंने उससे कहा कि मैं पता लगाऊँगा कि उसने यह गलत जानकारी कहाँ से जुटाई। अगली सुबह मैंने मेजर शेखावत को हल्के-फुल्के अंदाज में ही कहा, 'आप कह रहे थे कि मेरा बेटा चौथी क्लास में है, जबकि असलियत में वो तीसरी क्लास में है।' हँसते हुए उन्होंने कहा, 'चूँकि आप कमांडर के सामने अटक गए थे, इसलिए मैंने तो बस आपको बाहर निकाला था। मैंने आपकी उम्र के बारे में झटपट गणित लगाया और इस नतीजे पर पहुँचा कि आपका बेटा चौथी क्लास में होना चाहिए।' मैंने इस ऑफिसर की बात से तुरंत राहत और उसके प्रति आभार का अनुभव किया, जो मुझे जानता नहीं था और न तो मेरी पत्नी और न ही मेरे बेटे से मिला था, फिर भी उस मुश्किल वक्त में उसने मेरी मदद की थी, जिसे सेना की भाषा में हम 'फौरी इलाज' कहते हैं।

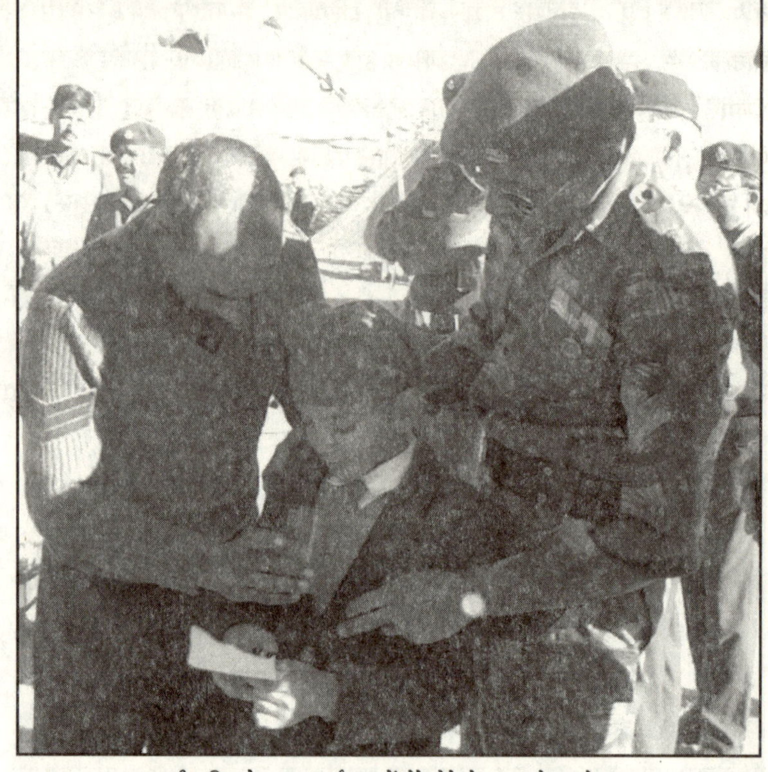

हमारी यूनिट के एक कार्यक्रम में मेरे बेटे के साथ मेजर शेखावत

थोड़ी गंभीरता से बात करें तो यह घटना दिखाती है कि हम अपने काम के प्रति किस हद तक कर्मठ रहते हैं, जो हमें इतना व्यस्त रखती है कि हम अपने परिवारों के साथ हम काफी कम समय बिता पाते हैं और अकसर उनकी चुनौतियों और रोजाना के जीवन के रुटीन के बारे में भूल जाते हैं। साथ ही, हमें अपने परिवारों और पत्नियों पर इतना अटूट भरोसा होता है कि हम अपने परिवार को चलाते रहने के लिए उन पर इस हद तक आश्रित हो जाते हैं कि अकसर उनके दैनिक जीवन के मामलों को महत्त्व नहीं देते, जिनसे वे अपने दम पर निपटते रहते हैं। मेरे जैसे अफसरों के लिए यह इतना बड़ा वरदान है कि हमारी पत्नियाँ ऐसी हैं, जिनमें बच्चों को अकेले ही पालने-पोसने, घर की देखभाल करने, घर की सारी समस्याएँ और मुश्किलें दूर करने का साहस और माद्दा है और वे सामाजिक जिम्मेदारियों को भी हम पर मानसिक या शारीरिक बोझ डाले बिना ही निभा लेती हैं। मैं यह स्वीकार करना चाहूँगा कि हम अकसर अपने परिवार के योगदान और सहयोग को निश्चित मान लेते हैं और जब हम इन बातों पर पलटकर गौर करते हैं, तब हमें समझ आता है, हमें हमेशा ही परिवार का कितना बड़ा सहयोग मिलता है, खास तौर पर जब हम फील्ड एरिया

में तैनात रहते हैं। इस घटना के दौरान भी, मैं दक्षिण कश्मीर के त्राल में बेहद मुश्किल आतंकवाद विरोधी अभियानों में जुटा हुआ था और इसे समझते हुए मेरी पत्नी ने कभी मुझे घर की समस्याओं के बारे में नहीं बताया और उन्हें अपने आप ही सुलझाया। 'सब ठीक है। आप अपना खयाल रखना, यूनिट का खयाल रखना और जो भी कर रहे हो उसे अच्छे से अच्छा करना।'

सुखी परिवार महू, अगस्त 2005

नीटा और हमारे बेटे के साथ डिफेंस सर्विस स्टाफ कॉलेज, वेलिंगटन (तमिलनाडु), 1995

फौजियों से जुड़े कुछ और हास्य-विनोद

हमारे नागरिकों का दिमाग भी कमाल का तेज चलता है। एक बार मैं कुछ दिनों की छुट्टी पर घर जा रहा था, तब मैंने अपने साढ़ू भाई से कहा था कि वे मुझे जम्मू एयरपोर्ट से पिक कर लें। साल 2000 के आसपास जम्मू एयरपोर्ट का प्रवेश द्वार इतना साधारण सा था कि अगर आप इस इलाके से वाकिफ न हों तो आपकी नजर से चूक जाएगा, जबकि सामने का रास्ता आगे अंतरराष्ट्रीय सीमा की ओर चला जाता है। मेरे साढ़ू को आने में देरी हो गई और चूँकि उन दिनों मोबाइल नहीं था, इसलिए मैं उनसे संपर्क नहीं कर सकता था। आखिर में जब वे आए और मैं उनके साथ कार में बैठा, तो मैंने उनसे देरी की वजह पूछी। उनका कहना था कि वे एयरपोर्ट के गेट की पहचान नहीं कर सके और आगे की ओर बढ़ते चले गए। और दस से पंद्रह किलोमीटर आगे जाने पर उन्हें लगा कि वे भटक गए हैं। इसलिए उन्होंने कार रोकी और एक आदमी से पूछा, जो खेतों में काम कर रहा था, कोई सिख किसान था। उन्होंने पूछा कि जम्मू एयरपोर्ट कितना दूर है। किसान ने पहले उन्हें हैरानी से देखा और फिर पंजाबी में कटाक्ष करते हुए कहा, 'जम्मू वाला ते पीछे रह गया, आग्गे ते हुण पाकिस्तान दे ही ने'(जम्मू वाला तो आपने पीछे छोड़ दिया, आगे पाकिस्तान वाले एयरपोर्ट ही हैं!) मेरे साढ़ू को उसका तीखा व्यंग्य समझ आ गया और यह ग्रामीणों के हास्य-विनोद का आदर्श उदाहरण है, जिससे हम भारत के सुदूर इलाकों में काम करने के दौरान विभिन्न प्रकार के लोगों से मिलने-जुलने के दौरान दो-चार होते हैं।

अलग माँ की कोख से जनमा सगा भाई जैसा कोर्स का साथी

सेना में अपने कोर्स के साथियों और दोस्तों के साथ ही हमारा जीवन भर का संबंध बन जाता है, जो समय के साथ बढ़ता जाता है। मुझे एक और घटना याद है, जो कैप्टन अनिल चौधरी से जुड़ी है, जो बाद में मेजर जनरल के पद से रिटायर हुए थे। हम जवानी के दिनों से ही जिगरी दोस्त थे, यंग ऑफिसर्स कोर्स साथ-साथ किया था और हमने कई सारी मौज-मस्ती साथ की थीं और हमारे शौक भी एक जैसे थे। अपनी शादी के बाद, मैं जब कश्मीर में कैप्टन के पद पर ही तैनात था, तब मेरी पत्नी मेरे साथ थी और हमें जम्मू ट्रांजिट कैंप पहुँचने में काफी शाम हो गई। मैंने कैप्टन अनिल चौधरी को एक पत्र लिखा था, जो उस समय जम्मू में तैनात था, जिसमें अपने ट्रांजिट कैंप पहुँचने की तारीख और समय लिखा था। और निश्चित तौर पर वह हमें रिसीव करने पहुँचा। चूँकि मेरी पत्नी से वह पहली बार मिल रहा था, इसलिए इस मौके को वह खास बनाना चाहता था, इसलिए हमें डिनर पर बाहर ले गया। हमने उसके साथ एक अच्छी शाम बिताई और रात करीब 10:30 बजे ट्रांजिट कैंप पहुँचे। एक-दूसरे को विदा किया, क्योंकि मुझे और मेरी पत्नी को एकदम सुबह की बस पकड़नी

थी। हालाँकि मैं जब सोने जा रहा था, तभी कुछ मिनट के बाद दरवाजे पर दस्तक हुई। मैं बाहर आया तो देखा कैप्टन अनिल चौधरी खड़ा था। हैरान होकर मैंने उससे पूछा, 'अरे, सर, कुछ छूट गया था क्या?' उसने कहा, 'नहीं यार, तुम्हारी पत्नी के सामने हम खुलकर बात नहीं कर पाए, मजा नहीं आया!' इसलिए मैं चुपचाप बाहर आया, हम ट्रांजिट कैंप में एक पुलिया पर बैठ गए और अगले तीन घंटे तक नॉन-स्टॉप बातें करते रहे। अपने बचपन और जवानी के छोटे-छोटे किस्से साझा करते रहे और उन्हें याद करते रहे और वयस्क होने के बाद के भी कई अनुभवों पर बातें करते रहे।

यह साफ है कि सेना में आप अपने दोस्तों और सहयोगियों से भले ही अलग हो जाते हों, लेकिन वे आपके मन से कभी दूर नहीं होते और यादों तथा बातों के सिरे को वहाँ से एक बार फिर उठा सकते हैं, जहाँ पिछली मुलाकात में छोड़ा था, भले ही आपके जीवन में कितने ही बदलाव क्यों न आ गए हों। एनडीए की ट्रेनिंग के दौरान हमने जो मजबूत रिश्ता बनाया, वह कभी खत्म नहीं हुआ। वो कहते हैं न, एक कैडेट एनडीए छोड़कर भले ही चला जाए, लेकिन एनडीए उसे कभी नहीं छोड़ता है। हाल ही में मैं चंडीगढ़ में अनिल चौधरी के बेटे की शादी में शामिल हुआ, जो मेरे बेटे का भी काफी अच्छा दोस्त है। जयपुर में एक शादी में उससे फिर से मिला, जहाँ शादी के बाद उसकी नई बहू ने इस वाक्य के साथ गर्मजोशी से मेरा स्वागत किया, जो मुझे बहुत अच्छा लगा, 'अंकल, पापा सुबह से रात तक बस आपके बारे में ही बातें करते रहते हैं।' इत्तेफाक से मेजर जनरल अनिल चौधरी उन तीन लोगों में से एक हैं, जिन्होंने मेरी पत्नी को यह बताने के लिए फोन किया था कि मैं जिंदा हूँ, जब एक ऑपरेशन के दौरान मेरे नाम से मिलते-जुलते एक अधिकारी की मृत्यु की खबर समाचारों में दिखाई गई थी। एक दिन पहले ही हम अनिल चौधरी की नातिन के जन्म के पूजा-समारोह में शामिल हुए थे।

इस प्रकार सेना बस एक संगठन नहीं, जहाँ हम अपने हर दिन का काम करते हैं। यह मात्र एक ऐसा संस्थान भी नहीं, जहाँ हम अपनी जवानी में आते हैं और रिटायर होकर चले जाते हैं। वास्तव में, हम सेना से कभी बाहर नहीं आते, कम-से-कम मानसिक रूप से, क्योंकि यह जीवनशैली है, जो जीवन के पूरे सफर में हमारे जीवन के हर पहलू में दिखाई देती है। यही बात मैंने गुजरात यूनिवर्सिटी के एक छात्र को कही थी, जिसने हाल ही में अहमदाबाद के मेरे दौरे पर बातचीत के सत्र में यह सवाल पूछा था, 'सर, सेना की नौकरी कितनी चुनौतिपूर्ण है?' मेरा तपाक से और ईमानदार जवाब था, 'आर्मी एक नौकरी नहीं, मोहब्बत है। और मोहब्बत में चुनौतियाँ नहीं होती, अफसाने होते हैं।' इसलिए मैं इस पुस्तक में जिन अफसानों के बारे में बता रहा हूँ, वे एक सैनिक के रूप में प्यार से किए गए मेरे काम का साक्षात् रूप हैं, जहाँ मैंने उन यादों को बनाया और बार-बार बनाया, जिनकी बदौलत मैंने एक अच्छा और सच्चा जीवन जिया।

ड्यूटी या फैमिली—बिना किसी भ्रम एक आसान फैसला

जंगल से आतंकवादियों को बाहर निकालने के लिए चलाए गए एक स्वार्मिंग ऑपरेशन (बाद के एक अध्याय में बताया गया है) के दौरान, जो उस समय हुआ, जब मैं ब्रिगेडियर के तौर पर एक आर.आर. सेक्टर कमांड कर रहा था और उस ऑपरेशन को नियंत्रित करने वाले सबसे आगे के पोस्ट पर था, तब मेरी पत्नी, सासु माँ और बेटी ने मेरे पास पाँच-छह दिनों के लिए कश्मीर आने का फैसला किया। इसलिए जब वे सेक्टर हेडक्वार्टर में पहुँचीं, तब मैं अगले चार दिनों तक उनसे मिलने लौटकर नहीं आ सका, क्योंकि मैं जंगल में छिपे आतंकियों के खिलाफ बेहद सघन अभियान में जुटा था। इस कारण मेरे परिवार की महिलाएँ, जो मेरे हेडक्वार्टर में ठहरी थीं और जो खास तौर पर मुझसे मिलने आई थीं, दुर्भाग्य से मुझे देख तक नहीं सकीं। इस बीच मेरी पैरेंट यूनिट उन दिनों गुलमर्ग में तैनात थी और सीओ से पता चला कि मेरा परिवार मुझसे मिलने आया हुआ है। उन्होंने मेरी पत्नी को फोन किया और उससे कहा, 'सर (यानी कि मैं) तो आपसे आकर मिल नहीं पाएँगे, क्योंकि वे एक गंभीर ऑपरेशन में व्यस्त हैं, जिसे बीच में बंद नहीं किया जा सकता है। इसलिए सर से मिलने के लिए अपनी छुट्टियाँ बेकार करने के बजाय आप सब गुलमर्ग आकर यहाँ का लुत्फ क्यों नहीं उठाती हैं?'

महिलाएँ सहर्ष तैयार हो गईं और वे गुलमर्ग में राहत भरी छुट्टियाँ बिताने निकल गईं। इस बीच मेरे जीओसी, मेजर जनरल रवि थोडगे (ईश्वर उनकी आत्मा को शांति दे) को पता चला कि मेरा परिवार मुझसे मिलने कश्मीर आया था, लेकिन उनसे मिलने के लिए मैं हेडक्वार्टर नहीं लौट सका, क्योंकि मैं स्वार्मिंग ऑपरेशन में व्यस्त था। उन्होंने मुझे संदेश भेजा कि मैं एक कॉन्फ्रेंस के लिए आर.आर. फोर्स हेडक्वार्टर आ जाऊँ। इन सबके बीच उन्होंने मेरे पैरेंट यूनिट के सीओ को भी सूचित किया कि महिलाओं को बता दिया जाए कि वापसी की फ्लाइट पकड़ने एयरपोर्ट जाने से पहले वे उनके और उनकी पत्नी के साथ लंच के लिए आ जाएँ। इस तरह जीओसी ने एक मुलाकात का इंतजाम किया, जहाँ उन्होंने महिलाओं को और मुझे एक साथ हेडक्वार्टर बुलाया और हमें मजेदार लंच कराया। वैसे हमने खाने से पहले जंगल ऑपरेशन पर चर्चा की, लेकिन उस लंच का असली मकसद मुझे और मेरे परिवार को साथ लाना था। उनका आतिथ्य मिला, और उसके साथ जारी काम के प्रति समर्पण से ऑपरेशन को नुकसान भी नहीं पहुँचा। इस तरह मुझे अपने कर्तव्य से समझौता किए बिना अपने परिवार से मिलने का मौका भी मिल गया।

जीओसी की ओर से दिखाई गई उदारता और योजना एक बार फिर सेना के सहकर्मियों के मानवीय पक्ष को दिखाती है। अधिकांशतया, हम अपने मानसिक स्वस्थ्य और जरूरतों पर अधिक ध्यान नहीं देते और अकसर चीजों को निश्चित मान लेते हैं। लेकिन मेजर जनरल

थोडगे ने यह समझा कि एक ऑपरेशनल कमांडर होने के अलावा मैं एक इनसान भी हूँ; जिसकी मानवीय जरूरतें और भावनाएँ हैं। आज तक मुझे उनकी यह भावना याद है और यह मुझे याद दिलाती है कि हम किस प्रकार किसी बच्चे को उसकी सारी भावनात्मक जरूरतों का खयाल रखकर खुश करने की कोशिश करते हैं, लेकिन पचास साल के उम्रदराज व्यक्ति की भावनात्मक जरूरतें भी किसी बच्चे के जैसी होती हैं तथा काम की बाध्यताओं और ड्यूटी के बावजूद उन जरूरतों को पूरा करना भी महत्त्वपूर्ण होता है।

जब झूठ परिवार के डर को दूर करते हैं

आतंकवाद विरोधी अभियानों की गंभीरता से पैदा होने वाला तनाव और उनके साथ स्वाभाविक रूप से जुड़ा खतरा हमारे परिवारों पर भी प्रभाव छोड़ता है। उत्तर कश्मीर में एक ब्रिगेडियर के रूप में मैं जिस ऑपरेशन का नेतृत्व राष्ट्रीय राइफल्स सेक्टर को कमांड करने के दौरान कर रहा था, उसका जिक्र यहाँ जरूरी है। इस अभियान को 2012 में लोलाब घाटी के एक गाँव में चलाया गया था, जिसमें हमने पाँच पाकिस्तानी आतंकवादियों को मार गिराया था। मैं अपने जीओसी, मेजर जनरल रवि थोडगे के साथ उस ऑपरेशन का नेतृत्व कर रहा था। यहाँ तक कि जब मुठभेड़ जबरदस्त तरीके से चल रही थी, तब भी मेरी पत्नी और मेरे पिताजी ने ऑपरेशन के दौरान मेरे सेल पर फोन किया था। मेरी पत्नी ने जब पीछे से आ रही आवाज के बारे में पूछा, तो मैंने कहा कि एक बारात जा रही है और उसे पटाखों की आवाज सुनाई दे रही है। लेकिन जब मेरे पिता ने फोन किया, तब फायरिंग की रफ्तार काफी तेज हो गई थी। जब उन्होंने पीछे से आ रही जोरदार आवाज के बारे में पूछा, तो मैंने उन्हें बताया कि मैं एक अंग्रेजी फिल्म देख रहा हूँ, जो हिंसा और गोलीबारी से भरपूर है! फील्ड ऑपरेशन के दौरान हमारे परिवारों के साथ हमारी बातचीत के इन उदाहरणों के यहाँ दो उद्देश्य हैं—वे न केवल ये दिखाते हैं कि हमें अपने परिवारों को न केवल तनाव के दौरान बल्कि अपने फील्ड ऑपरेशन के दौरान भी चतुराई और संवेदना के साथ सँभालना पड़ता है। भावनाओं या परिवार के दबावों में आए बिना हमें अपने सामने के काम पर अपना ध्यान केंद्रित करना पड़ता है। देखा जाए तो यह हमारी उस समग्र ट्रेनिंग का एक परिणाम है, जो हमें एकेडमी में कैडेट के रूप में दी जाती है, जो हमें शिक्षा देती है कि हम बिल्कुल भी न भटकें, जिस प्रकार महाभारत में अर्जुन ने अपना ध्यान मछली की आँख पर टिका रखा था, उसी तरह एक सैनिक को अपने कर्तव्यों पर पूरी तरह ध्यान लगाना चाहिए।

भारतीय सैनिक का कोमल दिल और तेज दिमाग

भारतीय सैनिक का धैर्य और 'कभी हार न मानने' की भावना ऐसी है, भारी मुश्किलों के बीच भी विजय दिलाती है। मुझे अगस्त 1999 की एक घटना याद आती है, जो कारगिल

युद्ध के तुरंत बाद हुई थी, जब मैं राष्ट्रीय राइफल्स में ही पोस्टेड था और कुछ दिनों की छुट्टी पर घर जाने के दौरान श्रीनगर ट्रांजिट कैंप में रात भर के लिए रुका था। मेरी मुलाकात एक युवा मेडिकल अधिकारी कैप्टन सोमनाथ बसु से ट्रांजिट कैंप के ऑफिसर्स मेस में हुई थी, जिसके बारे में मैंने इस पुस्तक में आगे 'सुबह-सुबह की चाय' की घटना का जिक्र किया है। ये युवा डॉक्टर 2 राजरिफ में रेजिमेंटल मेडिकल ऑफिसर (आर.एम.ओ.) था, जो कारगिल युद्ध के दौरान रणनीतिक रूप से काफी महत्त्वपूर्ण चोटी पर कब्जा जमाने की लड़ाई में शामिल था। मेरी वर्दी पर मोटे अक्षरों में 'RR' लिखा देखकर वह हैरान रह गया और उसने मुझसे पूछा कि क्या मैं भी राजरिफ से हूँ। मैंने उसे बताया कि मेरे कंधे पर RR असल में राष्ट्रीय राइफल्स का संक्षिप्त शब्द है, जिसके अंतर्गत मैं उत्तर कश्मीर के लोलाब में सेवा दे रहा हूँ, जबकि मेरी पैरेंट यूनिट बेशक 4 राजरिफ है। इस बातचीत के बाद हमारे बीच जो दोस्ती बनी, उसके बाद उसने मुझे कारगिल युद्ध के दौरान 2 राजरिफ के एक गर्वीले यूनिट सदस्य के रूप में अपने अनुभव से जुड़ी एक कहानी सुनाई।

युवा डॉक्टर ने मुझे बताया कि कारगिल युद्ध के दौरान सबसे महत्त्वपूर्ण अभियान के दिन, कमांडिंग ऑफिसर कर्नल एम.बी. रविंद्रनाथ (कारगिल युद्ध के दौरान उल्लेखनीय कमांड के लिए वीर चक्र से सम्मानित) ने एक ही रात में उस चोटी पर कब्जा करने की योजना के बारे में सारे अधिकारियों को बता दिया और यह भी कि ऑपरेशन के सफलतापूर्वक पूरा होते ही अगली सुबह वे खुद यूनिट के सभी सैन्यकर्मियों को गरमागरम नाश्ता परोसने के लिए मौजूद रहेंगे। हालाँकि वहाँ की जमीन बेहद कठिन थी और एकदम खड़ी चढ़ाई थी, किसी दीवार की तरह, जहाँ पहाड़ के वातावरण में ऑक्सीजन का स्तर तेजी से गिर रहा था। यही नहीं, घास की एक पत्ती भी वहाँ नहीं थी, जिससे दुश्मन के हथियारों की गोली से छिपने का मौका मिले, जो पहाड़ी की चोटी से सबकुछ देख रहा था और उस पर कब्जा जमाने का मकसद आसानी से पूरा नहीं हो सकता था। इन सारी मुश्किलों के बावजूद, 2 राजरिफ की टीम ने प्लान में बदलाव के बाद हमला शुरू कर दिया। यह हमला दो रातों तक जारी रहा और तब उस चोटी पर आखिर में कब्जा पूरा हुआ।

वैसे तो सैनिकों को ऑपरेशन के लिए निकलने से पहले भरपूर खाना परोसा गया था, लेकिन अधिकांश सैनिकों ने उसे खाने से परहेज किया, क्योंकि उन्हें अंदाजा था कि भरा हुआ पेट चोटी की मुश्किल चढ़ाई में बाधा बन जाएगा। उनमें से कुछ अपने साथ उन पूड़ियों को अपने सफर पर ले गए, जो डिनर के साथ परोसी गई थीं। वह डॉक्टर, जो 2 राजरिफ की टीम के साथ इस मिशन पर था, उसने बताया कि एक युवा जवान, जो उसका बड्डी था, उसके पास दो ही पूड़ियाँ बची थीं, जबकि ऑपरेशन खत्म होने में अभी बहुत समय लगने वाला था। इसलिए जो थोड़ा सा खाना बचा था, उसे सख्ती से बचाते हुए वह पूड़ी का एक

छोटा हिस्सा तोड़ता और दो से तीन घंटे पर उसे डॉक्टर की ओर बढ़ा देता, लेकिन वे जब चढ़ाई को पार कर रहे थे, तब उसने बचे हुए खाने का एक भी टुकड़ा खुद नहीं खाया और एक बोल्डर से दूसरे बोल्डर तक पहाड़ पर चढ़ते गए। मिशन के दौरान उसने आभार के साथ जवान से मिल रहा खाना स्वीकार किया, लेकिन मिशन के सफलतापूर्वक पूरा होने के बाद जब वे बटालियन के बेस पर लोटे तो डॉक्टर ने उस जवान को बुलाया और पूछा कि उसने अपने डॉक्टर बड्डी को उदारता से खाना खिलाया, लेकिन खुद भूखा क्यों रहा? उस जवान ने तुरंत जवाब दिया, 'आपकी जान कीमती थी और हमें उसे किसी भी कीमत पर बचाना था, क्योंकि उस मिशन पर गए 100 जवानों में हमारे बीच एक आप ही डॉक्टर थे, जिसकी सहायता ऑपरेशन के दौरान किसी के भी घायल या मृत्यु होने पर हमें चाहिए थी। अगर मैं मर जाता तो वह केवल एक जान की क्षति होती, लेकिन अगर आपके साथ कोई अनहोनी हो जाती, तो पूरी कंपनी की जान खतरे में पड़ सकती थी।' भारतीय सेना के जवानों और अधिकारियों की सोच और उनके संकल्प ने उस डॉक्टर के दिल को इतना छू लिया था और वह इतना प्रभावित था कि उसके चेहरे से झलक रहा था। उसने जब मुझे इस घटना के बारे में बताया, तब उसकी आँखें छलक आई थीं और उसकी आवाज ऐसी थी, जैसे 'गला भर आता' है। निस्स्वार्थ प्रेम और ऑपरेशन में सूझबूझ का प्रदर्शन करने वाली यह कहानी दुश्मन का सामना होने पर सिर्फ राजरिफ के एक जवान में भाईचारा की भावना और शौर्य का वर्णन नहीं करती है, बल्कि उन मूल्यों और समर्पण के बारे में भी बताती है, जो प्रत्येक भारतीय सैनिक की विशिष्टता है। वे न केवल आगे आने वाले अभियानों के लिए शारीरिक और मानसिक रूप से सुसज्जित करते हैं, बल्कि युद्ध या शांति के दौरान आने वाली हर परिस्थिति में उसे क्रिया और प्रतिक्रिया की शिक्षा भी देते हैं।

□

11

सेना पेट के बल मार्च करती है : निर्वाह की अनिवार्यता और सेना में जीवन रक्षा

'सेना पेट के बल मार्च करती है', इस कथन का श्रेय नेपोलियन बोनापार्ट और फ्रेडरिक द ग्रेट, दोनों को ही दिया जाता है, लेकिन यह कथन किसी भी ऑपरेशन की व्यावहारिक योजना बनाए जाने में रसद का ठोस इंतजाम करने के महत्त्व को शब्दशः बताता है। यहाँ विख्यात लेखक जॉर्ज बर्नार्ड शॉ के नाटक 'आर्म्स एंड द मैन' की चर्चा भी प्रासंगिक होगी, जिसमें युद्धभूमि के अनुभवों से भरपूर सैनिक कैप्टन ब्लंटशली अतिरिक्त गोला-बारूद के बजाय अपने पाउच में चॉकलेट ले जाना बेहतर समझता था। उपयुक्त भोजन के अभाव में जीवित रहने का कौशल विकसित करना और धरती पर जो मिले, उसे खाकर ही जीवित रहना एक सैनिक के दैनिक जीवन का आधार होता है, खास तौर पर जब किसी ऐसे सुदूर इलाके में लंबा ऑपरेशन चलता है, जहाँ कोई आबादी नहीं होती है। इस अध्याय के साथ ही आगे के अध्यायों में जिन किस्सों की चर्चा है, वे एक सैनिक के जीवन के इसी अभिन्न हिस्से पर प्रकाश डालते हैं।

भूटान में बर्फ, हौसले और जम चुके संतरों की कहानी

भारतीय सेना में प्रशिक्षण देने वाली टीमें भारत के बाहर विभिन्न देशों में काम करती हैं, और ऐसी ही एक टीम भूटान के बाहरी इलाकों में काम कर रही है। 1995-97 में मैं भूटान स्थित इंडियन मिलिट्री ट्रेनिंग टीम (इमटराट) में मैं एक मेजर के रूप में तैनात था। यहाँ मैं जिस घटना के बारे में बता रहा हूँ, उसका संबंध जनवरी 1996 की एक शांत रविवार की दोपहर से है, जब क्रिकेट का मजेदार खेल खेल रहे थे, जिसके बाद हमें ब्रंच करना था। दुर्भाग्य से हमारे खेल के उत्साह पर एक मानवीय संकट भारी पड़ा, जब अग्रिम चौकी पर तैनात एक भूटानी सैनिक की तबीयत बिगड़ गई और उसे तत्काल उपचार के लिए वहाँ से निकालने की जरूरत थी। विडंबना देखिए कि यह मानवीय आपात स्थिति एक और अत्यावश्यकता के साथ मिलकर और भी विकट हो गई, क्योंकि भारतीय सेना

का हेलीकॉप्टर जो बीमार सैनिक को निकालने के लिए भारत से उड़ान भरकर आया था, वह उस सैनिक को नहीं ले सजा सका, क्योंकि ऊँचाई वाले उस इलाके में मौसम बिगड़ गया था। पहाड़ों में खराब मौसम को बताने के लिए इस्तेमाल किए जाने वाले 'वेदर पैकिंग अप' शब्द का मतलब होता है, बादलों के घिर आने से दिखाई पड़ना बेहद मुश्किल हो जाना, जैसा कि ऊँचे इलाकों में अकसर दोपहर बाद हो जाता है।

बिगड़ते मौसम को देखते हुए हेलीकॉप्टर के पायलटों को उस रेस्क्यू मिशन को टालना पड़ा और उन्होंने हमारी लोकेशन पर ईंधन भरने के बाद अपने बेस पर लौट जाने का फैसला किया। वापस लौटने के दौरान दक्षिण भूटान की एक खास जगह पर तैनात रेडियो टुकड़ी ने उनसे वहीं लैंड करने को कहा, क्योंकि आगे का मौसम धीरे-धीरे खराब होता जा रहा था। पायलटों का इरादा हासीमारा के मैदानों तक पहुँचने का था, जो पश्चिम बंगाल के अलीपुरद्वार जिले में तोर्सा नदी के तट पर स्थित छोटा सा शहर है, जो भूटान सीमा के करीब है। चूँकि पायलटों का इरादा रात होने से पहले अपने बेस पर लौटने का था, इसलिए वे उड़ान को जारी रखना चाहते थे। हालाँकि उन्हें अपने महत्त्वाकांक्षी लक्ष्य की व्यर्थता जल्दी ही समझ आ गई और दृश्यता कम होते-होते लगभग शून्य पर पहुँचने लगी तो हासीमारा में भी सुरक्षित लैंडिंग की संभावना नहीं रह गई थी। ऐसे में पायलटों को उस स्थान पर लौटना पड़ा, जहाँ रेडियो टुकड़ी ने उनसे लैंड करने को कहा था। इस बीच उस इलाके का मौसम भी बिगड़ चुका था। इस कारण अचानक ही हेलीकॉप्टर रडार से बाहर चला गया और आपात लैंडिंग की नाकामी से जुड़ी सिलसिलेवार घटनाओं की जानकारी हमारे पास पहुँची, जहाँ हमें सबसे बड़ी अनहोनी का डर सताने लगा। गायब हुए हेलीकॉप्टर से संपर्क स्थापित करने के जब सारे प्रयास विफल हो गए, तब मेरे सीनियर का फोन आया कि मुझे एक और ऑफिसर, एक मेडिकल ऑफिसर और कुछ जवानों के साथ तत्काल सर्च और रेस्क्यू मिशन शुरू करना है।

मैंने अपनी टीम को इकट्ठा किया और आधी रात के बाद उस जगह के लिए वाहनों से निकला, जहाँ पायलटों से आखिरी बातचीत हुई थी। निर्धारित जगह पर पहुँचने के बाद हमने रेडियो ऑपरेटर से संपर्क किया और दूरसंचार लॉग की जाँच की, जिसमें यह स्पष्ट रूप से दर्ज था कि बातचीत किस समय हुई थी और पायलटों ने क्या जवाब दिया था। मौसम लगातार मुश्किलें खड़ी कर रहा था, जिसके कारण गायब हेलीकॉप्टर की तलाश में प्रस्तावित रेस्क्यू उड़ान संभव नहीं हो पा रही थी। मौसम के साफ होने तक समय गँवाने की मेरी कोई इच्छा नहीं थी, इसलिए हम स्थानीय भूटानी अधिकारी 'जोंगदा' से मिले, जो भूटान में किसी संभागीय कमिश्नर या इलाके के प्रमुख की भूमिका अदा करता है और किसी निर्धारित इलाके में सबसे वरिष्ठ सरकारी अधिकारी होता है। जोंगदा ने हमें एक चिट्ठी दी, जो राजा के आदेश

के बराबर थी, जिसमें स्पष्ट लिखा था कि रेस्क्यू ऑपरेशन के दौरान हमें, जो भी मिले, उससे हम कोई भी सहायता माँगें तो वह उससे इनकार नहीं कर सकता है।

ऑपरेशन शुरू करने के तुरंत बाद ही हमारी छोटी टीम के सामने जो पहली मुश्किल आई, वह थी, उस इलाके का कोई विस्तृत नक्शा न होना और हमने चाहे कितने भी प्रयास किए, हमें कुछ साधारण टूरिस्ट मैप ही मिले, जो उस चुनौती भरे इलाके और मौसम के हालातों में किसी काम के नहीं थे। यह परिस्थिति इस तथ्य से और कठिन हो गई कि उस इलाके में सेना की मौजूदगी न के बराबर थी, जबकि उग्रवादी संगठन 'यूनाइटेड लिबरेशन फ्रंट ऑफ असम' (उल्फा) के सदस्यों की मौजूदगी पूरे इलाके में थी।

जबरदस्त सावधानी बरतते हुए हमने अपनी तलाश शुरू की, साथ ही साथ गाँव वालों से पूछते भी रहे कि क्या उन्होंने कुछ समय पहले उस इलाके में किसी हेलीकॉप्टर के उड़ने या लैंड करने की आवाज सुनी है। हमें अपने सर्च ऑपरेशन के तीसरे दिन बहुत हल्की, लेकिन स्पष्ट जानकारी मिली, जब एक विदेशी कमर्शियल एयरलाइन के एक पायलट ने उसी इलाके के ऊपर से उड़ान भरते हुए एक हल्का सा ट्रांसमिशन सुना, जिसके बारे में उसने ट्रांसमिशन की लोकेशन का अंदाजा भी भारतीय वायुसेना के हासीमारा एयरफील्ड के एयर ट्रैफिक कंट्रोल (एटीसी) को दिया। इससे हमें फँसे हुए हेलीकॉप्टर की लोकेशन के बारे में एक अंदाजा मिला और यह उत्साहजनक संकेत भी मिला कि हेलीकॉप्टर की दूरसंचार प्रणाली इस काबिल है कि संदेश भेज सके, जिससे यह भी समझ आया कि चॉपर संभवत: क्षतिग्रस्त नहीं हुआ है और माना जा सकता है कि ट्रांसमिशन भेज रहे पायलट भी सुरक्षित हैं। हालाँकि, इंद्र देवता का कोप बना रहा, जिससे हवाई तलाशी संभव नहीं हो सकी। लेकिन अब तक हमें अपने रास्ते को लेकर एक ठोस जानकारी मिलने के बाद और कुछ भूटानी गाइड्स की सेवा का इस्तेमाल करने के साथ, जो स्थानीय भाषा और जमीन की बनावट से पूरी तरह वाकिफ थे, टीम ने लगभग चार दिन बाद फँसे हुए हेलीकॉप्टर का पता लगा लिया। उस समय तक भारतीय सेना के कुछ और हेलीकॉप्टर भी हवाई माध्यमों से हमारे सर्च और रेस्क्यू में मदद के लिए आ गए थे।

अगली चुनौती पायलटों को ढूँढ़ने की थी, क्योंकि रेस्क्यू टीम जब हेलीकॉप्टर के पास पहुँची, तो वह खाली था और भयंकर बर्फीले तूफान तथा अत्यधिक ठंड के बीच में पड़ा था। घटनाओं की कड़ियों को जोड़ने के प्रयास में यह अनुमान लगाया गया कि जब उड़ान भर रहे पायलट मौसम से जूझने में नाकाम हुए, तो जो असंभव परिस्थिति थी, उसमें सबसे अच्छा विकल्प देखते हुए किसी चपटी और इतनी बड़ी जगह की तलाश शुरू की, जहाँ चॉपर को उतारा जा सके। बाद में हमें पता चला कि जब बादलों के ऊपर उन्हें पहाड़ की चोटी और पूरी तरह बर्फ से ढकी ऊबड़-खाबड़ जमीन को देखा,

तो उड़ान भरने के असाधारण कौशल का प्रदर्शन करते हुए पायलटों ने बादलों के ऊपर बर्फ से ढकी उस जमीन पर हेलीकॉप्टर को सफलतापूर्वक उतार दिया, और फिर इस इंतजार में उसके भीतर ही बैठे रहे कि मौसम के साफ होने के बाद वे उससे निकल जाएँगे। हालाँकि चॉपर में बैठे रहने का विकल्प नहीं था, क्योंकि पहाड़ी की चोटी पर लगातार बर्फीली हवा चल रही थी तथा किसी गरम जगह की तलाश में वे हेलीकॉप्टर को छोड़ने पर मजबूर हो गए, जो उन्हें ढलान पर कुछ मीटर नीचे चरवाहे की छोटी सी झोंपड़ी में मिली। शरण लेने के बाद उन्हें अपने खाने का इंतजाम करना था, क्योंकि हेलीकॉप्टर में मौजूद सारा इमरजेंसी राशन खत्म हो चुका था और उसके बाद पायलटों के पास खाने को सिर्फ बर्फ थी। इसलिए वे थोड़ी-थोड़ी बर्फ को पिघलाते, क्योंकि वे झोंपड़ी से बाहर ठंड में जाना नहीं चाहते थे। एक बार फिर जीवन रक्षा के कौशल के पहलू से जोड़कर इस घटना के बारे में बताऊँ तो कई लोगों का दिल खुश हो जाएगा, क्योंकि पायलट जब ईंधन भरने के लिए कुछ देर तक रुके थे, तब वे अपने साथ मशहूर भूटानी शराब की दो या तीन बोतलें ले गए थे, जिसे वे अपने शरीर की कैलोरी और तापमान, दोनों को बढ़ाने के लिए पीते रहे।

रेस्क्यू पार्टी जब उस झोंपड़ी की जगह पर पहुँची, जो वह उसे बड़ी मुश्किल से ही देख पाई, जबकि वह कुछ ही मीटर की दूरी पर थी, क्योंकि कदमों के निशान भी ताजा बर्फाबारी से ढक गए थे। लेकिन थोड़ी कोशिश के बाद आगे बढ़ने पर, टीम उस झोंपड़ी में दाखिल हो गई और आखिर में दोनों पायलटों को एक-दूसरे से चिपककर बैठे देखा, जो थरथर काँप रहे थे, लेकिन जीवित और सुरक्षित थे। वैसे तो मैकेनिक के साथ एक हेलीकॉप्टर रेस्क्यू की कोशिश के तहत वहाँ पहुँच गया था, जिसका इस्तेमाल पायलटों को वहाँ से निकालने के लिए किया गया, जो फँसा हुआ हेलीकॉप्टर था, वह सिंगल-पायलट हेलीकॉप्टर के रूप में उड़ा उस मैकेनिक के साथ, जिसने उड़ान भरने से पहले उसके सभी काम करने वाले पुर्जों की जाँच की। पायलटों को सीधे हासीमारा के एक अस्पताल ले जाया गया, जहाँ उनकी पूरी मेडिकल जाँच की गई और उन्हें स्वस्थ तथा कुशल घोषित किया गया। हालाँकि लगभग भुखमरी के कगार पर पहुँचने के कारण वे कमजोर थे और पूरी घटना से भी उन्हें सदमा पहुँचा था।

लेकिन थोड़ा ठहरिए। रोमांच का अंत अभी नहीं हुआ है, क्योंकि इससे पहले कि रेस्क्यू पार्टी को वहाँ से निकाला जाता, मौसम फिर से खराब हो गया! रेस्क्यू टीम को जमाने वाली ठंड में बिना साधन और मदद के छोड़ दिया गया। किस्मत से टीम के पास थोड़ा-बहुत सूखा राशन था और पहाड़ पर चढ़ने के दौरान वे संतरे के बगीचों से होकर आए थे और वहाँ के चौकीदार से कुछ संतरे खरीद लिए थे। वैसे तो वे संतरे भी अब जम

चुके थे और खाने से पहले उन्हें पिघलाना पड़ रहा था, लेकिन इस चुनौती का मुकाबला भी ठेठ फौजी तरकीबों से किया गया! जवान जमे हुए संतरे को सच में 'तोड़कर' टुकड़े-टुकड़े करते और तब तक उसे मुँह में रखते जब तक कि वे चबाने लायक न हो जाएँ।

इस बीच उस टीम ने ढलान से नीचे पैदल उतरने के बजाय रेस्क्यू हेलीकॉप्टर के आने तक वहीं रुकने का फैसला किया, क्योंकि सबसे बड़ी चुनौती यह थी कि अगर रेस्क्यू हेलीकॉप्टर मौसम साफ होने के बाद वहाँ पहुँचा, तो वह टीम को उस मुश्किल इलाके में ढूँढ नहीं पाएगा। और अगर उसने टीम को देख भी लिया तो हो सकता है कि उसके उतरने के लिए उपयुक्त जमीन न मिले। इसलिए इस बर्फीली परीक्षा में एक ही रास्ता बचे होने के कारण टीम ने आखिर में वहाँ से चलना शुरू किया, उससे पहले हेलीकॉप्टरों ने वहाँ लैंडिंग की और कहते हैं न 'समय रहते' टीम को वहाँ से निकाल लिया। बर्फ और खतरनाक इलाके में किए गए इस सर्च ऑपरेशन के लिए मुझे और रेस्क्यू टीम के कुछ सदस्यों को चीफ ऑफ आर्मी स्टाफ कमेंडेशन कार्ड से सम्मानित किया गया। मैं गर्व से कह सकता हूँ कि एक सैनिक के रूप में मुझे मिला यह पहला सम्मान था।

हम जब पहले वाली विफल उड़ान के पायलटों से मिले तो उन्होंने उस घटना से जुड़े अनुभवों को हमें सुनाया। उन्होंने बताया कि जब वे पहाड़ की चोटी पर उतरे, तो हेलीकॉप्टर की आवाज ने एक चरवाहे लड़के का ध्यान हमारी ओर खींचा था, जो यह देखने आया था कि बधिर कर देने वाले शांत और सुरम्य स्थान की शांति को किसने भंग किया है। यह अनुमान लगाते हुए कि वह उनके लिए मदद का इंतजाम करेगा और समझते हुए कि वो कुछ हद तक पढ़ा-लिखा था, उन्होंने उससे बात करने की कोशिश की, लेकिन भूटानी भाषा न बोल पाना एक बड़ी बाधा बन गई। फिर भी उन्होंने अपना संदेश उस तक पहुँचा दिया या उन्हें ऐसा लगा कि यह उनकी बात समझ गया है और सौदा पक्का करने के लिए एक पायलट ने यह कहते हुए कि वह उनके लिए मदद लेकर आए, उसे 500 रुपए और अपना रे-बैन का चश्मा भी दे दिया। उन्हें लगा कि इससे उस लड़के को उनके लिए मदद लाने का प्रोत्साहन मिलेगा, लेकिन यह शायद उसे हतोत्साहित करने का कारण बन गया, क्योंकि वह लड़का शायद इस आशंका से लौटकर नहीं आया कि उसे पैसा और चश्मा लौटाना पड़ जाएगा। बाद में हमने जब इस घटना के बारे में चिंतन किया, तो हमें अहसास हुआ कि पायलटों को उसे प्रलोभन के रूप में बस पैसा दिखाना चाहिए था और कहना चाहिए था कि अगर वह मदद लेकर आया तो यह पैसा उसका हो जाएगा। यह एचआर मैनेजमेंट का एक बड़ा सबक है, यानी प्रोत्साहन राशि केवल काम पूरा होने पर ही दी जानी चाहिए!

क्रैकजैक बिस्किट की मीठी-नमकीन कहानी

सेना में सीखना केवल ट्रेनिंग के दौरान संक्षेप में मुख्य बातों या पर्चे को पढ़कर जानने तक सीमित नहीं होता है। वो कहते हैं न, सीखने की कोई उम्र नहीं होती। जब मैं एक कैप्टन ही था, तभी मैंने जाना कि डिविजनल या कोर कमांडर जैसा बर्ताव कैसे करना या कैसे नहीं करना चाहिए। यह घटना तब हुई, जब मैं इनफैंट्री स्कूल, महू में कैप्टन के रूप में तैनात था, और लेफ्टिनेंट जनरल डीडी सकलानी, जो पूरी तरह सज्जन और एक बहुत अच्छे प्रोफेशनल थे, वहाँ के कमांडेंट थे। पता नहीं क्यों, लेकिन एक इंस्ट्रक्टर के रूप में वे मुझे पसंद करते थे। मैं जब भी क्लास ले रहा होता था, तब क्लासरूम की गतिविधि को देखने के लिए वे अकसर चले आते थे, बस काररवाई पर नजर रखने के लिए और मुझे शक है, यह भी सुनिश्चित करने के लिए कि युवा इंस्ट्रक्टर अपना काम सही ढंग से कर रहे हैं या नहीं।

कुछ समय बाद महू में मेरा कार्यकाल पूरा हुआ, और मेरी पोस्टिंग जम्मू-कश्मीर के सांबा में हो गई, जो एक छोटी सी जगह है, लेकिन रणनीतिक दृष्टि से काफी महत्त्वपूर्ण है, जबकि लेफ्टिनेंट जनरल डी.डी. सकलानी को जम्मू-कश्मीर के राज्यपाल का सलाहकार नियुक्त किया गया था। एक दिन किसी नागरिक समारोह के लिए सांबा आना था, लेकिन उन्हें सेना के हेलीपैड पर लैंड करना था और हेलीपैड पर उन्हें रिसीव करने तथा एक कप चाय पिलाने का निर्देश मुझे मिला। उनके निर्धारित आगमन से एक शाम पहले हमें सूचना मिली कि जनरल सकलानी को क्रैकजैक बिस्किट काफी पसंद है, इसलिए चाय के साथ उन्हें वह बिस्किट देने के लिए उसका इंतजाम कर लिया जाए। मैंने मेस हवलदार को बिस्किट मँगवाने के लिए कहा, लेकिन कुछ देर बाद उसने मुझे आकर बताया कि मेस में वह बिस्किट नहीं है और यूनिट के अलावा ब्रिगेड हेडक्वार्टर की सीएसडी कैंटीन में भी उसका स्टॉक नहीं है। हमें वह बिस्किट सांबा के स्थानीय बाजार में भी नहीं मिली और हमें समझ नहीं आ रहा था कि सिर्फ उसी ब्रांड की बिस्किट देने के निर्देश का पालन कैसे करें। आखिर में किसी को जम्मू भेजकर बिस्किट मँगवाने का फैसला किया गया, जो सड़क के रास्ते सांबा से डेढ़ घंटे की दूरी पर था। जैसी कि उम्मीद थी, यह मिशन सफल हुआ और यूनिट की तमाम कोशिशों के बाद जबरदस्त तरीके से ढूँढ़ी जा रही क्रैकजैक बिस्किट खरीद ली गई।

उस वक्त सारे किए-धरे पर पानी फिर गया, जब हमने उन्हें वह बिस्किट दी तो जनरल सकलानी का पहला कमेंट आया, 'टाइनी, क्या सीएसडी ने आजकल क्रैकजैक के अलावा दूसरे ब्रांड के बिस्किट रखना बंद कर दिया है ?' मैंने भी ठान लिया कि इस 'झूठी खबर' की तह तक जाऊँगा, इसलिए मैंने उन्हें बताया कि हमें खास निर्देश थे कि

उन्हें केवल क्रैकजैक बिस्किट ही पसंद हैं, जिसके चलते हमने ध्यान रखा कि उन्हें वही बिस्किट दी जाए। व्यंग्य के साथ सिर धुनते हुए उन्होंने कहा, 'मुझे याद नहीं कब और कहाँ मुझे काफी समय पहले किसी यूनिट में यह बिस्किट दी गई थी और मैंने वैसे ही कह दिया था कि ये बिस्किट काफी स्वादिष्ट है।' उनके इस कमेंट को कुछ ज्यादा ही गंभीरता से लिया गया था और उसके बाद से ही उन्हें आधिकारिक दौरे पर कोई और नहीं, सिर्फ इसी ब्रांड की बिस्किट दी जाती थी। इस खुलासे के साथ ही उन्होंने मुझसे यह भी कहा कि उन्हें यकीन है कि अब उनकी कही यह बात भी न जाने कितने वर्षों तक गाँठ बाँध ली जाएगी और आज के बाद किसी भी यूनिट के दौरे पर उन्हें सारे दूसरे ब्रांड दिए जाएँगे, लेकिन क्रैकजैक नहीं दिया जाएगा। मुझे इस बातचीत की उम्मीद नहीं थी, लेकिन मुझे लगा कि इतना होने के बाद कहीं उनका दिल और न दुःख जाए, इसलिए मैंने उन्हें उस क्रैकजैक बिस्किट के पैकेट की 'मीठी और नमकीन' कहानी नहीं सुनाई कि कैसे सफर तय कर वह हमारी यूनिट तक पहुँची थी!

यह घटना मेरे दिमाग में बनी रही और मैंने डिविजनल कमांडर और उसके बाद कोर कमांडर बनने पर अपने स्टाफ को स्पष्ट निर्देश दिए कि मेरे कमांड में आने वाली बटालियनों को मेरे खाने की पसंद या आदतों के बारे में कोई जानकारी न दी जाए, क्योंकि इसके जैसा छोटा सा एक निर्देश यूनिट के समय, ऊर्जा और संसाधनों की बरबादी का कारण बन जाएगा। मैं उसी कोर कमांडर के जैसा बनना पसंद करूँगा, जो हमारे पास सिक्किम में आए थे और उसी 'चिकन सैंडविच' को प्यार से खाया था, जो उस यूनिट ने अपने मेन्यू और उस स्थान पर उपलब्ध सामग्रियों के अनुसार उन्हें परोसा था।

अच्छे भोजन से जुड़ी सोच

खाना या उसकी कमी के विषय में बात करूँ, तो मैं बताना चाहूँगा कि सेना में हम जब भी किसी ऑपरेशन पर निकला करते थे, तो हम हमेशा ही जीवन-रक्षा का राशन लेकर चलते थे, जैसे कि गुड़ और शक्कर पारा, जो गेहूँ के आटे से बना तला हुआ मीठा व्यंजन होता है। साथ ही, चूँकि राजपूताना राइफल्स के जवान मूल रूप से जाट और राजपूत होते हैं, इसलिए अपनी ताकत को बनाए रखने के लिए वे शक्करपारा के साथ ही, घर की बनी चीजें जैसे कि पिन्नी, चूरमा और मिस्सी पूड़ी पसंद करते हैं, जिन्हें लंबी दूरी की पेट्रोलिंग के लिए पैक कर साथ रखा जाता है। मुझे लगता है कि अधिकांश रेजिमेंटों में वे अब भी पारंपरिक खाना ही पसंद करते हैं, क्योंकि मैं जब बिहार रेजिमेंट की एक बटालियन के साथ जंगल ट्रेनिंग कर रहा था, तब लिट्टी-चोखा काफी मशहूर था। जब भी उन्होंने मुझे लिट्टी-चोखा दिया तो मैंने काफी चाव से खाया। यह बिहार के जवानों के

बीच काफी लोकप्रिय है और सच कहूँ तो राजपूताना राइफल्स में परोसे जाने वाले दाल-बाटी-चूरमा के समतुल्य है।

हालाँकि हाल के समय में पारंपरिक खाने की लोकप्रियता थोड़ी कम हुई है, क्योंकि सेना के कई जवान अब मैगी और चॉकलेट जैसे तुरंत तैयार होने वाले नाश्ते की ओर जा रहे हैं, जो पोषण के सही विकल्प नहीं हो सकते हैं। सेना में हम 'मील्स रेडी टू ईट' या एमआरई पर भी निर्भर करते हं, जो बनाकर पैक किए गए खाने के जैसे होते हैं। इन एमआरई पैकेटों की सामग्री को बस गरम पानी में डुबोना होता है, जिससे वे आहार का रूप ले लेते हैं, जैसे कि पुलाव, दाल, सब्जी, उपमा और हलवा, जहाँ हलवा राजरिफ के जवानों के लिए हमेशा ही पसंदीदा व्यंजन रहा है, पर उनका काम रोटी के बिना नहीं चलता और राजरिफ में कोई भी खाना रोटी के बिना पूरा नहीं होता, क्योंकि राजस्थान और पूरे उत्तर भारत में गेहूँ मुख्य आहार का हिस्सा है। आगे के अध्याय में मीठी चीजों के शौकीन राजरिफ के जवानों को लेकर एक कहानी बताई गई है और यह भी कि कैसे दिमाग लगाकर चीनी बचाई गई और मणिपुर के जंगलों में उसे नाश्ते के रूप में खाया गया। इस प्रकार हम कह सकते हैं कि सैनिक सिर्फ एक सुपरमैन नहीं बल्कि एक इनसान भी होता है, जिसकी सामान्य सी पसंद और नापसंद होती है, छोटी-छोटी इच्छाएँ और खुशियाँ होती हैं। बाहर से वह काफी कठोर होता है और हमेशा जंग के लिए तैयार रहता है, लेकिन अंदर से उसमें पारिवारिक जीवन, अच्छा खाना और अपने पसंदीदा व्यंजनों की छोटी खुशियों की इच्छा होती है और वह अपने साथियों और वरिष्ठों से खुशनुमा बातचीत करना चाहता है।

राजवार के जंगल में केएफसी

'राजवार' नाम एक बेहद छोटी घाटी का है, जो नियंत्रण रेखा के करीब है, और जहाँ कुछ छोटे-छोटे गाँव हैं, जिनके चारों ओर घने जंगल हैं, जो बंगस घाटी से लगते हैं। यह अपनी प्राकृतिक सुंदरता, हरे-भरे और लंबे-चौड़े चरागाह के लिए मशहूर है। जंगलों से घिरी कटोरे के जैसी आकृति वाली घाटी में आने और जाने का एक ही पतला सा रास्ता है, जो उत्तर कश्मीर में छोटे शहर हंदवाड़ा की ओर जाता है और उसे बाहरी दुनिया से जोड़ता है। इस इलाके में भारी हिमपात होता है और बरसों पहले यह बाहरी दुनिया से इतना अलग-थलग था कि एक स्थानीय जमींदार यहाँ के लोगों के रोजाना के मामलों को देखा करता था। उसे सम्मान से 'राजाजी' कहा जाता था और उसके वंशज अब भी राजवार बाउल के यशलधरा गाँव में बड़ी खूबसूरती से बनाए गए दो मंजिला लकड़ी के घर में रहते हैं। ब्रिगेडियर के रूप में मैं आर.आर. सेक्टर कमांडर था और राजवार जंगल मेरी जिम्मेदारी के इलाके में आता था। यह बेहद चुनौतिपूर्ण इलाके और नियंत्रण रेखा से करीबी

के कारण विदेशी आतंकियों के छिपने की जगह को लेकर काफी कुख्यात था। पाठक निश्चित रूप से सोच रहे होंगे कि मशहूर फास्ट फूड ज्वाएंट केंटकी फ्राइड चिकन (के. एफ.सी.) और राजवार जंगल के बीच भला क्या संबंध हो सकता है।

आर.आर. सेक्टर कमांडर के रूप में मैं पारंपरिक तरीके से स्वागत या विदाई से परहेज करता था, यानी अपने कमांड की किसी भी आर.आर. यूनिट की ऑफिसर्स मेस स्वागत या विदाई नहीं करवाता था। असल में मैं सबसे अधिक आतंकवाद प्रभावित इलाके में तैनात राइफल कंपनी के साथ 'लंच पर विदाई' करना पसंद करता था और जवानों के साथ किसी गाने या किसी नाश्ते के साथ कुछ हल्के-फुल्के पल बिताता था। इसी तरह एक बार राजवार की सबसे दूर की कंपनी पोस्ट में एक बेहद सफल ऑपरेशन के बाद बाहर लंच के दौरान सभी को कुरकुरा, उँगलियाँ चाटने वाला फ्राइड चिकन नाश्ता मिला, जो दिखने में और स्वाद में दुनिया भर में मशहूर फूड चेन के.एफ.सी. के जैसा था। जब इसके बारे में पूछा गया, तो कुक बस मुसकराने लगा और कहा कि ये 'के.एफ.सी. चिकन' है और उसने सीक्रेट रेसिपी को सार्वजनिक नहीं किया।

आर.आर. में अपने कार्यकाल के बाद मेरी तैनाती एक पीस स्टेशन पर हुई और कहीं अधिक सुकून भरे माहौल में मुझे अपने परिवार के साथ फुर्सत के कुछ पल बिताने का मौका मिला। एनडीए के दिनों से ही मुझे खाना पकाने का शौक था और मुझे जब भी मौका मिलता है, तो मैं नई-नई रेसिपी के साथ प्रयोग करता हूँ। ऐसी ही एक शाम, मुझे वह स्वादिष्ट नाश्ता याद आया और उसे बनाने की इच्छा को मैं रोक नहीं पाया, लेकिन पहली मुश्किल यही थी कि मुझे रेसिपी के बारे में कुछ भी पता नहीं था। इसलिए मैंने उस पोस्ट के कंपनी कमांडर को फोन किया, जिसने मुझे बताया कि वह कुक, जिसने राजवार में यादगार डिश बनाई थी, छुट्टी पर दक्षिण भारत गया हुआ है और कंपनी में किसी और को वह रेसिपी मालूम नहीं है। इस अगली बाधा से परेशान हुए बिना मैंने उस कुक का कॉण्टैक्ट नंबर लिया और इस उम्मीद में उसे फोन किया कि वो मुझे अपनी रेसिपी बता देगा। और जैसी कि उम्मीद थी, उस उदार कुक ने मुझे वह सारी अनोखी सामग्री बता दी, जिससे उस लजीज व्यंजन को बनाया जा सकता था। मैं इस रेसिपी को अपने पाठकों से साझा करने की स्वतंत्रता भी इस एकमात्र उद्देश्य से लूँगा, ताकि यह बता सकूँ कि हमारे सैनिकों में प्रतिकूल मौसम, इलाका और ऑपरेशन से जुड़े हालातों के बावजूद कितनी प्रतिभा और रचनात्मकता होती है। इस सीक्रेट रेसिपी में चिकन के टुकड़ों या ड्रमस्टिक को कॉर्न फ्लोर के घोल और कूटे गए कॉर्नफ्लेक्स में मैरीनेट करना शामिल था, फिर मैरीनेड की गई सामग्रियों को फ्राई किया जाता था। इसमें प्रमुख सामग्री है कूटे गए कॉर्नफ्लेक्स, जो इसे इतना कमाल का डिश बनाते हैं!

सेना में जीवित रहने के टिप्स और कहानियाँ

जीने के लिए खाने के महत्त्व के अलावा मैं यहाँ सेना में अपने जीवन का निर्वाह करने के कुछ टिप्स भी देना चाहूँगा। बहुत अधिक ऊँचाई पर जीवित रहने का एक प्रमुख साधन है ताजा बर्फ का इस्तेमाल, जो उस ऊँचाई पर एकदम शुद्ध और किसी भी प्रदूषण से मुक्त रहती है। ऊँचाई पर प्रदूषण केवल एक जगह मिल सकता है और वह है, सेना की पोस्ट पर बैरकों के आसपास, जहाँ हम रहते हैं, शायद कुक हाउस के पास या उन इलाकों में, जहाँ हम ट्रेनिंग करते हैं। साथ ही सेना की अधिकांश चौकियाँ चूँकि पहाड़ की किसी चोटी पर होती हैं, इसलिए उन्हें पानी के उन झरनों का लाभ मिल सकता है, जो पहाड़ के मध्य के हिस्से की किसी दरार से फूटती मिल जाएँगी। पुराने जमाने में झरनों से इस पानी को आम तौर पर किसी जेरीकैन में भरकर और पीठ पर लाद कर पोस्ट तक ले जाया जाता था। हालाँकि, आजकल अधिकांश जगहों पर पाइपलाइन बिछा दी गई है, जिनकी देखभाल अच्छे से करनी पड़ती है, खास तौर पर सर्दियों में, जब उनमें पानी जमता है और वे फट जाती हैं।

ऊँचाई पर स्थित सेना की पोस्ट तक अधिकांश सामान पोर्टर और खच्चरों के जरिए पहुँचता है, जो आर्मी के अलावा नागरिकों के खच्चर भी हो सकते हैं। खच्चरों का इस्तेमाल जहाँ भारी सामान जैसे कि गोला-बारूद और राशन के लिए किया जाता है, वहीं पानी और दूसरी हल्की चीजों को स्थानीय दृष्ठि से काम पर रखे गए असैन्य पोर्टर ले जाते हैं, जो किसी खास पोस्ट पर तैनात सैनिकों का एक अभिन्न अंग होते हैं। सामान्य रूप से वे पास के गाँवों में रहते हैं और सेना की बटालियनों के साथ काम कर अपनी आजीविका अर्जित करते हैं। हालाँकि बर्फबारी के दौरान पोर्टर की सेवा को बंद कर दिया जाता है, ताकि उन्हें हिम-स्खलनों से बचाया जा सके तथा जैसा कि पहले बताया गया है, ताजा बर्फ को पिघलाकर पीने के साथ-साथ खाना पकाने ही नहीं, नहाने के लिए पानी के स्रोत के रूप में इस्तेमाल किया जाता है।

ऐसे इलाके जहाँ काफी बारिश होती है, लेकिन पीने के पानी की किल्लत रहती है, वहाँ रोजाना की जरूरत के लिए वर्षाजल संग्रह एक अच्छा विकल्प है। उदाहरण के लिए, मैं जब मणिपुर में राष्ट्रीय राइफल्स में तैनात था, जहाँ साल में पर्याप्त वर्षा होती है, वहाँ घरों पर टिन की ढलान वाली छत बनाई जाती है, जहाँ से बारिश का पानी नीचे गिरता और उसे ड्रम या बाल्टियों में इकट्ठा किया जाता था। यही नहीं, पूर्वोत्तर में चूँकि बाँस आसानी से मिल जाता है, इसलिए हमने बाँस के डंडों को भीतर से काटकर आपस में बाँधा और उन्हें टिन की छत की पूरी लंबाई में पाइप की तरह बिछा दिया, ताकि छत से बारिश का पानी नीचे बरतनों में इकट्ठा हो जाए। फिर इस पानी को शुद्ध करने के लिए उबाला जाता

था और पीने तथा खाना पकाने के उपयुक्त बनाया जाता था। जहाँ पानी को उबालना संभव न हो, खास तौर पर लंबी दूरी की पेट्रोलिंग के दौरान, वहाँ उसकी अशुद्धियों को दूर करने के लिए वाटर स्टरलाइजिंग किट भी दी जाती थी। इस किट में मूल रूप से दो टैबलेट होते हैं, एक नीला और एक सफेद, जिन्हें पानी की बोतल में निर्देश के अनुसार समय के निर्धारित अंतराल पर पानी में डाला जाता है। मैं हमेशा ही भ्रम में रहता था कि पहले नीले टैबलेट को डालना है या सफेद को, फिर मैंने अपने लिए एक कोड बनाया। मेरा कोड था 'Water; Bottle', जिसका मतलब हुआ कि 'वाटर बॉटल' के शुरुआती अक्षरों के अनुसार पहले W - Water; B - Bottle पहले W (White यानी सफेद) और बाद में B (Blue यानी नीली) टैबलेट को डालना है।

जीवित रहने के ये टिप्स और ड्रिल पूरे देश में सैन्य जीवन का अभिन्न अंग हैं, जहाँ प्रत्येक क्षेत्र की विशेषताओं का पता सेना के जीवन की खास जरूरतों के हिसाब से उस खास क्षेत्र के लिए लगाया जाता है। बाहरी मदद के बिना, आए दिन जीवन को चलाते रहने के महत्त्व को समझते हुए मैंने भी बाकी सभी फौजियों की तरह, अपने जीवन निर्वाह करने के कौशल को निखारा है और ऐसे कई कौशल सीखे हैं, खास तौर पर खाना पकाना। सच कहूँ तो मैं जितनी गोल रोटियाँ बना लेता हूँ, उसका मुझे गर्व है। मैं शाकाहारी और मांसाहारी, दोनों तरह का खाना और मीठे व्यंजन भी बना सकता हूँ। खाना पकाना प्रमुख कौशल है, क्योंकि प्रशिक्षित कुक सिर्फ पोस्ट पर ही मिलते हैं और हम जब छोटी-छोटी टीमों में ऑपरेशन के लिए बाहर निकलते हैं, तो हर टीम को एक अलग कुक नहीं दिया जा सकता है तथा टीम में से ही किसी को खाना पकाना पड़ता है। साथ ही, जब ये टीमें बाहर फील्ड में होती हैं, तब सभी सदस्यों को समान माना जाता है और उनमें पद के हिसाब से कोई छोटा-बड़ा नहीं होता। प्रत्येक सदस्य, चाहे जवान हो या ऑफिसर, उससे सारे दैनिक काम करने और सारी जिम्मेदारियाँ मिलकर उठाने की उम्मीद की जाती है, जिनमें कुकिंग से लेकर गार्ड ड्यूटी तक करना शामिल रहता है। इसी प्रकार हम सेना में जीवन भर के रिश्ते बना लेते हैं और 'बैंड ऑफ ब्रदर्स' वाक्यांश को सच साबित करते हैं।

पहली बार पकाए खाने की सच्चाई

खाने से जुड़ी एक और छोटी सी कहानी मेरे एक सहकर्मी कैप्टन बाला नायर की पत्नी से संबंधित है, जिसकी शादी भी लगभग मेरी शादी के आसपास ही हुई थी। उसकी पत्नी एक सेना अधिकारी की बेटी हैं। शादी के कुछ दिनों बाद जब उन्होंने अपना घर व्यवस्थित किया, तो उन्होंने सीओ, कर्नल (बाद में ब्रिगेडियर) त्रिगुणेश मुखर्जी को अपने घर बुलाया, और चूँकि हमारी भी नई-नई शादी हुई थी, इसलिए कैप्टन नायर ने अपने

घर पर सच में काफी लजीज खाने पर बुलाया। डिनर के बाद कैप्टन बाला की पत्नी, जो स्वाभाविक रूप से पार्टी को लेकर काफी उत्साह और जोश में थीं, उन्होंने सीओ से सीधे ही पूछा, 'कर्नल मुखर्जी, खाना कैसा था?' और चूँकि हम उदयपुर, राजस्थान में थे, तो हमारे मेजबानों ने वहाँ का एक खास स्थानीय व्यंजन परोसा था। कर्नल मुखर्जी का जवाब उतना ही बेबाक था, जितना कि उस महिला का सवाल। उन्होंने कहा, 'लाल मास और गट्टे की सब्जी बहुत अच्छी थी। लेकिन दूसरे व्यंजनों के लिए आपको थोड़े और अभ्यास की जरूरत है।' यह सुनकर वह महिला तो लगभग रो पड़ी। उसने कहा, 'यही तो बाला बाहर से लेकर आया है, बाकी तो मैंने खुद बनाया था।' उस वक्त चाहे जो हुआ हो, मिसेज बाला नायर बहुत शानदार खाना पकाती हैं और नायर दंपती की मेजबानी बेहतरीन है।

सेना की किसी भी यूनिट का सीओ पिता के जैसा होता है और उसके पास विनम्रता से या कठोरता से भी अपनी प्रशंसा या आलोचना व्यक्त करने का अधिकार होता है, क्योंकि उसकी ओर से कही गई हर बात उस यूनिट के लिए कानून की तरह होती है। हालाँकि किसी यूनिट का सीओ एक नियुक्ति नहीं, बल्कि एक संस्थान होता है, जो हमेशा ही बिना इधर-उधर बातों को घुमाए दिन को दिन और रात को रात कहता है। इसलिए अगर किसी सीओ ने तारीफ की तो इसका मतलब हुआ कि वह खाना सच में प्रशंसा के लायक है। असल में यह दो धारी तलवार है, क्योंकि किसी महिला की पाक कला की प्रशंसा सीओ की ओर से किए जाने के बाद उसके पति की ओर से भविष्य में उसके खाना पकाने की आलोचना की संभावना समाप्त हो जाएगी।

इस पुस्तक का अगला खंड हमें कश्मीर ले जाएगा, जो अद्भुत प्राकृतिक सुंदरता और बहुत अधिक प्रतिभावान लोगों की धरती है, लेकिन ऐसी धरती भी है, जो हिंसा और आतंकवाद से प्रभावित है। यहाँ विभिन्न पदों पर मेरे अनेक कार्यकालों के दौरान कश्मीर मेरे लिए दूसरे घर के जैसा रहा है, और अगले अध्यायों में मैं विभिन्न अनुभवों और साहसिक घटनाओं का वर्णन एक सैन्यकर्मी के रूप में कर रहा हूँ।

□

12

कश्मीर : प्राकृतिक सौंदर्य, संस्कृति, कला, मेहमान नवाजी और कश्मीरियत की भूमि

कश्मीर : एक अवलोकन

सितंबर 1988 की बात है, जब उदयपुर में शांति का कार्यकाल पूरा करने के बाद हमारी यूनिट कश्मीर घाटी चली आई।

मैं कश्मीर में अपने अनुभवों पर विस्तार से चर्चा अगले अध्याय के बाद से करूँगा, लेकिन उससे पहले मैं मंत्रमुग्ध कर देने वाली इस जगह, इसके बेहतरीन लोगों, समृद्ध इतिहास, अद्भुत रूप से सुंदर स्थलाकृति, संस्कृति, कारीगरी, मेहमान-नवाजी और सबसे अधिक, कश्मीरियत की चर्चा करना चाहूँगा। जैसा कि हम सब जानते हैं, कश्मीर एक खूबसूरत घाटी है, जो लगभग 135 किमी. लंबी और 30 किमी. चौड़ी है, जिसके दक्षिण और दक्षिण-पश्चिम में पीर पंजाल पर्वत-श्रृंखला, उत्तर-पश्चिम और उत्तर में शंशाबारी पर्वत-श्रृंखला है और उत्तर-पूर्व में हिमालय के विशाल पर्वत हैं। मुगल बादशाह जहाँगीर ने जब अमीर खुशरो को उद्धृत करते हुए कहा था, 'गर फिरदौस बर रूये जमी अस्त हमी अस्तो हमी अस्तो हमी अस्त', जिसका अर्थ है 'अगर धरती पर कहीं स्वर्ग है, तो यहीं है, यहीं है, यहीं है', तो उसने इस जगह की अलौकिक सुंदरता और शांति को बखूबी बयाँ किया था।

अपने पहाड़ों, झीलों, झरनों और उनके बीच मौजूद आस्था के स्थलों के लिए मशहूर होने के साथ ही कश्मीर न जाने कितने वर्षों से एक आध्यात्मिक स्थान रहा है और इसे रेश-ए-वेर यानी साधु-संतों की भूमि के रूप में जाना गया है। चौदहवीं सदी तक घाटी में बौद्ध और हिंदू धर्म फल-फूल रहा था। कारकोटा, उत्पल और लोहारा जैसे हिंदू राजवंशों ने कश्मीर पर शासन किया; फिर मध्य एशिया से उपदेशक और आक्रमणकारी आए, यहाँ इस्लाम को आधार मिला। कश्मीरी काफी बुद्धिमान होते हैं, जिन्हें कलाकारी के गुणों के लिए जाना जाता है, और जिनकी दिलचस्पी कविता, सूफियाना कलाम, संगीत और कला

के प्रदर्शन में रहती है। कश्मीर में हमेशा से ही काफी बौद्धिक और शिक्षिक समाज रहा है। शारदा पीठ प्राचीन काल की एक विद्यापीठ है, जो किशनगंगा (अब नियंत्रण रेखा के उस पार पाकिस्तान अधिकृत कश्मीर [पीओके] में है) नदी के तट पर बसे शारदा गाँव में है। शारदा पीठ की चर्चा अनेक ऐतिहासिक और साहित्यिक रचनाओं में मिलती है और इसका एक बड़ा आध्यात्मिक और सांस्कृतिक महत्त्व रहा है, क्योंकि इसके विशाल पुस्तकालय और ग्रंथों से आकर्षित होकर विद्वान दूर-दूर से यात्रा कर यहाँ आते थे। कश्मीरियत को बढ़ाने में सभी धर्मों, यानी हिंदू, इस्लाम, ईसाई, बौद्ध और सिख धर्मों का असीम योगदान रहा है। यहाँ मैं अपने पाठकों को कश्मीर में स्थित हिंदू मंदिरों, मुस्लिम धार्मिक स्थल और सिख गुरुद्वारों के बारे में संक्षेप में बता रहा हूँ, जो इसकी विरासत और संस्कृति को और समृद्ध बनाते हैं।

कश्मीर के हिंदू मंदिर और धार्मिक स्थल

शारदा मंदिर देवी शारदा (देवी सरस्वती) को समर्पित सबसे अधिक श्रद्धा वाले हिंदू मंदिरों में से एक है, जिसकी वास्तुकला काफी हद तक मार्तंड के सूर्य मंदिर से मिलती-जुलती है। यह मंदिर कश्मीर में मध्यकाल में मंदिरों की वास्तुकला की रमणीकता और पराकाष्ठा का द्योतक है, जिस पर इंडो-ग्रीक और बैकटरियन शैलियों का गहरा प्रभाव था। जैसा कि ऊपर बताया गया है, शारदा मंदिर अब पीओके में जीर्ण-शीर्ण अवस्था में है।

अनंतनाग के पास मार्तंड का मंदिर, संस्कित नाम 'मार्तंड' के अनुसार सूर्य देव को समर्पित है। एक पठार पर बने मार्तंड मंदिर में, जो अब काफी हद तक खँडहर जैसी स्थिति में है, स्तंभों की श्रृंखला वाला प्रकोष्ठ है, जिसके बीच में मुख्य पूजा-स्थल है, जो चारों ओर से चौरासी छोटे-छोटे मंदिरों से घिरा है। इस मंदिर के प्रवेश द्वार विशालकाय हैं, जो मंदिर की भव्यता को और बढ़ा देते हैं, जहाँ परिसर की सभी दीवारों पर विभिन्न देवी-देवताओं, जैसे कि विष्णु, गंगा और यमुना की जटिल आकृतियाँ बनी हैं।

अवंतीपोरा शहर के पास स्थित अवंती स्वामी मंदिर वर्तमान में सेना की काउंटर इनसरसेंजी फोर्स (विक्टर) का मुखयालय भी है। इस मंदिर का निर्माण वितस्ता (झेलम) नदी के तट पर वर्ष 853-855 के बीच उत्पल वंश के राजा अवंतिवर्मन ने करवाया था। मूल रूप से विश्वसार नाम से ज्ञात अवंतीपुरा शहर में उस समय उत्पल वंश की राजधानी थी। अवंती स्वामी मंदिर आकार में छोटा है, लेकिन यह पुराने मार्तंड सूर्य मंदिर से काफी हद तक मिलता-जुलता है।

अमरनाथ की गुफा कश्मीर में हिंदुओं की आस्था का एक बहुत बड़ा केंद्र है, जो समुद्र तल से लगभग 13,000 फीट की ऊँचाई पर हिमालय के पहाड़ों में स्थित है। जुलाई

और अगस्त के महीने में हर साल दुनिया भर से हजारों की संख्या में श्रद्धालु पैदल चलकर प्राकृतिक रूप से बने बर्फ के शिवलिंग की पूजा और दर्शन करने आते हैं। इस तीर्थयात्रा का समापन छड़ी मुबारक की इस पवित्र गुफा तक पहुँचने के साथ होता है, जिस दिन हिंदू रक्षा बंधन का त्योहार भी मनाते हैं। मैं आपने आप को सौभाग्यशाली समझता हूँ कि मुझे इस पवित्र गुफा तक जाने का उनसठ बार अवसर मिला और मैंने बाबा बर्फानी का आशीर्वाद प्राप्त किया। वर्ष 1989 में मेरी कंपनी उत्तरी मार्ग के साथ-साथ तैनात थी, ताकि कठिन पैदल रास्ते की सुरक्षा और देखभाल की जा सके और उसके साथ ही सैन्यकर्मियों और पूर्व सैन्यकर्मियों के साथ ही फँसे हुए यात्रियों को तत्काल चिकित्सा सुविधा दी जा सके। इस कार्य को पूरा करने के लिए यात्रा के आरंभ होने से कुछ दिनों पहले, हमने संगम में पर्वत की धारा के ऊपर लकड़ी के लट्ठों का एक पुल बनाया, जहाँ दो रास्ते आकर मिलते हैं। यात्रा जैसे ही आरंभ हुई, मैं पूरे रास्ते को पार कर गुफा तक लगातार सत्तावन दिनों तक पैदल जाता रहा, वहाँ पूजा-अर्चना के बाद शाम तक बालटाल में अपनी कंपनी के बेस तक लौट जाया करता था। आगे चलकर वर्ष 2019 में चिनार कोर के कोर कमांडर के रूप में मैं जम्मू-कश्मीर के तत्कालीन राज्यपाल के साथ 2019 की प्रथम पूजा में सम्मिलित हुआ और फिर राष्ट्रीय सुरक्षा सलाहकार श्री अजीत डोभाल और सेना प्रमुख जनरल बिपिन रावत के साथ, इस तरह अमरनाथ की पवित्र गुफा के दर्शन और आशीर्वाद की कुल संख्या अविश्वसनीय रूप से उनसठ तक पहुँच गई!

SHRI AMARNATHJI SHRINE BOARD

Shri Amarnathji Shrine Board, Jammu and Kashmir

Certificate of Appreciation

SHRI AMARNATHJI YATRA - 2012

- 25th June - 2nd August, 2012 -

Shri N. N. Vohra, Chairman, Shri Amarnathji Shrine Board (H.E. the Governor, J&K) conveys his deep appreciation of the valuable services rendered by *Brig. K J S Dhillon, BGS (Ops.) Hqrs. 15 Corps* for the smooth conduct of the Shri Amarnathji Yatra - 2012.

Srinagar
August ____ 2012.

(Navin K. Choudhary) IAS
Chief Executive Officer
Shri Amarnathji Shrine Board

मुझे श्री अमरनाथजी यात्रा की कृपा प्राप्त करने का सौभाग्य कई बार मिला

हमारे बेटी और बेटा, 2004

परिवार—हमारे बेटा और बेटी, 2002

नीटा के साथ, मेरी जीवनसंगिनी और पैंतीस वर्षों से अधिक से मेरी शक्ति-स्तंभ

नीटा के साथ, कश्मीर, 2019

परिवार तब, राजस्थान, 2003

परिवार अब, कश्मीर, 2019

नीटा के साथ—ऑल टरेन व्हीकल चलाते हुए, कश्मीर 2019

राजपूताना रायफल्स स्टाइल में पिकनिक ऑन व्हील्स

एक लेफ्टिनेंट के कैप्टन के पद पर पदोन्नत उसके माता–पिता की उपस्थिति में

आखिरकार जूनियर कमीशंड ऑफिसर्स ने मैच जीत ही लिया— कमांडिंग ऑफिसर अब भी वर्दी में; सूबेदार मेजर पुरस्कार वितरण के लिए समय पर पहुँचे (संबंधित कहानी अध्याय 23 में)

कमांडिंग ऑफिसर के रूप में शस्त्र पूजा करते हुए

कमांडिंग ऑफिसर के रूप में—लोक संगीत और रागिनी के बिना जीवन क्या है?

विदाई समारोह—
बटालियन की कमांड
छोड़ते हुए, मई 2005
(कर्नल एडीएस
औजला, अब लेफ्टिनेंट
जनरल और चिनार
कोर कमांडर, अगले
सीओ के रूप में कमांड
लेते हुए)

लेफ्टिनेंट जनरल एस ए हसनैन और मेजर जनरल रवि थोडगे के साथ ऑपरेशंस की चर्चा

राष्ट्रीय रायफल्स के सेक्टर कमांडर के रूप में जाँबाजों को श्रद्धांजलि देते हुए, हंदवाड़ा, कश्मीर, 2010

चिनार कोर हेडक्वार्टर में ब्रिगेडियर के रूप में महेंद्र सिंह धोनी के साथ, श्रीनगर, 2012

राष्ट्रीय राइफल्स सेक्टर कमांडर के पद से दायित्व मुक्त होने पर
पारंपरिक विदाई, हंदवाड़ा, कश्मीर, अप्रैल 2012

विश्व किकबॉक्सिंग चैंपियन कश्मीरी लड़की तजामुल इस्लाम के साथ

माता खीर भवानी मंदिर में एक श्रद्धालु राखी बाँधती हुई

25 जून, 2021 को स्वर्ण मंदिर में मत्था टेका और शुक्राना किया

हज यात्रियों के साथ, कश्मीर, 2019

युवा छात्र–छात्राओं से बातचीत, कश्मीर, 2019

हमारे शूरवीर कैप्टन विजयंत थापर, वीर चक्र (मरणोपरांत) के पिता कर्नल वी.एन. थापर (रिटा.) को सम्मानित करते हुए—चिनार कोर कमांडर के दफ्तर में, 2019

राजपूताना रायफल्स रेजिमेंट में 'कर्नल ऑफ द रेजिमेंट' की उपाधि ग्रहण करते हुए
नई दिल्ली, सितंबर 2019

नियंत्रण रेखा पर
जवानों के साथ,
कश्मीर, 2019

तत्कालीन गृह मंत्री
श्री राजनाथ सिंह के साथ,
पुलवामा विस्फोट के
बाद 92 बेस अस्पताल में
घायलों से मिलने के बाद,
फरवरी 2019

लेफ्टिनेंट जनरल रणबीर सिंह के साथ नियंत्रण रेखा पर—बादलों से ऊपर

चीतों की चाल—आसमान से ऊपर

सेना प्रमुख जनरल बिपिन रावत के साथ, श्रीनगर, अगस्त 2019

राष्ट्रीय सुरक्षा सलाहकार श्री अजीत डोभाल के साथ,
अनुच्छेद 370 निरस्त किए जाने के बाद, श्रीनगर, अगस्त 2019

आखिरी बार कॉम्बैट ड्रेस पहनते हुए, 31 जनवरी, 2022 : आखिरी दिन मोहब्बत नहीं बदला करते जनाब

31 जनवरी, 2022 को अपनी सेवानिवृत्ति पर बूट हैंग किए

माननीय राष्ट्रपतिजी से परम विशिष्ट सेवा मेडल (पीवीएसएम) प्राप्त करते हुए, 10 मई, 2022

जुलाई 1989 में श्री अमरनाथजी की पवित्र गुफा में

श्री अमरनाथजी की पवित्र गुफा में प्रथम पूजा, 1 जुलाई 2019

ज्येष्ठेश्वर मंदिर या शंकराचार्य मंदिर, जिसके नाम से यह अधिक लोकप्रिय है, श्रीनगर के केंद्र में मशहूर डल झील के साथ लगने वाले शंकराचार्य पर्वत (पुराने समय में जिसे गोपाद्री पर्वत कहा जाता था) की चोटी पर स्थित है। पत्थरों को तराशकर बने इस मंदिर का निर्माण सम्राट् अशोक के पुत्र जालुका ने कराया था। यह भगवान् शिव को समर्पित है और ईसा पूर्व 220 ईस्वी का माना जाता है। ऐसा माना जाता है कि वर्तमान संरचना का निर्माण अधिकांशत: चौथी सदी में गोपादित्य के द्वारा करवाया गया था। यह भी माना जाता है कि गुरु आदिशंकर इस मंदिर में 8वीं सदी में आए थे, और इस कारण ही इसका नाम शंकराचार्य से जुड़ गया।

खीर भवानी मंदिर अत्यधिक पूजनीय हिंदू धर्मस्थल है, जो श्रीनगर से लगभग 22 किमी. दूर तुलमुल गाँव में स्थित है। सफेद संगमरमर से बना मंदिर, पवित्र षट्कोणीय 'नाग' (जिसका अर्थ कश्मीरी में 'झरना' होता है) के बीच में है और उसके चारों ओर चिनार के पेड़ हैं, जिनसे उस स्थान को शांतिपूर्ण परिवेश मिलता है। ऐसा कहा जाता है, उस नाग का पानी भविष्य का पूर्वाभास कराता हुआ रंग बदलता है। हल्का नीला और हरा रंग जहाँ शुभ माना जाता है, वहीं झरने के पानी का लाल और काला रंग अपशकुनी माना जाता है। देवी रग्न्या या श्री राज्ञा भगवती को देवी दुर्गा का एक अवतार माना गया है, ये इस मंदिर की अधिष्ठात्री देवी हैं। इस मंदिर का नाम लोकप्रिय भारतीय मीठे पकवान खीर के नाम पर है, जिसे चावल, दूध और चीनी से बनाया जाता है, और देवी को उसका प्रसाद चढ़ाया जाता है।

पंड्रेथन या पानी मंदिर एक प्राचीन हिंदू मंदिर है, जो श्रीनगर में बादामी बाग मिलिट्री कैंट के अंदर और झेलम नदी से 100 गज की दूरी पर है। यह मंदिर मेरे जीवन के काफी करीब है, क्योंकि कश्मीर में अपने सभी कार्यकालों के आरंभ और समापन में मैंने हमेशा ही यहाँ मत्था

टेका है। महान् रहस्यवादी संत लल देद का जन्म पंड्रेथन में हुआ था। पंड्रेथन शिव मंदिर मेरुवर्धन स्वामी मंदिर के नाम से भी जाना जाता है, क्योंकि इसका निर्माण मेरु ने करावाया था, जो 10वीं सदी में कश्मीर पर शासन करने वाले राजा पार्थ के एक मंत्री थे। वर्गाकार पत्थर का यह मंदिर पानी के बीच किसी छोटे रत्न के समान है, यहाँ तक जाने के लिए एक पैदल पुल है। इसके चारों तरफ चिनार के विशाल पेड़ हैं, जो इसके आसपास अपनी शीतल छाया प्रदान करते हैं। इस मंदिर की छत अब भी अपनी जगह पर है और अनोखी है, क्योंकि इसे एक ही चट्टान से तराशकर बनाया गया है और इसे कलात्मक रूप दिया गया है।

श्रीनगर के बादामी बाग स्थित पानी मंदिर में पूजा, 2019

पानी मंदिर, बादामी बाग कैंट, श्रीनगर

भगवान् शिव का मंदिर, रानी मंदिर पर्यटन के लिए मशहूर शहर गुलमर्ग की एक छोटी सी पहाड़ी के ऊपर है। गुलमर्ग को दुनिया के तीसरे सबसे ऊँचे स्कीइंग रिजॉर्ट के रूप में जाना जाता है, जहाँ पाउडर के जैसी बर्फ होती है। गोंडोला फेज 2 के पास समुद्र तल से लगभग 4400 मीटर की ऊँचाई पर अफरवात चोटी पर एशिया का सबसे लंबा स्की ढलान है। रानी मंदिर का निर्माण डोगरा शासक महाराजा हरि सिंह ने बीसवीं सदी की शुरुआत में करवाया था। उनकी पत्नी, महारानी मोहिनी बाई भगवान् शिव की बहुत बड़ी उपासक थीं और इस कारण ही इस मंदिर का नाम 'रानी मंदिर' पड़ा। इसके आसपास बॉलीवुड की कई फिल्मों की शूटिंग हुई है और ये 1970 के दशक में बनी 'आप की कसम' फिल्म के मशहूर गाने 'जय जय शिव शंकर, काँटा लगे ना कंकड़' की लोकेशन भी है।

कमांडिंग ऑफिसर के रूप में रानी मंदिर, गुलमर्ग में पूजा-अर्चना, मई 2002 (सबसे बाएँ, युवा कैप्टन मनीष सांगा, एडजुटेंट)

कश्मीर के कई शहरों, गाँवों और स्थानों के नाम में 'नाग' शब्द जुड़ा है, उदाहरण के लिए अनंतनाग, जो दक्षिण कश्मीर का एक शहर है। अनंत का अर्थ है 'असीमित' और कश्मीरी शब्द नाग का मतलब है 'झरना'। इस प्रकार अनंतनाग का अर्थ हुआ 'असीमित झरना।' अनंतनाग के पास कई झरने हैं, जिनमें नागबल, सलक नाग, कोकरनाग, वेरीनाग,

मट्टन नाग और मलिक नाग शामिल हैं। पीर पंजाल की पहाड़ियों की तलहटी में स्थित वेरीनाग अनंतनाग से 25 किलोमीटर दूर है। यही मोहक झेलम नदी का प्रमुख स्रोत है, जो दक्षिण कश्मीर में वेरीनाग से निकलती है और घाटी में घूमती-फिरती हुई आखिर में उत्तर कश्मीर के उड़ी के पास कमान पोस्ट पर पाकिस्तान अधिकृत कश्मीर में प्रवेश कर जाती है।

अनंतनाग के मट्टन में एक सुंदर पूजा स्थल है, जो चिनार के बड़े-बड़े पेड़ों से घिरा है, जो सैकड़ों साल पुराने हो सकते हैं और उनके बीच एक आयताकार प्राकृतिक चश्मे के मध्य में एक विशालकाय शिवलिंग है। इस नाग के नीले-हरे पानी में विभिन्न रंगों की मछलियाँ भरी हैं, जिन्हें बड़ा पवित्र माना जाता है। वास्तव में अधिकांश पवित्र झरनों और झीलों में मछलियाँ होती हैं, जिन्हें कभी मारा या खाया नहीं जाता है। किंवदंतियों के अनुसार, इस झरने में एक मछली है, जिसके नाक में सोने का छल्ला है। केवल किस्मत वाले ही उसे देख पाते हैं। और जो देख लेते हैं, उन पर सच में भगवान् की कृपा होती है!

कश्मीर के हिंदू मंदिरों और पूजा स्थलों पर कुछ अच्छे शोध और महत्त्वपूर्ण जानकारियों के लिए मैं ट्विटर मित्र नम्रता वाखलू (@SrinagarGirl) को विशेष रूप से धन्यवाद देना चाहूँगा।

कश्मीर के मुस्लिम धर्मस्थल

सत्रहवीं सदी की एक मस्जिद दरगाह हजरतबल मशहूर डल झील के उत्तरी तट पर हजरतबल इलाके में है। पूरी कश्मीर घाटी में यह न केवल मुस्लिमों बल्कि दूसरे धर्मों के लोगों के लिए भी सबसे पवित्र धर्मस्थल है। स्थानीय मान्यता के अनुसार इस दरगाह में एक पवित्र अवशेष है, मोई-ए-मुकद्दस, यानी पैगंबर मुहम्मद का पवित्र बाल। शुक्रवार की नमाज के लिए यह सबसे पसंदीदा मस्जिद है।

दस्तगीर साहिब, 200 साल पुराना तीर्थस्थल है, जो खानियार इलाके में है। इसे शेख सैयद अब्दुल कादिर जिलानी की याद में बनवाया गया था। दस्तगीर साहिब की जियारत (तीर्थस्थल) पर कई लोग आते हैं, चाहे उनका धर्म कोई भी हो। श्रद्धालु यहाँ धागे बाँधते हैं, जिन्हें मुराद पूरी हो जाने के बाद खोला जाता है। यहाँ तक कि इस स्थल पर आने वाले कश्मीरी पंडित भी इस रिवाज को मानते हैं।

चरार-ए-शरीफ श्रीनगर से 32 किमी. की दूरी पर स्थित है, जो कश्मीर के एक और सुंदर पर्यटन स्थल, युसमर्ग के रास्ते में पड़ता है। इस दरगाह का निर्माण 600 से भी अधिक साल पहले मुस्लिम सूफी संत, हजरत शेख नूर-उद-दीन वली के सम्मान में किया गया था, जो मुसलमानों के उपकारी संत थे और कविता के क्षेत्र में उन्होंने कई योगदान दिए। उनके अनुयायी उन्हें विभिन्न नामों से बुलाते थे, जिनमें आलमदार-ए-कश्मीर, शेख-उल-आलम,

शरखेल-ए-रिशिया और शेख नूर-उद-दीन शामिल हैं।

खानकाह-ए-मौला, जिसे शाह-ए-हमादान के नाम से भी जाना जाता है, श्रीनगर में झेलम के किनारे सबसे पुराने मुस्लिम धर्मस्थलों में से एक है। ऐसी मान्यता है कि इस धर्मस्थल में खानकाह-ए-मौला (अल्लाह के रहस्य) हैं। लकड़ी से बने इस धर्मस्थल की वास्तुकला बौद्ध, हिंदू और इस्लामी शैलियों से प्रेरित है।

बाबा रेशी की जियारत एक लोकप्रिय धर्मस्थल है, जो बारामूला जिले में गुलमर्ग के पास, अल पाथेर झील के पास बाबा रेशी गाँव में स्थित है। इस तीर्थस्थल का नाम जाने-माने सूफी संत बाबा पयाम-उद्-दीन रेशी के नाम पर रखा गया है, जो कश्मीर के राजा जैन-उल-आबिदीन के एक दरबारी भी थे। इस प्रसिद्ध तीर्थस्थल पर स्थानीय लोगों के साथ ही पर्यटक भी खूब आते हैं। निसंतान दंपती भी यहाँ आकर संतान की मुराद पूरी होने की दुआ करते हैं।

मखदूम साहब की मजार श्रीनगर में हरि परबत की तलहटी में एक शानदार किले में स्थित है। इस तीर्थस्थल का नाम पवित्र सूफी संत शेख हमजा मखदूम के नाम पर है, जो एक विद्वान् और उच्च कोटि के रहस्यवादी संत थे। हजारों लोग, चाहे किसी भी धर्म के क्यों न हों, इस मजार पर मत्था टेकने और इसके संत का आशीर्वाद पाने के लिए आते हैं।

कश्मीर के सिख गुरुद्वारे

सिख लोग महाराजा रणजीत सिंह और उनसे पहले से ही कश्मीरी समाज के अभिन्न अंग रहे हैं। कश्मीर में कई गुरुद्वारे हैं। गुरुद्वारा छठी पातशाही, यानी गुरुद्वारा छहवीं पातशाही, छठे सिख गुरु के नाम पर है, जो हरि परबत किले के काठी गेट पर झेलम नदी और डल झील के तट पर स्थित है। ऐसी मान्यता है कि इस गुरुद्वारा के स्थान पर माई भागभरी का घर था, जो गुरु हरगोविंद साहब की एक झलक पाने के लिए लंबे समय से तरस रही थी, जिन्होंने उनकी इच्छा पूरी कर दी और न केवल उसके घर आए बल्कि उसका ही चोगा पहनकर प्रकट हुए। कश्मीर के सबसे महत्त्वपूर्ण सिख तीर्थस्थलों में से एक इस गुरुद्वारा में एक आयताकार हॉल है, जिसके बीच में गर्भगृह है और सामने एक बड़ी टेरेस है। इस गुरुद्वारे के परिसर में एक पुराना कुआँ भी है, जिसके बारे में कहा जाता है कि उसे गुरु हरगोविंद साहब के आदेश पर खोदा गया था।

कश्मीरी कला, शिल्प और कारीगर

कश्मीर की प्राकृतिक सुंदरता जहाँ अतुलनीय है, वहीं इसके लोग और उनकी कारीगरी इसके सबसे अनमोल संसाधन हैं। अपनी शिल्पकला और कौशल के लिए कश्मीरी कारीगर

दुनिया भर में मशहूर हैं, जिनमें कढ़ाई, कारपेट बुनाई, लकड़ी की कारीगरी, पपीयर माचे, बरतन बनाने की कला, टेपेस्ट्री, नुमदाह, गाबा और सींक से वस्तुओं का निर्माण जैसी कुछ कलाओं को गिनाया जा सकता है।

जो इस विषय में इतना नहीं जानते, उनके लिए बता दूँ कि कश्मीरी कालीन बुनकरी की कला का सबसे शानदार, सबसे महीन और सुंदर नमूना होते हैं। उनकी डिजाइनों के एक से बढ़कर एक रूप, उनकी गहराई, उनका शानदार रूप और अहसास तथा रंगों की जीवंतता उन्हें कला के पारखी लोगों की अनमोल वस्तु बना देते हैं।

कश्मीर में लकड़ी की कारीगर विभिन्न कलात्मक रूपों में अभिव्यक्त होती है, लेकिन उनमें से सबसे मशहूर है अखरोट की लकड़ी से बना फर्नीचर और एक प्राचीन कला, जिसमें देवदार की लकड़ी के टुकड़ों को साथ जोड़कर कमरों की छतों पर ज्यामितीय डिजाइन बनाया जाता है, जिन्हें 'खतमबंद' कहा जाता है। यह इस कारण भी उल्लेखनीय है, क्योंकि इसे बिना कीलों के बनाया जाता है। कश्मीर अखरोट की लकड़ी का फर्नीचर, जिसकी काफी माँग है, अखरोट के उस पेड़ की लकड़ी से बनाया जाता है, जो 250 वर्ष से भी अधिक पुराना हो और इस प्रकार फर्नीचर की नक्काशी के लिए उन्हें आदर्श माना जाता है। लकड़ी के तख्तों के रूप में काटे जाने के बाद लकड़ी के इन टुकड़ों को सुखाने की ऐसी प्रक्रिया से गुजारा जाता है, जिससे लकड़ी के भीतर की सारी नमी हट जाए। नक्काशी में जहाँ ग्राहक की पसंद के अनुसार अलग-अलग डिजाइन का इस्तेमाल किया जाता है, वहीं खुदे हुए, ऊपर उठे हुए, आर-पार कटे हुए और प्लेन डिजाइन सबसे आम हैं। नक्काशी की प्रक्रिया में बेसिक डिजाइन या पैटर्न को समतल लकड़ी पर पहले खोदा जाता है, जिसके बाद शिल्पकार बेहद महीन छेनियों का इस्तेमाल कर उसे उभार देते हैं।

पपीयर माचे अन्य कलाओं के समान ही एक से दूसरी पीढ़ी को विरासत में मिली है और उसे मूल रूप में 'कार-ए-कलमदानी' कहा जाता है, जिसका मतलब है 'कलम दान।' पपीयर माचे को बनाने में दो चरण शामिल होते हैं, जिनमें पहले कागज की लुगदी बनाई जाती है और उसे कोमल मैश का रूप दिया जाता है, फिर दूसरे को दिखने में सुंदर वस्तुओं और अपनी इच्छा के आकारों में ढाला जाता है। इस चरण को सख्तसाजी कहा जाता है। अगला चरण नक्काशी कहलाता है, जिसमें बनाई गई वस्तु पर पेंट की मदद से बेहद महीन फूल या आकृतियों को बनाया जाता है। पुराने जमाने में पेंटिंग के इस काम में इस्तेमाल किए जाने वाले रंग विभिन्न सब्जियों और खनिजों के रंगों को कूटकर या भिगोकर बनाए जाते थे, लेकिन आजकल अधिकांश शिल्पकार लागत को कम कर स्पर्धा में बने रहने के लिए सिंथेटिक रंगों का इस्तेमाल करते हैं।

कश्मीर के 'चिनार' के पत्ते के सोने के गहने पर्यटकों के मुख्य आकर्षण होते हैं, जो

हल्के और इस खूबसूरती से गढ़े गहने से मोहित हो जाते हैं। कश्मीर में चाँदी के बरतन बनाने वाला उद्योग सबसे उम्दा और कला के सबसे सूक्षमता से अलंकृत नमूने तैयार करता है, जिनमें चिनार और कमल जैसी कश्मीरी आकृतियों को दर्शाया जाता है। चाँदी की कुछ और अधिक प्रसिद्ध वस्तुओं में शामिल है समावर, जो एक खास कश्मीरी केतली होती है, जिसका इस्तेमाल कश्मीरी कहवा एवं नमक की चाय, जिसे 'नून चाय' भी कहते हैं, बनाने और परोसने के लिए होता है। इसके अलावा फूलदान, फोटोफ्रेम, सिगार बॉक्स, काँच और छुरी-काँटा जैसे सामान भी मशहूर हैं। हालाँकि, हाल के दशकों में सोने-चाँदी की बढ़ती कीमतों को देखते हुए चाँदी बनाने वाले कुछ कारीगर अब ताँबे का इस्तेमाल करने लगे हैं। ताँबे के बरतनों में इस्तेमाल होने वाली डिजाइन, आकृतियाँ और तकनीक जहाँ चाँदी के बरतनों जैसी ही होती हैं, वहीं आम तौर पर बनने वाले ताँबे के सामानों में समावर, घड़े, किचन के सामान, हुक्का और खाना परोसने वाले ट्रे/कटोरे शामिल हैं। कश्मीरी टेपेस्ट्री फ्रेमयुक्त कैनवास से बनी होती है, जिसमें पक्षियों या फूलों से लेकर स्थलाकृतियों के अलग-अलग डिजाइन होते हैं, जो सुई से कढ़ाई करके बनाए जाते हैं। उनमें ज्यादातर क्रॉस स्टिच या चेन स्टिच का उपयोग किया जाता है, जिसे आरी वर्क के रूप में भी जाना जाता है। इन गलीचों का उपयोग आम तौर पर दीवार पर टाँगने के लिए किया जाता है। नमदा फर्श पर बिछाने के काम आता है, जिसकी कीमत अधिक नहीं होती। यह कश्मीर में सर्दियों की ठंडक को मात देने में मदद करता है। यह बिना काते ऊन या सूती-ऊन मिश्रण से बना फेल्टेड गलीचा होता है, जिस पर फूल की आकृतियाँ चटख रंग के धागों से कढ़ाई करके बनाई जाती हैं, जो चेन सिलाई या एप्लिक वर्क में होती है। कढ़ाई न केवल गलीचे में जीवंत रंग जोड़ती है, बल्कि उसे एक साथ बाँधती भी है। दूसरी ओर, गब्बा एक गरीब आदमी की कालीन होती है, जो पुराने कंबलों का इस्तेमाल कर रंगीन धागों के साथ चेन सिलाई में जटिल कढ़ाई से बनी होती है।

कश्मीर में सर्दी के महीने बेहर कठोर होते है, लेकिन स्थानीय लोग जानते हैं कि सामान्य दिनों की तरह अपने दैनिक काम करते हुए इसका मुकाबला कैसे किया जा सकता है। कश्मीरी पुरुष एक ढीला-ढाला चोगा जैसा परिधान पहनते हैं, जिसे 'फेरन' कहा जाता है और खुद को गरम रखने के लिए पकी हुई मिट्टी से बना आग का बरतन, जिसे काँगड़ी कहा जाता है, उसे फेरन के अंदर रखते हैं। फेरन अब सर्दियों के दौरान भारत के दूसरे हिस्सों में भी काफी लोकप्रिय हो चुका है। इसे पुरुषों के अलावा कश्मीरी महिलाएँ और बच्चे भी पहनते हैं। कश्मीर में पहाड़ी बकरी (लद्दाख में पाई जाने वाली) के ऊन से विश्वस्तरीय पश्मीना भी बनाया जाता है, जिसका उपयोग उत्कृष्ट शॉल की बुनाई और कढ़ाई के लिए किया जाता है। प्रत्येक पश्मीना शॉल पर हाथ से बारीक कढ़ाई की जाती है,

इसलिए इसे बनाने में कई महीने लग जाते हैं। कढ़ाई का काम आमतौर पर सर्दियों में किया जाता है, जब तेज सर्दी के कारण खेती का काम बंद हो जाता है।

कश्मीर के पकवान—मेहमान नवाजी

कश्मीर पर कोई भी चर्चा इसके मुँह में पानी ला देने वाले स्वादिष्ट व्यंजनों और मशहूर कश्मीरी मेहमान नवाजी के जिक्र के बिना पूरी नहीं होगी। वाजवान कश्मीरी व्यंजनों में सबसे प्रसिद्ध भोजन है, जिसमें कई प्रकार के व्यंजन शामिल रहते हैं। इसे कश्मीरी संस्कृति का एक बहुत ही अनूठा और अभिन्न हिस्सा माना जाता है। वाजवान में मटन, चिकन, मछली, फल और सब्जियों के छत्तीस व्यंजन शामिल होते हैं। इसकी तैयारी महज एक रेसिपी नहीं बल्कि एक कला है, जिससे कश्मीरी संस्कृति और उसकी पहचान गर्व से की जाती है। वाजवान के लगभग सभी व्यंजन मांस आधारित हैं, जिनमें मेमने, चिकन या मछली का उपयोग किया जाता है, जिनमें रिस्ता, गोश्तबा, कबाब, रोगनजोश, तबक माज, आब गोश और नैट-यखनी (यखनी दही और मसालों से बनी एक ग्रेवी है) जैसे सबसे प्रमुख पारंपरिक व्यंजन शामिल हैं। हालाँकि वाजवान मुख्यत: मांसाहारी व्यंजनों का समूह है, लेकिन कश्मीरियों ने दम ओलाव (दम आलू), कश्मीरी बैंगन, कश्मीरी पनीर, हाक साग (सरसों के तेल में पकाई गई एक पत्तेदार सब्जी), नदरू यखनी और नदरू मोनजी जैसे शाकाहारी व्यंजन बनाने के लिए इनमें से कई व्यंजनों के सरल रूप को अपनाया है। नदरू या कमल का तना, जिसे वसा रहित सब्जी माना जाता है, कश्मीर की सभी झीलों में मिल जाता है, लेकिन डल झील में पाई जाने वाली नदरू सच में स्वादिष्ट मानी जाती है। कश्मीरी मुसलमान और कश्मीरी पंडित रोगनजोश को अपने-अपने तरीके से तैयार करते हैं, लेकिन वे जिन पारंपरिक सामग्रियों का इस्तेमाल करते हैं, उनमें बेहद मामूली अंतर होता है। मुस्लिमों की ओर से बनाए व्यंजन में जहाँ प्याज, टमाटर, लहसुन या मावल जैसी सामग्री का इस्तेमाल होता है, वहीं पंडित उनकी जगह हींग (हींग) और सौंफ पाउडर का उपयोग करते हैं।

कश्मीरी अपने मेमने, चिकन और मछली-आधारित व्यंजनों को लेकर भी गजब का शौक रखते हैं। हालाँकि इससे चटनी और घर के अलावा स्थानीय रूप से तैयार ब्रेड जैसे कि लवासा, गिर्दा और टेलवोर के प्रति उनके प्यार में कहीं कोई कमी नहीं आती है। पंपोर के खेतों में कश्मीर केसर की सबसे अच्छी किस्मों में से एक का उत्पादन करता है, जो कहवा नाम की मशहूर मीठी कश्मीरी चाय में सुगंध घोल देती है। इस चाय को आमतौर पर समावर नाम की पारंपरिक केतली में बनाया और परोसा जाता है, जैसा कि ऊपर बताया गया है। नमकीन चाय या दोपहर की चाय, जिसे शीर चाय भी कहा जाता है, वो 'दिन के किसी भी समय' पी जाने वाली चाय है और इसे पारंपरिक रोटियों के साथ मजे से खाया जाता है।

श्रीनगर में मेरी निजी तौर पर खाने की पसंदीदा जगहों में से कुछ डल गेट के पास हैं, जैसे कि जान बेकर्स, जहाँ के प्लम केक बेहद स्वादिष्ट होते हैं। जब मैं 1988–90 में उत्तरी कश्मीर में तैनात एक युवा कैप्टन था, तो हम क्रोकेट का खेल खेला करते थे और जो हारता था, वह प्लम केक के पैसे देता था। ये प्लम केक जान बेकर्स से आते थे और उन्हें श्रीनगर के डल गेट से चौकीबल तक रोजाना चलने वाली बस का ड्राइवर लेकर आया करता था। जान बेकर्स अपने प्लम केक के लिए पहले नंबर पर है, वैसे उनके पास बेकरी के कई दूसरे आइटम भी हैं। हालाँकि हाल ही में मूनलाइट बेकरी भी मशहूर हुई है, खास तौर पर अपने अखरोट फज के लिए। जहाँ तक वाजवान की बात है, तो बहुत से लोग शहर के पुराने और प्रसिद्ध रेस्तराँ को पसंद करेंगे, लेकिन मैं तो डल गेट के करीब, शामियाना रेस्तराँ में जाना चाहूँगा, जिसे लोग उतना नहीं जानते हैं।

ट्यूलिप गार्डन–कश्मीर में एम्स्टर्डम की एक झलक

हम सभी ने नीदरलैंड में एम्स्टर्डम के विश्वप्रसिद्ध केउकेनहोफ ट्यूलिप के मैदानों को देखा या उसके बारे में सुना है। 1981 में अमिताभ बच्चन और रेखा की हिंदी फिल्म 'सिलसिला' की शूटिंग के बाद ये भारत में भी प्रसिद्ध हुए। वैसे उन रंगीन, लहराते ट्यूलिप के मैदानों की एक झलक अब हमारे अपने श्रीनगर में भी देखी जा सकती है। निशात बाग, चश्मा-ए-शाही, शालीमार बाग और श्रीनगर के कई अन्य खूबसूरत उद्यान, जहाँ अब भी लोकप्रिय हैं, वहीं उनमें शामिल होने वाले स्थलों में ट्यूलिप गार्डन सबसे नया है। जबरवान रेंज की निचली तलहटी पर चश्मा-ए-शाही गार्डन के ठीक नीचे स्थित ट्यूलिप गार्डन से डल झील को देखा जा सकता है। लगभग 30 हेक्टेयर में सीढ़ीदार ढलान वाली जमीन पर बनाया गया यह ट्यूलिप गार्डन एशिया में अपनी तरह का सबसे बड़ा गार्डन है। इसमें ट्यूलिप के अलावा डैफोडिल्स, रेननकुलस और हाइसिंथ जैसे कई दूसरे फूल भी दिखते हैं। हर साल मार्च और अप्रैल में वसंत ऋतु की शुरुआत में एक वार्षिक ट्यूलिप उत्सव आयोजित किया जाता है, जो पर्यटकों को बहुत पसंद आता है और इस दौरान होटल और उड़ानों बुकिंग फुल रहती है।

इस प्रकार, कश्मीर अपनी अतुलनीय प्राकृतिक सुंदरता के साथ, कई समृद्ध विशेषताओं और उन अद्वितीय प्रतिभाओं की भूमि भी है, जो पीढ़ियों से चली आ रही हैं, जो स्थानीय लोगों और पर्यटकों को समान रूप से रोमांचित कर देती हैं।

□

13

कश्मीर में प्रवेश : जलती हुई जन्नत

कश्मीर की घटनापूर्ण यात्रा

सितंबर, 1988 को हमारी यूनिट ने उदयपुर से कश्मीर घाटी की तरफ कूच किया। उस वक्त कश्मीर अपने प्रसिद्ध उपनाम 'धरती की जन्नत' को जीवंत बनाए हुए जाहिर तौर पर काफी शांत नजर आता था। हम अहमदाबाद से सैन्य काफिले के रूप में निकले, क्योंकि हमें साबरमती रेलवे स्टेशन से सेना स्पेशल ट्रेन में सवार होना था। मैं साबरमती नाम से काफी उत्साहित था, जैसा कि हम सब जानते हैं, यहाँ गांधी आश्रम होने के कारण भारत के इतिहास में अत्यंत सम्मानपूर्ण स्थान है। सेना स्पेशल ट्रेन की यह यात्रा स्पष्ट रूप से एक से अधिक प्रसिद्ध स्थलों से गुजरने वाली थी।

यहाँ मैं इस सेना स्पेशल की एक खास बात बताना चाहूँगा कि इसे 'रोलिंग स्टॉक' भी कहा जाता है और इस नाम का मतलब मुझे वस्तुतः बहुत बाद में तब पता चला, जब मेरी सेना मुखयालय के वेपन एंड इक्विपमेंट डायरेक्टरेट में तैनाती हुई। मैं मानता हूँ कि रोलिंग स्टॉक को इसके जटिल प्रबंधन के कारण शुरुआती रेलवे स्टेशन पर स्थापित करने में समय लगता है, क्योंकि हर वक्त असंख्य सैन्य यूनिट देशभर में सब ओर फील्ड/ शांतिपूर्ण स्थानों पर आवागमन करती रहती हैं। हालाँकि एक बार जब रोलिंग स्टॉक तैनात हो जाता है, तब रेलवे विभाग यूनिट सदस्यों से इसे जल्दी से जल्दी भरने को कहता है, ताकि उनपर न्यूनतम विलंब-शुल्क लगे। सेना स्पेशल ट्रेन में लदाई का काम बेहद सुव्यवस्थित तरीके से होता है, क्योंकि पूरी यूनिट के व्यक्तिगत समान के साथ ही साथ जरूरी उपकरण और (कुछ मामलों में तो वाहन भी) को भी ट्रेन में लादना होता है। इस मामले में हमें सेना स्पेशल ट्रेन में पूरी लदाई करने में दस से बारह घंटे लगे। वे दिन सभी अफसरों के लिए सबसे यादगार दिन थे, जब हममें से ज्यादातर के साथ उनका परिवार भी था। मैं अपनी पत्नी के साथ था और हमारा हाल ही में विवाह हुआ था और हम अपने दिन भारतीय रेलवे स्टेशन की सुविधाओं को परखने में बिताते (क्योंकि मुझे हर रोज स्टेशन मास्टर से रोलिंग स्टॉक्स की स्थिति की

जाँच के लिए जाना होता था) और रात को सादा गुजराती खाना खाने के लिए स्थानीय रेस्टोरेंट में जाते थे। सेना में आपको भारत के सुदूर स्थित और खूबसूरत स्थानों को देखने, शानदार लोगों से मिलने, विभिन्न संस्कृतियों को समझने और देशभर के स्वादिष्ट व्यंजनों को चखने का रोमांचक अवसर मिलता है। पतंग' नामक घूमता रेस्तराँ अहमदाबाद शहर के बीच बहु-मंजिला इमारत की सबसे ऊपरी मंजिल पर स्थित है। कहना बेकार है कि वहाँ हमने क्या खाया था, यह मुझे जरा भी याद नहीं, क्योंकि मेरे लिए वह शाम उस खास जगह से दिखते नजारों पर केंद्रित थी, जो वस्तुतः आकाश के बीचोबीच बैठने जैसा था!

अंत में सभी कार्य व गतिविधियाँ पूरी होने के बाद जाने का दिन आया और सेना स्पेशल निकलने के लिए तैयार थी। सेना की भाषा में सेना स्पेशल को इस वाक्य में व्यक्त किया जाता है 'चली तो चली, नहीं चली तो नहीं चली'। यदि चल पड़ी तो एक बार में कई सौ किलोमीटर चली जाएगी, लेकिन अगर रुकी, तो किसी एक जगह से लगातार तीन दिन तक एक इंच भी नहीं सरकती। सेना स्पेशल में यूनिट की यात्रा का एक और महत्त्वपूर्ण पहलू ट्रेन में सवार सभी अफसरों और जवानों के लिए ताजा राशन का है, जिसे ट्रेन के रास्ते में पड़ने वाले विभिन्न सैन्य कंटोनमेंट से लिया जाता है। इससे न केवल सैन्य स्टेशन आपूर्ति डिपो के साथ निरंतर संपर्क बना रहता, बल्कि स्टेशन मास्टरों के लिए ट्रेन को किसी ऐसे प्लेटफॉर्म पर ठहराना जरूरी हो जाता, जहाँ वह काफी देर तक खड़ी रह सके, जिससे राशन जमा करने वाला दल आपूर्ति डिपो राशन लाने जाए, सभी आवश्यक कागजी काररवाई पूरी करे और रेलवे स्टेशन वापिस लोटे तथा उस राशन को विभिन्न कोचों में कंपनी के सभी कुक हाउस (रसोई) में वितरित करे। 'मोबाइल फोन न होने' के उस युग में सेना स्पेशल ट्रेन की यह जटिल व्यवस्था अपने आप में बड़ा काम था। हालाँकि, सबसे मुश्किल काम रेलवे स्टेशन पर ठहरने के लिए उचित स्थान पाना था, क्योंकि स्टेशन मास्टर की यात्री ट्रेनों का निर्बाध व समय पर चलना सुनिश्चित करने की अपनी प्राथमिकताएँ होती हैं। इसलिए रेलवे अधिकारियों के साथ बातचीत के लिए उसी अफसर को भेजा जाता है, जो सबसे मृदुभाषी तथा सर्वाधिक सुसंस्कृत और वाक्पटु हो। उसका काम करीब सात रेलवे स्टेशन पहले से शुरू हो जाता, जहाँ वह रास्ते में आने वाले सभी रेलवे स्टेशनों पर स्टेशन मास्टर के केबिन में जाकर, रेलवे टेलीफोन नेटवर्क पर स्टेशन मास्टर के साथ रसद आपूर्ति के लिए ट्रेन के ठहरने की योजना पर बात करता है।

हालाँकि यात्रा की शुरुआत हमेशा की तरह रुकावटों के साथ हुई, जैसा हमेशा होता था। हमें तय दिन शाम को करीब 6 बजे तक चल देना था। लंबी यात्रा की तैयारी करते हुए मेरी पत्नी ने आराम से स्नान किया और नए स्टेशन पर नींद खुलने की आशा के साथ सो गईं। हालाँकि जब रात को करीब 11 बजे उनकी नींद खुली और उन्होंने मुझसे पूछा कि

हम कहाँ पहुँच गए हैं, तो मैंने सकुचाते हुए बताया कि हम अभी साबरमती स्टेशन पर ही हैं, चूँकि रेल इंजन या जिसे रेलवे की भाषा में 'पावर' कहते हैं, बदलने की प्रक्रिया जारी थी और इंजन आने में देरी के कारण जरूरत से ज्यादा वक्त लग गया था। एक पंजाबी स्टैंड-अप कॉमेडियन ने सेना स्पेशल ट्रेन के यात्रा हालातों का बहुत बढ़िया वर्णन किया है, "चलांगे तो पहुँचांगे" (चलेंगे तो पहुँचेंगे)।

काफी देर बाद, आखिरकार वह चली और ट्रेन में यात्रा कर रही विभिन्न राइफल कंपनियों की यूनिटों के बीच खाने की प्रतियोगिता ने यात्रा को मनोरंजक बना दिया, जिसके परिणामस्वरूप हमें भी रोजाना लजीज व्यंजन खाने का सौभाग्य मिला। प्रतियोगिता के दौरान कुछ जे.सी.ओ. अफसरों व महिलाओं को परोसे गए व्यंजन परखने की जिम्मेदारी सौंपी गई और इस पाक-कला प्रतियोगिता के विजेताओं को शानदार पुरस्कारों से नवाजा जाना था। इस रेलयात्रा की एक और खासियत इसका राजस्थान के प्रसिद्ध अभयारण्य रणथंभौर नेशनल पार्क के पास से होकर गुजरना था, जहाँ सबने दूरबीनें निकाल लीं और खिड़कियों से बाहर देखने लगे। इससे पहले ट्रेन ड्राइवर से ट्रेन की गति कम रखने का अनुरोध किया जा चुका था। हालाँकि हमें वहाँ कोई जानवर नहीं दिखा, फिर भी 'शेरों की धरती' से होकर गुजरने का अनुभव अपने आप में छोटी उपलब्धि नहीं था।

चाय के वक्त की कहानियाँ

आखिरकार जम्मू पहुँचने के बाद हम अपने सिविल ट्रकों में सवार हुए और श्रीनगर की तरफ चल दिए, जो यात्रा का अंतिम भाग था, जिसके बाद हमें अपने अंतिम पड़ाव, उत्तरी कश्मीर के कुपवाड़ा जिले में स्थित यूनिट अनुभाग तक जाना था। यहाँ श्रीनगर के ट्रांजिट कैंप में घटी घटना के बारे में बताना जरूरी होगा। श्रीनगर में रुकने के दौरान अफसर श्रीनगर ट्रांजिट कैंप में रुके थे, जबकि अन्य रैंक के लोग थोड़ी दूर स्थित ओल्ड एयरफील्ड (ओ.ए.एफ.) में ठहरे थे। श्रीनगर ट्रांजिट कैंप, वह आरंभिक व अंतिम बिंदु था, जहाँ से छुट्टी पर जाने और वापिस आने वाले सैनिकों को सड़क मार्ग द्वारा जम्मू से लाया और ले जाया जाता है। श्रीनगर ट्रांजिट कैंप से जम्मू जाने वाला काफिला आमतौर पर सुबह 5 बजे निकलता था, ताकि शाम होने से पहले गंतव्य तक पहुँच सके, इसलिए ट्रांजिट कैंप के कश्मीरी नागरिक अर्दली जाने वाले सैनिकों को अलसुबह 3:45 पर उनके कमरे में चाय पहुँचा देते थे। इसके बाद वही अर्दली सुबह 4:30 बजे डाइनिंग रूम में सुबह का नाश्ता खिलाते थे और इसके बाद वे ट्रक में सामान लादने में अफसरों की मदद करते, आखिरकार सुबह 5 बजे काफिला जम्मू की तरफ कूच कर जाता था। चूँकि बीते दिन हमारी ऊधमपुर से श्रीनगर की यात्रा बहुत लंबी रही थी, इसलिए हमारे कमांडिंग अफसर ने फैसला किया कि

हमारे काफिले के कुपवाड़ा कूच के लिए सुबह 9 बजे का समय उचित रहेगा।

हम गहरी नींद में थे कि अल-सुबह 3:45 पर हमारे कमरे के दरवाजा खटखटाया गया। चूँकि मैं (जो उस वक्त कैप्टन था) अपने सीनियर, मेजर 'हॉर्सी' जटराना के साथ एक ही कमरे में रह रहा था, तो दरवाजा खोलने की जिम्मेदारी मुझपर थी। मैंने खीजते हुए दरवाजा खोला और मेरे सामने एक असैनिक अर्दली दो कप चाय लिए खड़ा था। मेरे रूममेट, हॉर्सी सर ने अपने कंबल में से झाँकते हुए पूछा कि इतनी सुबह-सुबह कौन आया है, मैंने जवाब दिया कि वेटर हमारा सुबह का 'कप्पा' लेकर आया है। चूँकि हमें काफी देर बाद जाना था, तो मेजर जटराना ने मुझसे कहा कि उसे वापिस भेज दो और हमारे लिए सुबह 7:45 पर चाय लेकर आने को कहो। अर्दली शांत भाव से भीतर आया और दोनों कप टेबल रखने के बाद उसने सरल सा सुझाव दिया, 'साहब इधर ही रखकर जा रहा हूँ, पौने आठ बजे पी लेना'। उसके इस तर्क पर हम दोनों चकित रह गए!

मुझे यह घटना काफी समय तक याद रही और जब 31 वर्ष बाद मैं 15 कोर कमांडर के रूप में उसी ट्रांजिट कैंप में गया, तो मुझे वह घटना याद थी, और मैं विशेष रूप से पहली मंजिल पर स्थित उसी कमरे में गया जहाँ मैं बतौर युवा कप्तान ठहरा था। मैंने उस चाय पिलाने वाले लड़के से मिलने की भी इच्छा जाहिर की, जिसका चेहरा मुझे आज तक साफ याद था। अब्दुल हमीद खान, जो तीन दशक पहले मेस-वेटर था, वह श्रीनगर ट्रांजिट कैंप में चालीस साल सेवा देने के बाद हेड स्टीवर्ड बनकर रिटायर हो चुका था। मुझे उससे मिलकर खुशी हुई और मैंने पूरी गर्मजोशी के साथ उसे गले लगाया और उसे उसके तर्कशील रवैये तथा कश्मीर में मेरे पहले आधिकारिक दौरे के दौरान सर्दियों की उस ठंडी रात में चाय पिलाने के लिए छोटा सा पुरस्कार भी दिया।

कश्मीर—'धरती का स्वर्ग' या 'खोई हुई जन्नत'

वर्ष 1988 में कश्मीर के हालातों पर लौटते हैं, जब हमारी यूनिट नई लोकेशन पर तैनात हो गई और हम अपनी दैनिक प्रशिक्षण गतिविधियों में व्यस्त हुए, तब हमने अप्रकट असंतोष और तनाव को महसूस किया। हालाँकि वर्ष 1988 में अभी भारत और भारतीयों के खिलाफ आतंकवाद के अभिशाप, कथित बैर के मुद्दे ने अभी जड़ नहीं पकड़ी थी, लेकिन स्थानीय आबादी के बीच यह अकसर दिखने लगा था। इसलिए यह कहना गलत होगा कि कश्मीर में समस्या की शुरुआत 19 जनवरी, 1990 के बाद से हुई, जब वह तारीख घाटी में कश्मीरी पंडितों के पलायन की पहचान बनी। समस्या के विभिन्न लक्षण दिखने लगे थे, जैसे चुनकर लक्षित हत्या, धमकियाँ मिलना, हथियारों की मौजूदगी, भारतीय इलाके में प्रशिक्षित आतंकवादियों की घुसपैठ और युवा कश्मीर लड़कों को आतंकवाद के प्रशिक्षण के लिए

पाकिस्तान-अधिकृत कश्मीर (पी.ओ.के.) ले जाना, यह वर्ष 1988 और 1989 में पहले से शुरू हो चुका था।

आंतरिक इलाकों में समर्पित रिजर्व सैन्य टुकड़ियों या यूनिटों की संख्या बहुत कम थी, चूँकि ज्यादातर कॉम्बैट/सपोर्टिंग आर्म्स यूनिट नियंत्रण रेखा (एल.ओ.सी.) पर तैनात थीं और आंतरिक इलाकों में केवल मुखयालय और कुछ हल्के सहायक तत्त्व मौजूद थे। इसके अलावा चूँकि एल.ओ.सी. पर तैनाती के पीछे मूल मंशा शत्रु के किसी भी पारंपरिक हमले का मुकाबला करना था, तो टुकड़ी में ज्यादातर लोगों का ध्यान दुश्मन को आने से रोकने और मुख्य स्थलों की सुरक्षा पर केंद्रित था, जिससे अपनी जमीन दुश्मन के हाथ न चली जाए, बजाय इसके कि सभी खाली स्थानों पर काबिज होकर घुसपैठ को रोका जाए, जैसा कि आज किया जा रहा है। आतंक के शुरुआती चरण में कश्मीर में राष्ट्रीय राइफल्स तैनात नहीं थी और उन्हें काफी बाद में बुलाया गया। शुरुआत में इन्हें पंजाब से लाया गया था, जो उन दिनों आतंकवाद के सबसे बुरे दौर से गुजर रहा था और बाद में इसे नए घुसपैठ-विरोधी बल के रूप में गठित किया गया। पाकिस्तान ने इसका खूब फायदा उठाया, जो युवा कश्मीरी लड़कों को बाहर जाने के लिए बरगलाने लगा और उन्हें आतंकवाद का प्रशिक्षण देने के बाद भारी हथियारों से लैस करके वापिस भेज देते। आंतरिक क्षेत्र में सुरक्षा प्रदान करने और घाटी की जमीन पर कानून व्यवस्था बनाने की जिम्मेदारी राज्य पुलिस और नागरिक प्रबंधन की थी।

आतंकवाद की शुरुआत—यह कबसे हुई?

एक और मुद्दा, जो अकसर उठता रहता है कि जम्मू व कश्मीर में वर्ष 1987 के विधानसभा चुनाव, जिनमें हुई कथित धाँधली के आरोपों को घुसपैठ और आतंकवाद के सिर उठाने का शुरुआती बिंदु माना जाता है, जिनके बाद नेशनल कॉन्फ्रेंस सत्ता में आई और फारूक अब्दुल्ला मुख्यमंत्री बने।

हालाँकि एक और संकेत, जिसे अकसर अनदेखा कर दिया जाता है, वह वर्ष 1989 के संसदीय चुनाव करवाना और इसके परिणाम थे, जिनकी अलगाववादियों या बाद में आतंकवादियों ने बायकाट की माँग की थी। वर्ष 1989 के चुनावों का निम्न डाटा तात्कालिक सुरक्षा हालातों के बारे में अहम जानकारियाँ देता है—कश्मीर के तीन संसदीय निर्वाचन क्षेत्रों में से बारामूला और अनंतनाग में कुल मतों में से क्रमश: केवल 5.48 और 5.07 फीसदी मतदान हुआ, जबकि श्रीनगर की सीट नेशनल कॉन्फ्रेंस ने बिना मुकाबले के जीत ली। बायकाट के आह्वान के बाद मतदान में कमी आना साफ तौर पर माहौल में व्याप्त भय, खतरे और धमकी तथा वर्ष 1989 में कश्मीर में अवांछित तत्त्वों की मौजूदगी के बारे में

बताता था, वह तथ्य जिसे अकसर छिपाया जाता है और पूरा विमर्श 19 जनवरी, 1990 को कौन मुख्यमंत्री था या कौन नहीं के मुद्दे पर मोड़ दिया जाता है।

राज्य की अन्य सीटों की बात करें तो ऊधमपुर व जम्मू में मतदान प्रतिशत क्रमशः लगभग 40 प्रतिशत और 57 प्रतिशत रहा, जबकि लद्दाख में कुल मतों का 86 प्रतिशत मतदान हुआ। इन निर्वाचन क्षेत्रों में अनेक पार्टियाँ प्रतिस्पर्धा में थीं तथा चुनाव पूरी ताकत के साथ लड़ा जा रहा था—यह जम्मू और लद्दाख क्षेत्रों के साथ कश्मीर घाटी के बीच की कड़ी सच्चाई को दर्शाता है, जिनमें पहले दोनों में विभिन्न राजनीतिक दलों के उम्मीदवारों के बीच नजदीकी स्पर्धा हुई और कश्मीर के मतदाताओं में व्याप्त भय की बनिस्बत यहाँ लोगों ने अपने मताधिकार का खुलकर उपयोग किया।

इस तरह वर्ष 1989 में जम्मू व कश्मीर के चुनाव, जिनपर शायद ही कभी बात होती है, आने वाली हालात और आसन्न आतंकवाद की कठोर चेतावनी देते थे। संकेत साफ हैं कि हालात इसके पहले से ही खराब होने लगे थीं और वर्ष 1989 के संसदीय चुनावों के वक्त मानसिक डर साफ दिखाई देता था। चुनावों के बहिष्कार की घोषणा का कमोबेश पूरी तरह अनुपालन हुआ। इसके अलावा वर्ष 1989 में लक्षित हत्याएँ आरंभ हो चुकी थीं और दिलचस्प बात है कि मुख्यमंत्री ने 18 जनवरी, 1990 को इस्तीफा दे दिया, जिसके बाद राज्य में राज्यपाल के शासन की घोषणा हुई। यह कोई संयोग नहीं कि कश्मीरी पंडितों को निकाल बाहर करने की कुख्यात तारीख बस एक दिन बाद, 19 जनवरी, 1990 को आती है। क्षेत्र का माहौल पूरी तरह विषैला हो चुका था, खुलेआम घोषणाएँ हो रही थीं, जिनमें कश्मीरी पंडितों से जाने को कहा जा रहा था और जस्टिस नीलकांत गंजू और लस्सा कौल जैसे कुछ बड़े कश्मीरी पंडितों की भी हत्या कर दी गई थी। जस्टिस गंजू की आतंकवादियों ने 4 नवंबर, 1989 को लक्षित हत्या की, क्योंकि उन्होंने सेशन कोर्ट जज रहते अगस्त, 1968 के अमर चंद हत्या के मुकदमे में जम्मू कश्मीर लिब्रेशन फ्रंट (जे.के.एल.एफ.) के मकबूल बट को मौत की सजा सुनाई थी। जस्टिस गंजू, कश्मीर में आतंकवाद का शिकार बनने वाले शुरुआती कश्मीरी पंडितों में से थे। लस्सा कौल दूरदर्शन कश्मीर के निदेशक थे, जिन्हें 13 फरवरी, 1990 को आतंकवादियों ने गोली मार दी, क्योंकि वे आतंकियों की भारतीय कार्यक्रम प्रसारित न करने और श्रीनगर से चले जाने की धमकी के सामने नहीं झुके थे।

19 जनवरी, 1990 का दुर्भाग्यपूर्ण दिन

वर्ष 1989 और 1990 में इन घटनाओं के कारण घाटी में भड़की हिंसा और इसका विस्तार से विश्लेषण करना आवश्यक है। ऐसा नहीं है कि आतंकवाद और पंडित-विरोधी भावना एक दिन अचानक ही भड़क उठी थी। चूँकि हमारी यूनिट उत्तरी कश्मीर में तैनात थी,

इस कारण हमारे उस इलाके के स्थानीय लोगों के साथ काफी दोस्ताना संबंध थे। मुझे एक वाकया याद आता है, जो हमारे यूनिट स्थल के पास स्थित गाँव के स्थानीय शिव मंदिर के पंडितजी से संबंधित है। यह पंडितजी मध्य आयु के कश्मीरी पंडित थे, जो स्थानीय सरकारी स्कूल में शिक्षक भी थे, जो हमारी बटालियन के ठहरने के स्थान के काफी करीब था। यह पंडितजी अपने परिवार के साथ हमारे बटालियन के मंदिर में अकसर आते रहते थे और उनकी पत्नी व बेटियों का हमारे अफसरों के परिवारों के साथ अच्छा मेलजोल था, क्योंकि हमारे सैन्य समाज की महिलाएँ भी अकसर पूजा करने शिव मंदिर जाती रहती थीं। जाहिर है, मंदिर के आसपास का माहौल भी काफी सौहार्दपूर्ण था। अलबत्ता, 19 जनवरी, 1990 की रात, पंडितजी बटालियन के हेडक्वार्टर आए और हमें बताया कि उनके कुछ छात्र, जो संभवत: आतंकवादियों में शामिल हो गए थे, छिपते-छिपाते उनके पास आए और उन्हें बताया कि इस बार वे और उनका परिवार निशाने पर है और आतंकवादी उनकी हत्या करने की योजना बना रहे हैं। पहले से पता लगने पर पंडितजी फौरन हमारी यूनिट से मदद माँगने आ गए थे और यूनिट ने उसी क्षण उनके परिवार को वहाँ से निकालने में मदद की। हालाँकि ऐसे और भी बहुत लोग थे, जो सेना के शिविर के निकट नहीं रहते थे और शायद वे इतने सौभाग्यशाली नहीं रहे होंगे।

उनके अलावा पेट्रोल टीम को पास के इलाकों से कुछ अन्य हिंदू परिवारों को निकालने के लिए भेजा गया, जो शायद आतंकवादियों का निशाना हो सकते थे। हालाँकि यह प्रयास इस कारण सीमित रहा, क्योंकि सेना का इस इलाके से सुदूर गाँवों के नागरिकों के साथ सीमित संवाद था और सेना को कश्मीरी पंडितों के निवास-स्थलों के बारे में अधिक जानकारी नहीं थी। इन चुनौतियों को देखते हुए सेना ने जितना संभव हुआ, उतने अधिक परिवारों को निकालने का सर्वोत्तम प्रयास किया। मैंने खुद अपने दस्ते के साथ कुछ कश्मीरी पंडितों को सुरक्षित बाहर निकाला था।

कश्मीर से कश्मीरी पंडितों के बलपूर्वक पलायन का बुरा प्रभाव न केवल कश्मीरी समाज के ऐतिहासिक-सामाजिक ताने-बाने पर बल्कि आने वाली कश्मीरी पीढ़ियों पर भी पड़ेगा। जैसा कि आज हममें से ज्यादातर लोग जानते हैं कि कश्मीर में कश्मीरी पंडित शिक्षा की रीढ़ थे और वे अकादमिक में कार्यकारी स्तर पर अत्यधिक प्रतिष्ठित व प्रभावशाली पदों पर तैनात थे, जैसे प्राथमिक और माध्यमिक विद्यालयों के शिक्षक, कॉलेजों के प्रोफेसर के साथ ही निर्णय-लेने या वरिष्ठ एक्जिक्यूटिव स्तर पर, जैसे विश्वविद्यालयों में डीन, चांसलर और वाइस चांसलर। इस तरह कश्मीरी पंडितों के पलायन से कश्मीर में प्राथमिक विद्यालयों से लेकर विश्वविद्यालयों तक शिक्षा व्यवस्था में हर स्तर पर शून्यता आई। यह केवल अभी महसूस नहीं हो रहा है, बल्कि यह आने वाले वर्षों और दशकों तक कश्मीर के युवाओं

को देश व दुनिया में भी प्रतियोगी शिक्षा का वातावरण, विशेष रूप से पेशेवर कॉलेजों और विश्वविद्यालयों में प्रवेश स्तर पर प्रभावित करेगा। हमारी जीवनकाल की इस मानवीय त्रासदी पर मुझे प्रसिद्ध उर्दू शायर मुजफ्फर राजमी का मशहूर शेयर याद आता है, जो घाटी से कश्मीरी पंडितों के जबरन पलायन के बाद कश्मीर की वास्तविकता की मार्मिक समीक्षा करता है : 'यह जब्र भी देखा है, तारीख की नजरों ने, लम्हों ने खता की थी, सदियों ने सजा पाई', जिसका सीधा सा अनुवाद यह है कि 'इतिहास की आँखों ने ऐसे कई अन्याय या उत्पीड़न देखे हैं, जहाँ क्षणभर में हुई गलती की सजा आने वाली कई सदियों तक मिली है।'

सेना क्यों नहीं बुलाई ?

यह सवाल अकसर उठता है कि कश्मीरी पंडितों को बचाने या कम-से-कम उन पर हुए हमलों का जवाब देने के लिए सेना को क्यों नहीं बुलाया गया ?

ऐसे अहम पहलुओं का स्पष्टीकरण देना जरूरी है और इसे सही परिप्रेक्ष्य में प्रस्तुत करना होगा, जिससे संदेह और आशंकाओं पर हमेशा के लिए लगाम लग जाए। मैं यहाँ फिर बताना चाहूँगा कि जम्मू व कश्मीर अभी तक आर्म्ड फोर्सेस स्पेशल पावर्स ऐक्ट (अफस्पा) के तहत नहीं आया था और न ही उस वक्त तक उसे अशांत क्षेत्र घोषित किया था। शुरू से शुरुआत करूँ, तो 1980 के दशक के अंत और 1990 के दशक की शुरुआत के दौरान कश्मीर में मौजूद ज्यादातर सैन्य इकाइयों को मुख्यत: नियंत्रण रेखा के लिए तैनात किया गया था और आंतरिक इलाकों में केवल मुखयालय और कुछ हल्के सहायक तत्त्व ही मौजूद थे; उनमें से भी ज्यादातर नियंत्रण रेखा के निकट थे। संवैधानिक दायित्व के अंतर्गत, जिन इलाकों में ए.एफ.एस.पी.ए. या डिस्टर्ब एरिया ऐक्ट न लगा हो, वहाँ कानून और व्यवस्था बनाए रखने की जिम्मेदारी राज्य नागरिक प्रबंधन के तहत केवल स्थानीय पुलिस की होती है। इसके बावजूद सेना के नियम राज्य या केंद्रीय नागरिक अधिकारियों को कानून व व्यवस्था की बिगड़ी स्थिति को नियंत्रित करने के लिए 'नागरिक अधिकारियों की सहायता हेतु' नागरिक प्रशासन के लिखित आदेश द्वारा निर्धारित क्षेत्र में निर्धारित अवधि के लिए निर्धारित संख्या में सैन्य दस्तों की माँग करने की अनुमति देता है, जिसमें प्राकृतिक विकारों या कर्मचारियों की हड़ताल जैसे मानव-निर्मित समस्याओं या भूकंप जैसे प्राकृतिक आपदाओं के दौरान जरूरी सेवाओं को बहाल रखने में मदद के लिए या नागरिक प्रशासन की जरूरत के अनुसार मदद करेंगे। यहाँ बताना जरूरी है कि ऐसी 'नागरिक अधिकारियों की सहायता' में सैनिक, डोजर/एक्सकेवेटर जैसे भारी अर्थ-मूविंग उपकरण तथा चिकित्सकीय सहायता, जिसमें डॉक्टर, नर्सिंग असिस्टेंट्स, दवाएँ, एंबुलेंस, घायलों को निकालना, आदि की आपूर्ति भी शामिल है।' सैन्य नियमावली का अनुच्छेद 301 ओर आगे,

नागरिक अधिकारियों को दी जाने वाली आम सहायता के लिए निर्देश देता है।

सभी सैन्य दस्तों को निर्देशक सिद्धांतों के अनुसार 'न्यूनतम बल प्रयोग' तथा 'सद्भावना सहित कार्य करते हुए' उपयोग किया जाएगा। सैन्य दस्तों की सभी माँगों के साथ नामित मजिस्ट्रेट का होना अनिवार्य है, जिनका काम स्थिति की गंभीरता का आकलन करना और इसके बाद लिखित या मौखिक निर्देश (जो केवल आपात स्थिति में दिया जाएगा और जिसे बाद में लिखित में देना होगा) देगा, जिससे बिगड़ी स्थिति को सँभाला जा सके। माँगे गए सैन्य दस्तों के साथ आए नामित मजिस्ट्रेट पर सैन्य दस्तों की वापसी करवाने का दायित्व भी होता है, जिसमें वे स्थिति के नियंत्रित होने के फौरन बाद वापसी का समय तय करके वापसी के आदेश देते हैं। इसलिए जम्मू व कश्मीर में सितंबर 1990 में ए.एफ.एस.पी.ए. (अफस्पा) लागू होने से पहले की अवधि में यह पूरी तरह से नागरिक अधिकारियों की जिम्मेदारी और विशेषाधिकार था कि वे हालातों का आकलन करते और सेना से 'नागरिक अधिकारियों की सहायता' की माँग करने की कारवाई करते।

युवाओं को ले जाना और आतंकवादियों की घुसपैठ

एक और पहलू जो अकसर अनदेखा रह जाता है कि कश्मीरी पंडितों के नरसंहार और लक्षित हत्या, जिनमें मुसलिम भी शामिल थे, के बहुत पहले से ही कश्मीर में तस्करी द्वारा बड़ी संख्या में हथियार लाने का काम शुरू हो चुका था। कुछ गाँवों में, खासकर नियंत्रण रेखा के निकटस्थ कुपवाड़ा और बाँदीपुर जैसे जिलों में आतंकवादी पैठ बना चुके थे तथा इनमें से कुछ गाँवों के करीब आधे युवकों को अलगाववाद का सबक पढ़ाकर प्रशिक्षण के लिए पी.ओ.के. भेज दिया गया था। इस तरह इन गाँवों से बड़ी संख्या में लोग लापता थे, जो कश्मीरी पंडितों के पलायन की घटना के बहुत पहले हो रहा था। 19 जनवरी, 1990 की तारीख, हालाँकि गलत कारणों से प्रसिद्ध हुई, सिर्फ इसलिए जानी जाती है, क्योंकि इस दिन यह बहुत बड़े पैमाने पर हुआ था। लेकिन किसी का भी इसके पहले हुई हिंसक घटनाओं के प्रति अनभिज्ञता जताना हैरान करता है, खासकर वे लोग, जो सत्ता में थे और जिनकी ऐसी जानकारियों तक पहुँच आम लोगों से कहीं अधिक थी। साफ दिखता है कि हालातों को क्रमवार बिगाड़ा गया और इसकी कम ही संभावना है कि राज्य प्रशासन और उसकी खुफिया एजेंसियों को इन हालातों की पहले से जानकारी न हो, क्योंकि यह रातोरात नहीं हुआ, बल्कि यह बाहरी ताकतों द्वारा कश्मीर में आतंकवाद को भड़काने के सतत व योजनाबद्ध प्रयासों का परिणाम था।

इसमें कटुता उत्पन्न करने के साफ संकेत हैं, चूँकि बहुत सी स्थानीय बसें जब बस स्टॉप पर रुकतीं तो उनके कंडक्टर यात्रियों को आकर्षित करने के लिए 'मुजफ्फराबाद' का

नाम चिल्लाते—जो आतंकी बनने की इच्छा रखने वालों का ठिकाना था, जिन्हें पी.ओ.के. में प्रशिक्षण के लिए जाने के लिए ललचाया जाता था। हालाँकि ये बसें भौतिक रूप से मुजफ्फराबाद नहीं जाती थीं, लेकिन ऐसी घटनाओं से खुलासा होता है कि किस तरह कश्मीर को तेजी से आतंकवाद के दलदल में धकेला गया और हालात को उस हद तक बढ़ने दिया, जहाँ से वापसी का रास्ता नहीं था। यह सवाल है कि क्या यह उस वक्त उच्च पदों पर बैठे लोगों की अक्षमता और मिलीभगत का परिणाम था, इसपर चर्चा-परिचर्चा होनी चाहिए, जिससे इसके लिए जिम्मेदारी तय हो सके।

दिलचस्प बात है कि सैयद अली शाह गिलानी और सैयद शहाबुद्दीन कश्मीरी मुसलमानों की ऊँची जाति 'सैयद' से आते थे और इसके पूर्व भारतीय संविधान की सीमा में रहकर चुनाव लड़ चुके थे तथा जब वर्ष 1987 में कश्मीर के विधानसभा चुनावों में वे कथित धाँधली या अन्य कारण से हार गए, तब उन्होंने अलगाववाद और आतंकवाद का रुख किया। भारतीय लोकतंत्र देश के प्रत्येक नागरिक को चुनाव लड़ने और जीतने की अनुमति देता है। बुनियादी बात यह है कि ये लोगों चुनावी प्रतिस्पर्धा में शामिल हुए, क्योंकि वे भारत की लोकतांत्रिक प्रक्रिया का हिस्सा बनने के इच्छुक थे और यदि वे जीत जाते, तो भारतीय संविधान के वैध निर्वाचन ढाँचे में सदस्य बन जाते, बजाय इसके कि अलगाववादी समूहों में जाकर भारतीय संविधान की वैधता पर सवाल उठाकर इसके लिए खतरा बने—इस घटना में विरोधाभास साफ दिखाई देता है! विवाद का एक बिंदु यह भी है कि क्या कश्मीर में एक दल का दबदबा बनना और उसका शेष सभी दलों की राजनीतिक साख बनाने और लाभ लेने से रोकने के कथित प्रयास का राज्य की राजनीति पर बुरा प्रभाव हुआ और इसने बाकी सबको आतंकवाद के माहौल द्वारा राजनीतिक महत्त्वाकांक्षा का पोषण करने के लिए मजबूर कर दिया। यदि इन अलगाववादियों को राजनीतिक व्यवस्था में समाहित कर लिया जाता और उन्हें इसके भीतर रहते पनपने की अनुमति मिलती, बजाय इसके कि इससे बाहर रहकर इसे नष्ट करें, तो क्या स्थितियाँ काफी अलग भी हो सकती थीं?

19 जनवरी, 1990 की घटनाओं के बाद और राज्यपाल का शासन लगने के पूर्व, सैन्य दस्तों से लगभग रोजाना पूरी कश्मीर घाटी में कहीं न कहीं घेराबंदी करने या विभिन्न स्थानों पर तलाशी लेने का अनुरोध किया जाता था। ऐसे ऑपरेशनों का एक रामबाण इलाज इस अध्याय में आगे बताया जाएगा। कश्मीर घाटी में आतंक-संबंधी घटनाओं की संख्या इतना बढ़ गई थी कि मौजूदा सुरक्षा बलों द्वारा घाटी में अकेले स्थिति सँभालने के लिए अपर्याप्त माना जाने लगा और अतिरिक्त बलों की आवश्यकता बढ़ने लगी।

10 सितंबर, 1990 को आर्म्ड फोर्सेस (जम्मू व कश्मीर) स्पेशल पावर्स ऐक्ट (अफस्पा) 1990 लागू हुआ, जिसे 5 जुलाई, 1990 को प्रभावी होना था। विशिष्ट अतिरिक्त

सुरक्षा बलों आने, राष्ट्रीय राइफल्स (आर.आर.) की कुछ बटालियनों को पंजाब से जम्मू व कश्मीर भेजने तथा पूरी कश्मीर घाटी में आर.आर. की अतिरिक्त यूनिटों को लगाने के बाद स्थिति के कुछ हद तक नियंत्रण में मदद मिली। इस तरह तत्कालीन केंद्र सरकार ने अशांत राज्य में सुरक्षा बलों को उतारकर हालातों को नियंत्रित करने का प्रयास किया। लेकिन इन शीघ्रता से उठाए कदमों के कारण बहुत से लोगों को लगने लगा कि कश्मीर जल्दी ही भारत से 'आजादी' हासिल कर लेगा। इस तरह यह कहना की राज्य में स्थितियों 19 जनवरी, 1990 के बाद बिगड़ीं, यह सरासर गलत होगा और ज्यादातर स्थितियाँ यही संकेत करती हैं कि हालात काफी पहले से बिगड़ने लगे थे और राज्य ने इन्हें और खराब होकर आतंकवाद व हिंसा का केंद्र बनने दिया। वर्ष 1992 में जम्मू एंड कश्मीर डिस्टब्र्ड एरिया ऐक्ट, 1992 अस्तित्व में आया। इसके अतिरिक्त नियंत्रण रेखा, जिसमें शुरुआत में ऐसे कई खुले स्थान थे, जहाँ से हथियार और आतंकवादी घुसपैठ कर सकते थे और संभावित आतंकियों को बाहर ले जाया जा सकता था, उन्हें अधिक मजबूत बनाने के साथ ही वहाँ टुकड़ियों की संख्या भी बढ़ाई गई और बाद में, 2000 के दशक के आरंभ में वहाँ बाड़ लगा दी गई। घाटी की स्थिति को पुनः सामान्य बनाने के लिए अतिरिक्त सैन्य दस्तों व सेंट्रल आर्म्ड पुलिस फोर्स (सी.ए.पी.एफ.) बुलाकर तैनात किए गए, जिससे आतंक के ग्राफ में काफी गिरावट आई। इन सब आतंक-विरोधी पैमानों को लागू करने के बाद घाटी में अगले तीन दशक तक थोड़ी मात्रा में शांति व व्यवस्था बनी रही।

जब पदोन्नति न होना छिपा आशीर्वाद बना

इस सब हंगामे के बीच जहाँ कश्मीर घाटी पर अनिश्चितता ने पूरी ताकत से प्रहार किया था, वहाँ यही उचित होगा कि इस अध्याय का समापन इस दिखने में छोटे, लेकिन सुखद घटना के साथ किया जाए—यह ऐसे प्रसंग हैं, जो सैनिकों का मनोबल बढ़ाने और उन्हें दैनिक जीवन तथा साहसिक मिशनों की चुनौतियों से गुजरने में मदद करते हैं। यह घटना जनवरी, 1990 के सर्द महीने के दौरान तब घटी, जब आतंकवाद अपने शुरुआती दौर में था तथा जैसा कि मैंने पहले बताया, मेरी यूनिट, जो रिजर्व दस्ते का हिस्सा थी, पूरी कश्मीर घाटी में किसी भी तरह की आतंक-विरोधी काररवाई के लिए इमिजिएट रिस्पांस फोर्स (त्वरित प्रतिक्रिया बल) के रूप में उपलब्ध थी।

उन दिनों सेकेंड लेफ्टिनेंट का पद पहला कमिशंड मिलिट्री रैंक होता था। सेकेंड लेफ्टिनेंट, जिसे यूनिट में मिस्टर के रूप में भी संदर्भित किया जाता था, उन्हें सेवा के दो वर्ष पूरे करने के बाद शांत स्टेशनों में पदोन्नति देकर लेफ्टिनेंट और फील्ड एरिया में सीधे कैप्टन का पद मिल जाता था। हमारी यूनिट में एक युवा सेकेंड लेफ्टिनेंट कश्मीर फील्ड एरिया

था, तो उन्हें सीधे कैप्टन का पद मिलना था, जो दिसंबर 1989 के बाद उनके सैन्य कॅरियर की पहली पदोन्नति होती। हालाँकि यह पदोन्नति हुई नहीं, क्योंकि मंजूरी देने वाले कमान अधिकारी लघु अवकाश पर थे। स्थानापन्न कमान अधिकारी का सैन्य मर्यादा पर जोर था तथा उन्हें पूरी तरह लगता था कि अफसर की पदोन्नति का काम केवल कमान अधिकारी का विशेषाधिकार है, न कि उनकी अनुपस्थिति में कार्य कर रहे व्यक्ति का, इसी कारण कैप्टन रैंक पर पदोन्नति नहीं हो सकी थी।

राज्यपाल का शासन लगने के बाद शीघ्र ही नागरिक अधिकारियों की मदद के लिए सेना की माँग व तैनाती कई गुना बढ़ गई। 27 जनवरी, 1990 को, राज्यपाल का शासन लगने के एक हफ्ते के भीतर, एक अवसर पर हमारी यूनिट को एक बड़ी आतंक-विरोधी काररवाई में हिस्सा लेने के लिए त्राल जाने का आदेश आया। त्राल दक्षिण कश्मीर का एक छोटा सा गाँव है, लेकिन यह आज भी दक्षिण कश्मीर में स्थानीय व विदेशी आतंकवादियों को सर्वाधिक संख्या में पोषण व पनाह देने में अपने आकार से कहीं अधिक कुख्यात है। स्थानापन्न कमान अधिकारी ने सेकेंड लेफ्टिनेंट के मातहत एक छोटी सी 'हिट टीम' का गठन किया (जो काफी कुछ पहले की कमांडो प्लाटून जैसी थी)। यूनिट ने सुबह 3:30 के करीब त्राल गाँव से लगभग 2 किलोमीटर पड़ाव डाला और सभी राइफल कंपनियाँ सुबह की पहली किरण के पूर्व अपनी योजना को अंजाम देने के लिए अपने निश्चित स्थानों पर पहुँच चुकी थीं।

हिट टीम को हालातों के अनुसार 'हिट' करने का अगला आदेश मिलने तक सड़क के पास उनके पड़ाव बिंदु पर ही डटे रहने के निर्देश दिए गए थे। उस दिन कश्मीर में जनवरी की जमा देने वाली ठंड थी और भारी बर्फबारी हो रही थी। सैन्य संस्कृति का हिस्सा रहे पारंपरिक आतिथ्य के अनुरूप हिट टीम के एक जवान ने गरम चाय पीने के लिए पूछा।

जाहिर है, उन्हें यह प्रस्ताव पसंद आया और इसके बाद चाय बनाने के लिए वन-टन वाहन (वन-टन विश्वयुद्ध का पुराना पेट्रोल वाहन था) में एक ब्रास केरोसिन स्टोव को जलाया गया। चूँकि यह एक महत्त्वपूर्ण ऑपरेशन था, तो कोर कमांडर, जो सख्त अनुशासन वाले व्यक्ति थे, इस काररवाई के दौरान खुद मौजूद रहना चाहते थे और पूरे अपने लाव-लश्कर के साथ उनका वाहन गाँव में ठीक उस वक्त प्रविष्ट हुआ, जब स्टोव को जलाया गया और उसकी लपट दूर आकाश में साफ दिखाई दे रही थी। पेट्रोल वाहन के भीतर जलता हुआ स्टोव देखकर कोर कमांडर, तो पहले ही सख्त अनुशासन वाले व्यक्ति थे, अपना आपा खो बैठे, उन्होंने अपने लश्कर को पड़ाव बिंदु के पास रोका और वहाँ के सबसे वरिष्ठ अफसर को आगे आकर इस अवज्ञा का स्पष्टीकरण देने को कहा।

अचानक ही सब लोग 'सबसे वरिष्ठ अफसर' को तलाशने लगे और सेकेंड लेफ्टिनेंट

(जो सौभाग्य से अभी कैप्टन के पद पर पदोन्नत नहीं हुए थे) अपने कंधे पर RAJRIF की वर्दी का हिस्सा रहा कॉटन का काला एपोलेट (स्कंध पट्ट) डाले अंधेरे में से नमूदार हुए, जिस कारण अंधेरे में उनका रैंक पता नहीं चला। कोर कमांडर ने कड़कती आवाज में पूछा, 'तुम कौन हो?' उन्होंने कहा, 'सेकेंड लेफ्टिनेंट···सर' जो कि 'सबसे वरिष्ठ अफसर' के सवाल का शीघ्र व सीधा जवाब था। कुछ पल मौन के बाद कोर कमांडर बुदबुदाए, 'सेकेंड लेफ्टिनेंट, हम्मम, गर्रर्र, हम्मम,' और इसके बाद चले गए। जाहिर है, वे एक जूनियर अफसर को निशाना नहीं बनाना चाहते थे और इस काम के लिए कम-से-कम कैप्टन पद का व्यक्ति चाहते थे।

इस अभियान के बाद आने वाले दिनों में और भी बहुत कुछ हुआ, चूँकि कश्मीर तेजी से आतंकवाद का केंद्र बनता जा रहा था, जिस कारण हमारी यूनिट हमेशा मुस्तैद और आतंक-विरोधी अभियानों में व्यस्त रही। अगले अध्याय में कश्मीर की अस्थिर स्थिति और इसके बाद की घटना-शृंखला के बारे में अधिक विस्तार से जानेंगे।

□

14

राष्ट्रीय राइफल्स :
आर.आर, सिर्फ नाम ही काफी है

पहला एनकाउंटर

जैसा पहले बता चुका हूँ, हमारी यूनिट सितंबर 1988 में कश्मीर घाटी पहुँची, जो मेरा कश्मीर का पहला दौरा था। इस तरह मेरी विशिष्ट यात्रा की शुरुआत हुई, जहाँ मेरा जीवन धीरे-धीरे कश्मीर के अत्यंत खूबसूरत स्थानीय निवासियों के साथ सामाजिक-सैनिक तानेबाने में बुनता चला गया, और जो आज मेरे जीवन व आत्मा का स्थायी हिस्सा है। इस जीवनयात्रा में अनेक उतार-चढ़ाव आए, लेकिन यह एक सेकेंड के लिए भी, सही या गलत किन्हीं भी कारणों से, बेरंग या नीरस नहीं हुआ।

हालाँकि यह खास घटना तब घटी, जब मैं अपनी यूनिट में था और इसी ने मेरे बाद में आर.आर. में कॅरियर की नींव रखी, इसलिए मैं इसका आर.आर. में मिले अनुभवों की भूमिका के रूप में वर्णन कर रहा हूँ, ऐसा बल, जिसके जैसा और कोई नहीं है। वर्ष 1990 में, जब हिंसा की घटनाएँ रोज की बात होने लगीं, तब हमें पूरी घाटी में छोटे समूहों में तैनात किया गया। हमने कुछ विशेष क्षेत्रों में काम करना आरंभ किया, जिसमें कुपवाड़ा, हंदवाड़ा, बाँदीपुर, बारामूला, सोपोर, त्राल और श्रीनगर का बाहरी इलाके शामिल थे। इस तरह कश्मीर में सेना का कार्य लगातार बढ़ता जा रहा था, जिससे हालातों को नियंत्रण में रखा जा सके। इसकी भूमिका बढ़ने के साथ ही, सेना अधिक-से-अधिक आतंक-विरोधी अभियान करती रही, जिसके परिणामस्वरूप बड़ी संख्या में हथियार व गोला-बारूद बरामद होते और बड़ी संख्या में आतंकवादियों की गिरफ्तारियाँ भी होती थीं। आर.आर. का गठन 1980 के दशक में पंजाब में ऑपरेशंस के लिए हुआ था। बाद में 1990 के दशक में इसकी कुछ बटालियनों को सामान्य स्थिति बहाल करने के लिए पंजाब से कश्मीर बुला लिया गया, विशेष रूप से दक्षिण कश्मीर में, जहाँ शुरुआत में सेना मौजूद नहीं थी। फिर भी धीरे-धीरे आर.आर. कश्मीर में प्रमुख आतंक-विरोधी बल बन गया, तथा नागा शांति

समझौते पर हस्ताक्षर के बाद इसकी कुछ और यूनिटों को मणिपुर व नागालैंड से कश्मीर बुला लिया गया।

पहली मुठभेड़ हमेशा सबसे अहम होती है, जिसकी छाप मन पर हमेशा बनी रहती है। इसकी याद जीवनभर बनी रहती है। आतंकियों के साथ मेरी पहली मुठभेड़ तब हुई, जब हम नियंत्रण रेखा के पास स्थित कुपवाड़ा जिले की बंगस घाटी में गश्त लगा रहे थे, जो आतंकवादियों की घुसपैठ का मुख्य मार्ग था। शेष कश्मीर की तरह, जो अछूते प्राकृतिक सौंदर्य से पूर्ण है, बंगस घाटी भी वस्तुत: चराई की जमीन है, यह उस वक्त के विख्यात और अधिक लोकप्रिय पहाड़ी डेस्टिनेशन गुलमर्ग, जिसका मतलब 'फूलों की वादी' है, से भी अधिक खूबसूरत थी। जब हम इस इलाके में पहली बार टोही गश्त लगा रहे थे, उस वक्त पेट्रोल लीडर थे लेफ्टिनेंट कर्नल के.जे. सिंह कँग, जो एक शानदार सैनिक थे और जिनका पढ़ाई के प्रति अद्भुत रुझान था तथा इससे अधिक प्रासंगिक वे गोल्फ के रैंकधारी खिलाड़ी भी थे, जबकि मैं पेट्रोल में 2IC (सेकेंड इन-कमांड) था। जब हम बंगस घाटी में ऊपर की तरफ जा रहे थे। लेफ्टिनेंट कर्नल के.जे. सिंह पेट्रोल में सबसे आगे थे और मैं उनके ठीक पीछे था। हम इस जोखिम भरे पहाड़ पर पिछले छह से सात घंटे से चलते हुए आगे बढ़ रहे थे और जब हम शीर्ष पर पहुँचे तो के.जे. सिंह कुछ सेकेंड रुके और अपने हाथ फैलाते हुए जोर से कहा, 'हे ईश्वर, यह तो सेवेंटी-टू-होल गोल्फ कोर्स है!' मैं जो उस वक्त गोल्फ नहीं खेलता था, उनके थोड़ा ही पीछे था, इसलिए मुझे नहीं दिखा कि सामने क्या है, लेकिन कुछ सेकेंड बाद मैंने जो नजारा देखा, उसे शब्दों में बयान नहीं किया जा सकता। बंगस सचमुच अद्भुत था!

बंगस घाटी करीब 3500 मीटर की कम ऊँचाई पर पशु चराई के लिए घास का विशाल मैदान था और इसमें चराई के दो प्रमुख चारागाह थे, जिनके नाम बॉड बंगस (बड़ा बंगस) और लोकुट बंगस (छोटा बंगस) थे, जो कई किलोमीटर तक फैले हुए थे। ये घास के मैदान हर तरफ खड़ी शम्सबारी पहाड़ी सिलसिले से ढंके हुए थे, जो खूबसूरत शंकुधारी जंगलों से अँटी थी। घर बार साथ लिए फिरने वाले चरवाहे या स्थानीय भाषा में जिन्हें बकरवाल कहा जाता है, वे गरमियों के दौरान मैदानों या जम्मू के छोटी पहाड़ी इलाकों से अपने मवेशियों को लेकर यहाँ आ जाते थे और सर्दियों में इस क्षेत्र में भारी बर्फबारी के कारण वापिस लौट जाते थे। इन बकरवालों की काठ की झोंपड़ियाँ (जो ढोक नाम से प्रसिद्ध हैं) उनकी अनुपस्थिति में खाली रहती थीं और ये आतंकी घुसपैठियों के लिए रास्ते में ठहरने की सुविधा का काम करती थीं।

मेरी आतंकियों के साथ पहली मुठभेड़ पर वापिस लौटते हैं, बंगस की मेरी ऐसी दूसरी या तीसरी गश्त के दौरान मैं पेट्रोल लीडर था और हमारा सामना कश्मीर में घुसपैठ के

लिए बंगस के ढोक में ठहरे कश्मीर में घुसपैठ करने वाले आतंकवादियों के साथ हो गया। बल्कि जब हम गश्त लगाते हुए बढ़ रहे थे, तब वे छोटी सी ढोक में छिपे हुए थे। उन्होंने शायद हमें आते हुए देख लिया था और जैसे ही हम उनकी झोंपड़ी के पास पहुँचे, पेट्रोल में से किसी ने मुझसे रुकने की गुहार लगाई, जो उनके छिपने के स्थान के पास ही था। रुकने का सुझाव इसलिए आया, क्योंकि यह इलाका घने जंगलों के बीच न होकर थोड़े खुले में था। आजकल के अभियान उन दिनों से लगभग पूरी तरह विपरीत हैं, क्योंकि आज सेना की पेट्रोल कभी भी खुले इलाके में नहीं रुकती बल्कि ऐसे इलाके को चुनती है, जो घने वन से ढका हो, जिससे आतंकियों द्वारा देखे जाने और सहज निशाना बनने से बच सकें।

हमारे रुकने के बाद मेरे पेट्रोल 2IC, सूबेदार साहब ने पेट्रोल के सदस्य से सबके लिए चाय बनाने को कहा। इसलिए कुछ जवान चाय बनाने के लिए आग जलाने हेतु आसपास सूखी लकड़ियाँ तलाशने लगे। आतंकियों को शायद लगा कि हम उनके छिपने के स्थान की घेराबंदी कर रहे हैं, और उन्होंने घबराहट में अपने हथियारों की रेंज के बाहर ही हमपर गोलियाँ चलाना शुरू कर दिया। हमने तुरंत जवाबी गोलाबारी की और हमारे बीच संक्षिप्त सी गोलाबारी हुई। हालाँकि हमारी तरफ कोई नुकसान नहीं हुआ, लेकिन मेरे लिए यह अभियान आँखें खोलने वाला रहा। मैंने एक कठोर सबक सीखा कि आतंक-विरोधी बल कभी भी शिथिल या क्षणभर को भी आश्वस्त नहीं हो सकता और उसे हर वक्त सावधान रहना होगा क्योंकि खुले युद्ध के विपरीत, इस मामले में सबसे बुरी चीज यह है कि यहाँ युद्ध के सीधे मुकाबले की जगह गुप्त रूप से काररवाई करनी होती है। ऐसा हर ऑपरेशन हमें और अधिक समझदार और तेज बनाता है, जिसका परिणाम यह है कि आज आतंक-विरोधी अभियानों को पूर्णतः सटीक बारीकी के साथ अंजाम दिया जाता है और टीम का हर सदस्य उसे सौंपे गए काम को करने के लिए पूरी तरह प्रशिक्षित व तैयार होता है।

राष्ट्रीय राइफल को ऊर्जावान बल के रूप में सान चढ़ाना

यहाँ उचित होगा कि मैं भारत के उत्तर-पूर्वी हिस्से और कश्मीर में राष्ट्रीय राइफल्स के अपने कई कार्यकालों के बारे में उल्लेख करूँ। राष्ट्रीय राइफल्स आतंकी विरोधी काररवाई करने वाला बल है, जहाँ हर किसी को दो या ढाई वर्ष की तैनाती पर भेजा जाता है, जिसके बाद वे अपनी मूल यूनिट में वापिस लौट जाते हैं, जो कि मेरे लिए राजपूताना राइफल्स थी। मुझे 1990 के दशक के अंत में मणिपुर में तैनात राष्ट्रीय राइफल्स में भेजा गया था। यूनिट में अपने पहले ही दिन, जब मैं कंपनी का चार्ज ले रहा था, कंपनी कोत (जो कुछ लोगों के मुताबिक तकनीकी उपकरणों के रखवाले का संक्षिप्तीकरण है) में से

एक खास उपकरण के लापता होने की खबर आई—जहाँ हथियार, कंपास, नाइट विजन डिवाइस, कई तरह के रेडियो सेट्स और अन्य बहुत से परिष्कृत उपकरणों का भंडारण होता है। मैं यहाँ जिस खास उपकरण की बात कर रहा हूँ, वह उपकरण उस वक्त कोत में मिल नहीं रहा था, हालाँकि बही-खाते में उसकी प्रविष्टि थी और उसे वहाँ होना भी चाहिए था। जिस युवा अफसर ने मुझे कंपनी का प्रभार सौंपना था, उसे किसी दूसरी यूनिट में तैनाती पर जाना था और वो मेरा जूनियर था एवं जब मैं इंफैंट्री स्कूल महू में प्रशिक्षक था, तब वह यंग ऑफिसर्स कोर्स में मेरा छात्र भी रहा था। उस अफसर ने मुझे और सी.ओ. कर्नल (बाद में ब्रिगेडियर) एस.डी. नायर को लापता उपकरण के बारे में बताया, जिसकी कीमत बही-प्रविष्टि के अनुसार 2000 रुपये थी। अफसर लगातार यही कहे जा रहा था कि उसने इस उपकरण को देखा तक नहीं और उसे यह तक नहीं पता कि वह देखने में कैसा था, जिसका सख्त मिजाज सी.ओ. ने जवाब दिया, 'ये 2000 रुपये जैसा दिखता है,' जिसका मतलब था कि उस अफसर को यहाँ से जाने की अनुमति मिलने के पूर्व उपकरण के लिए भुगतान करना होगा। मुझे आज भी उस अफसर का चेहरा याद है, जब उसे यह अहसास हुआ कि उसे उस उपकरण की कीमत जमा करवानी होगी। हालाँकि बाद में वह उपकरण वस्तुतः कोत में ही मिल गया और उस अफसर को उसका धन वापिस मिल गया। लेकिन इस प्रसंग ने मुझे गंभीर-दायित्व बोध और सावधानी पर समुचित जोर देना सिखाया, जो हर सैनिक को अपने पूरे कार्यकाल के दौरान दिखाना होता है, जहाँ छोटी सी चूक या कार्यभार में गलती की सख्त सजा होती है। जैसा कि पिछले अध्याय में उल्लेख था कि ईमानदारी, वफादारी, जिम्मेदारी की अवधारणा हमेशा ही एक सैनिक के जीवन का अहम हिस्सा होती है।

ऐसा ही एक और किस्सा मणिपुर की खूबसूरत लोकटक झील का है, जो अपने तैरते द्वीपों के लिए प्रसिद्ध है। जब मैं वहाँ तैनात था, तब यह द्वीपों की खूबसूरती इस तथ्य से दागदार हो गई थी कि विद्रोही अकसर इसे 'आराम करने व ताजादम होने' के लिए इस्तेमाल करते थे। विद्रोही झील तक पहुँचते, अपने हथियारों को पॉलिथिन बैग में सीलबंद करते और इन्हें झील के पानी में डुबो देते और इस बीच तैरते द्वीपों पर थोड़ी देर विश्राम करते। एक शाम हमें सूचना मिली कि कुछ विद्रोही एक द्वीप के किसी घर में छिपे हुए है। हमने घुसपैठियों को पकड़ने के लिए उसी रात काररवाई करने का फैसला किया, लेकिन जब हम उस द्वीप पर लक्षित मकान में घुसे, तो हमें वहाँ कुछ नहीं मिला और हमें काररवाई रोकनी पड़ी। ऐसा शायद इसलिए हुआ, क्योंकि मुख्यभूमि से इस द्वीप पर आने का केवल एक रास्ता था और जब घुसपैठियों ने हमारे सैन्य वाहनों को इस प्रवेश द्वार से होकर द्वीप की तरफ बढ़ते देखा, तो उन्हें हमारी योजना की भनक लग गई, जिससे वे पहले

ही सावधान हो गए और उन्हें निकल भागने के लिए पर्याप्त समय मिल गया।

हमारा प्रयास खाली गया, क्योंकि हमें वहाँ न तो विद्रोही मिले और न ही द्वीप पर उनके मौजूद होने का कोई तात्कालिक प्रमाण मिला और हमें यूनिट वापिस लौटना पड़ा। हालाँकि जब हम वापिस लौटे और हमने अपने हथियारों, गोला-बारूद और अन्य महत्त्वपूर्ण उपकरणों को गिना तो हमारी इन्वेंटरी में एक जवान का बुलेटप्रूफ पटका या हेलमेट नहीं था। यूनिट के सी.ओ. कर्नल एस.डी. नायर वही सख्त अनुशासन वाले सी.ओ. थे, जिन्होंने उस अफसर से लापता वस्तु के लिए वसूली की थी, उन्होंने इस मामले को तूल न देने से इनकार कर दिया और हमसे कहा कि हम ऑपरेशन वाले घटनास्थल पर फिर से जाएँ और खोए पटके की तलाश करें। यह एक बड़ी चुनौती थी, क्योंकि उस स्थान पर वापिस जाना, जहाँ हाल ही में विद्रोही विरोधी ऑपरेशन से वापिस लौटे हों, वहाँ जाने में जोखिम था, क्योंकि संभव है कि ऑपरेशन समाप्त होने के बाद विद्रोही उस जगह वापिस लौट आए हों और वे जाहिरा तौर पर किसी भी अग्रिम काररवाई के लिए अधिक हथियारों से लैस व ज्यादा तैयार हो सकते थे। लेकिन हमारे पास सी.ओ. का आदेश मानने के अलावा और कोई उपाय नहीं था, और इसलिए हम उस द्वीप पर वापिस लौटे, हालाँकि हमने अपने वाहनों की हेडलाइट बंद रखने जैसी पूरी सावधानी बरती।

भाग्य से घुसपैठिए जो रात को किसी अधिक सुरक्षित स्थान पर चले गए थे, अब वापिस लौट चुके थे और वे द्वीप पर स्थिति लक्षित मकान में मौजूद थे। हमने उन्हें निश्चिंत भाव से डिनर करते पाया और फौरन गिरफ्तार कर लिया। हमने अचानक काररवाई करके उन्हें आसानी से पकड़ लिया और हालाँकि हमें खोया हुआ पटका नहीं मिला, लेकिन आखिरकार हमारा ऑपरेशन सफल रहा। इस तरह यह ऑपरेशन जिसपर उपकरण के खोने और घुसपैठियों को पकड़ने में नाकाम रहने के कारण अंततः विफल होने का खतरा मंडरा रहा था, इसकी बजाय यूनिट कमांडर के नियम पालन व अभियान स्थल पर कुछ भी पीछे छोड़कर न जाने के समर्पण के कारण सफल रहा। जाहिर है, सफलता से ज्यादा बेहतर कुछ नहीं होता! हालाँकि इस प्रसंग के सबसे अहम सबक ने भारतीय सेना के उस दर्शन की ही पुष्टि की कि 'भारतीय सेना पीछे कुछ नहीं छोड़ती, अपने मृतकों को भी नहीं।' यह वह इकलौता अहम सिद्धांत है, जो हमें कई अन्य सेनाओं से अलग बनाता है। वहीं अगर पाकिस्तानी सेना को देखें तो कारगिल युद्ध के दौरान भारतीय सेना द्वारा फिर से अपने कब्जे में ली पहाड़ियों पर वे न केवल अपने सैनिकों के मृत शरीरों को पीछे छोड़ गए बल्कि जब भारतीय सेना ने नैतिकता दिखाते हुए उन्हें वापिस लौटाने का प्रस्ताव भी दिया तो उन्होंने उनके मृत शरीरों को स्वीकार करने और लेने से इनकार कर दिया। बाद में भारतीय सेना ने पाकिस्तानी फौजियों का उनके यथोचित धार्मिक रीति-रिवाजों के साथ कफन-दफन किया।

मेरी कंपनी बटालियन हेडक्वार्टर से लगभग 40 किलोमीटर दूर दक्षिण मणिपुर के चुराचांदपुर जिले में तैनात थी। चूँकि यह इलाका विद्रोहियों द्वारा घात लगाकर हमला करने को लेकर अतिसंवेदनशील था, इसलिए यहाँ के अभियानों में वाहनों का उपयोग पूरी तरह वर्जित था। फिर भी अन्य दैनिक कार्य जैसे राशन व चिट्ठियाँ तथा वेतन लाने के लिए वाहनों की जरूरत तो पड़ती ही थी। इस संदर्भ में हमें हर पखवाड़े एक खास तरह का कार्य करना पड़ता था, जिसे 'हाफ लिंक' कहते थे। यह अनिवार्य था कि जो कोई भी छुट्टी जाता था, उसे कंपनी बेस से बटालियन हेडक्वार्टर तक पैदल जाना होता था, जबकि जो जवान छुट्टी से वापिस लौट रहे होते थे, उन्हें भी बटालियन मुखयालय से कंपनी बेस तक पैदल आना होता था और वहाँ केवल जरूरी सामान लाने-ले जाने वाले वाहनों को चलने की अनुमति थी। इस इलाके में सप्लाई व जवानों के छुट्टी पर आवागमन के मध्य-बिंदु को हाफ लिंक के नाम से जाना जाता था। यह कंपनी में सबसे पसंदीदा घटनाक्रम था, चूँकि यह न केवल छुट्टी पर जाने वालों का वाचक था, बल्कि यह बहुत-प्रतीक्षित राशन, तथा इससे भी ज्यादा जरूरी चिट्ठियों और कंपनी में तैनात जवानों के वेतन के थैले आने का परिचायक भी था। ऐसे छोटी काररवाई इस बात का भी संकेत है कि सभी सैन्य गतिविधियों में जवानों की सुरक्षा और कल्याण के बीच हमेशा कितना नाजुक संतुलन बनाए रखा जाता है।

ऑपरेशन पर जाने के पूर्व आर.आर. दस्ते का मनोबल बढ़ाने हेतु संबोधन

अग्नि परीक्षा हो या ज्वार, याद आता है परिवार

परिवार की बात करें, तो मेरे सबसे बड़े ऑपरेशन की शुरुआत मेरी पत्नी के जन्मदिन के बस चार दिन पहले हुई, जब हमें दक्षिण मणिपुर के चुराचांदपुर जिले में हथियारों से लैस तीस विद्रोहियों के ठिकाने की खबर मिली। मुझे रात के करीब 11 बजे मेरे सी.ओ. कर्नल एस.डी. नायर का फोन आया और उन्होंने मुझे एक खास गाँव में घुसपैठियों की मौजूदगी की अहम जानकारी दी। यह गाँव विद्रोहियों के समूहों के वहाँ नियमित रूप से आने के लिए बदनाम था, बल्कि एक समय यहाँ उनका ट्रेनिंग कैंप भी हुआ करता था। जब सी.ओ. ने मुझसे मेरी योजना पूछी तो मैंने सुझाव दिया कि चूँकि गाँव पहाड़ शीर्ष पर स्थित है और चूँकि भारत के पूर्वी हिस्से में सूर्योदय भी थोड़ा जल्दी होने वाला है, तो हम वहाँ पहुँचकर अचानक हमला नहीं कर सकते। मैंने सुझाव दिया कि हम सब छोटे दल बनाकर गाँव की तरफ बढ़ें, जबकि शेष दल लक्षित गाँव पर घात लगाकर हमला करें और गाँव से बाहर जाने वाले रास्ते पर निगाह रखें, जिससे पहाड़ से नीचे भागते घुसपैठियों को निशाना बनाया जा सके। इसलिए मुझे मिलाकर हम केवल दस जवान बहुत हल्के हथियारों के साथ गाँव की तरफ बढ़ने लगे। वहाँ पहुँचते ही विद्रोही हम पर गोलियाँ चलाने लगे, क्योंकि विद्रोहियों ने हमें आते हुए देख लिया था और वे हम पर गोलियाँ बरसाने लगे। हमने जवाब में गोलियाँ चलाईं, लेकिन इस गोलाबारी में दोनों तरफ का कोई घायल नहीं हुआ। हालाँकि हमारा पोस्ट डाग (कुत्ता), जो हमारे पेट्रोल के साथ हमेशा आता था और सबसे आगे चलता था, उस दिन हमारा रक्षक साबित हुआ। वह सबसे आगे चलता हुआ टीम की अगुआई कर रहा था, जबकि मैं ठीक उसके पीछे था। मेरे पीछे बाकी आठ जवान थे। जैसे ही गाँव के नजदीक पहुँचे, डॉग को कुछ गड़बड़ महसूस हुई और वह गाँव से कुछ ही मीटर दूर बैठ गया। डॉग से संकेत मिलते ही मैंने 'डिप्लॉय' (फैल जाने) का आदेश दिया। विद्रोही, जो पहाड़ की चोटी से हमें देख रहे थे और हमारे उनके जितना संभव हो, उतना निकट आने की प्रतीक्षा में थे, ताकि सही वक्त पर गोलियाँ चला सकें। लेकिन जब उन्होंने हमें रुकते और फैलते हुए देखा, तो शायद उन्हें लगा कि हम गाँव को घेरने वाले हैं और उन्होंने हमें आगे बढ़ने से रोकने के लिए हम पर मशीन गन और ग्रेनेड लॉन्चर से हमला कर दिया। उनकी तरफ से लगातार होती फायरिंग में एक गोली हमारे डॉग के पैर पर लगी, जबकि हम सब सकुशल बच गए। जहाँ मैं घुसपैठियों को पहाड़ की चोटी से मशीन गन द्वारा गोलियाँ बरसाते देख सकता था, वहीं वे गोलियाँ मुझे लगने के बजाय मेरे ऊपर से होकर निकल रही थीं।

'प्लंजिंग फायर', गोलियाँ जो निशाना चूकें

'प्लंजिंग फायर' मूलतः भौतिकी में एक प्रमुख तत्त्व का विवरण है। जब बंदूक की नली से गोली निकलती है, तो वह निश्चित दूरी तक बिल्कुल सीधी जाती है और इसके बाद विभिन्न वातावरणीय कारणों से नीचे की तरफ गिरना शुरू हो जाती है, क्योंकि विभिन्न वातावरणीय कारकों और गुरुत्वाकर्षण के प्रभाव से इसकी गति कम होने लगती है और यह नीचे होती जाती है। इसके परिणामस्वरूप, बंदूक की नली को यदि लक्ष्य की तरफ सीधा रखकर फायर किया जाए तो गोली अपने लक्ष्य तक नहीं पहुँच पाती। इसलिए सभी लंबी दूरी के हथियारों की दृष्टि-प्रणाली को इस तरह डिजाइन किया जाता है कि टार्गेट जितना दूर हो इसकी नली उसके थोड़ा ऊपर निशाना लगाती है, इससे गोली या तोप के गोले का लक्ष्य ठीक आँखों के सामने नहीं होता, बल्कि इसके प्रतीकात्मक उड़ान मार्ग से थोड़ा ऊपर की ओर होता है। इस तरह हथियारों की दृष्टि-प्रणाली का ऐसा डिजाइन यह सुनिश्चित करता है कि हथियार चलाने वाला व्यक्ति और उसका लक्ष्य बराबर ऊँचाई पर हों। हालाँकि जब गोली ऊँचाई से चलाई जाती है, तो गुरुत्वाकर्षक बल उसे तेजी से नीचे की तरफ लाता है, जिससे इसकी प्रतीकात्मक गति प्रभावित होती है और अकसर निशाना चूक जाता है। मैं इन्फैंट्री स्कूल में प्रशिक्षक रहा था और प्रशिक्षण के दौरान अपने सभी छात्रों को 'प्लंजिंग फायर' की अवधारणा का सिद्धांत सिखाता था, लेकिन उस दिन पहली बार मैंने प्लंजिंग फायर का व्यावहारिक उपयोग होते देखा और वो भी विद्रोहियों के साथ आमने-सामने के मुकाबले में लक्ष्य (टार्गेट) की तरफ रहते हुए। दिलचस्प बात है कि विद्रोहियों के पास प्रकट रूप से हमसे अधिक ऊँचाई पर होने का लाभ था, लेकिन वे भौतिकी के नियम की अज्ञानता का शिकार बने। मैं अपने पर गोली चलाने वाले को देख सकता था, वह भी मुझे देख सकता था, वह मेरे मुकाबले अधिक बेहतर स्थिति में था। फिर भी उसकी गोलियाँ मुझे छू भी नहीं पा रही थीं, क्योंकि प्लंजिंग फायर के कारण वह निशाना चूक जाता और गोलियाँ मेरे सिर के ऊपर से सनसनाती हुई निकल जातीं। यह बात सच है कि पढ़ने और वास्तविकता के बीच बड़ा अंतर होता है तथा इसका सबूत ठीक मेरी आँखों के सामने था!

उस वक्त से प्लंजिंग फायर की अवधारणा को मैं गहराई से समझ गया और यह हमारे प्रशिक्षण तथा पहाड़ों में ऑपरेशन से पहले की तैयारी के दौरान अंतिम क्षणों की ब्रीफिंग का आंतरिक हिस्सा भी बन गई। जैसा कि सेना में कहावत है 'आप शांति में जितना पसीना बहाएँगे, युद्ध में उतना ही कम खून बहेगा' अर्थात् अगर आप भली-भाँति व मेहनत से प्रशिक्षण लेते हैं, तो युद्ध में उतने ही कम घायल होंगे। यह सूत्र मणिपुर की पहाड़ी पर दुर्भाग्यपूर्ण दिन निस्संदेह प्रामाणिक सिद्ध हुआ।

पहाड़ की चोटी पर बैठे विद्रोहियों के साथ इस मुठभेड़ के दौरान, जो तकरीबन दस मिनट चली—हम उनपर सीधा फायर नहीं कर सकते थे, क्योंकि वे हमसे अधिक ऊँचाई पर थे और पहाड़ के नीचे से उनपर निशाना लगाना मुश्किल था—तब हमने उससे फायर किया, जिसे 'टू-इंच मोर्टार' कहते हैं, यह तकनीकी रूप से छोटा चिकनी-बोर का हथियार था, जिससे उच्च विस्फोटक बमों को ऊँचाई पर इस कोण से दागा जाता है कि वे फटने पर प्रभाव उत्पन्न कर सकें। हमारे मोर्टार हमले का सामना न करने के कारण विद्रोही अपनी पोजिशन से भागने लगे। तत्पश्चात् हमने उनका पीछा किया, लेकिन चूँकि हम इस ऑपरेशन के लिए पिछली रात जल्दबाजी में एकत्र हुए थे, तो हमारे पास पका हुआ नहीं बल्कि केवल सूखा राशन ही था। विद्रोही दक्षिण की तरफ रिज लाइन (कटक रेखा) के साथ-साथ भागने लगे, जबकि हमने समझा था कि वे पहाड़ से नीचे आएँगे और हमने इसी के मुताबिक उनपर घात लगाकर हमला करने की तैयारी की थी। मेरी छोटी सी टीम पक्के इरादे के साथ रिज के साथ-साथ उनका पीछा करने लगी, लेकिन जल्दी ही हमारा पानी खत्म हो गया और पका हुआ खाना पाने की संभावना पानी ना होने पर और धूमिल हो गई। बल्कि वे झरने, जिनसे हमने अपनी खाली पानी की बोतलों को भरा था, वे भी पहाड़ के नीचे थे, जबकि हम रिज के साथ-साथ दौड़ रहे थे। यह भाग-दौड़ रातभर जारी रही और अगली सुबह हमें आसमान में मंडराते हेलिकॉप्टर में अपने सी.ओ., कर्नल एस.डी. नायर को बैठे देखकर खुशनुमा हैरानी हुई। वे बाहर निकलकर मशीन गन से नीचे की तरफ फायर कर रहे थे और चार घुसपैठियों को मारने में सफल रहे, जिन्हें उन्होंने इलाके की हेलिकॉप्टर द्वारा हवाई टोह के दौरान देखा था।

खाली पेट सैन्य अभियान

हम अभी भी पीछा कर रहे थे, हमने छत्तीस घंटों से कुछ नहीं खाया था, हमारे पास केवल सूखा राशन था, जिसे हम अपने बैगपैक्स में उठाए हुए थे। चूँकि सूखे राशन में चीनी, चाय पत्ती, आलू, और दालें होती हैं, तो उन्हें बिना पकाए खा नहीं सकते थे। यहाँ मैं एक खुलासा और करना चाहूँगा कि चूँकि राष्ट्रीय राइफल्स के सैनिकों को मीठा खाना पसंद था, तो ऑपरेशन पर जाते समय, जवानों को रास्ते में चीनी खाने से बचाने के लिए, हम चीनी को चाय की पत्तियों के साथ मिला देते थे—यह उनकी मीठा खाने की लाइलाज ललक से लड़ने का शानदार तरीका था!

अभी चुराचांदपुर जिले का अभियान पूरा नहीं हुआ था। अगली सुबह मुझे नाश्ते में एक प्याज और पूर्व-मिश्रित चीनी व चाय पत्ती दी गई और इस असाधारण व अल्प आहार के बाद हम फिर से अपने काम में जुट गए। हमें पूरी तरह से पता था कि विद्रोही हमसे

आगे कहीं पास में ही होंगे, इसलिए हम कम राशन और ऊर्जा के बावजूद पीछा जारी रखना चाहते थे। अगली शाम हम जैसे ही रुकने वाले थे, तभी विद्रोहियों के साथ हमारी एक छोटी सी मुठभेड़ हो गई, जिसने हमारी आशाओं और ऊर्जा को पुनः जाग्रत् कर दिया। चूँकि हम घने जंगल के बीच थे, तो हमारे रेडियो सेट 'स्क्रीनिंग इफेक्ट' (लाइन-ऑफ-साईट कॉम्यूनिकेशन डिवाइस होने के कारण रेडियो सेट किसी भी इमारत, पहाड़ या घने जंगल जैसी किसी भी बाधक चीज से प्रभावित हो जाते हैं) से प्रभावित हो गए थे और हमारी बैटरी भी समाप्त होने वाली थीं, तो हम किसी से संपर्क नहीं बना पा रहे थे।

अगली सुबह मेरे लिए बटालियन मुखयालय को कॉल करना जरूरी हो गया, ताकि उनसे रसद आपूर्ति की माँग कर सकूँ। मैं मुखयालय के साथ केवल तभी संपर्क कर सकता था, जब हम पहाड़ के ऊपर जाकर रेडियो कनेक्शन बना सकें, और बटालियन में मेरी बात 4RAJRIF के जिस अफसर से हुई, वे मेरे साथ ही RR में तैनात हुए थे, वे मेजर (बाद में कर्नल) अनिल कुमार सूरी उर्फ गूफी थे। बीते 35 घंटों से हमारे साथ हर तरह का संपर्क टूट जाने के कारण वे हमारी टीम को लेकर काफी चिंतित थे और उन्होंने मुझे अपनी लोकेशन स्पष्ट रूप से बताने को कहा, जिससे वे हमारे लिए राशन भेज सकें। मैंने कहा, 'सर, राशन तो बाद में भी आ जाएगा, इस वक्त सबसे जरूरी यह है कि इस ऑपरेशन में मेरे साथ मौजूद एक जवान की पत्नी की हालत गंभीर है और वे अपने घर पर अस्पताल में भर्ती है। तो क्या आप कृपया उसकी स्थिति जाँचकर 'सब ठीक होने' का समाचार दे सकते हैं और कृपया उन्हें भी बता दें कि उनके पति यहाँ बिल्कुल ठीक हैं?' मैंने निजी तौर पर यह भी कहा कि 'मेरी पत्नी का जन्मदिन आने वाला है, कृपया क्या आप उन्हें एस.टी.डी. कॉल करके मेरी तरफ से जन्मदिन की बधाई दे सकते हैं?' ऐसी भीषण स्थिति में भी, जहाँ हम जंगल के इलाके में मौत का सामना कर रहे थे और खाने-पीने से भी वंचित थे, वहाँ भी हमें हमेशा अपने परिवारों का ही खयाल था। बल्कि हम अकसर बीच-बीच में चुराचांदपुर में उस इलाके से परिचित पेट्रोल के साथ जाकर एस.टी.डी. लाइन से अपने घर फोन करते थे, जिससे जवान अपने परिवार के सदस्यों के साथ बात कर सकें। उन दिनों अपने परिवार के साथ संपर्क बनाए रखने का केवल यही एक तरीका था।

अब दक्षिण मणिपुर के जंगलों में कभी न खत्म होते दिख रहे अभियान पर वापिस लौटते हैं। हमने बीते तीन दिनों में कुछ निवालों के अलावा कुछ नहीं खाया था। चौथे दिन हमें लकड़हारों का एक समूह मिला, जिनके पास थोड़ा भोजन था। हालाँकि यहाँ भी हमारे लिए एक चुनौती-भाषा की समस्या थी—क्योंकि मणिपुर में हर कुछ किलोमीटर में बोलने का लहजा बदल जाता है। तो हमने संकेत भाषा द्वारा भोजन के लिए अनुरोध किया और

उन्होंने दयावश हमें कुछ दाल-चावल खिलाए, जिसे हम भूखे लोगों ने पूरे आभार के साथ खाया। लेकिन उनका खाना खाने के बाद जब हमने बदले में पैसे देने चाहे, तो उन्होंने उसे लेने से इनकार कर दिया।

अब हम असमंजस में थे, क्योंकि इससे पहले हमारे सामने ऐसी स्थिति कभी नहीं आई, जब स्थानीय लोगों ने किसी खरीदी या माँगी हुई वस्तु के बदले पैसे लेने से इनकार किया हो। थोड़े और हस्तमुद्राओं और संकेत भाषा के बाद हमें अहसास और साथ ही हैरानी भी हुई कि मणिपुरी विद्रोहियों का पीछा करते हुए हम म्याँमार सीमा के नजदीक पहुँच गए थे और पूरी संभावना थी कि वे बर्मी लकड़हारे (शायद अवैध) थे, जिन्होंने हमें खाना तो खिला दिया, लेकिन वे भारतीय मुद्रा नहीं पहचानते थे, इसलिए उन्होंने उसे स्वीकार नहीं किया। हालाँकि हम उन्हें उनकी भलमनसाहत के बदले कुछ देना चाहते थे और मैंने एक जवान से उसकी घड़ी उन्हें देने को कहा, जिसे उन्होंने ले लिया। जाहिर है, वापिस लौटने के बाद मुझे उस जवान को सी.एस.डी कैंटीन से नई एच.एम.टी. घड़ी दिलवानी पड़ी, लेकिन यह उस भरपेट भोजन की बहुत छोटी कीमत थी, जिसे हमने जंगलों के बीच चार दिन की कड़ी मशक्कत के बाद खाली पेट खाया था।

राष्ट्रीय राइफल्स, पलभर भी नीरसता नहीं

राष्ट्रीय राइफल्स में हर दिन नई चुनौतियाँ और सबक लेकर आता था और मैं यहाँ एक और प्रसंग बताना चाहूँगा, जो घुसपैठ-विरोधी अभियानों में सजगता और निरंतर चौकसी की अनिवार्यता को रेखांकित करता है। यह घटना मणिपुर में घटी, जब मैं बतौर मेजर राष्ट्रीय राइफल्स कंपनी को कमांड कर रहा था और जहाँ हमने चौदह दिनों तक तलाशी और समापन का स्वेच्छापूर्वक विस्तारित मिशन चलाया था। अभियान के बाद जब हम अपनी पोस्ट पर वापिस लौटे, तब तक दो हफ्ते बीत गए थे, मेरी अनुपस्थिति में पोस्ट पर मौजूद सूबेदार साब ने मेरे पहुँचते ही मुझे एक पत्र दिया, जिसे देखकर मुझे तत्क्षण अपशकुन का अहसास हुआ, क्योंकि मणिपुर और नागालैंड में विद्रोहियों के संगठन, विशेष रूप से नागा विद्रोही समूह, अभी भी सैन्य पोस्टों पर चेतावनी चिट्ठियाँ भेजने की पुरानी परंपरा का अनुपालन करते थे। यह लिखित पत्र उन्हीं के एक कमांडर ने भेजा था, जो संभवत: मेरी पिछली तैनाती में बतौर आम नागरिक मुझसे मिला था—उसने पत्र में पूरे गर्व के साथ लिखा था कि उनका गुट हमपर घात लगाकर हमला करने ही वाला था, लेकिन चूँकि वह 'साहब', यानी मुझसे पहले मिला था और मैं उन्हें काफी भला लगा एवं साथ ही हमारी कंपनी के जवान भी स्थानीय लोगों के प्रति काफी सम्मानपूर्ण थे, इसलिए उन्होंने हमारे ऊपर गोलाबारी नहीं कि जब हम जंगल में उनके छिपने के स्थान के बिल्कुल

पास में रुके हुए थे। 'तो अगली बार जब आप जंगल में गश्त के लिए जाएँ, तो और ज्यादा सावधान रहें,' यही उस पत्र का सार था। इस पत्र ने जहाँ ऊपर से हमें विद्रोही विरोधी अभियानों के दौरान अनिवार्य रूप से हमेशा सावधान रहने को जागरूक किया, वहीं गहन स्तर पर इसने मुझे अहसास करवाया कि जो कुछ हद तक दुःख की बात थी कि विद्रोही भी मानव हैं और मानवीय भावनाओं से प्रभावित होते हैं, जो उनके द्वारा मासूम लोगों पर किए अति अमानवीय व भयानक कार्यों के अनुरूप नहीं थे। दबे-कुचले मानवीय अहसासों की आशा की यह छोटी सी किरण और एक विद्रोही के दिमाग पर दिल को मिली दुर्लभ जीत को मैंने अपनी आगामी रणनीति का हिस्सा बनाने के साथ ही बाद में इसे कश्मीर में आतंकवादियों के साथ हुए कुछ संवादों का आधार बनाया, जिनमें ऑपरेशन माँ, तालीम से तरक्की, खैरियत पेट्रोल और हमसाया हैं हम, शामिल थे, जिनके बारे में मैं आगामी अध्याय में बताऊँगा।

इस तरह आतंक-विरोधी अभियान अपने आप में एक तरह का दिमागी खेल है एवं व्यक्ति को अपने निजी अनुभवों व जमीनी प्रशिक्षण के मिश्रण से आतंकियों से निपटने की अपनी क्षमताओं को धार देना सीखना चाहिए।

राष्ट्रीय राइफल्स, किंबरलाइट, जो दबाव में हीरा बन जाता है

राष्ट्रीय राइफल्स ने बतौर संगठन बहुत छोटे से शुरुआत की और नकारने वाले इसे 'RifRaf फोर्स' कहते थे, जो दुनिया की संभवतः सबसे पेशेवर आतंक-विरोधी बल है। मेरा विशेष सौभाग्य रहा कि मैंने आर.आर. में बतौर कंपनी कमांडर तीन वर्ष उत्तर-पूर्व में और इसके बाद कश्मीर में सबसे दुरूह और आतंक-पीड़ित इलाकों में सबसे चुनौतीपूर्ण समय के दौरान सेवा दी। कमांड में रहते और आर.आर. बल को बतौर आर.आर. सेक्टर कमांडर और अंत में बतौर कोर कमांडर काफी निकट से देखने के बाद मैं पूरी पेशेवर निष्ठा के साथ कह सकता हूँ कि आर.आर. में अतुलनीय जोश और पेशेवर रवैया की प्रेरणा ने इसे इस स्थिति में पहुँचाया है जो भारतीय सेना की किसी सबसे अच्छी व पुरानी नियमित यूनिट से भी बढ़कर है। वास्तव में इसकी हाथ में आए काम को पूरा करने में 'फायर इन द बैली' का स्पर्धात्मक समर्पण और इस उद्देश्य को हासिल करने की इसकी प्रेरणा ही आर.आर. सैनिक को अपनी मातृभूमि की सेवा करने के लिए निर्मित सबसे पेशेवर व दुर्जेय 'मानवीय मशीन' बनाती है। मैं पूरे विश्वास के साथ कहता हूँ कि सबसे भयंकर आतंकवादी बाधा को भी आर.आर का नाम और इसके नाम-विशेष, 'आर. आर.—सिर्फ नाम ही काफी है' अकारण नहीं मिला है। आर.आर. के प्रतीक में अशोक चक्र के साथ दो आपस में काटती लिपटी हुई संगीन चढ़ी राइफलें और उनके ठीक नीचे

आर.आर. का आदर्श वाक्य, 'दृढ़ता और वीरता' मौजूद है, जो देश की सेवा करने में कंधे से कंधा मिलाने की अवधारणा का प्रामाणिक चित्रण है। मुझे पूरा विश्वास है कि राष्ट्रीय राइफल्स एक ऐसा किंबरलाइट पत्थर है, जो अपने सैनिकों से 24/7/365 सैन्य परिशुद्धता के उच्चतम अनुशासन और सजगता की माँग के वातावरण में इसे हीरे में तबदील कर देता है, जो बढ़ा-चढ़ाकर कहना नहीं है।

सफल अभियान के बाद आर.आर. दस्ते की डीब्रिफिंग करते हुए, कश्मीर 2011

□

15

कश्मीर में मेरी घर-वापसी

युद्ध राष्ट्रों का होता है; सेना सिर्फ सीमा पर लड़ती है

कश्मीर के हालात खबरों में इतना आने लगे थे कि लोगों के बीच जोशपूर्ण चर्चा का विषय बनता था। कारगिल युद्ध के ठीक बाद एक यात्रा के दौरान अपने सहयात्री के साथ हुई ऐसी ही एक चर्चा के दौरान उसने मुझसे पूछा, 'सर, इस कारगिल युद्ध का कश्मीर की स्थिति और देश में सरसों के तेल की कीमतों और उपलब्धता पर क्या प्रभाव होगा?' मैंने उलटे उनसे सवाल किया, 'आप सब छोड़कर सरसों के तेल को लेकर क्यों परेशान हैं?' उसने जवाब दिया कि वह एक छोटा सा व्यापारी है और सरसों के तेल का कारोबार करता है, तो उसे इस युद्ध का उसकी आजीविका के मुख्य उत्पाद पर पड़ने वाले प्रभाव को लेकर चिंतित होना स्वाभाविक है। उसकी केवल इसके आर्थिक पहलू में गहरी दिलचस्पी होना, जिससे उसके कारोबार के भविष्य पर सीधा प्रभाव पड़ता है, यह एक ओर सरकार व रक्षा बलों के कार्यों तथा वहीं दूसरी ओर आम आदमी के नजरिये के बीच बड़े अंतराल का सूचक था।

इस व्यक्ति के सीधे बयान ने मुझे किसी भी तरह के टकराव या युद्ध की स्थिति में संभावित बड़े अप्रत्यक्ष परिणामों के बारे में सोचने के लिए मजबूर कर दिया। मूल रूप से युद्ध देशों के बीच होता है और यह युद्ध केवल संबंधित देशों के रक्षा बल ही नहीं लड़ते, बल्कि आम जनता भी इस युद्ध के दौरान प्रत्यक्ष या अप्रत्यक्ष रूप से (जिसकी उसे अमूमन कम ही जानकारी होती है) योगदान देती है, जिसका मतलब है कि युद्ध को जीतने में एक सामूहिक राष्ट्रीय शक्ति का उपयोग होता है। इस तरह युद्ध सेना की ताकत, आर्थिक मामलों, राजनयिक प्रयासों और घरेलू मुद्दों का संयुक्त परिणाम होता है और इसलिए इसमें हर एक व सभी नागरिकों का योगदान आवश्यक है। साथ ही यह युद्ध से बचने का सबसे अच्छा तरीका इसके लिए पूरी तरह तैयार रहना है, क्योंकि किसी राष्ट्र का इस हद तक तैयार रहना किसी भी दुश्मन को उसके खिलाफ युद्ध छेड़ने से रोक सकता है। मेरे लिए यह छोटी लगती

बातचीत वास्तव में आँखें खोलने वाली थी, क्योंकि इसी से मुझे अहसास हुआ कि मुझे उन हालातों के प्रति जागरूकता बढ़ाना जरूरी है, जो देशों के बीच युद्ध की तरफ ले जा सकती है और वह तरीके जिनके द्वारा युद्ध से बचा जा सकता है। आज की वैश्विक दुनिया में अनगिनत मीडिया साधन और इंस्टेंट कॉम्यूनिकेशन चैनल होने से ऐसी जागरूकता को फैलाने के आसान माध्यम हैं, लेकिन तुरंत संवाद बनाने के इनमें से अधिकांश साधनों की उपस्थिति 2000 के दशक के पहले पूरी तरह नदारद थी।

मैं पूरी विनम्रता के साथ स्वीकार करता हूँ कि वर्ष 1999 में कारगिल युद्ध के दौरान देश में हर किसी ने युद्ध प्रयासों का समर्थन किया। जैसे कि मैंने खुद बड़ी संख्या में रंगीन टेलीविजन, कंबल, कपड़े और अनगिनत अन्य वस्तुओं को श्रीनगर ट्रांजिट कैंप में रखे देखा था, जिसे जागरूक नागरिकों ने सेना के लिए योगदान किया था। इसके अलावा खराब न होने वाली खाद्य वस्तुओं के भी अनगिनत बंडल मौजूद थे, जिनमें अन्य चीजों के साथ ही बिस्कुट, नूडल, ड्राई फ्रूट्स और खाने के तेल (जिनमें सरसों का तेल भी था) और घी के कनस्तर भी थे। युद्ध के दौरान कश्मीर और लद्दाख में तैनात विभिन्न यूनिटों के बीच इस रसद आपूर्ति के समान बँटवारे के लिए विशेष रूप से टीमें बनाई गई थीं। हमारे नागरिकों द्वारा सेना के लिए दिए गए राशन का नजारा देखकर मुझे देश के लोगों द्वारा युद्ध के दौरान दिखाए इस अमूल्य समर्थन को लेकर गर्व और आभार दोनों महसूस हुए।

सेना की ड्रिल ने जान बचाई

मैं यहाँ जो घटना बताने वाला हूँ, वह मेरे द्वारा युवा पाठकों के बीच जागरूकता उत्पन्न करने का विनम्र प्रयास है कि उन्हें सेना में शामिल होने के लिए प्रेरित कर सकूँ, उन्हें उस उच्च-स्तरीय और गहन तैयारी के बारे में बता सकूँ, जो हमारी सेना को युद्ध के लिए तैयार और पूरी तरह मुस्तैद रखती है, ताकि किसी भी संभाव्य घटना से सामना होने पर देश की क्षेत्रीय अखंडता और संप्रभुता की रक्षा कर सकें।

मुझे एक ऐसी ही घटना याद आती है, जो कश्मीर में मेरी पोस्ट पर फिदायीन हमले और ऐसी घटनाओं को रोकने में हमने जिन विभिन्न रणनीतियों का उपयोग किया, उनसे संबंधित है। इस संदर्भ में यहाँ 'स्टैंड टू' की अवधारणा समझाना जरूरी है, जो ऐसा अभ्यास है, जिसका दोनों विश्वयुद्धों तथा भारत-पाक युद्ध के दौरान भी पारंपरिक रूप से अनुपालन हुआ है, जिसमें हमलावर ताकत के उद्देश्य विशेष के आधार पर हमले की योजना आमतौर पर सुबह की पहली किरण, अर्थात् सूर्योदय या अंतिम किरण अर्थात् सूर्यास्त के समय की बनाई जाती है। इस तरह इन दोनों के बीच के वक्त में सेना अकसर एक ड्रिल करती है, जिसे 'स्टैंड टू' कहते हैं। इसमें सैनिक को उस खंदक में जाना होता है, जहाँ से उसे दुश्मन

के हमले से अपनी पोस्ट की रक्षा करनी होती है। एक कमांडर आगामी युद्ध के लिए उनकी तैयारी की जाँच करने आता है और उनसे फायर आर्क के बारे में पूछता, जो मोर्चे का वह हिस्सा था, जिसकी सुरक्षा की जिम्मेदारी उस सैनिक की थी।

मेरे मणिपुर में आर.आर. में कार्यकाल के दौरान 'स्टैंड टू' का नियमित रूप से अभ्यास होता था, जिसमें हर एक सैनिक को अपने लिए निर्दिष्ट बंकर तक कम-से-कम समय में पहुँचना होता था। जब हम उत्तरी कश्मीर के लोलाब गए, तो मैं अपनी कंपनी पोस्ट पर काफी देर शाम तक पहुँचा। वहाँ पहुँचने पर मैंने चाय का कप पीने या आराम करने से भी पहले जो काम किया, वो 'स्टैंड टू' ड्रिल का आदेश देना था। हमने करीब रात 9 बजे ड्रिल आरंभ की और इसे तकरीबन पौने ग्यारह बजे तक समाप्त किया, क्योंकि अँधेरा हो गया था और इलाका भी नया था। जिस कारण हमें सारी व्यवस्था बैठाने और प्रत्येक सैनिक को किस जगह पर जाना है, यह जानने में समय लगा।

इसी बीच, सबको उनके क्षेत्र व उनके बैरक के बारे में बताने के बाद जिस वक्त सैन्य टुकड़ियों को अपने-अपने बैरक में लौटना था, तब रात ठीक 11 बजे हमारी चौकी पर फायरिंग होने लगी। चूँकि हमने बिल्कुल अभी 'स्टैंड टू' ड्रिल का अभ्यास किया था, तो पोस्ट पर मौजूद हर जवान को पता था कि उसे कहाँ जाना है, और अगले 30-45 सेकेंड के भीतर हर सिपाही अपनी पोजिशन पर पहुँच चुका था।

इसके परिणामस्वरूप जो फिदायीन पोस्ट में घुसने के लिए इसे निशाना बना रहे थे, सफल नहीं हुए। लेकिन इस घटना ने सैन्य ड्रिल को पूरी मेहनत और गंभीरता के साथ करने की अहमियत समझा दी।

इसलिए व्यक्ति कभी किसी भी वक्त बेपरवाह या लापरवाह नहीं हो सकता, विशेष रूप से वह अफसर, जो उस क्षेत्र की किसी टीम या छोटी टीम की कमान सँभाले हो। अपने अनुभव और प्रशिक्षण के आधार पर मेरी युवा अफसरों या सेना में शामिल होने के इच्छुक युवाओं को यही सलाह है कि 'कभी भी आसान गलत को नहीं, बल्कि मुश्किल सही को चुनो।' और ये पंक्तियाँ सीधे एन.डी.ए. की प्रार्थना से ली गई हैं, जिसे एन.डी.ए. का तीन वर्षीय प्रशिक्षण ले रहे हर कैडेट को रोज सुबह दोहराना होता है। बल्कि आज भी इतने वर्ष बीत जाने के बाद इस प्रार्थना को दोहराना मेरी आदत में शुमार है, बल्कि वस्तुतः यही सूत्र है, जिसने उस दुर्भाग्यपूर्ण दिवस पर हम सबकी जान बचाई।

अदृश्य फिदायीन, चलता फिरता प्रेत

यहाँ मैं एक और घटना बताना चाहूँगा और यह भी 'स्टैंड टू' ड्रिल से संबंधित है, जो मेरे साथ पुनः लोलाब में घटी। इस प्रसंग में मैं राष्ट्रीय राइफल्स बटालियन का स्थानापन्न

सी.ओ. था और अभी हाल ही में दक्षिण लोलाब की एक पोस्ट विशेष पर नए युवा अफसर की तैनाती हुई थी, जो अपने आतंकियों के प्रभाव को लेकर प्रसिद्ध था। मैं बतौर स्थानापन्न सी.ओ. उस अफसर से मिलना चाहता था, जो एक शांत स्टेशन से यहाँ आया था और उससे उसकी वहाँ की जिम्मेदारियों पर बात करने के साथ ही चीजों के ठीक होने व उसके यहाँ आगे संभावित काम करने की तैयारियों को परखना चाहता था। जब मैं वहाँ पहुँचा, तो मेरे साथ बीस-जवानों वाला सी.ओ. का रक्षा दल, जिसे 'क्विक रिएक्शन टीम' (क्यू. आर.टी.) कहते थे, भी था।

हमने पहले ही की तरह चाय का कप पीने या किसी भी तरह का ब्रेक लेने से पहले पोस्ट कमांडर को कहा, 'चलिए 'स्टैंड टू' कर लेते हैं और मध्य रात्रि में कुछ होने से पहले उन्हें मेरे क्यू.आर.टी. के सदस्यों के बंकरों की सही स्थिति बताने को कहा। पोस्ट के जे.सी.ओ. ने मुझसे कहा कि 'स्टैंड टू' ड्रिल में सी.ओ. की क्यू.आर.टी के शामिल होने की कोई आवश्यकता नहीं थी, क्योंकि पोस्ट पर मौजूद जवान किसी भी तरह की स्थिति से निपटने के लिए पर्याप्त थे। उन्होंने मुझसे आराम करने और बतौर मेहमान उन्हें मेहमाननवाजी की अनुमति देने को कहा। मैं उनकी सम्मान मुद्रा को लेकर अधिक उत्साहित नहीं था और मैंने कहा, 'इस युद्ध क्षेत्र में कोई मेहमान नहीं है और हर किसी को टीम का हिस्सा बनना होगा।' तो मेरे जोर देने पर वे मान गए और हमने 'स्टैंड टू' ड्रिल की, जिससे मेरी क्यू.आर.टी. के हर सदस्य के लिए विशिष्ट पोजिशन को जानने में मदद मिली, जिससे वे पोस्ट पर आराम से निश्चिंत हो सके और फिर भी किसी भी घटना के लिए तैयार थे। और निश्चित रूप से रात करीब 11:30 पर पोस्ट पर आतंकियों ने फायरिंग कर दी।

फायरिंग शुरू होने के बाद मेरी टीम का हर सदस्य अपने लिए तय स्थान पर पहुँच गया। मैं प्रसंगवश अपने रात की पोशाक पठानी सूट पहने हुए था। अपनी पोशाक के प्रभाव पर विचार किए बिना बंदूक उठाई और उस बंकर की तरफ दौड़ पड़ा, जो 'स्टैंड टू' अभ्यास के दौरान मेरे लिए निश्चित हुआ था। अचानक ही मैं जैसे ही कुक हाउस या जिसे पोस्ट पर रसोई अथवा 'लंगर' कहा जाता था, के पास से गुजरा, तभी मुझे किसी के राइफल के खटके की आवाज आई।

राइफल के खटके की आवाज आते ही, मुझे फौरन समझ आ गया कि चूँकि मैंने पठानी सूट पहन रखा है, तो वे कहीं मुझे फिदायीन न समझ लें? इसलिए अविलंब अपनी केबिन-पोस्ट पर लौट आया और समय बचाने के लिए पठानी सूट के ऊपर ही अपनी कॉम्बैट ड्रेस, जैकेट व पैंट, पहन ली। फिर भी करीब 20-40 मिनट बाद फायरिंग धीमी होने लगी और सबकुछ ठीक होने लगा। सेना के दल ने आतंकियों की गोलियों का कड़ा

जवाब दिया और शुरुआती रिपोर्ट के अनुसार, कोई भी फिदायीन पोस्ट में नहीं घुस सका।

फिर भी, सबके शुरुआती इनपुट के बावजूद हमारी सबसे बड़ी चिंता यह तलाशना था कि कहीं कोई पोस्ट में घुस तो नहीं गया। तो जब 'ऑल करेक्ट' या 'ऑल ओ.के.' की रिपोर्ट आई, तो मैंने रसोई के बाहर कुछ हलचल सुनी। पूछने पर जे.सी.ओ. ने बताया, रसोइए का पक्का विश्वास है कि फिदायीन पोस्ट में घुस गया है। रसोइए ने कहा, 'मैंने खुद उसे देखा था और मैं जैसे ही उसपर गोली चलाने के लिए बंदूक भरी, लेकिन फिदायीन फौरन कंपनी कमांडर के कमरे की तरफ भाग गया।' रसोइए ने अपने देखे फिदायीन के बारे में साफ-साफ बताया—'वह पठानी सूट में साढ़े छह फुट का दाढ़ी वाला बंदा था, वह जब मेरी राइफल सही टाइम पर फायर नहीं की, वरना मैंने उसे एक मिनट में मार दिया होता।'

जाहिर है, जब मैं पठानी पहने रसोई के पास से गुजर रहा था, तब उसने मुझे गलती से आतंकवादी समझ लिया। तो मैंने बिना कुछ बोले अपनी जैकेट उतारी, और उसके नीचे पहना पठानी दिखाया और रसोइए से निर्विकार भाव से पूछा, 'क्या वह तथाकथित फिदायीन यही था?' पहले-पहल वह हैरान हुआ; फिर सच का अहसास होने पर वह जोर से हंसा और कहा, 'तो वो 'फिदायीन' आप थे'। मैंने हाँ में सिर हिलाया और कहा, "शुक्र है कि तुम्हारी बंदूक नहीं चली।"

यह घटना दोहराती है कि हमें अपनी ड्रिल और अभ्यासों को कितनी गंभीरता से लेना चाहिए और अपने प्रशिक्षण के दौरान जो भी सीखा है, उन सबका इस्तेमाल करना चाहिए। साथ ही किसी भी परिस्थिति में सजगता और प्रत्युत्पन्नमति सबसे जरूरी है। मेरे समय बचाने के प्रयास में शायद मैंने अपनी असैनिक पोशाक में बाहर जाने से उत्पन्न परिस्थितियों का अनुमान नहीं लगाया।

हल्के ढंग से कहें तो मुझे अपने आर.आर. सेक्टर कमांडर की बात याद आती है, जो बाद में उप सेनाध्यक्ष बने, जब उन्होंने मुझसे एक दिन कहा था, 'टाइनी, तुम जहाँ भी जाते हो आतंकी फायरिंग आकर्षित करते हो!' सौभाग्य से या दुर्भाग्य से, यह सच हुआ और जीवनभर मेरे साथ यही होता रहा। ऐसी बहुत सी घटनाएँ थीं, जिनमें मैं आतंकवादियों या विद्रोहीयों के सीधे निशाने पर था और हर बार मेरी जान सहज ही जा सकती थी, लेकिन जैसे बिल्ली के नौ जीवन होते हैं (और निश्चित ही मेरे मामले में इससे ज्यादा होंगे), मैं अभी तक जीवित हूँ! ऐसा ही रहे!

कश्मीर के साथ चिरस्थायी मुलाकात

भाग्य को मुझे बार-बार कश्मीर ले जाता देखकर भी मैं कुछ नहीं कर सकता था, बल्कि यही लगता था कि पिछले जनम में इस जगह के साथ मेरा नजदीकी रिश्ता रहा होगा,

जो इस जन्म में भी जारी है! कश्मीर मेरे डी.एन.ए. का अभिन्न अंग बन गया था। बल्कि मुझे ब्रिगेडियर के पद की पदोन्नति और कश्मीर में आर.आर. सेक्टर कमांडर की तैनाती की खबर अमेरिका में आधिकारिक दौरे के दौरान मिली थी। मैंने अपने पिता को फोन किया और उन्हें बताया कि मुझे कश्मीर में तैनात किया है और मैं पदोन्नति के बाद ब्रिगेडियर बनकर वहाँ जा रहा हूँ। उनकी फौरन प्रतिक्रिया आई, "वहाँ पर तेरे नानके हैं? बार-बार जाता है।"

उनकी यह बात गलत भी नहीं थी, मैंने अपने पेशेवर जीवन का बड़ा हिस्सा कश्मीर में बिताया है और मैं गारंटी के साथ कहता हूँ कि मैं कश्मीर के बारे में पंजाब के अपने गाँव से भी ज्यादा जानता हूँ। मुझे शायद पंजाब में अपने गाँव के पड़ोसियों या उनके परिवारों के बारे में कुछ नहीं पता होगा, लेकिन मैं कश्मीर के सभी व हर एक गाँव को जानता हूँ। बल्कि जो स्थानीय कश्मीरी मुझे जानते थे, वे मुझसे अनौपचारिक रूप से कहते कि 'आप सम्मानीय कश्मीरी हैं।'

भारतीय पुलिस बल के अफसरों के विपरीत, जो किसी खास राज्य के कैडर से आते हैं, सेना के अफसरों का ऐसा कैडर नहीं होता, लेकिन कश्मीर के सभी पुलिसकर्मी मजाक में मुझसे कहते थे, 'आप तो आर्मी में कश्मीर कैडर के हो'। मैंने उन अफसरों के साथ कई वर्ष काम किया है। जैसे कि मैं ज्यादातर वरिष्ठ पुलिस अफसरों को तब से जानता हूँ, जब वे नए कमीशंड एस.पी. थे और मैं कैप्टन या मेजर था। हम लगभग साथ-साथ बड़े हुए हैं। मुझे कई बार कुछ ऐसे बड़े लोगों से मिलने और दोस्ती करने का मौका मिला, जो राजनीतिज्ञों, पत्रकारों और अन्य राय बनाने वालों में से आते थे, क्योंकि काम और निजी बातचीत के लिए हमारी अकसर मुलाकात होती रहती थी। और वे सब मुझे निरपवाद रूप से 'कश्मीर के लिए कश्मीर का अफसर' मानते थे!

स्वार्मिंग तकनीक, जंगल में मोबाइल वॉरफेयर

बतौर आर.आर. सेक्टर कमांडर, मुझे उत्तरी कश्मीर के सबसे घने जंगल, राजवर और हपरुदा वन में आतंक-विरोधी अभियान चलाने की जिम्मेदारी थी। मुझे संदेह है कि ज्यादातर लोगों को यही लगता होगा कि टैंक और अन्य मैकेनिकल प्लेटफॉर्म के माध्यम से मोबाइल या मैकेनाईज वॉरफेयर का उपयोग, जिसके इस्तेमाल के लिए गति और सटीकता की आवश्यकता होगी, जो ऊँचे पहाड़ों पर बिल्कुल दिखाई न देने वाले घने जंगलों में धीमी-गति के आतंक-विरोधी अभियान से बिल्कुल अलग होगी। लेकिन मुझे पूरा यकीन है कि और मैं इस विचार का प्रस्तावक भी हूँ कि दिमाग की गतिशीलता, अभियानों की गति, अभियान की कुशाग्र बुद्धि, उभरते हालातों पर नजर रखना

और कमांडरों की दक्षता दोनों में जरूरी होती है। जंगल में व्यक्ति को जिस गतिशीलता की आवश्यकता होती है, वह उसे ट्रैक्स या इंजनों से नहीं मिलती, बल्कि दिमाग की गतिशीलता से मिलती है। हालाँकि जंगल में हम शायद सैकड़ों किलोमीटर की लंबी दूरी कवर नहीं कर सकते, जैसे आधुनिक अस्त्र-शस्त्र कर सकते हैं, लेकिन यदि हम केवल 2 किलोमीटर भी चलना हो तो भी जंगल में छिपे रहने के लिए दिमाग की गतिशीलता जरूरी है। इस तरह हमें जंगलों में आतंक-विरोधी अभियान चलाने के लिए अपनी रणनीति और अपनी मानसिकता दोनों को ही बदलना था। यहाँ हमने पूरी सफलता के साथ उसका उपयोग किया जिसे 'स्वार्मिंग तकनीक' कहते हैं, जिसका उपयोग जंगलों से आतंकवादियों के पूरी तरह सफाए में किया जाता था।

जब मैं वर्ष 2010-12 में उत्तरी कश्मीर के राजवर जंगलों में आर.आर. का सेक्टर कमांडर था, तब लेफ्टिनेंट जनरल सय्यद अता हसनैन, पी.वी.एस.एम., यू.वाई-एस.एम., ए.वी.एस.एम., एस.एम., वी.एस.एम., और बार (रिटा.) चिनार कोर कमांडर थे। ले. जन. हसनैन ने जनवरी 2014 को डेफपोस्ट के लिए 'अप्लाइंग स्वार्मिंग एंड स्माल टीम ऑपरेशंस इन जे. एंड के.' लिखा था। मैं इस तकनीक को आसानी से समझने के लिए उनकी अनुमति से उनके उस लेख का कुछ अंश यहाँ प्रस्तुत कर रहा हूँ।

हम कई वर्षों से 'स्माल टीम ऑपरेशन' के बारे में सुन रहे हैं, लेकिन भारतीय सेना ने इसे केवल कुछ ही बार किया है। इसकी सफलता से संबंधित अधिक दस्तावेज भी मौजूद नहीं हैं और इसका जहाँ भी उपयोग हुआ, वो मुख्यत: स्पेशल फोर्स या उन पैराशूट रेजिमेंट यूनिटों ने किया, जिनके पास इस घुसपैठ विरोधी अभियान के सबसे आवश्यक पहलू के क्रियान्वयन की इच्छा थी। यह राष्ट्रीय राइफल्स के कुछ विशिष्ट अफसरों और जवानों का साहसिक प्रयोग था, जिन्होंने इस अवधारणा को दक्षिण कश्मीर में पूरे जोश और जज्बे के साथ अपनाया, और इसके द्वारा कुछ इलाकों की सफाई की। भारतीय सेना के संदर्भ में स्माल टीम ऑपरेशन निरपवाद रूप से गुप्त प्रकृति के होते हैं, इसमें उन्हें जिस तरह अनेक टीमों के बीच सामूहिक विधि से तालमेल बनाना होता है, वह इससे पहले शायद ही कभी किया गया हो।

आज जम्मू व कश्मीर के सैन्य हालातों में स्माल टीम (छोटे दल) की अवधारणा को बड़े पैमाने पर अपनाने की जरूरत है और यह लड़ाई में बदलाव का वादा करती है, जैसा कि हमने आंतरिक इलाकों में आतंकवादियों की संख्या को काफी कम होते देखा है। यह तथ्य कि बीते कुछ वर्षों की ज्यादातर मुठभेड़ों में केवल दो या तीन आतंकवादी मारे जाते देखे गए हैं, (सिवाय एल.सी. इलाके के) बताता है कि अब देहातों में आतंकवादियों के बड़े समूहों को घूमते देखने के दिन लद गए हैं। सेना का अनुमान ठीक है कि अब गाँवों

और कस्बों में बड़े-पैमाने पर तलाशी व घेराबंदी अभियान (सी.ए.एस.ओ.) समाप्त होने चाहिए''सुदूर पहाड़ों में छिपने के ऐसे भी स्थान हैं, जहाँ घेराबंदी करना मुश्किल होता है। राजवर और हफरुदा वन जैसे जंगलों में ऐसे भी घर हैं, जहाँ तलाशने में मुश्किल खंदकों को छिपने का स्थान बनाया गया है। इसके अलावा सोपोर, अनंतनाग और पुलवामा जैसे बड़े शहरों के बाहर स्थित गाँवों में भी छिपने के स्थान हैं। पक्के इलाकों में सेना का पसंदीदा तरीका घात लगाकर हमला करना है, जो हालाँकि शायद ही कभी सफल होता है। मौजूदा स्थिति में विदेशी (पाकिस्तानी) आतंकवादी नियंत्रण रेखा के पास स्थित छिपने के स्थानों में रहना पसंद करते हैं, क्योंकि यहाँ घुसपैठ आसान है, बाद में अपना काम पूरा होने के बाद निकल भागने की भी सुविधा रहती है। यह हालात 'स्वार्मिंग' की माँग करते हैं। यदि बड़े पैमाने पर सफलता पानी है, तो इसे समझने और अभ्यास करने की जरूरत है।

आर.आर. की दो यूनिटों में से छह जवानों की 75 टीमों के दो सेट बनाए गए : इसमें एक बार में लगभग 450 जवान तैनात किए गए। आर.आर. सेक्टर ने जंगल में एक सेट को 72 घंटे के लिए तैनात किया और इसके बाद उत्तरोत्तर सभी 75 टीमों को नए टीम सेट से बदल दिया; जिससे अभियान के बीच कोई ब्रेक नहीं आया। जवानों को बताया गया कि 96 घंटों की आत्मनिर्भरता का परिणाम, केवल 72 घंटे का ऑपरेशन और 72 घंटे आराम होगा। इसमें तलाशी की जरूरत नहीं है; केवल छोटी घेराबंदी में रणनीतिक तैनाती, जिसे यथोचित कमांड व कंट्रोल के साथ घात लगाने के प्रारूप से सुनिश्चित करने के लिए 'स्मार्मिंग' में जमीनी तालमेल बनाना होगा, जिससे जवानों का खून न बहे। पहले 72 घंटों में आर.आर. टीम के मन ही मन कोसने के अलावा कुछ नहीं हुआ, क्योंकि उन्होंने लंबे समय तक टिके रहने की तैयारी कर रखी थी।

बीते वर्षों में आतंकवादियों ने आर.आर. की कई नियमित यूनिटों को अच्छी तरह समझ लिया था और उन्हें उम्मीद थी कि पहले 72 घंटे बीतने के बाद पारंपरिक तलाश और विनाश मिशन वापिस ले लिया जाएगा। उन्हें लगता था कि आर.आर. के दोबारा अगला ऑपरेशन शुरू करने के पूर्व उनके छिपने के स्थान से पास वाले गाँव से संसाधन पुनः आ जाएँगे; और ऐसा सात दिनों से लेकर तीन महीने तक चलता रहेगा।

लेकिन पाँचवें दिन एक इंटरसेप्ट से संकेत मिला कि आतंकवादी हैरान थे; कोई भी सैनिक उस इलाके से जाने की जल्दी में नहीं दिखता था। दो समूह जंगल के विशाल इलाके में फैले हुए; 72 घंटों में बदलाव का काम पूरी सतर्कता और सतता के साथ होता रहा; यह बदलाव अपने आप में भ्रमित कर रहा था। सातवें दिन वे निराश होने लगे थे; एस.एम.एस. और वाइस मैसेज बढ़ने की रिपोर्ट आने लगीं, खाने और पानी की कमी होने लगी और आर.आर. के जाने के संकेत भी नहीं दिख रहे थे। इसी वक्त पहली मुठभेड़ हुई। और 13वें

दिन तक आतंकवादियों का असलाह चुक गया; संचार इंटरसेप्ट द्वारा बाहर निकलकर फिदायीन जैसे हमले करने का खुलासा हुआ; तब सभी सैन्य टुकड़ियाँ आत्मघाती प्रकृति के संभावित हमलों को लेकर पूरी तरह सजग हो गईं। कुछ नहीं हुआ; आतंकवादी ऐसा नहीं करना चाहते थे। इन दोनों यूनिटों की सहायता के लिए कुछ पैराट्रूपर्स भी आए और आर.आर. बटालियन में ट्राइबल ट्रूप्स (सर्वोत्तम जंगल लड़ाके) को लेकर बनी घातक प्लाटून ने काररवाई आरंभ करते हुए मैदान में उतरकर आतंकवादियों के साथ कई मुठभेड़ कीं, जिससे उन्हें हताशा में अपने छिपने से स्थान से बाहर आना पड़ा। उनमें से अनेक मारे गए, जबकि कुछ जाल से निकल भागे। यह जरनल थोडगे और आर.आर. सेक्टर के ब्रिगेडियर 'टाइनी' ढिल्लों के मातहत किलो फोर्स की बड़ी उपलब्धि थी, जिसने साबित किया कि किस तरह रणनीतिक ऑपरेशनों की मानसिकता द्वारा सहज ही लाभ लिया जा सकता है।

ऐसे स्वार्मिंग ऑपरेशन एक बार में चालीस से पचास दिनों तक चलाए जा सकते हैं। स्वार्मिंग मूल रूप से ऐसी तकनीक है, जिसमें विरोधी को लंबे समय तक जारी रहने वाले अभियान को विस्तार देते हुए उनकी लड़ने की क्षमता का अंत-शोषण कर थकाने के उद्देश्य से क्षेत्र विशेष में तैनात किया जाता है। पूरी टीम, जिसमें मैं खुद कमांडर था, इस अवधि के दौरान जंगल में चले इस अभियान में शामिल थे। इस कड़ी चुनौती में एक अच्छी बात यह थी कि हमें स्वार्मिंग के आसपास स्थिति आर.आर. चौकियों के अनेक रसोइयों से हमेशा ताजा बना भोजन मिलता रहता था, जिसमें जंगल में हर वक्त करीब 1200 अफसर और जवान तैनात रहते थे। मेरे डिप्टी कमांडर, कर्नल प्रशांत निकम, जिनपर सेना की टुकड़ी को पका हुआ भोजन लाने और दिलाने का प्रभार था, वे ऐसे उत्साही अफसर थे, जिन्होंने सैन्य दलों का मनोबल मजबूत रखने के कई नए तरीके आजमाए। वे रोजाना खाने के पैकेट में कोई लोकप्रिय खाद्य वस्तु जोड़ देते, जैसे फ्रूटी, एक्लेयर, चूरमा और हल्दीराम जैसे आउटलेट के लड्डू भी हो सकते थे। इस कार्य के पीछे मंशा यह थी कि सैन्य दलों का पोषण मूल्य और मनोबल दोनों ही शीर्ष पर रहें। वहीं दूसरी ओर हमारे जाल में फँसे आतंकवादी कुछ ही दिनों बाद खाना देने की गुहार लगाने लगते थे। हमने एक संदेश इंटरसेप्ट किया, जिसमें उनके हैंडलर राजवर के जंगलों में अन्य आतंकवादियों के साथ संपर्क बनने के साथ ही उन्हें बिरयानी देने का वादा करके उनका मनोबल बढ़ाने का प्रयास कर रहे थे। जंगल में अभियान चला रही अपनी छोटी सी टीम को मेरा केवल यही संदेश था कि 'बिरयानी खाने नहीं देंगे।' ऐसा करने के लिए हमने उन तक बिरयानी का पैकेट पहुँचाने के लिए आने वाले हर आतंकवादी को मार गिराया और उन्हें अपने 'चक्रव्यूह' से बाहर नहीं निकलने दिया।

बहुत अच्छा, लड़को—ग्राउंड जीरो पर युवा सिंहों के साथ स्वार्मिंग ऑपरेशन के दौरान

कंपनी-ऑपरेटिंग बेस में बतौर आर.आर. सेक्टर कमांडर जवानों के साथ थिरकते हुए

पारंपरिक शैली में जवानों के साथ थिरकते हुए

पार्टी तो बनती है!

लगभग पचास दिनों तक चले एक स्वार्मिंग ऑपरेशन के पूरा होने के बाद मैंने अपने डिप्टी कमांडर कर्नल निकम को बुलाकर उन्हें इस विस्तारित ऑपरेशन के सफल होने की सूचना दी और उन सभी जवानों व युवा अफसरों का उत्साह बढ़ाने की जरूरत बताई, जो इतने लंबे समय चले, बल्कि बारिश में भी जारी रहे इस ऑपरेशन में शामिल थे। फैसला हुआ कि इस ऑपरेशन में उनके प्रयासों का आभार जताने हेतु जवानों के लिए बटालियन या कंपनी स्तर पर 'बड़े खाने' का आयोजन किया जाए। लेकिन मैंने अफसरों के लिए सेक्टर हेडक्वार्टर में डिब्रीफिंग कॉन्फ्रेंस और इसके बाद ब्रंच रखने का फैसला किया। चूँकि आर.आर. में कम उम्र युवा अफसर अधिक हैं, इसलिए मेहमानों की सूची में ज्यादातर उत्साहपूर्ण कैप्टन व मेजर ही थे, जिन्होंने अकल्पनीय 'जोश' का जमकर प्रदर्शन किया।

ऐसे आयोजनों की पूरी जिम्मेदारी डिप्टी कमांडर के कंधों पर होती है, जिनपर फंड व धन की आवाजाही पर निगाह रखने की जिम्मेदारी भी होती है। मैंने चना-भटूरा और बिरयानी का सादा मेन्यू सुझाकर उनकी समस्या को थोड़ा आसान किया और हमारे ब्रंच करने तक दोपहर के 12 बज चुके थे, तो दोपहर तक पार्टी समाप्त हो जाएगी, जिससे सभी अफसर अपनी लोकेशन पर जल्दी पहुँच सकें। मैंने खुद भुगतान करके बीयर की कुछ अतिरिक्त क्रेट मँगवाई

थीं, जो काफी हद तक मूल योजना का उल्लंघन था, हालाँकि पार्टी करीब ग्यारह बजे शुरू हुई, लेकिन लंच 4 बजे तक भी परोसा नहीं गया था। सब गा रहे थे, नाच रहे थे और आनंदित थे—जो तनाव मुक्ति का सबसे अच्छा तरीका था—और इस जश्न के बाद शाम 4:30 पर अफसरों के बीच बास्केटबॉल का जोरदार खेल हुआ, जो हमारे सारे दिन के मजेदार जश्न के बाद सोने पर सुहागा साबित हुआ। जंगल में पचास दिन के लंबे गहन ऑपरेशन के बाद यह पार्टी, जबकि कुछ अफसरों के पाँव के छालों का इलाज अभी भी जारी था, तनाव और थकान से मुक्ति का आदर्श मार्ग बन गया। यह कार्यक्रम काफी चर्चा का विषय बना और इसके बाद मैं जितनी भी चौकियों के दौरे पर गया, वहाँ हर रैंक के जवान ने मुझसे यही कहा कि मैं ऐसी एक और ब्रंच पार्टी सेक्टर हेडक्वार्टर में करूँ, जहाँ सभी यूनिट के अफसर आमंत्रित हों। इसने उस सूत्र की भी पुष्टि की, जो सैन्य जीवन का अनिवार्य हिस्सा है कि "ऑल वर्क एंड नो प्ले मेक्स जैक अ डल बॉय।" (सिर्फ काम न कोई आनंद, कर देगा जीवन बेरंग।)

युवा सिंहों के साथ एक यादगार दिन

यह बड़े-स्तर का ऑपरेशन इसलिए सफल हुआ, क्योंकि इसमें शामिल हर एक व सभी सैनिकों ने अत्यंत पेशेवर रुख दिखाया। यहाँ मैं एक ऐसी ही सैनिक, ब्रिगेड ऑफ गार्ड्स के लॉन्स नायक पते तासुख को याद करता हूँ, जो मेरे सेक्टर कमांडर के कार्यकाल के दौरान राजवाड़ में आर.आर. बटालियन में तैनात होकर सेवा दे रहा था।

लॉन्स नायक पते तासुक : एक सहज शिकारी

वर्ष 1988 में कैप्टन रहने के समय से ही अभियानों में सक्रिय रहने और इसके बाद उत्तर-पूर्व व लोलाब में आर.आर. में मेजर रहने और तत्पश्चात् दक्षिण कश्मीर के त्राल में कमांडिंग अफसर रहने तक मेरा सौभाग्य रहा कि मेरे आर.आर. सेक्टर का कमांडर रहते मैंने विद्रोहीयों व आतंकवादियों के साथ अनगिनत मुठभेड़ों के अनेक सफल अभियानों में शामिल रहने के बावजूद कभी भी अपनी कमान में रहने वाले किसी अफसर या जवान को नहीं खोया। हालाँकि यह रिकॉर्ड दु:खद रूप से राजवाड़ वन में एक अभियान के दौरान लॉन्स नायक पते तासुक को खोने के साथ ही टूट गया। तासुक अरुणाचल प्रदेश से था, वह एक दिलेर सैनिक और स्वभाव से निडर शिकारी था। उसे आर.आर. बटालियन के घातक प्लाटून में अपने कार्यकाल के लिए पहले ही सेना पदक (गैलेंट्री) मिल चुका था। लॉन्स नायक पते तासुक को दूसरा गैलेंट्री अवार्ड, एक और सेना पदक (गैलेंट्री) राजवर अभियान के बाद मरणोपरांत दिया गया। अपनी कमान में पहली बार खोए सैनिक तासुक को मैं हमेशा सबसे साहसी और शिकारी मानसिकता वाले सैनिक के रूप में याद करता हूँ।

हालाँकि कमान अधिकारी का अगला दायित्व हताहत सैनिक का उचित दस्तावेजीकरण करवाना, ताकि उसके पत्नी और बच्चों को वे सभी लाभ मिल सकें, जिनके वह हकदार हैं। चूँकि आर.आर. में सैनिक दो या अधिक वर्ष के लिए आते थे, तो आमतौर पर इससे पहले के उनकी सेवा अवधि के दस्तावेजीकरण का कार्य उनकी मूल यूनिट करती थी और उनके सभी रिकॉर्ड संबंधित रेजिमेंट रिकार्ड ऑफिस में रखे रहते थे। इस मामले में कमान अधिकारी छुट्टी पर थे और उनके एडजुटेंट ने मुझसे कहा कि लॉन्स नायक पते तासुक के सभी दस्तावेज सही अनुक्रम में होने चाहिए और हम उनकी मुआवजे की काररवाई शुरू कर सकते हैं। जब कुछ गलत होता है, तो मुझे इसकी बेहद तीव्र पूर्वाभास या जैसा मैं इसे कहता हूँ, 'बुरा पूर्वाभास' होने लगता है। वैसे इनको सँभालने की जिम्मेदारी कमान अधिकारी की होती है, लेकिन ब्रिगेड कमांडर होने के कारण ये मेरी जिम्मेदारी भी थी, और मैंने अपनी आशंका के मुताबिक कमान अधिकारी से इस बारे में पूछा, जो इस घटना की जानकारी होते ही अपनी छोटी छुट्टी रद्द करके शीघ्र ही पुनः ड्यूटी पर लौट आए थे, ताकि रिकॉर्ड ऑफिस को मामला भेजने से पहले तासुक के सभी दस्तावेजों की पुनः जाँच कर सकें।

उनकी यूनिट के साथ पृष्ठभूमि की पूरी पड़ताल की गई और हमें पता चला कि उनके एक और पुत्र है, लेकिन उसके बारे में उनकी रिकार्ड बुक में विवरण प्रकाशित नहीं हुआ था। हमने उस बच्चे का विवरण आने तक के लिए दस्तावेजीकरण की प्रक्रिया को रोक दिया। इसके बाद हमने रिकार्ड ऑफिस को फोन किया और उनसे उनके परिवार को लाभ प्रदान करने के पूर्व बच्चे के जन्म विवरण के प्रकाशन को पूरा करने का अनुरोध किया।

इस बीच हमें उस बच्चे का जन्म प्रमाणपत्र भी चाहिए था। तो मैंने अपने एक ब्रिगेडियर सहकर्मी को फोन किया, जिनका रिश्तेदार अरुणाचल प्रदेश सरकार में काम करता था और उनके अनुरोध किया कि वे लॉन्स नायक पाते तासुक के बेटे का जन्म प्रमाणपत्र प्राथमिकता के आधार पर जारी करवाएँ। जन्म प्रमाणपत्र जारी करने की तात्कालिकता को डिवीजनल कमिश्नर तक पहुँचाई, जिन्होंने सारे रिकार्डों की जाँच करने के बाद एक दिन के भीतर जन्म प्रमाणपत्र जारी कर दिया। उन्होंने जन्म प्रमाणपत्र हमें फैक्स कर दिया, और हमने उसे रिकार्ड ऑफिस में भेज दिया, जहाँ इसे विधिवत् प्रक्रियागत किया, और सुनिश्चित किया कि शिक्षा संबंधी भावी मुआवजा उनकी पत्नी के साथ ही साथ उनके दोनों बच्चों को मिले। बतौर संस्थान, हम कभी अपने साहसी परिवारों के साथ संपर्क समाप्त नहीं करते। तासुक की पत्नी को राज्य स्वास्थ्य विभाग में नौकरी दी गई और उनके बच्चे, जो अब क्रमश: तेरह और ग्यारह वर्ष के हैं, काफी अच्छे छात्र साबित हो रहे हैं। तासुक आज हमारे साथ नहीं है, लेकिन सेना उनके अपने बच्चों को लेकर देखे सपनों को सच करने के लिए समर्पित है।

सैनिक का कल्याण : अवधारणा की नई परिभाषा

बतौर अफसर हमारी अपने सिपाहियों के प्रति कई प्रतिबद्धताएँ होती हैं। मैंने सैनिकों के 'कल्याण का यह मुद्दा' कमान अधिकारी रहते और 'ऑपरेशन पराक्रम' के दौरान कश्मीर में अपनी बटालियन की कमान सँभालते ही केंद्रीय मंच पर विशेष रूप से उठाया था।

अपने पहले सैनिक सम्मेलन के दौरान अपनी कमांडिंग यूनिट को मेरा पहला संदेश यही था कि मैं अपनी कमांड के दौरान 'कल्याण' की अवधारणा को पुन: परिभाषित करने वाला था। मेरे लिए सैनिकों का कल्याण का मतलब यह नहीं था कि बस उसे अच्छा खाना मिल जाए, समय पर घर जाने के लिए छुट्टी मिल जाए या घर की यात्रा के लिए विमान या रेल का पहले से बुक-टिकट सहजता से मिल जाए। इसका यह मतलब भी नहीं कि उन्हें बैरक में आराम से रहने की सुविधा मिले या उचित कपड़े या अन्य सुविधाएँ मिल सकें। मेरी किताब में यह सब 'कल्याण' नहीं है। यह मेरा अपने जवानों के प्रति दायित्व का हिस्सा था, क्योंकि सैनिक इन सबके हकदार थे। उनका कमांडर होने के कारण यह मेरी जिम्मेदारी थी कि मैं उनके पोषक, संतुलित भोजन, सोने के लिए आरामदेह और सुसज्जित बैरक तथा वक्त के अनुसार सभी जरूरी उपकरण और पोशाक सुनिश्चित कर सकूँ। मैं सैनिकों और उनके परिवारों के साथ भी प्रभावी संवाद सुनिश्चित करना चाहता था, जिससे अफवाहों से घबराहट उत्पन्न न हो सके। यह तकनीकी मायनों में, यह लाभ या कल्याण, वे सहज ही जवान का हक है और बतौर अफसर यह हमारी जिम्मेदारी है कि इसे उन्हें मिलना सुनिश्चित

कर सकें। इसकी जगह मेरे लिए कल्याण की परिभाषा ऐसी कार्यात्मक योजना बनाना था कि यूनिट उन्हें सौंपा कार्य बिना हताहत हुए पूरा कर सके और प्रत्येक सैनिक अपने परिवार के पास पूरी तरह चुस्त और तंदुरुस्त जाए। मेरे पास बतौर कमांडिंग अफसर सैनिक के दायित्व निभाते हुए हताहत होने पर परिवार की सामाजिक सुरक्षा के लिए दीर्घावधिक योजना थी। मैं जिस यूनिट को कमांड कर रहा था, उसमें एक जवान लॉन्स नायक उमाशंकर मेरे यूनिट में शामिल होने से पहले नियंत्रण रेखा पर हताहत हुए थे। हताहत हुए सैनिक के पिता शराबी थे और पत्नी की पहले ही मृत्यु हो चुकी थी, और वे अपने पीछे एक अल्पवयस्क बेटी और बेटा छोड़ गए थे। उस वक्त के कमान अधिकारी स्वर्गीय कर्नल आई.एन. मित्रा ने यह सोचकर कि बच्चों के दादाजी उनकी ठीक से परवरिश नहीं कर सकते, यूनिट ने उस परिवार को गोद ले लिया और सुनिश्चित किया कि हताहत सिपाही की माँ (हम सब भी उन्हें 'माताजी' कहते थे) अपने अल्पवयस्क पोते-पोती के साथ यूनिट के साथ रहने लगीं और उन्हें सैनिक स्कूल में अच्छी गुणवत्ता की शिक्षा मिली। यूनिट के कमान अधिकारी को बच्चों का एक्स ऑफिशियो (पदेन) केयरटेकर नामित किया गया और वही उनके सभी बैंक खातों के अकाउंट होल्डर भी थे। मैंने भी कमान अधिकारी के अपने कार्यकाल में अपना दायित्व पूरी तरह निभाया और अब उनका बेटा सिपाही के रूप में उसी यूनिट में है और बेटी का विवाह बैंक कर्मचारी के साथ हुआ है और वह अपने नए जीवन में प्रसन्न है। मैं इसी दीर्घावधिक सामाजिक सुरक्षा की बात कर रहा हूँ।

इसी तरह लॉन्स नायक पाते तासुक के मामले में मेरी कल्याण की परिभाषा यह थी कि परिवार को उनके सभी हक मिल सकें। अपनी बात करूँ तो मैं स्वीकार करता हूँ कि क्योंकि मैं अपने कॅरियर के दौरान ज्यादातर समय परिवार और अपने बच्चों से अलग रहा हूँ, तो मैंने अपने खुद के बच्चों के लिए वह चीजें नहीं कीं और जब भी उन्हें स्कूल या कॉलेज में किसी भी तरह के दस्तावेज या अन्य चीजों की आवश्यकता हुई या अन्य चीजों को मेरी पत्नी ने ही सँभाला। जवान अपने अफसरों में जैसा अटूट विश्वास रखते हैं, बल्कि अफसरों और जवानों के बीच एक बिन लिखा सम्मान कोड होता है, जो सेना की प्रसिद्ध उक्ति, 'मेरे पीछे मूव', के समान है, जो इसका प्रतीक है कि जवान बिना कोई सवाल किए तथा पूरे विश्वास के साथ अफसर का अनुपालन करेगा। इस तरह यह सेना की परंपरा है कि सभी जवान अपने अगुआ का अनुपालन करेंगे और यह अगुआ की जिम्मेदारी है कि वह अपनी टीम का कल्याण और खैरियत सुनिश्चित करे, जो पूरी निष्ठा और विश्वास के साथ उसके पीछे चल रहे हैं। इस तरह अफसर को अपना आस्था को हमेशा न्यायोचित सिद्ध करना होगा और सच्ची आस्था अर्जित करने के लिए पूरी तरह से जिम्मेदार अगुआ की तरह व्यवहार करना होगा।

'अनुभवी' युवा मेजर की 'जोरावर' से असहमति

यह कर्नल नीलगगन सिंह का प्रथम पुरुष वर्णन है, जिन्होंने बतौर मेजर मेरे साथ उत्तरी कश्मीर के जंगलों में काम किया था, जब मैं आर.आर. सेक्टर कमांडर में ब्रिगेडियर होता था। मैं यहाँ कर्नल सिंह के शब्दों को बयान कर रहा हूँ :

'मुझे जुलाई, 2011 की वह खुशनुमा शाम अच्छी तरह याद है, जब मैं हंदवाड़ा में अपने दफ्तर में बैठा था; कमान अधिकारी साहब ने मुझे फोन करके बताया कि यह पुष्ट खबर/खुफिया जानकारी है कि हमारी बटालियन पर जिस क्षेत्र की जिम्मेदारी थी, उसके एक गाँव विशेष में दो विदेशी आतंकवादी मौजूद हैं। आमतौर पर हम ऐसे सभी 'पुष्ट इनपुट' को नमक मिला मानते हैं, लेकिन यह 'टाइनी' (हास्योक्ति) खुफिया जानकारी 'जोरावर' (जोरावर सेक्टर कमांडर, ब्रिगेडियर टाइनी ढिल्लों का कोड नाम था) ने दी थी और इससे मेरे दिमाग की घंटी बजी, क्योंकि जोरावर बोलते अधिक नहीं थे, लेकिन उनकी भेदती आँखें शब्दों से भी मुखर वक्ता थीं।

'मैंने अपने जवान और उपकरण एकत्र किए और उस मकान व उसके पास स्थित गौशाला की घेराबंदी कर ली। यह घेराबंदी रातभर जारी रही, और हर बीतते क्षण के साथ मेरा यकीन बढ़ने लगा कि यह भी वैसी ही 'पुष्ट खबर' थी, जो कभी सच नहीं हुई। चूँकि मेरी कंपनी का सेकेंड इन-कमांड एक युवा अधिकारी था, जिसे सेवा देते केवल पाँच या छह वर्ष ही हुए थे, वह आधी रात के वक्त कुछ बेचैन दिखने लगा, मैंने यह कहकर उसकी बेचैनी दूर की, "मैं तेरे को ढाई साल के अनुभव से बता रहा हूँ··· इसमें कोई नहीं है।" मुझे यह अहसास नहीं रहा कि वहाँ विदेशी आतंकवादियों की मौजूदगी की खबर जिसने दी थी, उन्हें 'ढाई दशक' का अनुभव था।'

'अगली सुबह, सर्च पार्टी ने स्टैंडर्ड ऑपरेटिंग प्रोसिजर (सी.ओ.पी.) के अनुसार तलाश शुरू की, जिसे ऐसे ही ऑपरेशनों के लिए बनाया गया था और जैसा मुझे शक था, कुछ नहीं मिला। दोपहर करीब 11 बजे मैं घेराबंदी उठाने और री-इंफोर्समेंट के लिए वापिस भेजना शुरू किया। जब मैंने अपने एडजुटेंट से वापिस लौटने की मंजूरी के लिए कहा, तो उसने मुझे बताया कि 70 किलोमीटर दूर स्थिति यूनिट से सर्च एंड रेस्क्यू डॉग को लाया जा रहा है और घेराबंदी जारी रखनी होगी। कोशिश बेकार होती देखकर मेरी झुँझलाहट बढ़ गई, मैं फोन पर ही एडजुटेंट पर फट पड़ा और नाराजगी जताते हुए कहा कि अब हमें यहाँ एक डॉग का इंतजार करना होगा। तब एडजुटेंट ने कहा, "सर, यह जोरावर का हुक्म है।" जाहिर है, अब और सवाल करने की गुंजाइश ही नहीं थी।

'आतंकवादी दरअसल प्रथम तल की छत के नीचे बनी नकली छत के भीतर छिपे हुए थे और भूतल पर लकड़ी के फर्श को गौशाला के रूप में उपयोग किया जाता था। जब

डॉग को प्रथम तल पर ले जाया गया, तो एक तेज नजर सिपाही ने उन्हें देख लिया, उसने प्रथम तल के लकड़ी के फर्श की एक दरार से आतंकवादी का सिर हिलते देख लिया था, उसने उसी वक्त हल्ला नहीं मचाया, क्योंकि ऐसा करने पर आतंकवादी लकड़ी के फट्टों के नीचे से फायरिंग कर सकते थे, जो निश्चित ही उसके व उसके साथी को नुकसान पहुँचा सकता था।

'इसके बाद दोनों तरफ से गोलियाँ चलनी शुरू हुईं और हमने शाम तक दो पाकिस्तानी आतंकवादियों को मार गिराया। अंत में जब जोरावर आए और अपने अच्छे काम के लिए उनसे शाबाशी पाने की उम्मीद में था (जो हालाँकि मुझे बाद में मिली भी), ठीक उसी वक्त उनका फोन बजा और मैंने सुना कि फोन करने वाले उन्हें ऑपरेशन की सफलता के लिए बधाई दे रहा था। तब जैसे मुझपर बिजली गिरी, जब मैंने टाइनी सर को यह कहते सुना, 'अरे नहीं, यह तो बस साइड ऑपरेशन था; मेरा असली स्वामिंग ऑपरेशन तो कहीं और चल रहा है।' उस क्षण मेरा भगवान् से विश्वास ही उठ गया था! मैंने सोचा, 'क्या आदमी है यार, मैंने अपनी जान की बाजी लगा दी और लगभग मरने वाला था और वे मुझे 'असली थाली' नहीं बल्कि शुरुआती व्यंजन बता रहे थे।" ये टाइनी सर का ऑपरेशन के दौरान सर्वोत्तम था!

'हालाँकि मुझे बाद में अहसास हुआ कि जोरावर का घेराबंदी बनाए रखने पर जोर देना और मकान से निकलने वालों पर निगाह रखने के पीछे यह तर्क था कि इन दोनों आतंकवादियों के साथ अभी कुछ दिन पहले मुठभेड़ हुई थी, लेकिन वे जंगल के घने पत्तों में छिपकर भाग निकले थे। उस गोलाबारी में ये दोनों आतंकवादी घायल हो गए थे और हमारा भी एक जवान घायल हुआ था। टाइनी सर ने उन्हें पंद्रह दिन के भीतर मार गिराने की शपथ ली थी और उन्होंने अपने सभी मुखबिरों को स्थानीय नर्सिंग सहायकों से पता लगाने को कहा था, जिन्हें संभवत: उन घायल आतंकवादियों के इलाज के लिए बुलाया गया होगा। चूँकि वे राजवर के जंगलों में एक बड़े स्वामिंग ऑपरेशन में व्यस्त थे, इसलिए यह छोटा साइड ऑपरेशन मेरी झोली में आ गिरा।'

□

16

जम्मू व कश्मीर : भू-ऐतिहासिक परिप्रेक्ष्य तथा धारा 370 व 35ए का संदर्भ

मैं 5 अगस्त, 2019 को कश्मीर में कोर कमांडर था, जब भारत सरकार ने जम्मू व कश्मीर राज्य का दो केंद्र-शासित प्रदेशों में प्रशासनिक पुनर्गठन करने तथा भारतीय संविधान की धारा 370 व 35ए को समाप्त करने के जरूरी कदम उठाए। इससे पहले कि मैं यह वर्णन करूँ कि किस तरह टीम सिक्योरिटी फोर्सेस तथा नव गठित केंद्र-शासित प्रदेश जम्मू व कश्मीर के स्थानीय प्रशासन ने केंद्र सरकार के साथ पूर्ण व नजदीकी तालमेल बनाते हुए सरकार के इस निर्णय को सुरक्षा बलों के हाथों शून्य नागरिक नुकसान तथा सरकार या निजी संपत्ति को बिना किसी नुकसान या क्षति के इस फैसले को लागू करवाने में मदद की, मेरे लिए जम्मू व कश्मीर के भू-ऐतिहासिक परिप्रेक्ष्य के बारे में बताना जरूरी है। इसके अतिरिक्त पाठकों के लिए धारा 370 व 35ए से संबंधित क्या, क्यों और यदि की सूची बनाना भी जरूरी है, जिससे वे खुद अपनी समझ-बूझ से तर्क-आधारिक विमर्श द्वारा आधे-सच और गलत जानकारी को बेनकाब कर सकें, जो जम्मू व कश्मीर को लेकर चलाई गई हैं।

भौगोलिक, सांस्कृतिक और जनसांख्यिकीय परिप्रेक्ष्य

जम्मू व कश्मीर (जे. एंड के.) राज्य 15 अगस्त, 1947 को जे. एंड के. के महाराजा के शासनाधीन था, जिसके भौगोलिक क्षेत्र में गिलगित बाल्टिस्तान, शक्सगम घाटी, लद्दाख, कश्मीर, जम्मू क्षेत्र व पाकिस्तान-अधिकृत जम्मू व कश्मीर आता था, जिसमें कुल क्षेत्र में से कश्मीर घाटी का इलाका लगभग 7.7 फीसदी था। इसलिए यह विमर्श कि कश्मीर घाटी जम्मू व कश्मीर की केंद्रबिंदु है, थोड़ा त्रुटिपूर्ण है और इसे उचित दृष्टिकोण से देखने की जरूरत है।

भारत और निश्चित ही दुनिया के इतिहास पर नजर डालें तो यह तथ्य साफ दिखता है कि कश्मीर हमेशा से ही भारत का अभिन्न अंग रहा है। यह वस्तुत: वैदिक काल से ऋषियों व साधुओं का निवासस्थल रहा है। हाल के वर्षों में इस इलाके पर विभिन्न राजवंशों का शासन रहा। इसका राज्य के सामाजिक, सांस्कृतिक और धार्मिक विकास पर गहरा प्रभाव

पड़ा। कश्मीर की सांस्कृतिक विरासत में हिंदू, बौद्ध, सिख व मुसलिम दर्शनों का विलय है, जिसने इसके लिए मिश्रित संस्कृति का निर्माण किया, जो मानवीय और सहिष्णु मूल्यों पर आधारित थी—जिसे आमतौर पर 'कश्मीरियत' के रूप में संदर्भित किया जाता है।

इसके पहले जे. एंड के. राज्य का जनसांख्यिकीय चरित्र काफी विविधात्मक था, उस समय में जब कश्मीर घाटी में सुन्नी मुसलमान निवासियों की संख्या अधिक थी, जम्मू इलाके में अधिकांशतः हिंदू आबादी थी। केंद्र-शासित क्षेत्र लद्दाख में शिया मुसलमान और बौद्ध समान संख्या में थे। सिख व ईसाई जैसे अन्य धार्मिक संप्रदाय संख्या के मामले में हालाँकि नगण्य थे, लेकिन जे. एंड के. के रंग-बिरंगे कैनवास पर वे सबसे जगमगाता हुआ अहम घटक थे। हालाँकि कश्मीर घाटी में कश्मीरी पंडितों के निकलने से इलाके का जनसांख्यिकीय प्रारूप प्रभावित हुआ। वर्ष 2011 की जनगणना के मुताबिक उस वक्त जम्मू व कश्मीर की कुल आबादी में से लगभग 62 प्रतिशत तीस वर्ष से कम उम्र वालों का था, लेकिन संभव है कि अब तक यह आँकड़ा लगभग 66 प्रतिशत तक हो गया होगा। इसका मतलब हुआ जे. एंड के. की लगभग दो-तिहाई आबादी का जन्म वर्ष 1989 के बाद हुआ है और उनकी परवरिश बंदूक के साये तले हुई है! उनकी मानसिकता और जीवन करीब तीन दशक की हिंसक घटनाओं से प्रभावित होंगे। कश्मीर के युवाओं के बारे में विचार करते हुए इस पहलू को दिमाग में रखना आवश्यक होगा।

बाहरी किरदारों द्वारा वर्षों तक हिंसात्मक कार्यों से पीड़ित रहने के बावजूद जे. एंड के. ने प्रशंसनीय साक्षरता दर बनाए रखी और इनमें युवाओं की आबादी काफी अधिक है, जो नौकरी के बेहतर अवसरों और शांतिपूर्ण जीवन के लिए बड़े पैमाने पर शहरी क्षेत्रों की तरफ आकर्षित हो रहे हैं। वर्ष 1989-90 में कश्मीर से कश्मीरी पंडितों को निकाले जाने के बाद यह कश्मीर की आत्मा पर चोट का निशान है, क्योंकि वे केवल कश्मीरी पंडित ही नहीं थे, बल्कि कश्मीरियत के रूह का एक अंश भी थे, जो उनके साथ ही कश्मीर से चला गया। कश्मीर में प्राथमिक विद्यालय के शिक्षकों से लेकर कॉलेज या विश्वविद्यालयों में लैक्चरर और प्रोफेसर तक शिक्षा व्यवस्था का मुख्य आधार कश्मीरी पंडित ही थे। इस तरह कश्मीरी पंडितों को निकालने के बाद कश्मीर की शिक्षा व्यवस्था लगभग ध्वस्त हो गई, जिसमें पाकिस्तान समर्थित आतंकवादियों के लकड़ी के ढाँचे से बनी स्कूलों की सभी इमारतों को जला देने के बाद, खासकर उस वक्त के सुदूर इलाकों में और गिरावट आ गई। शिक्षा व्यवस्था पर इस दोहरे वार से युवा कश्मीरी छात्रों पर बुरा प्रभाव पड़ा, जो वैसे तो काफी बुद्धिमान और जागरूक थे, लेकिन उनके लिए भारत व दुनिया के अन्य हिस्सों में उच्च शिक्षा कॉलेज और विश्वविद्यालयों में प्रवेश की प्रतियोगिता परीक्षाओं में प्रतियोगिता और पास होना मुश्किल हो गया।

ऐतिहासिक परिप्रेक्ष्य

जम्मू व कश्मीर राज्य पहले एंग्लो-सिख युद्ध के बाद 16 मार्च, 1846 को महाराजा गुलाब सिंह और ब्रिटिशों के बीच हुई अमृतसर संधि पर हस्ताक्षर के बाद ब्रिटिश इंडिया साम्राज्य के आधिपत्य में आया। जब ब्रिटिश सैनिक महाराजा रणजीत सिंह की सिख सेना के साथ लड़ रहे थे, तो महाराजा गुलाब सिंह तटस्थ रहे। गुलाब सिंह के बाद उनके पुत्र रणबीर सिंह, तत्पश्चात् प्रताप सिंह और फिर चौथे शासक के रूप में हरी सिंह, 23 सितंबर, 1925 को जम्मू व कश्मीर राज्य के राजा बने; वह 12 नवंबर, 1952 तक राज प्रमुख रहे।

यहाँ उल्लेख करना उचित होगा कि भारत को आजादी मिलने और इसके बाद भी तब तक हरी सिंह ही शासक थे, जब उन्होंने विलय के दस्तावेज पर हस्ताक्षर किए। कश्मीर हर उस चीज का लघु रूप है, जिसे भारत सूचित करता है, विशेष रूप से 'विविधता में एकता'। आजादी की पूर्वसंध्या पर पाकिस्तान को पूरा विश्वास था कि जम्मू व कश्मीर राज्य उसे स्वत: ही मिल जाएगा। हालाँकि जब उसने ऐसा होते नहीं देखा, तो वह धैर्य खो बैठा और इसपर बलपूर्वक कब्जा करने का फैसला किया। पाकिस्तान ने अपने फॉरवर्ड एरिया से पाकिस्तानी फौज के अफसरों की अगुआई में जम्मू व कश्मीर राज्य में कबायलियों की घुसपैठ करवा दी। हालाँकि जम्मू व कश्मीर की आवाम ने इस घुसपैठ का विरोध किया, लेकिन घुसपैठियों में अत्याधुनिक हथियारों से लैस पाकिस्तानी फौज के नियमित सैनिकों की मौजूदगी में उनकी एक नहीं चली। बारामूला में हुई लूटमार इस हमलावर ताकत द्वारा दिखाई क्रूरता, निर्दयता और अत्याचार की मिसाल बन गई। यहाँ अक्तूबर 1947 में युवा ब्रिटिश दंपती, सैन्य अफसर टॉम डाइक्स और उनकी पत्नी बिडी की नृशंस हत्या तथा बारामूला के सेंट जोसफ कैथोलिक मिशन एंड हॉस्पिटल की ननों के बलात्कार और हत्या के बारे में बताना जरूरी है।

इसके बाद जम्मू व कश्मीर के महाराजा ने भारतीय संघ में शामिल होने का फैसला किया और 26 अक्तूबर, 1947 को भारतीय संघ के साथ विलय के दस्तावेज पर हस्ताक्षर करके भारत का हिस्सा बन गया। यह विलय का दस्तावेज बिल्कुल वैसा ही था, जैसा अन्य रजवाड़ों के साथ हस्ताक्षरित हुआ था, और यह अंतिम व अपरिवर्तनीय था।

कश्मीर पर संयुक्त राष्ट्र का प्रस्ताव

पाकिस्तान में एक पूरी पीढ़ी को वर्ष 1948 में जे. एंड के. से संबंधित यू.एन. रिजॉल्यूशन नंबर 47 के प्रावधानों की द्वेषपूर्ण खुराक देकर पाला-पोसा गया है। सबसे पहले तो यू.एन. रिजॉल्यूशन ने कभी भी जम्मू व कश्मीर रजवाड़े द्वारा राज्य के भारत में विलय को चुनौती नहीं दी। रिजॉल्यूशन केवल तीन कार्यों पर चर्चा करता है, जो सभी सशर्त

और सिलसिलेवार हैं। पहली अनिवार्य स्थिति पाकिस्तानी सैन्य दलों, कबायलियों और पाकिस्तानी नागरिकों की उस क्षेत्र से संपूर्ण व स्थायी वापसी है। यू.एन. द्वारा पहली शर्त के संतोषजनक ढंग से पूर्ण व पुष्ट होने के बाद भारतीय सेना वापिस जाएगी, और पीछे इतने लोग छोड़ जाएगी, जो राज्य में सुरक्षा बनाए रखने के लिए जरूरी हों। इन स्थितियों के पूरा होने के बाद ही राज्य में जनमत संग्रह होगा। यू.एन. रिजॉल्यूशन ने जनमत संग्रह करवाने में पाकिस्तान की किसी भी भूमिका को स्वीकार या अनुमति नहीं दी है।

इस संदर्भ में विवादास्पद मुद्दा यह है कि प्रस्ताव की सादगी और पाकिस्तान की दो देशों के सिद्धांत की गलत धारणा के कारण पाकिस्तान ने आज तक रिजॉल्यूशन की पहली अनिवार्य स्थिति को पूरा नहीं किया है। यू.एन. रिजॉल्यूशन की पेचीदा, अवास्तविक और बनावटी कहानी के रूप में यह स्व-प्रेरित घाव पाकिस्तानी निर्णयकर्ताओं का इसके निर्माण के बाद से ही किए जा रहे निरंतर फरेब का खुलासा करता है और अब यह उनके गले का बोझ बन गया है। रिजॉल्यूशन का संदर्भ आज हर मायने में बदल गया है और अब भारत व पाकिस्तान के बीच के सभी मुद्दों को वर्ष 1972 के शिमला समझौते की दो राष्ट्रों की भावना के बीच द्विपक्षीय भाव से निपटारा करना होगा।

A. *Restoration of peace and order*

1. The Government of Pakistan should undertake to use its best endeavours :

(*a*) To secure the withdrawal from the State of Jammu and Kashmir of tribesmen and Pakistani nationals not normally resident therein who have entered the State for the purpose of fighting, and to prevent any intrusion into the State of such elements and any furnishing of material aid to those fighting in the State ;

2. The Government of India should :

(*a*) When it is established to the satisfaction of the Commission set up in accordance with the Council's resolution 39 (1948) that the tribesmen are withdrawing and that arrangements for the cessation of the fighting have become effective, put into operation in consultation with the Commission a plan for withdrawing their own forces from Jammu and Kashmir and reducing them progressively to the minimum strength required for the support of the civil power in the maintenance of law and order ;

B. *Plebiscite*

6. The Government of India should undertake to ensure that the Government of the State invite the major political groups to designate responsible representatives to share equitably and fully in the conduct of the administration at the ministerial level while the plebiscite is being prepared and carried out.

संयुक्त राष्ट्र का वर्ष 1948 का रिजॉल्यूशन नंबर 47

धारा 370 व 35ए उत्पत्ति

धारा 370 व 35ए के प्रभाव व इसे समाप्त करने पर चर्चा करने से पहले इन दोनों धाराओं के मूल को समझना जरूरी है, जिनसे खुद कश्मीर के ज्यादातर लोग 5 अगस्त, 2019 से पहले वाकिफ नहीं थे। धारा 370 को वर्ष 1954 में संविधान में जोड़ा गया, जो जम्मू व कश्मीर को स्वायत्त दर्जा प्रदान करती थी, जो राज्य के नागरिकों को विशेष अधिकार और विशेषाधिकार प्रदान करती थी। यहाँ एक अहम पहलू है, जिसे साफ तौर पर समझना जरूरी होगा कि ये दोनों संवैधानिक प्रावधान, अर्थात् धारा 370 और 35ए, भूतपूर्व राज्य जम्मू व कश्मीर के सभी नागरिकों पर लागू होती थी, भले ही वे किसी भी धार्मिक आस्था के हों, और यह केवल एक खास धर्म और समाज के एक खास सेक्शन पर लागू नहीं होती। यह संवैधानिक प्रावधान थे और इनका राज्य के किसी अन्य धार्मिक या क्षेत्र विशेष से कोई संबंध नहीं था।

जम्मू व कश्मीर राज्य के भारतीय संघ में विलय के दस्तावेज पर 26 अक्तूबर, 1947 को हस्ताक्षर हुए। उस दिन धारा 370 न तो विलय के दस्तावेज का हिस्सा थी और न ही इस दस्तावेज में इसके बारे में किसी पूर्व-शर्त का उल्लेख था। इसके बारे में सबसे पहली बार विचार भारतीय संविधान का मसौदा बनाते वक्त आया जिसे 17 अक्तूबर, 1949 को संविधान सभा के समक्ष रखा गया; जो जे. एंड के. के भारतीय संघ के साथ विलय के दस्तावेज के हस्ताक्षर होने के लगभग दो वर्ष बाद हुआ। इस मुद्दे पर बहस से पहले इस धारा को भारतीय संविधान के खंड 21 में शामिल किया गया, जो संविधान के टेंपरेरी एंड ट्रांजिशनल प्रावधानों से संबंधित था। धारा 370 से मूलतः भारतीय संविधान के वे प्रावधान सुर्खियों में आए, जो जम्मू व कश्मीर राज्य पर लागू नहीं होते थे। तभी से भारतीय संविधान में हुए अनेक संशोधन जिन्हें भारत के नागरिकों के कल्याण और लाभ के लिए किया गया था, वे पूरे भारत पर लागू होते थे, लेकिन जम्मू व कश्मीर राज्य पर लागू नहीं होते थे।

धारा 35ए जम्मू व कश्मीर के स्थायी निवासियों को परिभाषित करती है। हालाँकि यह महिलाओं के बुनियादी अधिकारों का उल्लंघन करता है, जिसमें महिला को उसकी पैतृक संपत्ति पर विरासत के अधिकार से वंचित कर दिया जाता था, यदि वह ऐसे व्यक्ति से विवाह कर ले, जो जम्मू व कश्मीर राज्य का नागरिक न हो, जबकि जम्मू व कश्मीर के पुरुषों पर राज्य से बाहर विवाह करने पर ऐसा कोई प्रतिबंध नहीं था। यह अनुसूचित जाति (एस.सी.)/अनुसूचित जनजाति (एस.टी.) के मौलिक अधिकारों के खुले उल्लंघन को बढ़ावा देता था, जो कई पीढ़ियों से राज्य में रह रहे थे। शरणार्थी, जो इसके पूर्व बँटवारे के वक्त वर्ष 1947 में पश्चिमी पाकिस्तान से जम्मू व कश्मीर आए थे, उन्हें धारा 370

और 35ए के प्रभाव में रहते बहत्तर वर्ष तक राज्य की नागरिकता नहीं मिली थी। पश्चिमी पाकिस्तान के इन शरणार्थियों ने 5 अगस्त, 2019 को धारा 35ए के समापन के बाद वर्ष 2020 में हुए डिस्ट्रिक्ट डेवलपमेंट काउंसिल इलेक्शन में पहली बार मतदान किया।

ARTICLE 370 OF THE INDIAN CONSTITUTION

- A temporary provision
- Grants special status to Jammu and Kashmir.
- Under Part 21 of the Constitution of India, which deals with "Temporary, Transitional and Special provisions", the State of Jammu and Kashmir has been accorded special status under Article 370.

धारा 370 : महत्त्वपूर्ण बिंदु

धारा 370 और 35ए का समापन क्यों जरूरी था?

5 अगस्त, 2019 को भारत सरकार ने राष्ट्रपति के आदेश द्वारा वर्ष 1954 के आदेश को रद्द कर दिया और भारतीय संविधान के सभी प्रावधानों को जम्मू व कश्मीर पर भी लागू करवा दिया। यह आदेश भारतीय संसद् के दोनों सदनों में दो-तिहाई बहुमत के साथ पास हुए प्रस्ताव पर आधारित था। यह जम्मू व कश्मीर के इतिहास में उल्लेखनीय घटना के तौर पर उभरा, हालाँकि इससे भारत में मिश्रित भावनाएँ उत्तेजित कीं, जबकि पाकिस्तान ने भी इसपर मुखर प्रतिक्रिया दी। इसके समापन से ही पाकिस्तान ने दोनों देशों के अंतरराष्ट्रीय श्रोताओं के साथ ही साथ पाकिस्तान की आवाम के समक्ष अपना विमर्श फैलाने के लिए अन्यायपूर्ण व झूठा प्रचार शुरू कर दिया।

धारा 370 और 35ए, जो अस्थायी व अनंतिम प्रकृति का था और जिसका लक्ष्य जम्मू व कश्मीर राज्य का एकीकरण करना था, उसके वस्तुतः इसके ठीक उलटे परिणाम मिले। इसने लोगों में विभिन्न वर्गों का निर्माण किया; आबादी के महत्त्वपूर्ण समूहों, विशेष रूप से महिलाओं के अधिकार छीने; और शिक्षा, आर्थिक तथा औद्योगिक अवसरों के लिए कोई सतत आधार बनाने से रोका। जम्मू व कश्मीर के लोगों के हित और कल्याण के लिए और उनकी सांविधिक आकांक्षाओं को पूरा करने के लिए यह जरूरी था कि उन्हें भी समान अवसर मिलें, जो शेष देश के उनके समकक्षों के लिए उपलब्ध हों और ऐसा करने के लिए धारा 370 और 35ए को जाना ही था।

जम्मू व कश्मीर का प्रशासनिक पुनर्गठन

भारत सरकार का जम्मू व कश्मीर राज्य के प्रशासनिक पुनर्गठन से संबंधित फैसला भारत का आंतरिक मामला था तथा यह अतीत में भी कई बाहर किया गया है, जिसमें अन्य के अलावा, पंजाब राज्य की सीमाओं का पंजाब, हरियाणा और हिमाचल प्रदेश में तीन भागों में बाँटना व एक अन्य सीमा राज्य उत्तर प्रदेश का और उत्तराखंड दो भागों में बाँटना शामिल है। यह विशिष्ट प्रक्रिया किसी भी तरह जम्मू व कश्मीर राज्य की सीमाओं या अंतरराष्ट्रीय सीमा या नियंत्रण रेखा का अतिक्रमण नहीं करता था और यह एक अंतर–प्रशासनिक कार्य था, जिसका किसी भी अन्य देश पर कोई प्रभाव नहीं पड़ता था।

जहाँ तक प्रशासनिक पुनर्गठन की बात है, इसका तात्पर्य भूतपूर्व जम्मू व कश्मीर राज्य को दो केंद्र–शासित क्षेत्रों में बँटवारा करना था, जिसमें एक जम्मू व कश्मीर का केंद्रीय क्षेत्र होगा, जिसकी अपनी विधानसभा होगी और अपना मुख्यमंत्री होगा तथा दूसरा लद्दाख केंद्रीय क्षेत्र होगा, जिसमें निर्वाचित परिषद् होगी। इसके अलावा इन धाराओं का समापन लोकतांत्रिक और विधायी प्रक्रिया के माध्यम से पूरा ध्यान रखा गया, जिसमें संसद् के दोनों सदनों में बिल पेश करना शामिल था, जिसपर मतदान होना था। बिल को दोनों सदनों में स्पष्ट समर्थन मिला और यह ऐक्ट बन गया तथा भारत के माननीय राष्ट्रपति की मंजूरी के बाद प्रभावी हो गया। यहाँ सवाल पूछा जा सकता है कि धारा 370 और 35ए के समापन और राज्य के प्रशासनिक पुनर्गठन का जम्मू व कश्मीर की जनता के जीवन पर पुराने वक्त के मुकाबले किस तरह का अंतर आएगा? क्या वास्तव में इसका मतलब यह होगा कि लोगों को जिम्मेदार सरकार, सामाजिक न्याय, क्षेत्र का आर्थिक विकास, महिला व सीमांत समुदायों के सशक्तीकरण के प्रावधान के लाभ का अवसर मिलेगा, और भारत सरकार द्वारा चलाए जा रहे अनेक पूर्व सक्रिय व सकारात्मक विधान लागू होंगे, जो भूतपूर्व जम्मू व कश्मीर राज्य में इन धाराओं के प्रावधानों के कारण अब तक लागू नहीं हुए थे। इसलिए

पाकिस्तान से रोजाना आने वाले शब्दाडंबर इन धाराओं के समापन को लेकर अधिक नहीं हैं, क्योंकि यह जम्मू व कश्मीर की आसन्न समृद्धि से संबंधित हैं, जो पाकिस्तान के मनगढ़ंत दुष्प्रचार को बेनकाब करता है और इस विमर्श को अप्रासंगिक बनाता है।

सामाजिक-आर्थिक प्रभाव

जम्मू व कश्मीर में आतंकवाद की शुरुआत करीब 1989-90 में हुई और यही वह समय था, जब भारतीय अर्थव्यवस्था को बड़े पैमाने पर दुनिया के लिए खोला गया। आर्थिक लाभ और इसके परिणामस्वरूप आर्थिक उदारीकरण की नीतियों के कारण मिले रोजगार के अवसर धारा 35ए द्वारा लागू संपत्ति स्वामित्व पर लगे प्रतिबंधों के कारण तथा आतंकवाद से कारोबार करने के प्रतिकूल वातावरण, जो बहुत से सेक्टर में उद्योग स्थापित करने से रोकने के कारण जम्मू व कश्मीर को नहीं मिल सके, जबकि मल्टीनेशनल कॉर्पोरेशन (एम.एन.सी.) पूरे भारत में बड़े निवेश कर रहे थे। बल्कि मौजूदा औद्योगिक सेक्टर भी पीड़ित थे, क्योंकि राज्य के विभिन्न उद्योगों में काम करने वाले अन्य राज्यों के ज्यादातर हाई-टेक इंजीनियर अपनी जान के भय से 1990 के दशक में ही जा चुके थे। उद्योगों की कमी व अन्य बड़े कारोबारी अवसर न होने से युवाओं के लिए राज्य में रोजगार के अवसर घटते गए। इसके साथ ही कश्मीरी पंडितों को निकाले जाने तथा आतंकवाद शुरू होने से जैसा कि ऊपर चर्चा की गई है, शिक्षा के मानक गिरने के साथ ही बड़े पैमाने पर सामाजिक-आर्थिक कठिनाइयाँ उत्पन्न होने लगीं, जिससे कश्मीर के नौजवानों को अनिश्चित भविष्य की दलदल में धकेल दिया। यही उस स्थिति के पनपने का कारण बना, यहाँ युवा कश्मीरी लड़के पाकिस्तान द्वारा नियंत्रित, वित्त पोषित और सुसज्जित तथा चलाए जा रहे आतंकवादी संगठनों की तोपों का चारा बनने लगे, जो अपने समूह में राज्य के युवा पुरुषों को भर्ती करना चाहते थे।

इसके अलावा कुछ और अहम पहलू भी थे, जिनके परिणामस्वरूप आतंकवाद के बीते तीन दशकों में जम्मू व कश्मीर, खासकर कश्मीर की निचली नौकरशाही के कुछ सेक्शन धीर-धीरे समझौता करते गए। आतंकवादी और अलगाववादीयों ने राज्य में होने वाले सभी चुनावों का लगभग बायकाट कर दिया। इस बायकाट के कारण आम कश्मीरी को मजबूरन पोलिंग बूथ से दूर रहना पड़ा और केवल कुछ मुट्ठी भर वोट ही डलते थे, जिससे उन उम्मीदवारों का जीतना सुनिश्चित हो जाता, जो बाद में सरकार बनाते या अन्य कार्य करते। इसका परिणाम यह हुआ कि कुछ राजनीतिक दल, जो अलगाववादियों के प्रति अधिक कठोर दिखना नहीं चाहते थे, उन्होंने सरकारी विभागों में निचले स्तर पर अलगाववादियों के समर्थकों के प्रवेश को रोकने के लिए सक्रिय कदम नहीं उठाए। विभिन्न

सरकारी विभागों में ऐसे अधिकारी अब निचली नौकरशाही के मध्यम स्तर तक पहुँच चुके हैं, अर्थात् उस कार्यकारी स्तर पर, जहाँ उन्हें जमीनी स्तर पर जनता के साथ कार्य करना होता है। राजनीतिक विशेषानुमति और शीर्ष नौकरशाही के सर्वोत्तम प्रयासों के बावजूद अलगाववादियों के हमदर्द, उदाहरण के लिए, बैंक मैनेजर, हेडमास्टर, पटवारी या स्टेशन हाउस अफसर जैसे कार्यकारी स्तर तक पहुँच गए हैं, जो प्रशासन के सहजता से कार्य करने को लेकर बड़ी चिंता का कारण बने हुए हैं।

कश्मीरी समाज का एक और सामाजिक पहलू, जो अपने आप आतंकवादी तंजीमों (संगठन) में बड़ी संख्या में शामिल होने लगा, वह जाति व्यवस्था में ऊँच-नीच के कारण था। ऊँची जातियाँ, जिनमें से कुछ हैं, बेग, मिर्जा, सैयद जैसी ऊँची जातियाँ, जिनमें अंदराबी, बुखारी, मुफ्ती, गिलानी, वे शायद ही कभी आतंकी समूहों की तोप का चारा बनी हैं, लेकिन वे हमेशा से ही आतंकवाद या अलगाववादी आंदोलनों में नियंत्रण करती रही हैं; उदाहरण के लिए, सैयद सलाहुद्दीन, जो फिलहाल पाकिस्तान-अधिकृत कश्मीर के मुजफ्फराबाद में रहता है और पाकिस्तान-समर्थित यूनाइटेड जिहाद काउंसिल का अगुआ है, जो कश्मीर में सभी पाकिस्तान-समर्थित आतंकवादी संगठनों का सरगना है या दिवंगत सैय्यद अली शाह गिलानी, जो ऑल पार्टी हुर्रियत कॉन्फ्रेंस के अध्यक्ष हुआ करते थे। वहीं दूसरी ओर, अहंगार, चोपान, डार, धोबी, गनी, गोजरी, खंडे, लोन, पद्दार, शेख, सोफी, वागे, वानी या जर्गार कुलनाम वे हैं, जो सुरक्षा बलों के साथ रोजमर्रा में होने वाली विभिन्न मुठभेड़ों में मारे जाने के कारण सुर्खियाँ बनते हैं। आदिल डार, कार आत्मघाती हमलावर, जिसने 14 फरवरी, 2019 को लेथपोरा, पुलवामा में अपने को उड़ा दिया, वह डार जाति से ही था। दिलचस्प बात यह है कि नाम से पहले या बाद में 'शेख' लगाना कश्मीरी समाजशास्त्री बशीर अहमद डाब्ला ने अपनी पुस्तक 'डायरेक्ट्री ऑफ कास्ट्स इन कश्मीर' में लिखा है कि 'शेख' शीर्षक जब नाम के आगे लगा हो, तो इसका मतलब ऊँची जाति है, उदाहरण के लिए, 'शेख' मोहम्मद अब्दुल्ला। लेकिन यदि 'शेख' नाम के पीछे कुलनाम या जाति की तरह लगा हो, तो इसका मतलब है कि व्यक्ति कश्मीरी मुसलमानों के सबसे वंचित समुदाय से आता है।

कुल मिलाकर, इस तरह राज्य इन दोनों धाराओं तथा पाकिस्तान द्वारा तीन दशक पहले से आज तक चलाए जा रहे आतंकवाद के कारण सामाजिक व आर्थिक रूप से पीड़ित था।

☐

17

चिनार कोर कमांडर :
आग से बपतिस्मा-पुलवामा का शोक-गीत

चिनार कोर की कमांड : क्वे सेरा-सेरा

अपने जीवन का ज्यादातर समय भारतीय सेना की सबसे प्रतिष्ठित और 'सदैव युद्धरत' संस्था में सेवा देने के बाद दिसंबर 2017 में कमांड एंड स्टाफ स्ट्रीम में लेफ्टिनेंट जनरल के पद के लिए चुने जाने के बाद मेरी इच्छा थी कि मुझे 15 कोर की कमांड मिले। इस स्ट्रीम के लिए चुने जाने का मतलब था कि मुझे एक फॉर्मेशन, कोर या इससे अधिक की कमांड के लिए उपयुक्त पाया गया, इसके अलावा मुझे किसी हेडक्वार्टर का स्टाफ ऑफिसर भी बनाया जा सकता था। लेफ्टिनेंट जनरल के पद के लिए केवल ग्यारह अफसरों को चुना गया था, जो वर्ष 1983 में कमिशंड हुए अफसरों, (मार्च, जून, सितंबर या दिसंबर में कमिशंड हुए) एन.डी.ए., आई.एम.ए., ए.सी.सी., और ओ.टी.ए. के जनरल कैडर (इंफैंट्री, आर्मर्ड कोर, मैकेनाइज्ड इंफैंट्री) या कॉम्बैट आर्म्स, जो बाद में जनरल कैडर को चुन सकते थे, की स्ट्रीम से थे।

स्ट्रीम के लिए सिर्फ तीन अफसरों को 'स्टाफ ओनली' के लिए अनुमोदित किया गया। मुझे 1 अक्तूबर, 2018 को लेफ्टिनेंट जनरल के रैंक पर पदोन्नत किया गया और मैंने सेना मुखयालय में डायरेक्टर जनरल, पर्सपेक्टिव प्लानिंग (डी.जी.पी.पी.) का पद सँभाला। यहाँ बताना जरूरी होगा कि अफसर की पदोन्नति वरिष्ठता के विधिक प्रावधान से होती है, लेकिन किसी फॉर्मेशन की कमांड में नियुक्ति किसी भी क्रम से हो सकती है। हालाँकि, इसमें भी जब तक कि कोई व्यावहारिक कारण या असाधारण प्रशासनिक विवशता न हो, तब तक आमतौर पर वरिष्ठता के नियम का ही अनुपालन होता है।

यह अध्याय मुझे मेरे चिनार कोर कमांडर के यादगार कार्यकाल में ले जाता है, जो न केवल अपने आप में घटनापूर्ण था, बल्कि इस दौरान देश के इतिहास की दो उल्लेखनीय घटनाएँ भी घटीं, अर्थात् फरवरी 2019 को पुलवामा में सी.आर.पी.एफ के

काफिले पर हुआ कायराना हमला, और अगस्त 2019 में कश्मीर से धारा 370 और 35ए का समापन। समय में थोड़ा पीछे जाएँ, तो मैं जिस तरह चिनार कोर पहुँचा था, वह मेरे जीवन की अन्य घटनाओं की तरह दैवीय ही थी, कुछ ऐसा 'जो होना ही' था। मेरी लेफ्टिनेंट जनरल के पद पर हुई पदोन्नति मेरे चिनार कोर कमांडर की नियुक्ति का आधार बनी। मैं बतौर कोर कमांडर नियुक्ति की वरिष्ठता प्रतीक्षा क्रम में करीब आठवें या नवें नंबर पर था। मुझसे छह माह या अधिक वरिष्ठ लेफ्टिनेंट जनरल भी कोर कमांडर बनने के लिए अपनी बारी आने की प्रतीक्षा में थे।

आकलन का वक्त मध्य-दिसंबर, 2018 तक आना था, एक देर शाम मेरी तत्कालीन सेनाध्यक्ष जनरल बिपिन रावत के साथ उनके ऑफिस में मीटिंग चल रही थी। अपने जारी काम पूरा करने के बाद बिना बात घुमाए सीधा प्वॉइंट पर आते हुए उन्होंने मुझसे पूछा, 'टाइनी, आप कोर की कमांड कब सँभालने वाले हैं?' मैंने कहा, 'सर, मैं इंतजार कर रहा हूँ। वरिष्ठता क्रम के अनुसार मैं आठवें या नवें स्थान पर हूँ। तो मेरी नियुक्ति शायद अक्तूबर 2019 के आसपास हो पाएगी।' मेरी बात ऐसा कहने के पीछे तर्क यह था कि जब एक अफसर भारतीय सेना की चौदह कोर में से किसी में भी कोर कमांडर बन जाता है, तो आमतौर पर वह नियुक्ति कम-से-कम एक वर्ष के लिए होती है। इस हिसाब से देखा जाए तो यदि वरिष्ठता क्रम से नियुक्ति हो, तो कोर कमांडर पद पर नियुक्ति अक्तूबर 2019 तक हो पाती। जनरल रावत ने मुझसे पूछा, 'क्या आप 15 कोर में जाना चाहेंगे?' मैंने पलक झपकने से भी पहले प्रतिक्रिया दी, 'हाँ, सर' और उन्होंने सहमति में पीठ थपथपाते हुए मुझसे कहा, 'ठीक है, 15 कोर जाइए, और वहाँ अच्छा काम कीजिए।' उनके यह ठीक दस शब्द आज भी मेरी स्मृतियों में जगह बनाए हुए हैं, क्योंकि मुझमें यह विश्वास किसी और ने नहीं बल्कि खुद मेरे अपने चीफ ने जताया था। यदि यह नहीं हुआ होता तो शायद मैं श्रीनगर में 15 कोर की जगह किसी दूसरी कोर में जाता तथा चिनार कोर का कमांडर कोई और बनता। लेकिन मुझे लगता है और पूरी विनम्रता सहित कि जनरल बिपिन रावत ने मुझे इस भूमिका के लिए मेरे 15 कोर में पिछले अनुभव के कारण चुना था।

15 कोर की कमांड को भारतीय सेना में सबसे प्रतिष्ठित माना जाता है, क्योंकि यह अकेली कोर है, जो नियंत्रण रेखा के साथ-ही-साथ आंतरिक इलाकों में भी, दोनों जगह दैनिक आधार पर अति गहन अभियानों में सक्रिय रूप से शामिल रहती है और बतौर सैनिक, तैनात होने के लिए ऐसे ऑपरेशनल एरिया से बेहतर और कुछ नहीं होता, जहाँ सक्रिय अभियान चल रहे हों। इस तरह 15 कोर में जनरल ऑफिसर कमांडिंग के रूप में मेरा नियुक्ति आदेश अगले कुछ दिन में जारी हो गया, जिसमें मुझे 9 फरवरी,

2019 को 15 कोर को सँभालने का आदेश मिला। हालाँकि खराब मौसम के कारण मुझसे पहले वाले कोर कमांडर को जाने में देरी हुई, तो मैंने चिनार कोर की बागडोर 10 फरवरी, 2019 को सँभाली। अभी 100 घंटे भी नहीं बीते थे और मुझे 15 कोर का प्रभार सँभालने की प्रक्रिया बस पूरी ही हुई थी कि 14 फरवरी, 2019 को पुलवामा की कुख्यात घटना घट गई।

पुलवामा पर कायराना हमला और इसके विवाद

पुलवामा घटना के बारे में काफी कुछ लिखा जा चुका है, लेकिन यहाँ मैं उसके कुछ कम-ज्ञात पहलुओं को स्पर्श करना चाहूँगा। इस घटना की पृष्ठभूमि बताऊँ तो यह एक आत्मघाती हमलावर था, जिसने विस्फोटकों से लदी कार को श्रीनगर हाई-वे से जा रहे सेंट्रल रिजर्व पुलिस फोर्स (सी.आर.पी.एफ.) के काफिले में घुसा दिया। जैसे ही यह कार काफिले के नजदीक पहुँची, आत्मघाती हमलावर ने अपनी कार को उड़ा दिया। मुझे हमला होने के बाद पहले कुछ मिनट में ही यह खबर मिल गई थी, मैंने फौरन तत्कालीन सी.आर.पी.एफ. इंस्पेक्टर जनरल श्री जुल्फिकार हसन को फोन किया, ताकि इस हमले का विवरण ले सकूँ। हमलावर ने निश्चित ही काफिले को कुछ नुकसान पहुँचाया था, लेकिन हमें फिलहाल इससे हुए नुकसान का परिमाण या हताहतों और सांघातिकता की सीमा ज्ञात नहीं थी।

मैंने फौरन सैन्य हेलिकॉप्टर यूनिट को सतर्क किया और हताहतों की निकासी के लिए सभी उपलब्ध सेवारत हेलिकॉप्टरों को भेजने के लिए कहा, इसके साथ ही मैंने 92 बेस अस्पताल को भी सावधान किया, जो बादामी बाग कंटोनमेंट का सैन्य अस्पताल है, कि घायल किसी भी वक्त अस्पताल पहुँच सकते हैं। अस्पताल के सभी डॉक्टरों को फौरन ड्यूटी पर हाजिर होने और तुरंत चिकित्सा की जरूरत वाले हताहतों व घायल जवानों को सँभालने के लिए तैयार रहने के आदेश दिए गए। ऐसी घटनाओं में त्वरित कदम उठाना विभिन्न संबंधित बलों के बीच तालमेल को दर्शाता है। मेरा बिना आधिकारिक अनुरोध की प्रतीक्षा किए स्वत: संज्ञान लेकर कदम उठाना उस उच्च सहयोगी रवैये का प्रतीक था, जिसके साथ सभी सुरक्षा बल, इंटेलिजेंस एजेंसियों और नागरिक प्रशासन जम्मू व कश्मीर में काम कर रहे थे।

इंटेलिजेंस एजेंसियाँ : अनाम नायक

मैं यहाँ एक अहम बिंदु पर बात करना चाहूँगा, जिसका संबंध उस तथ्य से है कि देश में आम जनता और कुछ राजनीतिक प्रवक्ताओं ने पुलवामा घटना को इंटेलिजेंस

विफलता बताया। इंटेलिजेंस अत्यंत जटिल और संवेदनशील विषय है, जिसमें विभिन्न स्तरों पर काम कर रही अनेक एजेंसियों के बीच विस्तृत तालमेल शामिल रहता है। 'इंटेलिजेंस' शब्द का अपने आप में मतलब मुखबिरों से प्राप्त जानकारियों का संग्रह, संश्लेषण, छानबीन और छँटाई करना, फिर इनकी पुष्टि करने के बाद अंत में निष्कर्ष पर पहुँचना है कि अब तक प्राप्त या उपलब्ध वह जानकारी पर्याप्त रूप से विश्वसनीय है या इसमें अभी भी कुछ त्रुटियाँ दिख रही हैं। हमें खुफिया जानकारियाँ मिलती रहती हैं और सभी एजेंसियों से संकलित व निर्मित इन खबरों से उसका निर्माण करते हैं, जिसे हम 'इंटेलिजेंस पिक्चर' कहते हैं। तब यथोचित एजेंसियों को और अधिक विशिष्ट जानकारी हासिल करने को कहा जाता है, जिससे 'खुफिया जानकारी की कमियों' को भरा जा सके। इसके बाद पूरी प्रक्रिया की पुनः समीक्षा की जाती है और केवल इसके बाद ही 'जानकारी' को 'इंटेलिजेंस' का रूप मिलता है। बल्कि इस चरण में भी यह 'एक्शनेबल इंटेलिजेंस' उर्फ 'रेड हॉट' इंटेलिजेंस है, जिसपर फौरन कदम उठाना होगा या यह बैकग्राउंड इंटेलिजेंस की तरह है; ऐसी खुफिया जानकारियों का उपयोग आगामी विस्तार या नजर रखने में किया जाता है। ऐसी खुफिया जानकारियों पर आधारित अभियानों को सबसे सही समय पर शुरू किया या अस्तित्व में लाया जाता है, जब लाभ मिलने की सर्वाधिक संभावना हो। इस तरह यह एक अत्यधिक तकनीकी और सुव्यवस्थित प्रक्रिया है।

इसे सही परिप्रेक्ष्य में समझना जरूरी है, उदाहरण के लिए, मान लीजिए आतंकियों की बनाई प्रकट हुई 100 घटनाएँ, जिनमें समय पर मिली खुफिया जानकारियों द्वारा इनमें से निन्यानबे का ना होना सुनिश्चित हो सका, जो इन अभियानों में इंटेलिजेंस एजेंसियों की 99 प्रतिशत सफलता दर का संकेत है। क्योंकि ये घटनाएँ पूरी तरह टल गईं और हमने इनके बारे में विरले या शायद ही कभी बात की हो, लेकिन इससे इंटेलिजेंस एजेंसियों की सफलता को खारिज नहीं किया जा सकता। इससे दुश्मन हमको कभी समझ नहीं सका कि हमने उनके संभावित खतरों को कैसे बेअसर किया, क्योंकि हमने इंटेलिजेंस एजेंसियों की सफलता को कभी सार्वजनिक नहीं किया तथा जिस कारण उन्हें हमारी क्षमताओं, खासकर तकनीकी और मानव एसेट्स के बारे में कभी पता नहीं चला कि जिसके बाद वे अपनी रणनीति बदल सकें और अपनी कमजोरियों को दूर कर लें।

हमने कभी-कभार दुश्मन के खतरे को बेअसर बनाने की घोषणा की भी है, लेकिन ऐसे मामलों में भी हमने इसके बारे में पूरी जानकारी, जैसे अपराधियों के नाम और उनकी सह-संबद्धता, हमारी जानकारी का स्रोत, यह भौतिक रिसाव था या तकनीकी इंटरसेप्शन, इसे कभी साझा नहीं किया। यही कारण है कि अधिकांश सफल इंटेलिजेंस ऑपरेशनों की

जानकारी कभी सार्वजनिक पटल पर नहीं आई।

जहाँ तक पुलवामा की बात है, मैं यही कहूँगा कि इस अत्यंत दुर्भाग्यपूर्ण घटना की पहले जानकारी मिल जानी चाहिए थी, फिर भी मैं इसे उन दुर्लभ घटनाओं में से एक मानूँगा, जिस पर इंटेलिजेंस एजेंसी समय पर प्रतिक्रिया नहीं दे सकी। हालाँकि इसका यह मतलब कतई नहीं कि इंटेलिजेंस एजेंसियाँ बढ़िया काम नहीं कर रहीं। उनके लिए यह लगातार बिल्ली और चूहे के खेल जैसा है, क्योंकि आतंकवादी लगातार नए तरीके इस्तेमाल करते रहते हैं और नई तकनीक बनाते रहते हैं। हम भी अपनी इंटेलिजेंस तकनीकों में लगातार सुधार करते रहते हैं, जिससे उनसे एक कदम आगे रहें। मैं यह सारा विवरण इसलिए साझा कर रहा हूँ, जिससे यह साफ कर सकूँ कि पुलवामा त्रासदी के बाद सोशल मीडिया और अन्य फोरम में इंटेलिजेंस एजेंसियों की आलोचना करना कितना अन्यायपूर्ण है।

एक और पुलवामा को टालना

बल्कि शायद ज्यादातर पाठकों को नहीं पता होगा कि पुलवामा के केवल दस दिन बाद ऐसे एक और हमले की योजना बनाई गई थी। इसे 24 फरवरी, 2019 को इंटरसेप्ट करके बेअसर किया गया, जो पुलवामा के ठीक दस दिन बाद होना था, इसमें एक संभावित आत्मघाती हमलावर ने पहले ही एक वीडियो में विस्फोटक और अन्य हथियार दिखाए थे, जिसमें पुलवामा जैसे दूसरे ऑपरेशन की योजना की तरफ इशारा किया था। हालाँकि जब इंटेलिजेंस और अन्य एजेंसियों ने इस ऑपरेशन से संबंधित योजना की जानकारी इंटरसेप्ट की तो सुरक्षा बलों ने फौरन काररवाई करते हुए मॉड्यूल को तुरंत मार गिराया।

पुलवामा घटना के बाद इंटेलिजेंस एजेंसियों, जम्मू व कश्मीर पुलिस (जे.के.पी.) और सेना ने अपनी खुफिया जानकारियाँ जुटाने के अभियान को और गहन बनाया तथा दक्षिण कश्मीर में प्रतिबंधित आतंकवादी संगठन जैश-ए-मोहम्मद (जे.ई.एम.) के नेटवर्क में सफलतापूर्वक घुसपैठ की। पिंग्लान गाँव में 17 फरवरी, 2019 के अभियान में पुलवामा आई.ई.डी. विस्फोट के मुख्य अपराधी और उसके साथ ही पाकिस्तानी आतंकवादी कामरान गाजी को घटना के 100 घंटों के भीतर मार दिया गया। इसने सुरक्षा बलों को प्रेरित किया कि जितना जल्दी हो सके, अपराधी को मार गिराएँ और ऐसी और घटनाएँ न होने दें। इस प्रयास में सभी एजेंसियों ने आतंकवादियों की गतिविधियों से संबंधित सभी खुफिया खबरों पर काम किया और पुलवामा-जैसा एक और आत्मघाती हमला करने के लिए तुरिगाम गाँव में जे.ई.एम. आतंकियों की उपस्थिति के बारे में सशक्त कार्यकारी

खुफिया जानकारी हासिल करने में सफल रहे। कुलगाम के पुलिस उपाधीक्षक श्री अमन कुमार ठाकुर ने इस खबर को स्थानीय सेना की राष्ट्रीय राइफल्स (आर.आर.) यूनिट के साथ फौरन साझा किया और 24 फरवरी, 2019 की रात संयुक्त अभियान आरंभ किया। मुझे आज भी समस्त विवरण स्पष्ट याद है, क्योंकि वह अभियान बेहद संवेदनशील था और हमें इस मॉड्यूल को शीघ्र बेअसर बनाना था, इससे पहले कि वह एक और आत्मघाती हमला कर सके। इसलिए हम इस अभियान को किसी भी हालत में विफल नहीं होने दे सकते थे। संयुक्त टीम चतुराई, तेजी और औचक काररवाई द्वारा जे.ई.एम. के तीन आतंकियों को घेराबंदी में फँसाने में सफल रही। शीघ्र ही उनके साथ मुठभेड़ शुरू हुई और इसके बाद आपस में भारी गोलाबारी होने लगी।

एक बेहद साहसी अफसर डिप्टी एस.पी. अमन कुमार ठाकुर ने सेना के आर.आर. यूनिट के साथ तालमेल बनाते हुए आगे रहकर अपनी टीम की स्वयं अगुआई की। इस अभियान के दौरान उन्होंने देखा कि 34 आर.आर. के सिपाही बलदेव राम को आतंकवादी की गोली लगी है, जिससे सिपाही का बहुत खून बह रहा था। अपनी व्यक्तिगत सुरक्षा और हित की परवाह किए बिना ठाकुर ने सिपाही बलदेव राम को वहाँ से निकालकर सुरक्षित जगह पहुँचाया। हालाँकि ऐसा करते हुए उन्हें भी छिपे स्थान से चलाई आतंकवादी की गोली लग गई। लेकिन अपनी चोटों की परवाह न करते हुए डिप्टी एस.पी. अमन कुमार ठाकुर ने अदम्य साहस और दृढ़ निश्चय का प्रदर्शन करते हुए घायल सैनिक को बाहर निकाला और इसके बाद आतंकवादी के बहुत पास पहुँच गए। तत्पश्चात् उन्होंने आतंकवादी को काफी नजदीक से सटीक निशाना लगाया और भीषण गोलाबारी के बाद उसे मार गिराया। बाद में इस मारे गए आतंकवादी को जे.ई.एम. के नोमान के रूप में पहचाना गया, जो पाकिस्तान का रहने वाला था। डिप्टी एस.पी. अमन कुमार ठाकुर को भी आतंकी के साथ हुई इस निकट लड़ाई में कई गोलियाँ लगीं और बाद में इन्हीं चोटों के कारण उन्होंने सर्वोच्च बलिदान दिया। माननीय राष्ट्रपतिजी ने उन्हें उनके अपूर्व साहस के लिए शौर्य चक्र (मरणोपरांत) से सम्मानित किया। इस अभियान में भारत माता के कुछ संकल्पित व प्रेरित पुत्र दिखे, जो दृढ़ मानसिकता और विशुद्ध साहस के साथ सैन्य लोकोक्ति नाम, नमक और निशान के लिए लड़े तथा एक और पुलवामा-त्रासदी को होने से रोक दिया।

इस अभियान में भीषण गोलाबारी के दौरान 34 आर.आर के जे.सी.ओ. नायब सूबेदार सोमबीर ने अपने दायित्व से बढ़कर अदम्य साहस दिखाते हुए अपने साथियों के साथ मिलकर लक्ष्य के घर की घेराबंदी की और आतंकियों के निकल भागने के ज्यादातर रास्तों को रोक दिया। जैसा कि जे.सी.ओ. ने अनुमान लगाया था, एक आतंकवादी ने उनपर अंधाधुंध गोलियाँ चलाकर और ग्रेनेड से हमला करके उनकी घेराबंदी तोड़ने का

प्रयास किया, जिसके परिणामस्वरूप उनका साथी बुरी तरह घायल हो गया। अपने साथी को खतरे में देखकर अपनी सुरक्षा की परवाह न करते हुए सोमबीर ने आगे बढ़कर आतंकवादी से मुकाबला किया। नजदीकी लड़ाई में उन्होंने पाकिस्तानी आतंकवादी को मार गिराया, जिसकी बाद में ओसामा के रूप में पहचान हुई, जो जे.ई.एम. का ए++कैटेगरी का आतंकवादी था। इस अदम्य साहसिक कारवाई के दौरान नायब सूबेदार सोमबीर गोलियाँ लगने से गंभीर रूप से घायल हुए, जिस कारण उन्होंने सर्वोच्च बलिदान दिया। सेना और पुलिस टीम की संयुक्त साहसिक काररवाई से जे.ई.एम. के तीन कट्टर आतंकी मारे गए, जिनमें दो पाकिस्तानी आतंकी शामिल थे, जिनके पास से बड़ी संख्या में हथियार और विस्फोटक बरामद हुए और एक बड़ी आतंकवादी काररवाई को समय रहते रोक लिया गया। इस अभियान में तीन अन्य सैनिक भी गंभीर रूप से घायल हुए और उन्हें वहाँ से निकालकर श्रीनगर में 92 बेस अस्पताल भेजा गया, जहाँ अंततः वे सभी स्वस्थ हो गए। नायब सूबेदार सोमबीर को माननीय राष्ट्रपति ने उनके अदम्य भावना और साहस के लिए 'शौर्य चक्र' से सम्मानित किया।

यदि इन आतंकवादियों को पुलवामा के दस दिन के भीतर मारा न जाता, तो यह बड़ी मुसीबत साबित हो सकते थे। इसी बीच इसके कुछ ही महीने बाद, बनिहाल में एक और वैसी ही आतंकवादी हमले की घटना को रोका गया, जो पुनः इंटेलिजेंस एजेंसियों की सजगता और उनके सुरक्षा बलों के साथ तालमेल के कारण संभव हुआ। इस मामले में भी हमले की योजना में शामिल सभी लोगों को सुरक्षा बलों और इंटेलिजेंस एजेंसियों के बीच आदर्श तालमेल व सजगता के कारण उनके स्थान विशेष से शीघ्र पकड़ लिया गया।

'टीम सिक्योरिटी फोर्सेस' ने पुलवामा के गाजी को मार गिराया

14 फरवरी, 2019 की पुलवामा घटना पर वापिस लौटते हैं, जो वस्तुतः देश के लिए घुमाव बिंदु था। ऐसी बड़ी और उग्र आतंकी काररवाई कई वर्षों बाद हुई थी, जो इंटेलिजेंस व सुरक्षा एजेंसियों के लिए बड़ी चुनौती का संकेत था। ऐसा कार बम आत्मघाती हमला कश्मीर में लंबे समय से नहीं हुआ था। अंतिम बार ऐसा हमला काफी पहले अप्रैल, 2000 में श्रीनगर में बादामी बाग कंटोनमेंट गेट पर हुआ था। अभी हाल ही में ऐसे हमले अन्य स्थानों के अलावा सीरिया, अफगानिस्तान, कुवैत, और लीबिया में भी हुए थे, लेकिन भारत में नहीं हुए थे।

इस घटना में हताहतों और घायलों को सँभालने के बाद सभी सुरक्षा बलों और इंटेलिजेंस एजेंसियों की मीटिंग हुई, जिसमें सेना, पुलिस, सी.आर.पी.एफ. इंटेलिजेंस एजेंसियों और नागरिक प्रशासन के सभी बड़े अधिकारी शामिल हुए। इस मीटिंग से एक

बिंदु यह भी उभरकर आया कि वे सभी घटनाएँ और असंगतियाँ, घटना का कारण जो आगामी जाँच में उभरा और जो टीम सिक्योरिटी फोर्सेस का लक्ष्य बना, जिसमें सेना, जे.एंड के. पुलिस (जे.के.पी.), सी.आर.पी.एफ., इंटेलिजेंस एजेंसियाँ व नागरिक प्रशासन शामिल थे कि उन्हें सबसे पहले बिना दोषारोपण के खेल में लिप्त हुए पुलवामा हमले के लिए जिम्मेदार आतंकियों को निशाना बनाना होगा, और घटना के मास्टरमाइंड व परदे के पीछे के अपराधियों की पहचान का काम जाँच एजेंसियों पर छोड़ना होगा। मुझे याद है, जब हम इस मीटिंग में शामिल होने के लिए जा रहे थे, तो मेरे ए.डी.सी. कैप्टन संदीप सिंह ने मुझसे पूछा, 'सर, अब क्या होगा?' मैंने विश्वास से जवाब दिया, 'वी विल गेट द बास्टड्‌र्स (हम हरामजादों को छोड़ेंगे नहीं)।' इसलिए फिलहाल हमारा सारा ध्यान और जोर, सभी सुरक्षा बलों और इंटेलिजेंस एजेंसियों के बीच समन्वित प्रयासों द्वारा आतंकवादियों के मॉड्यूल को खत्म करने पर था। हमने इसके लिए हर संभव प्रयास किया, अगले 48 घंटों से भी अधिक तक कई मीटिंग होती रहीं, विभिन्न एजेंसियों से मिली जानकारियों के अंशों को साझा किया और इन्हें जोड़कर इंटेलिजेंस तस्वीर बनाई। आखिरकार हमारी कोशिशें रंग लाईं और हमने 17 फरवरी की शाम मॉड्यूल की सटीक लोकेशन के जो घटना होने के बहत्तर घंटों के भीतर कर लिया गया था। इसके बाद हमने इस जे.ई.एम. मॉड्यूल को मारने के लिए आतंक-विरोधी अभियान शुरू किया। इंटेलिजेंस और काररवाई की स्थितियों को कई स्तरों पर, लेकिन अत्यंत समन्वित तरीके से सँभाला गया। मानव एसेट्स और तकनीकी साधनों से प्राप्त खुफिया जानकारियों की मदद से सुरक्षा बल पिछले तीन दिन तक दक्षिण कश्मीर में आतंकवादियों के छिपने के सभी संदेहास्पद ठिकानों पर अभियान चलाते रहे, ताकि आतंकियों को परेशान कर दें और उन्हें एक स्थान पर छिपने और पुनः एकत्र होने से रोक सकें। इंटेलिजेंस एजेंसियों के लिए जरूरी है कि आतंकवादी कोई गतिविधि करें और एक-दूसरे से संपर्क बनाएँ, क्योंकि उनके कोई गतिविधि न करने या संपर्क न बनाने से तकनीक या मानवीय इंटेलिजेंस द्वारा आतंकवादियों के छिपने का ठिकाना पता लगाने की संभावना कम हो जाती है। जे.के.पी. से एक ऐसी ही विशिष्ट खुफिया जानकारी मिलने पर 55 आर.आर. जे.के.पी. और सी.आर.पी.एफ. ने पुलवामा जिले के पिंग्लान गाँव में फौरन संयुक्त अभियान शुरू किया। पिंग्लान काफी सघन निर्माण वाला इलाका है, जहाँ साठ से अधिक मकान हैं (जिनमें से कुछ में पशुओं के बाड़े भी हैं) तथा सँकरी और सीमित पहुँच वाली सड़कें हैं, जहाँ बिना नजर में आए कुछ भी करना मुश्किल था। कुछ मकान बहुमंजिला थे और एक-दूसरे से काफी सटकर बने थे, जिससे वहाँ छिपे आतंकवादियों को गोलाबारी के दौरान भी एक मकान से दूसरे में जाने का पूरा मौका था।

कर चले हम फिदा जान-ओ-तन साथियो

सुरक्षा बलों को तेजी से काम करना था, क्योंकि वे जानते थे कि आतंकवादी शायद रात के समय एक बार फिर ठिकाना बदलने की योजना बना रहे होंगे। 55 आर.आर. के कमान अधिकारी और अफसर, जिनमें मेजर विभूति शंकर ढौंडियाल भी शामिल थे, इस इलाके से भली-भाँति परिचित थे। उन्होंने शीघ्र ही जम्मू-कश्मीर पुलिस अफसरों के साथ मिलकर नजर में आने से बचने के लिए घुमावदार रास्तों का उपयोग करते हुए कई दिशाओं से गाँव में घुसने की योजना बनाई। उन्होंने अचानक हमला करने के तत्त्व के साथ समझौता किए बिना 17/18 फरवरी, 2019 की रात मकान को हर तरफ से घेर लिया। घेराबंदी के बाद सैन्य बलों ने मेजर ढौंडियाल के नेतृत्व में लक्षित क्षेत्र में तलाशी आरंभ की। यहाँ मैं अभियान का विस्तार से वर्णन न करते हुए मेजर विभूति शंकर ढौंडियाल के अत्यधिक साहसिक कार्य का संक्षेप में वर्णन करूँगा, जो आगे रहकर अपने जवानों का नेतृत्व कर रहे थे। 55 आर.आर. बटालियन में तैनात होने के वक्त से ही मेजर विभूति शंकर ढौंडियाल ने अद्वितीय साहस और असाधारण नेतृत्व के गुणों का प्रदर्शन किया था, अब तक उन्होंने पाँच अभियान सफलतापूर्वक अंजाम दिए थे, जिसके परिणामस्वरूप पाँच कट्टर आतंकवादी मारे गए थे। उस दुर्भाग्यपूर्ण दिन तलाशी के दौरान, जब मेजर और उनके साथी एक संदेहास्पद पशुओं के बाड़े में तलाशी ले रहे थे, तभी अचानक उन पर गोलियाँ चलने लगीं, जिसका उन दोनों ने जवाब दिया। इस आमने-सामने की गोलाबारी में मेजर ढौंडियाल को कई गोलियाँ लगीं। गंभीर रूप से घायल होने के बावजूद इस बहादुर अफसर ने अपना रणनीतिक मानसिक संतुलन बनाए रखा और पूरी उग्रता के साथ जवाब दिया। वे गोलाबारी के बीच रेंगते हुए पशुओं के बाड़े के निकट आए और वहाँ छिपे आतंकवादियों पर गोलियाँ बरसाते रहे। इस कारण आतंकवादी भी मजबूरन अंधाधुंध गोलियाँ चलाते हुए पशुओं के बाड़े से बाहर निकल आए। अफसर ने अपनी चोटों और रक्तस्राव के बावजूद भागते हुए आतंकवादियों पर जोरदार गोलाबारी की और इससे पहले कि वे पास स्थित मकान तक पहुँच पाते उनमें से एक को मार गिराया। हालाँकि तब तक वे खुद बुरी तरह घायल हो चुके थे, आखिरकार वे गिर गए तथा सर्वोत्तम चिकित्सकीय देखरेख के बावजूद उन्हें बचाया नहीं जा सका।

इस अभियान के दौरान मेजर ढौंडियाल के अलावा हवलदार शिवराम, सिपाही हरी सिंह, सिपाही अजय कुमार और जे.के.पी. के हेड कांस्टेबल अब्दुल रशीद भी वीरगति को प्राप्त हुए। इस युवा अफसर और उसके जवानों का यह बलिदान, हालाँकि हमारे लिए मानसिक वेदना का कारण था, लेकिन इसने टीम को प्रेरित व उत्तेजित किया, जो बाद में जे.ई.एम के तीन कट्टर आतंकवादियों को मार गिराने में सफल रही। जिनमें से दो

पाकिस्तानी आतंकी थे और उनमें से एक पुलवामा धमाके का मुख्य मास्टरमाइंड कामरान गाजी था, इसके साथ ही वहाँ से बड़ी मात्रा में युद्ध-लायक हथियारों का जखीरा भी बरामद हुआ। मुझे अगले दिन इन बहादुर सैनिकों को दी गई श्रद्धांजलि आज भी याद है और मैं स्वीकार करता हूँ कि एक कमांडर के दायित्व का सबसे कठिन हिस्सा अपने साथ कंधे-से-कंधा मिलाकर चले भाई को अंतिम सलामी देना है।

पिंग्लान के बलिदानियों को श्रद्धांजलि देते हुए, श्रीनगर, 19 फरवरी, 2019

शुरुआती उलटफेर तथा 55 राष्ट्रीय राइफल्स के मेजर ढौंडियाल व उनके जवानों को खोना टीम व यूनिट के लिए बाधा नहीं बना। उन्होंने अपना मनोबल न खोते हुए अभियान को और तेज कर दिया, जो अगले अठारह घंटों तक जारी रहा। आर.आर. फोर्स के सेक्टर कमांडर ब्रिगेडियर हरबीर सिंह पुलवामा घटना के वक्त छुट्टी पर थे। उन्हें जैसे ही खुफिया जानकारी पर आधारित इस आतंक-विरोधी अभियान के शुरू होने का पता चला, उन्होंने खुद ही अपनी छुट्टी को समय पूर्व समाप्त किया और अपनी ड्यूटी पर वापिस लौट आए। वे एयरपोर्ट से सीधे एनकाउंटर वाली जगह पर आए और स्थिति को सँभालते हुए अपने जवानों का आगे रहकर नेतृत्व किया। वे और जम्मू-कश्मीर पुलिस के डी.आई.जी. अमित कुमार ने मैदान में आगे रहकर अपने जवानों का नेतृत्व किया और दोनों ही घायल हुए। वरिष्ठ सैन्य व पुलिस अधिकारी अभियानों के दौरान स्वयं आगे रहकर अपने जवानों का नेतृत्व करते हैं, यह आतंक-विरोधी अभियानों के दौरान सुरक्षा बलों के मूल्यों और प्रतिबद्धता को बताता है। 18 फरवरी की शाम को यह अभियान सफलतापूर्वक समाप्त हुआ, जब सभी आतंकवादियों को मार गिराया गया, हालाँकि इसकी एवज में सुरक्षा बलों के जवानों की जान के रूप में बड़ी कीमत चुकाई गई। इसके बाद 19 फरवरी, 2019 को हुई प्रेस कॉन्फ्रेंस में हमारे घायलों की संख्या को लेकर सवाल उठाए गए, जिनके लिए मेरा यही जवाब था कि हम अधिक बल का प्रयोग नहीं करना

चाहते थे, जिससे नागरिकों को नुकसान या आकस्मिक सैनिक नुकसान हो सकता था, और हमने इसे 'टुक इट ऑन अवर चिन' (अपने सीने पर झेला)।

भारतीय सेना के अफसर आगे रहकर नेतृत्व क्यों करते हैं?

मुझसे अन्य अवसरों पर भी यह सवाल बहुत बार पूछा जाता है, विशेष रूप से मेरे असैनिक दोस्तों द्वारा कि भारतीय सेना में अफसर इतने अधिक हताहत क्यों होते हैं, फिर चाहे वह श्रीलंका के ऑपरेशन पवन के दौरान हुआ हो या जम्मू-कश्मीर के आतंक-विरोधी अभियान हों, या अन्य काररवाई क्षेत्रों में हुआ हो। इस बारे में मुझे समझ और स्पष्टीकरण सेना में मेरे पहले ही दिन मेरी यूनिट के सूबेदार मेजर नंद राम ने साफ शब्दों में बताया था और वह यह था कि 'अफसर हमेशा आगे' (अफसर हमेशा आगे रहकर नेतृत्व करते हैं)। हालाँकि, जैसे-जैसे मैं अपनी सैन्य सेवा में आगे बढ़ता गया, मुझे इस सरल सलाह के अधिक तथ्यात्मक कारणों का भी अहसास होता रहा। किसी भी सैन्य अभियान का सबसे अहम पहलू और विचार अपने जवानों और संसाधनों को न्यूनतम गँवाकर कम-से-कम समय में सफलता हासिल करना होता है। युद्ध के दौरान कमांडर का नियंत्रण इसीलिए सबसे जरूरी हो जाता है, क्योंकि वही व्यक्ति है, जिसके पास अभियान शुरू होने के पहले की सबसे अधिक खबरें व जानकारियाँ होती हैं तथा अभियान के दौरान एवं बाद में उत्पन्न हुई इंटेलिजेंस तस्वीर भी होती है।

ऑपरेशन के दौरान बड़े हेडक्वार्टर या उनके अपने कंट्रोलिंग हेडक्वार्टर के साथ संचार के सभी साधन कमांडर के ही पास होते हैं, जो उसे योजना में बदलाव, या मदद माँगने, या ऑपरेशन की मौजूदा स्थिति के अनुसार किसी भी तरह की पहल करने के लिए सबसे उचित व्यक्ति बनाता है। वहीं दूसरी ओर एक एन.सी.ओ. या जे.सी.ओ. जो किसी खास अभियान का हिस्सा या कई टीमों में से एक को कमांड कर रहा होता है।

उसके पास अधिक जानकारियाँ नहीं होतीं तथा उसे अभियान को पूरी तरह सफल बनाने के लिए कमांडर के निर्देशों का पालन करना होता है। यदि कमांडर युद्ध के मैदान में न हो, तो हालात संबंधी रिपोर्ट पहुँचने में देर हो सकती है और अभियान से इलाके से दूर बैठे कमांडर को पूरी तस्वीर कभी उपलब्ध नहीं होगी। इसलिए टीम कमांडर के लिए यह जरूरी है कि वह आगे रहकर नेतृत्व करे, जिससे समय रहते जानकारीपूर्ण निर्णय लेने में सक्षम हो और जानें बचाने में मददगार रहे। इस तरह कमांडर का दिखाया कमजोरी या अस्थिरता का एक भी संकेत अभियान के लिए भारी हानि साबित हो सकता है। इसके साथ ही यह भी याद रखना होगा कि भारतीय सेना कभी कदम पीछे नहीं लेती। हम योजना बदल सकते हैं या मदद माँग सकते हैं, या अभियान के दौरान रुककर समय

ले सकते हैं, लेकिन हम कदम पीछे नहीं हटाते और कमांडर हमेशा सबसे आगे रहकर नेतृत्व करते हैं।

वर्दी का रंग महत्त्वपूर्ण नहीं है

सुरक्षा बलों की हर तरह की कठिनाई का सामना करते हुए भी अभियान पूरा करने का हठ इस तथ्य से प्रमाणित होता है कि शुरुआत से ही जान का नुकसान उठाने के बावजूद वे वहीं डटे रहे और अभियान को छोड़ा नहीं; आखिरकार लक्ष्य हासिल कर लिया। यदि वे शुरुआत में हानि होने पर ही आपा खो देते या हिम्मत छोड़ देते तो शायद आतंकी भाग निकलते। इस ऑपरेशन में जे. एंड के. पुलिस के हेड कांस्टेबल अब्दुल रशीद जो तंगधार घाटी में कारनाह से थे, ने भी अपनी जान न्योछावर की और उन्हें 'कीर्ति चक्र' (मरणोपरांत) से नवाजा गया। मैं अलंकरण समारोह के दौरान उनकी पत्नी और साले से मिला था, जब वे भारत के माननीय राष्ट्रपति से मरणोपरांत पुरस्कार लेने आए थे। जब मैंने और मेरी पत्नी ने हेड कांस्टेबल अब्दुल रशीद की पत्नी से बात की और उन्हें बताया कि उनके पति आतंकवादियों के साथ किस बहादुरी से लड़े थे, तो वे इस बात से हैरान थीं कि मैं सेना में था और उनके पति पुलिसकर्मी थे, फिर भी मैं उनके गाँव के नाम समेत, उन्होंने किन हालातों में सर्वोच्च बलिदान दिया, इन सबसे वाकिफ था। यह इस बात का भी प्रमाण है कि जब हम किसी अभियान पर होते हैं, तब टीम के सभी सदस्य कंधे से कंधा मिलाकर खड़े भाइयों जैसे होते हैं, और हम वर्दी के रंग के अंतर की परवाह नहीं करते। हर सिपाही, चाहे वह जूनियर कांस्टेबल ही क्यों न हो, सुरक्षा बल का सदस्य होता है, और गोलियों की बौछार के सामने भाईचारे की इसी मिसाल को मैं 'टीम सिक्योरिटी फोर्सेस' कहता हूँ।

देश के प्रति ईमानदारी, 'कितने गाजी आए, कितने गाजी गए'

वापिस पुलवामा पर लौटें तो पुलवामा हमले की योजना बनाने वाले मॉड्यूल के खिलाफ अपने अभियान के बाद हमने पुलवामा धमाके के मुख्य मास्टरमाइंड जे.ई.एम. आतंकी संगठन के कमांडर कामरान नामक पाकिस्तानी आतंकवादी को मार गिराया, जिसका कोड नाम 'गाजी' था (इसी के कारण मैंने बाद में, कितने गाजी आए''' बयान दिया था)। 'गाजी' पाकिस्तानी आतंकवादियों का पसंदीदा कोड नाम था, और सुरक्षा बलों ने इससे पहले इस कोड नाम वाले कितने ही आतंकियों को मार गिराया था, जिनमें 'गाजी बाबा' भी एक था, जिसे बी.एस.एफ. ने कश्मीर में वर्ष 2003 में मारा था।

पिंग्लान अभियान के एक दिन बाद हमने प्रेस कॉन्फ्रेंस बुलाई। इस प्रसिद्ध प्रेस

कॉन्फ्रेंस के पीछे एक छोटा सा इतिहास भी था। चूँकि मैंने पुलवामा घटना के बस चार ही दिन पहले 15 कोर की कमान सँभाली थी, इसलिए मुझे नियंत्रण रेखा के दौरे पर जाना था। मुझे अचानक ही प्रेस कॉन्फ्रेंस की जानकारी देने के साथ ही बेस वापिस लौटने को कहा गया। जम्मू कश्मीर पुलिस के आई.जी. श्री स्वयं पानी, आई.पी.एस; सी.आर.पी.एफ. के आई.जी. श्री जुल्फिकार हसन, आई.पी.एस. और विक्टर फोर्स के जी.ओ.सी. मेजर जनरल (बाद में लेफ्टिनेंट जनरल) जॉनसन मैथ्यू भी प्रेस कॉन्फ्रेंस में उपस्थित थे। जब मैं ऊपर उल्लेखित अफसरों के साथ अपने ऑफिस में बैठा, मीडियाकर्मियों के एकत्र होने और उनके अपने उपकरण लगाने का इंतजार कर रहा था, तब मेरे स्टाफ ने मुझे एक पृष्ठ का प्रेस नोट दिया और बताया कि इसमें सवाल-जवाब सत्र नहीं होगा। मैंने यह भी पूछा कि क्या इस प्रेस कॉन्फ्रेंस का सीधा प्रसारण होगा तो उन्होंने जबाव दिया, 'नहीं सर, इसका सीधा प्रसारण नहीं होगा। आपको बस पत्रकारों के सामने यह प्रेस नोट पढ़ना है और वहाँ से उठ जाना है।' मैंने जवाब दिया, 'मैं इस तरह की प्रेस कॉन्फ्रेंस में भाग नहीं लूँगा। मैं सीधा प्रसारण चाहता हूँ। मैं वही कहूँगा, जो मैं कहना चाहता हूँ। मैं यह एक पृष्ठ का प्रेस नोट नहीं पढ़ने वाला। मैं जितने सवाल होंगे, सबका जवाब दूँगा, फिर चाहे वह देश का मीडिया हो या विदेशी, क्योंकि अगर हमने सवाल नहीं लिए, तो किसी को सच्चाई पता नहीं लगेगी और यह संदेश जाएगा कि हम कुछ छिपा रहे हैं या छिपाना चाहते हैं।'

तो परस्पर संवाद वाली प्रेस कॉन्फ्रेंस का फैसला औचक लिया गया था। इसके बाद मुझे अलग-अलग स्थानों से जो संदेश मिले, उनसे साबित होता था कि पूरे देश ने टीम सिक्योरिटी फोर्सेस के प्रयासों की सराहना की है। 19 फरवरी, 2019 को हुई उस प्रेस कॉन्फ्रेंस में कई सवाल पूछे गए, जिसका विवरण आज भी बहुत से इंटरनेट प्लेटफॉर्मों पर उपलब्ध है। मुझे याद है कि वह प्रेस कॉन्फ्रेंस चालीस मिनट से अधिक समय तक चली, जिसमें हमारी शुरुआती टिप्पणी चार या पाँच मिनट से अधिक नहीं थी और बाकी वक्त पत्रकारों ने सवाल पूछे। चार दिन पहले हुई पुलवामा घटना के बाद से मीडिया 'गाजी' नाम के आतंकवादी के मुख्य मास्टरमाइंड होने को लेकर सनसनी बना रही थी और इसलिए प्रेस कॉन्फ्रेंस में पूछे अनेक सवालों के बाद अंत में एक सवाल पूछा गया कि 'गाजी' मारा गया या नहीं। और यहीं पर मैंने अपना मौलिक बयान दिया, जो उस वक्त से ही प्रसिद्ध है, 'कितने गाजी आए, कितने गाजी गए'''परवाह नहीं, हम यहाँ है, चिंता मत कीजिए।'

एक और सवाल जो प्रेस कॉन्फ्रेंस के दौरान पूछा गया, वह अफगानिस्तान के तालिबान और तालिबान लड़ाकों के कश्मीर आकर लड़ने की संभावना से संबंधित था।

हालाँकि अफगानिस्तान में तालिबान का पुनरुत्थान 15 अगस्त, 2021 के बाद हुआ और यह प्रेस कॉन्फ्रेंस इससे ढाई साल पहले 19 फरवरी, 2019 को हो रही थी, तो अफगानिस्तान में तालिबान के पुनः सिर उठाने की संभावना और इसके कश्मीर पर संभावित प्रभाव के इस सवाल पर मेरा जवाब यह था कि अफगानिस्तान की स्थिति और कश्मीर पर इसके प्रभाव के बारे में बहुत कुछ लिखा और कहा जा रहा है, लेकिन कश्मीर घाटी की बात करें, तो हमारे लिए बिल्कुल साफ था कि जो कोई भी कश्मीर घाटी में घुसेगा, वह जिंदा वापिस नहीं लौटेगा।' आतंक-विरोधी अभियानों को लेकर हमारी सोच बिल्कुल स्पष्ट थी।

92 बेस हॉस्पिटल, मौत को चुनौती देता जीवन-रक्षक

आतंकी ऑपरेशंस और उनके हिंसात्मक नतीजों पर कोई भी चर्चा श्रीनगर में बादामी बाग के भीतर स्थित सैन्य अस्पताल 92 बेस हॉस्पिटल की निभाई उत्कृष्ट भूमिका का उल्लेख किए बिना अधूरी रहेगी। इस अस्पताल के स्टाफ में मानसिक आघात और युद्धकालीन चोटों के इलाज से संबंधित सभी अहम सेवाओं के लिए चिकित्सक थे। इसमें सर्जरी और एनेस्थिजियोलॉजी के विशेषज्ञ डॉक्टर सर्वाधिक थे, मूलतः इसलिए, क्योंकि यहाँ आने वाले ज्यादातर रोगी गोलियों से घायल या विस्फोटों में घायल होते हैं, क्योंकि सुरक्षा बल, विशेष रूप से कश्मीर में, आमतौर पर इसी तरह घायल हुआ करते हैं। यह अस्पताल देश के सर्वश्रेष्ठ अस्पतालों में से एक है और यहाँ सबसे बेहतरीन डॉक्टर तैनात हैं। सुरक्षाकर्मियों द्वारा कोई अभियान चलाने पर अस्पताल के डॉक्टर, नर्सें और सारा स्टाफ हमेशा 'स्टैंड टू' या पूरी तरह मुस्तैद रहता है, जिससे आने वाले हताहतों के इलाज में एक सेकेंड की भी देरी न हो। कई बार जब किसी गंभीर रूप से घायल सैनिक को हेलिकॉप्टर द्वारा आपात चिकित्सा के लिए लाया जाता है, तो मेडिकल टीम उन्हें लेने खुद हेलिपैड पर जाती है और उनका इलाज वहीं से शुरू हो जाता है।

बल्कि जे. एंड के. पुलिस और सी.आर.पी.एफ. के घायल भी कश्मीर के सिविल अस्पताल जाने की जगह 92 बेस हॉस्पिटल जाने को प्राथमिकता देते हैं। सभी पुलिसकर्मियों और सैनिकों में यह दृढ़ विश्वास है कि यदि 92 बेस हॉस्पिटल पहुँचने तक उनकी साँस चलती रही, तो वे बच जाएँगे। इस अस्पताल की सर्वाधिक घायलों को बचाने की साख बेजोड़ है, बशर्ते वे यहाँ जीवित पहुँचे हों। डॉक्टर, नर्सें और सारा सपोर्ट स्टाफ इतना अधिक समर्पित है कि यहाँ 'आन ड्यूटी' व 'ऑफ ड्यूटी' की अवधारणा ही नहीं है। उनके पास रैंक और विशेषज्ञता के आधार पर विभिन्न रंगों की जैकेटें हैं, जिन्हें अस्पताल में 'ट्रामा सेंटर' कहे जाने वाले एक खास कक्ष में रखा जाता है, जहाँ घायलों को सबसे

पहले लाते हैं। जैसे ही किसी ऐसी घटना की खबर आती है, जिसमें कुछ हताहतों की संभावना हो, सेंटर अलार्म सिस्टम द्वारा सभी डॉक्टर और नर्सों तक यह सूचना पहुँचा दी जाती है और वे सब फौरन अस्पताल के ट्रामा सेंटर की तरफ दौड़ जाते हैं। फिर भले ही वे अपनी वर्दी में हों, असैनिक पोशाक में हों या जींस और टीशर्ट या कुछ भी पहने हुए हों, वे उन्हीं कपड़ों पर फौरन अपने रैंक और विशेषज्ञता को दरशाती जैकेट पहनते हैं, अपने काम में, पूरे पेशेवर रवैये के साथ जुट जाते हैं। मैंने खुद वहाँ के डॉक्टर व नर्सों समेत कर्मचारियों को 6 से 7 मिनट के भीतर अस्पताल पहुँचते और अस्पताल में हताहत के आने की खबर मिलने के पहले 10 मिनटों में ऑपरेशन थियेटर में पहुँचते देखा है।

जैसे ही एंबुलेंस किसी हताहत को लेकर अस्पताल पहुँचती है, तो एंबुलेंस का दरवाजा खुलते ही उसके सामने फौरन स्ट्रेचर रख दिया जाता है। अस्पताल में 'छह लोगों की टीम' की प्रशंसनीय अवधारणा है, जिसमें एनेस्थेजोलॉजिस्ट, एक सर्जन, एक रेडियोलॉजिस्ट और अन्य होते हैं, वे सभी रोगी को लेने के लिए एंबुलेंस के दरवाजे पर मौजूद रहते हैं। वे इतने मुस्तैद होते हैं कि हताहत को ट्रामा सेंटर तक पहुँचाने में और इसके बाद जरूरी होने पर ऑपरेशन टेबल तक ले जाने में जरा भी देर नहीं करते। वे फौरन रोगी का इलाज शुरू कर देते हैं तथा उसकी चोटों का पता लगाने व चैक-अप का काम एंबुलेंस से निकलने के साथ ही शुरू हो जाता है। इस ट्रामा सेंटर में जरूरत होने चलती-फिरती एक्स-रे मशीन और यहाँ तक कि आपात सी.टी. स्कैन की भी सुविधा है और इसके बाद घायल को फौरन ऑपरेशन थियेटर ले जाया जाता है, जहाँ कई सर्जन, एनेस्थेजोलॉजिस्ट और अन्य कर्मियों की टीम आवश्यक उपचार या सर्जरी करने के इंतजार में तैयार खड़ी होती है। हताहत को एंबुलेंस से ऑपरेशन थियेटर तक पहुँचाने और सभी जाँच-पड़ताल करने का सारा काम करने में 10 मिनट से ज्यादा नहीं लगते। यही प्रोटोकॉल पूरे वर्ष 24/7/365 दिन लागू रहता है।

यहाँ मैं एक दिलचस्प किस्से का विशेष रूप से उल्लेख करना चाहूँगा, जो मुझे आई.जी.पी. कश्मीर, श्री सवयंम पानी आई.पी.एस. ने पुलवामा की घटना के दौरान सुनाया था। उन्होंने बताया कि जब वे कश्मीर में बतौर युवा एस.पी. नए कमिशंड हुए थे, तब सभी सैन्य कंटोनमेंट की तरह, बादामी बाग कंटोनमेंट के प्रवेश द्वार पर भी सिक्योरिटी ड्रिल के रूप में भी समुचित जाँच-पड़ताल होती थी, जिसके बाद प्रवेश-पत्र जारी होता था। अस्पताल में केवल प्रवेश-पत्र दिखाने पर ही प्रवेश मिलता था और बिना प्रवेश-पत्र आने वाले को कंटोनमेंट क्षेत्र में घुसने नहीं दिया जाता था। श्री सवयंम पानी ने बताया कि बतौर युवा अफसर वे 92 बेस हॉस्पिटल का अपना सिक्योरिटी पास हमेशा अपनी जेब में रखते थे कि यदि उन्हें गोली लग जाए या ग्रेनेड हमला हो, तो उनके लिए दरवाजे पर

नया पास बनवाने में समय खराब न हो। सभी पुलिस अफसर अपने इस पास को हमेशा अपने पास रखते थे, जिससे जितना जल्दी हो सके, 92 बेस हॉस्पिटल पहुँच सकें, इस विश्वास के साथ कि 'एक बार बादामी बाग अस्पताल पहुँच गए तो बच जाएँगे।' 92 बेस हॉस्पिटल के सभी जीवन-रक्षकों को मेरा सलाम!

92 बेस हॉस्पिटल बिल्डिंग के समक्ष 92 बेस हॉस्पिटल के कमांडेंट व सभी डॉक्टरों के साथ, श्रीनगर, 2019

92 बेस हॉस्पिटल के कमांडेंट एवं मिलिट्री नर्सिंग सर्विस व अफसरों के साथ, 94वें एम.एन.एस रेजिंग डे पर, श्रीनगर, 1 अक्तूबर, 2019

□

18

धारा 370 और 35ए का समापन : क्रमिक विकास

बालाकोट : भारत के विरुद्ध विरोध का इतिहास

चूँकि पुलवामा की घटना देश के लिए बड़ी त्रासदी और विघ्न थी, तो भारत चैन की साँस कैसे ले सकता था। इसलिए भारत सरकार ने तीनों रक्षा बलों थलसेना, जलसेना और वायुसेना तथा खुफिया एजेंसियों को साथ लिया और जवाब देने की योजना बनाने लगे, जिसके लिए पाकिस्तान-अधिकृत कश्मीर को नहीं बल्कि पाकिस्तान में स्थित बालाकोट को लक्ष्य चुना गया। इसका भारत के खिलाफ हमले और विरोध का इतिहास रहा है। यह सिख युद्ध के दौरान भी बड़ा युद्ध स्थल रहा था। मैं यहाँ 6 मार्च, 2019 को पाकिस्तानी दैनिक डॉन.कॉम में पब्लिश हारून खालिद के लेख का हवाला दे रहा हूँ—

बरेलवी के धार्मिक-राजनीतिक आंदोलन को उनके समय में देखने की आवश्यकता है। 19वीं शताब्दी में मुस्लिम राजनीतिक शक्ति कमजोर हो रही थी, क्योंकि पंजाब सिखों के हाथ में आ गया था, जबकि अंग्रेज धीरे-धीरे पूरे भारत में फैल रहे थे।

अपनी मजहबी कमी के कारण मुस्लिम ताकत का पतन होता देख बरेलवी इस राजनीतिक शक्ति को फिर से स्थापित करना चाहते थे, जिसके लिए वे पंजाब की पश्चिमी सीमा पर पहुँचे। यहाँ वे मुख्यत: मुस्लिम इलाकों में, स्थानीय सिख अधिपतियों के खिलाफ विद्रोह का नेतृत्व करके अंतत: पंजाब में अपने लिए राह बनाना चाहते थे। कुछ इतिहासकारों के अनुसार वे पंजाब में सिखों के बाद अंग्रेजों को चुनौती देना चाहते थे। हालाँकि वे हालातों को ठीक से पढ़ नहीं पाए। स्थानीय आदिवासी समुदायों ने सिख शासक के लिए उन्हें 'धोखा दिया'। अंतत: वर्ष 1831 में अपने घर से सैकड़ों किलोमीटर दूर बालाकोट की लड़ाई में उनकी जान गई और सिखों ने उनके आंदोलन को बेरहमी से कुचल दिया। हालाँकि उनका दर्शन और जिहाद उन लोगों को प्रेरित करता रहा, जो मजहबी शुद्धता चाहते हैं।

यह मात्र संयोग नहीं कि जब 26 फरवरी, 2019 को भारतीय वायु सेना के लड़ाकू

विमानों ने सर्जिकल स्ट्राइक के दौरान बालाकोट पर बम बरसाए, तब एयर चीफ मार्शल बी.एस. धनोआ भारतीय वायु सेना के अध्यक्ष थे। चूँकि यह पाकिस्तानी इलाके के अंदर स्थित था, इसलिए भारतीय वायु सेना का बालाकोट पर हवाई हमला करना सख्त संदेश देने का ठोस तरीका था कि यदि अब पाकिस्तान ने भारत की भूमि पर आतंकी हमला करने जैसी कोई भी शरारत की तो भारत बिना झिझके पाकिस्तान में अंदर जाकर (सिर्फ पाक-अधिकृत कश्मीर तक सीमित न रहते हुए) इसका जवाब देगा।

26-27 फरवरी, 2017 की रात, भारतीय वायु सेना के लड़ाकू जेट्स कश्मीर की तरफ से पाक-अधिकृत कश्मीर में दाखिल हुए तथा पाक-अधिकृत कश्मीर के आकाशी क्षेत्र से उड़ते हुए पाकिस्तान के भीतर सीधे लक्ष्य की तरफ बढ़ने लगे। उन्होंने बालाकोट में एक बड़े आतंकी कैंप और अधिष्ठान को निशाना बनाया। पाकिस्तानी आकाश में अपना मिशन सफलतापूर्वक पूरा करके वे बिना किसी हानि के घर वापिस लौट आए।

हालाँकि अगले दिन पाकिस्तान ने जम्मू सेक्टर में जवाब दिया। इसी दिन वह प्रसिद्ध घटना घटी, जिसमें पाकिस्तान ने भारतीय वायु सेना के फाइटर पायलट, ग्रुप कैप्टन अभिनंदन वर्धमान के विमान को हवाई मुठभेड़ में मार गिराने के बाद उन्हें कैद कर लिया। हालाँकि जम्मू सेक्टर में पाकिस्तान का हवाई हमला नाकाम रहा, जिसमें पाकिस्तानी वायु सेना को काफी नुकसान हुआ। वहीं हिंदुस्तान टाइम्स (29 अक्तूबर, 2020) में छपा यह प्रसिद्ध बयान खूब फैला कि 'सी.ओ.ए.एस. बाजवा के पाँव काँप रहे थे', जो पाकिस्तान की संसद् में पाकिस्तान मुसलिम लीग-नवाज के नेता अयाज सादिक ने दिया था—'मुझे शाह महमूद कुरैशी की वह मीटिंग याद है, जिसमें आने से इमरान खान ने इनकार कर दिया था और सेनाध्यक्ष जनरल बाजवा जब कमरे में दाखिल हुए तो उनके पाँव काँप रहे थे और वे पसीने से तर थे। विदेश मंत्री ने कहा कि खुदा के लिए अभिनंदन को छोड़ दें, भारत रात 9 बजे पाकिस्तान पर हमला करने वाला है'—जो अब इतिहास का हिस्सा है और निश्चित ही पाकिस्तानी संसद् के रिकार्ड में भी दर्ज होगा। ग्रुप कैप्टन अभिनंदन वर्धमान बिना किसी नुकसान के घर वापिस लौट आए, क्योंकि पाकिस्तान को अत्यधिक कूटनीतिक दबाव के कारण उन्हें छोड़ना पड़ा और पुलवामा घटना में उनका हाथ होने के कारण उनकी बदनामी भी हुई।

'बंदूक उठाओगे, तो मारे जाओगे'

'बंदूक उठाओगे, तो मारे जाओगे, अगर आत्मसमर्पण नहीं किया'— यह 19 मई, 2019 को प्रेस कॉन्फ्रेंस में दिया बयान भर नहीं था, बल्कि इसे जमीन पर भी उतारा गया। बहुत से युवा कश्मीरी लड़के, जो आतंकी संगठनों से जुड़े थे, उन्हें 'ऑपरेशन माँ' (जिस

पर पुस्तक में आगे चर्चा होगी) के तहत उनकी माँ व परिवार के पास 'वापसी' (मुझे 'आत्मसमर्पण' शब्द पसंद नहीं; मुझे 'वापसी' शब्द पसंद है) का मौका दिया गया। जिसे सुरक्षा बलों ने काफी सफलतापूर्वक अंजाम दिया। आतंकी तंजीमों में शामिल हुए पचास से भी ज्यादा स्थानीय युवाओं ने 'वापसी' करके अपने जीवन की नई शुरुआत की। हालाँकि 'ऑपरेशन माँ' जैसी मानवीय पहल के बाद भी पुलवामा विस्फोट के मुख्य अपराधियों को हमले के 100 घंटे के भीतर मार गिराने के बाद, सुरक्षा बलों ने अत्यंत संगठित व समन्वित तरीके से घाटी में आतंकी नेताओं को निशाना बनाना जारी रखा। इसके परिणामस्वरूप वर्ष 2019 के पहले पाँच महीनों में, 31 मई, 2019 तक सुरक्षा बलों ने 101 आतंकवादियों को मार गिराया, जिनमें पच्चीस विदेशी आतंकवादी थे, जबकि वर्ष 2017 और 2018 की संगत अवधि में क्रमशः सत्तावन और सत्तर आतंकी मारे गए थे। लगभग इसी समयावधि में, अर्थात् 23-24 मई, 2019 को एक बहुत बड़ी घटना घटी, जो कि न केवल हमारी तैयारी का आधार बनी बल्कि एक मायने में हमारी शांति बनाने और आने वाले दिनों में आतंकियों के साथ प्रभावी ढंग से निबटने को लेकर हमारा मनोबल भी बढ़ाया। इसका संबंध कुख्यात आतंकवादी जाकिर मूसा को मार गिराने से था, जो बुरहान वानी की श्रेणी में था, जो उसके जैसे ही खतरनाक आतंकी संगठन अंसार गजवात-उल-हिंद से जुड़ा था। हमारी सुरक्षा टीम कुछ समय से निरंतर मूसा (प्रसंगवश गुरखली में 'मूसा' का मतलब 'चूहा' होता है) को ट्रैक कर रही थी और आखिरकार त्राल घाटी के दादसरा गाँव में जब रातभर चली मुठभेड़ में उसे मारा गया, तब वह गेहूँ के ड्रम में छिपा हुआ था। यह खबर सुर्खियों में आई और इसे सभी टीवी चैनलों ने खूब कवर किया। बल्कि उसके मारे जाने में मीडिया की दिलचस्पी इतनी अधिक थी कि 23-24 मई की रात में प्रेस के लोग लगातार मुझे फोन करके मूसा के बारे में जानकारी लेते रहे।

हालाँकि हमारे लिए मूसा का मरना इतनी बड़ी बात नहीं थी, क्योंकि जिसने भी बंदूक उठाई है, उसे एक न एक दिन सुरक्षा बलों के हाथों मरना ही है। हमें मूसा के मरने से ज्यादा उसकी मौत के बाद घाटी में शांति बनाए रखने की परवाह थी। सारी सुरक्षा टीम एक-दूसरे के साथ पूर्ण समन्वय के साथ काम कर रही थी, मैं पूरी रात कश्मीर के डी.जी.पी. और आई.जी.पी. व नागरिक प्रशासन के साथ लगातार संपर्क में रहा, जिससे मूसा की मौत के बाद पत्थरबाजी, आगजनी, निजी व सार्वजनिक संपत्ति को नुकसान या किसी भी मासूम के मारे जाने जैसी प्रतिक्रिया या उपद्रव को रोक सकें। हमारी यह सोच अनुचित भी नहीं थी, क्योंकि वर्ष 2016 में सुरक्षा बलों के हाथों बुरहान वानी के मारे जाने के बाद कश्मीर में हिंसक प्रतिक्रिया के उफान की स्मृतियाँ अभी भी हमारे दिमाग में ताजा थीं, वर्ष 2016 के आवेश को ध्यान में रखते हुए हमने सब ढीले सिरों को कस दिया था।

टीम सिक्योरिटी फोर्सेस की शीर्षस्थ पदाधिकारी, जिनमें सेना, पुलिस, सी.आर.पी.एफ., इंटेलिजेंस एजेंसियाँ और नागरिक प्रशासन शामिल थे, ने पूरी रात ऐसी गहन और मजबूत योजना पर काम किया, जिससे वैसा ही उद्देश्यपरक समन्वय बन सके, जिसके द्वारा हमने तीन महीने पहले पुलवामा हमले के अपराधियों को ढूँढ़कर मारा था। हमारी कोशिशें रंग लाईं और हमने न केवल दिन भर में मूसा को मारने का ऑपरेशन पूरा किया, बल्कि मूसा के सुबह मारे जाने के बाद अगले दिन 24 मई की दोपहर को हमने जितना सोचा और कल्पना की थी, जिससे बहुत कम लोग जनाजे में शामिल हुए थे, जबकि हमने फैसला किया था कि इसमें शामिल होने की इच्छा रखने वाले किसी भी व्यक्ति को नहीं रोकेंगे। निश्चित ही हालात उससे बिल्कुल उलट थे, जैसे हमने तीन वर्ष पहले देखे थे और हमने चुपचाप इसके लिए खुद ही अपनी पीठ ठोक ली, जो किसी भी तरह छोटी उपलब्धि नहीं थी।

जनाजे के बाद मेरे साथ डी.जी.पी. श्री दिलबाग सिंह ने हेलिकॉप्टर में आसपास के इलाके का हवाई सर्वेक्षण किया, जिसमें शोपियाँ, अनंतनाग, पुलवामा, बाँदीपुर और कुपवाड़ा जैसे पूर्णत: अस्थिर व अतिसंवेदनशील इलाके और त्राल जैसा आतंक-पीड़ित इलाके शामिल थे, जो मूसा का गृहनगर था और जहाँ वह मारा गया। जब हम ठीक मूसा के घर, जनाजे की जगह और मुठभेड़ तथा उसके बाद मरने वाले स्थान के ऊपर से उड़ान भर रहे थे, तो हमें वहाँ पूर्णत: वह अति-वांछित शांति दिखी, जैसी पूरे इलाके में व्याप्त थी, जो उस अतीत से बिल्कुल अलग प्रतीत होती थी, जैसी इन घटनाओं के बाद आम जनता की रोषपूर्ण प्रतिक्रिया आती थी। हालाँकि इस बार हमें लेशमात्र भी गड़बड़ी नहीं दिखी; यह हर 'छोटी बात' का ध्यान रखते हुए पेशेवर और सूक्ष्म योजना बनाने का पुरस्कार था। यह आने वाले भविष्य के लिए भी अच्छा था, क्योंकि मूसा के मारे जाने का समूचा प्रसंग उसकी ड्रेस रिहर्सल जैसा था, जिस कड़ी परीक्षा से हमें अगले ढाई माह अनिवार्य रूप से गुजरना था। हम पूरी प्रामाणिकता और विश्वसनीयता के साथ कह सकते हैं कि स्थिति पूरी तरह हमारे नियंत्रण में थी।

पूरे कश्मीर में व्याप्त अटकलबाजी

मूसा को मारने और सरकार द्वारा धारा 370 व 35ए समाप्त करने के फैसले के बीच लगभग जून व जुलाई 2019 के महीनों का वक्त राष्ट्रीय जनतांत्रिक गठबंधन (एन.डी.ए.) सरकार के कश्मीर पर अगले कदम को लेकर गंभीर अटकलबाजी का रहा, विशेषकर इसलिए, क्योंकि उनके मई 2019 के चुनावों के चुनाव घोषणापत्र में इन धाराओं को समाप्त करने के लिए जताई मंशा किसी भी संदेह से परे थी। जब चुनावों के बाद एन.डी.ए. सरकार ने दूसरी बार केंद्र में सत्ता सँभाली, तो सवाल उठे कि क्या दोनों धाराएँ या उनमें से कोई एक

समाप्त की जाएगी तथा जम्मू व कश्मीर राज्य के भाग्य में एक राज्य बने रहना है या इसका द्विपक्षीय या त्रिपक्षीय बँटवारा करके दो या तीन राज्यों में बाँट दिया जाएगा, या इसे संघ शासित में बदल दिया जाएगा—सोशल मीडिया और प्रेस में यह चर्चा जारी थी और देशभर में आम जनता की चर्चाओं में भी गरमागरम बहस का मुद्दा बनी हुई थी।

इन सभी बहसों व चर्चाओं के बीच जम्मू व कश्मीर के एक पूर्व मुख्यमंत्री का वर्ष 2017 में दिया कुख्यात बयान कि 'यदि धारा 35ए को छुआ भी तो कश्मीर में कोई तिरंगा उठाने वाला नहीं बचेगा', हर ओर प्रचारित था। इसी तरह कश्मीर में एक और बड़े राजनीतिक दल के नेता ने भी भड़काऊ बयान दिया। इस तरह कश्मीर की राजनीतिक फिजा गरमी व धूल से भर गई थी और उत्तेजना धीरे-धीरे बढ़ने लगी थी। सबसे बढ़कर गृह मंत्री श्री अमित शाह ने जून के अंत में कश्मीर के दो दिवसीय महत्त्वपूर्ण दौरे का फैसला किया, जिसने स्थित को जाहिर तौर पर और तनावपूर्ण बना दिया। इस यात्रा का समय, विशेष रूप से कूटनीतिक था, क्योंकि 1 जुलाई को श्री अमरनाथजी यात्रा शुरू होने वाली थी। शाह साहब के दौरे का मुख्य उद्देश्य श्री अमरनाथजी यात्रा की सुरक्षा और अन्य व्यवस्थाओं की पुनर्समीक्षा करने के साथ ही कश्मीर में भारतीय जनता पार्टी के कुछ प्रमुख पंचायती नेताओं, कुछ राजनेताओं और जमीनी कार्यकर्ताओं के साथ संवाद करना था। हालाँकि उनकी इस यात्रा को लेकर एक गहन गुप्त प्रभाव भी था, जो सतह के नीचे बहुत कुछ पकने का आभास देता था, जो सही पल आने पर फटने के इंतजार में था, और वह पल अब ज्यादा दूर नहीं था!

धारा 370 : 'करें या नहीं,' का सवाल ही नहीं था

श्री अमित शाह के इस दौरे का शीर्ष बिंदु, जिसे पहले से ही नाटकीय घोषणा की पूर्व सूचना का प्रचार माना जा रहा था, 26 जून, 2019 को श्रीनगर में दो उच्च-स्तरीय मीटिंग का होना था, जिसमें राज्य प्रशासन और सुरक्षाकर्मियों से लेकर हर अहम व्यक्ति मौजूद था, जिनमें जम्मू व कश्मीर के माननीय राज्यपाल, राज्यपाल के सुरक्षा सलाहकार, डी.जी. पी. वरिष्ठ पुलिस अधिकारी, इंटेलिजेंस एजेंसियों के सदस्य और नागरिक प्रशासन के मुख्य सचिव व अधिकारी, सी.आर.पी.एफ. व बी.एस.एफ. और निश्चित रूप से सेना के नॉर्दन कमांड के जनरल ऑफिसर कमांडिंग इन चीफ और जनरल ऑफिसर कमांडिंग ऑफ 15 कोर, यानी मैं वास्तविकता में कहें तो राज्य सुरक्षा टीम के सभी सितारे मौजूद थे। सुरक्षा स्थितियों पर अपनी समीक्षा से पहले गृह मंत्री ने कश्मीर में जिस तरह कानून व व्यवस्था तथा सुरक्षा को सँभाला गया था, उसकी बड़ी प्रशंसा की और राज्य में कानून व व्यवस्था बनाने में पुलिस बलों, इंटेलिजेंस एजेंसियों और सेना के बीच उल्लेखनीय सहयोग का विशेष रूप से उल्लेख किया।

राजनीतिक तापमान बढ़ने और जो होने वाला था, उसके अनुमानों में तेजी आने के साथ ही उपरोक्त मीटिंग के बाद देर शाम हुई एक और मीटिंग में अत्यंत चुनिंदा उच्च स्तरीय प्रतिभागी मध्य-रात्रि तक बैठे रहे, जिसका लक्ष्य सुरक्षा स्थिति तथा सरकार के यदि कोई आगामी कार्यक्रम हों, तो उनके संभावित परिणामों की अधिक विस्तृत समीक्षा करना था। अपने तय कार्यक्रमों को पूरा करने के बाद अगली सुबह गृहमंत्री की योजना उन पुलिस अधिकारियों के परिवारों से मिलने की थी, जिन्होंने आतंकियों के साथ मुठभेड़ों में सर्वोच्च बलिदान दिया और इसके बाद दिल्ली जाने से पहले उन्हें कुछ और लोगों से मिलना था।

इस पृष्ठभूमि में मैं तब पूरी तरह हैरान रह गया, जब मुझे आधी रात करीब 2 बजे फोन आया, जिसमें मुझे सुबह 7 बजे गृहमंत्री के साथ नाश्ते पर मीटिंग की जानकारी दी गई। मैं अभी इस सूचना को समझ भी न पाया था कि तभी एक घंटे बाद मुझे एक और फोन आया और मुझसे नाश्ते में मेरी पसंद की खाद्य वस्तुओं के बारे में पूछा गया। मैंने अर्धनिद्रावस्था में ही जवाब दिया कि मेन्यू में मेरी रुचि के अनुसार बदलाव की कोई आवश्यकता नहीं, मैं मीटिंग में वहीं खा लूँगा, जो बाकी सबको परोसा जाएगा। इसके बाद अंतिम धमाका हुआ—मुझे बताया गया कि नाश्ते की मीटिंग पर केवल मैं अकेला अतिथि हूँ, क्योंकि इसमें गृह मंत्री व मेरे बीच सीधी बातचीत होनी थी।

मैं सुबह ठीक 7 बजे मीटिंग के लिए पहुँच गया, श्री अमित शाह दिनभर के कार्यक्रमों के लिए तैयार थे, जहाँ उन्हें घंटे भर की मीटिंग के बाद जाना था। हमारे बीच एकांत में स्वादिष्ट व्यंजन, जिसमें आलू के पराँठे के साथ ही गुजरात का मशहूर व्यंजन ढोकला भी था, इसके साथ अनेक संवेदनशील मुद्दों और प्रमुख बिंदुओं पर चर्चा हुई। मैं यहाँ जाहिरा कारणों से चर्चा का सटीक विवरण प्रकट नहीं करूँगा, लेकिन यह कहना पर्याप्त है कि श्री शाह ने मौजूदा कानून और व्यवस्था स्थिति को लेकर कई मुद्दे उठाए, जिनमें सरकार द्वारा कोई भी घोषणा करने के शीघ्र बाद उनके और बिगड़ने की सम्भावनाओं, नियंत्रण रेखा पर प्रतिक्रिया तथा नई घोषणा पर पाकिस्तान की तरफ से निश्चित रूप से आने वाली अनुमानित प्रतिक्रिया के पक्ष-विपक्ष शामिल थे। अंत में गृह मंत्री ने मुझसे सरकार के कदम के पहले और बाद की संभावित स्थितियों पर मेरे विचार पूछने के साथ-ही-साथ यह आश्वासन भी माँगा कि टीम सिक्योरिटी फोर्सेस धारा समाप्त होने के बाद राज्य में उत्पन्न होने वाली किसी भी स्थिति को सँभालने में सक्षम होगी (जो मुझे अब साफ हुआ है कि दृष्टि क्षितिज पर थी)।

मैं पूरी निष्पक्षता और महान् पेशेवर विचार के साथ कहना चाहूँगा कि गृह मंत्री मीटिंग के एजेंडे को लेकर पूरी तरह स्थिर और पूर्णत: जानकार थे और वे जिस स्तर एवं सीमा की जानकारी तलाश रहे थे, उससे निस्संदेह पूर्णत: परिचित थे, जिनमें सेना और इसके

ऑपरेशनों से संबंधित बेहद आंतरिक तथा मुख्य मुद्दे शामिल थे, जिसमें प्रत्यक्ष या अप्रत्यक्ष रूप से घाटी की स्थिति तथा धारा के समापन के बाद नियंत्रण रेखा पर सेना पर पाकिस्तान की किसी भी प्रतिक्रिया या घुसपैठ बढ़ाने से संबंधित थे। निश्चित ही उन्होंने मेरे साथ मीटिंग करने से पहले विस्तृत शोध किया होगा और जमीनी खबर भी रखी होंगी और उन्हें हर मुद्दे पर चर्चा में बारीक विवरणों को लेकर काफी अंतर्बोध था। इसके बाद उन्होंने आगामी संभावित घटनाओं और नए मोड़ों तथा सबसे जरूरी, क्या हम इन हालातों को सँभाल सकेंगे, इसको भी स्पर्श किया। एक बिंदु पर, जब मुझसे मेरे निष्पक्ष और निजी विचार पूछे गए, तो मैंने फौरन जवाब दिया कि 'अगर इतिहास लिखना है तो किसी को इतिहास बनाना पड़ेगा।' मीटिंग समाप्त होने के बाद अलग होते वक्त उन्होंने पूछा, जो शायद उन्होंने मेरे संकल्प और विश्वास की अंतिम परख के लिए पूछा, 'हालात शांत रहेंगे इसकी क्या गारंटी है?' और मेरा पूरी ईमानदारी और विश्वास के साथ जवाब था, 'मैं अपनी तरफ से आपको व्यक्तिगत रूप से आश्वस्त करता हूँ कि किसी भी तरह शांति भंग नहीं होने दी जाएगी।' मेरे विश्वास के पीछे हाल ही का वह अनुभव था, जो टीम सिक्योरिटी फोर्सेस को जाकिर मूसा की मौत के पहले और बाद के हालातों को सँभालने में मिला था, जिसमें पूरे सुरक्षा प्रारूप ने संगठित टीम के रूप में कार्य किया, जिससे कश्मीर के किसी भी हिस्से में किसी भी अप्रिय घटना को रोका जा सके। मुझे कहना होगा कि गृहमंत्री का हालातों और संभावित नतीजों को लेकर ज्ञान और गहन अनुमान असाधारण था, क्योंकि उन्होंने न केवल सभी बुनियादी बातें को शामिल किया, बल्कि उनके पास हर तरह की संभावित आकस्मिकता व अनिश्चितता के लिए जवाबी योजना तैयार थी। बाकी सब जैसा कहते हैं, इतिहास है। इतिहास बनाया जा रहा था और मैं आज उसके बारे में लिख रहा हूँ। मेरे शब्द सच हो रहे थे। मेरा उत्तरदायित्व मुझे इससे ज्यादा बताने की इजाजत नहीं देता।

मीटिंग के बाद जब मैं घर पहुँचा, तो मेरी पत्नी, जो कि मुझे आए इतने सारे फोन कॉल्स के कारण रातभर जागी रही थी, उसने मुझसे पूछा, "गृहमंत्री के साथ मीटिंग कैसी रही?" उनके सवाल पर मेरा सीधा जवाब यही था, "बीस युवराज मिलकर भी इस बंदे का मुकाबला नहीं कर सकते।" और मैं यहाँ उनके फैसला लेने के कौशल, विश्लेषण क्षमता और किसी भी तरह की स्थिति का पूरे साहस व हिम्मत के साथ सामना करने के लिए तैयार रहने की बात कर रहा हूँ।

रद्दीकरण के बाद शांति बनाए रखने की तैयारी

इसके बाद गृह मंत्री दिल्ली वापिस लौट गए तथा हम श्री अमरनाथजी यात्रा के लिए सुरक्षा व्यवस्था बनाने में जुट गए, जो अगले चार दिन, अर्थात् 1 जुलाई से शुरू होने वाली

थी। अगली महत्त्वपूर्ण घटना, जो 8 जुलाई को घटी, वह हिजबुल मुजाहिदीन के पूर्व आतंकी बुरहान वानी की सालाना बरसी थी, वर्ष 2016 में बुरहान की मौत के बाद हुई गड़बड़ी व हिंसा की दृष्टि से उस दिन शांति बनाए रखना हमारे लिए कड़ी चुनौती थी। जब श्री अमरनाथजी यात्रा चल रही थी, तब मुझे वानी की सालाना बरसी से पहले 7 जुलाई को अपने एक कर्मचारी के स्रोत से संदेश मिला कि सुरक्षा बलों के सभी वाहनों और यात्रा में वाहन गतिविधियों को 8 जुलाई को, एक दिन के लिए रोक दिया जाए, जिससे उस दिन किसी भी तरह की आतंकी-काररवाई से बचा जा सके। जब मेरे कर्मचारी ने मुझ तक यह संदेश पहुँचाया, तो मेरी स्पष्ट और निर्णायक प्रतिक्रिया यही थी कि इनमें से कोई भी गतिविधि, न तो सेना के काफिले की गतिविधियाँ और न ही श्री अमरनाथजी यात्री वाहनों को चलने से, किसी अप्रिय घटना के अंदेशे से एक मिनट के लिए भी नहीं रोका जाएगा, एक दिन की तो बात ही छोड़िए, क्योंकि सुरक्षा बल किसी भी आगामी आतंकी काररवाई से मुकाबले के लिए पूरी तरह तैयार हैं।

मेरी घोषणा से कुछ मुश्किलें जरूर उठ खड़ी हुईं और इसपर अन्य के साथ ही स्थानीय पुलिस ने भी कुछ बेचैनी दिखाई, इसके बाद जल्द ही मुझे एक वरिष्ठ पुलिस अधिकारी का फोन आया, जिसमें मुझसे अपने फैसले पर फिर से विचार करने की गुहार लगाई गई। उनका सुझाव पूर्णतः शुद्ध भाव और इस तथ्य से उत्पन्न था कि ऐसी गतिविधियों को बुरहान वानी की सालाना बरसी पर प्रतिवर्ष निलंबित रखा जाता था, जिससे जनाक्रोश या अराजकता अथवा बसों व वाहनों जैसी सार्वजनिक संपत्ति के नुकसान तथा लोगों, खासकर यात्रियों के जीवन को खतरे में डालने से बचा जा सके। हालाँकि मैं अपने फैसले को लेकर अडिग था और इस वर्ष परिपाटी को तोड़ना चाहता था। जबकि पुलिस और नागरिक प्रशासन की चिंता विशुद्ध रूप से कानून व व्यवस्था को बनाए रखने को लेकर थी। मेरी मंशा के बीज मेरी गृह मंत्री के साथ हुई उपरोक्त चर्चा पर आधारित थे। मैं अपनी तरफ से सभी गतिविधियों को सामान्य रूप से चलते रहने देना चाहता था, चूँकि यह धारा समाप्ति के बाद शांति और सामान्य स्थिति सुनिश्चित करने की वास्तविक चुनौती के लिए तैयारियों को परखने का तरीका था, जो अब भविष्य में जल्द ही संभावित था। इसके अलावा अगर 8 जुलाई को कोई भी अप्रिय घटना घटती भी है (जिसकी संभावना बहुत कम थी), तो इससे हम समय रहते हर ढीले सिरे को कस सकेंगे और जब धारा 370 वास्तविकता में रद्द होगी, तब तक हम जमीनी स्तर तक अपने सुरक्षा तंत्र को चाक-चौबंद कर चुके होंगे।

चूँकि पुलिस और नागरिक प्रशासन में कोई भी आने वाली चीजों से वाकिफ नहीं था, तो इसलिए मेरी योजना को लेकर निरुत्साह और संदेह होना तथा इससे मुद्दे का बड़ा बनना लाजमी था, जिसमें दिल्ली को संदर्भित कर उन्हें सूचित किया गया कि वे यात्रा को

निलंबित करने के पक्ष में हैं, लेकिन सेना इसे जारी रखना चाहती है। सुरक्षा जाल और चुनौतियों का सामना करने में इसकी प्रभावकारिता से पूर्ण परिचित होने के कारण दिल्ली ने इसपर साफ जवाब दिया कि यात्रा चलती रहनी चाहिए। जाहिर है, मेरी और दिल्ली की सोच एक जैसी थी।

इस तरह 8 जुलाई को भी यात्रा सामान्य रूप से जारी रही, जिसमें उस दिन यात्रियों का हजार से अधिक वाहनों का जत्था पारंपरिक जोश के साथ महादेव से आशीर्वाद लेने निकला और इसी तरह सेना का काफिला भी चलता रहा। मैं गर्व और संतोष के साथ कहूँगा कि उस दिन एक भी हिंसक या अप्रिय घटना नहीं घटी। इससे हमारा विश्वास बढ़ा कि सुरक्षा बलों की ड्रिल, तालमेल और समन्वय काम कर रहे थे, हम किसी भी तरह की चुनौती का सामना कर सकते थे, भले ही वह कितनी भी सख्त हो, हम किसी भी तरह की संभावित विरोधी स्थिति से निपट सकते थे। इस तरह हमारी योजना न केवल धारा समाप्ति के दिन शांति बनाए रखने को लेकर थी, बल्कि ऐसी दीर्घावधिक रणनीति बनानी थी, जिसमें आतंकी-विरोधी मानसिक खेल के लिए योजना बनाना भी शामिल था, जिससे किसी भी तरह के जोखिम को पहले ही रोककर शांति कायम रखें। हम टीम सिक्योरिटी फोर्सेस, प्रभावी ढंग से अपने खुद के एसेट्स और संसाधनों का पूरी तरह समन्वित रीति से निर्माण कर रहे थे, जिससे लक्षित दिन कुछ भी गलत न होने पाए। यहाँ बताना जरूरी है कि सुरक्षा संगठनों और प्रबंधन में से बहुत कम लोगों को पता था कि क्या होने वाला है। मैं अपने बारे में कह सकता हूँ कि हालाँकि हम हर तरह की स्थिति से निपटने के लिए तैयार थे, लेकिन चिनार कोर में मेरी कमांड के तहत किसी को इस बारे में नहीं पता था और यही कारण है कि पाकिस्तान भी इसपर भौचक्का रह गया और यही स्थिति देश के भीतर समस्या-उत्पन्न करने वाले कुछ संभावितों नेताओं की थी।

इसी बीच जुलाई के अंत में यात्रा पर आतंकियों के आसन्न हमले के बारे में बेहद पुष्ट खुफिया जानकारी प्राप्त हुई। चूँकि शुरुआत में हम किसी भी तरह की घबराहट उत्पन्न करना नहीं चाहते थे, हम सूक्ष्मता के साथ जाँच और तलाश करने लगे, लेकिन ये खुफिया खबरें बढ़ने लगीं और इंटेलिजेंस एजेंसियों ने अनेक 'वार्त्तालाप' इंटरसेप्ट किए, जिनमें यात्रियों पर कई आतंकी हमले या कई प्रहार होने की बातें थीं। तत्पश्चात् सघन तलाशी अभियान चलाने के बाद 2 अगस्त की सुबह तलाशी दस्ते को यात्रा मार्ग के पास संभावित हमले के संकेत मिले, जिनमें कुछ सुधार किए विस्फोटक उपकरण (आई.ई.डी.), अमेरिकी स्वचालित राइफल एम-24, और सबसे अहम, पाकिस्तान ऑर्डिनेंस फैक्टरी-निर्मित क्लेमोर माइन, जिसपर पाकिस्तान ऑर्डिनेंस फैक्टरी की मार्किंग पार्ट नंबर और निर्माण तिथि अंकित थी। इस तरह की क्लेमोर माइन को आमतौर पर बूबी-ट्रैप्ड वायर द्वारा विक्टम-एक्टिवेटिड

किया जाता है, जिसमें से 60 डिग्री के कोण पर 100 मीटर या अधिक तक, जो माइन पर निर्भर होता है, शिकार की दिशा में सैकड़ों छोटी स्टील की गेंदे और छर्रे निकलते हैं, जिससे इस कोण के भीतर आए लोगों को गंभीर क्षति या चोट पहुँचती है। इसके बाद हमने बरामद हुई आई.ई.डी, राइफल और क्लेमोर माइन के साथ फौरन प्रेस कॉन्फ्रेंस आयोजित की, जिसमें मैंने और डी.जी.पी. ने मीडिया को इनकी बरामदगी, हथियार और वास्तविक माइन को उसके मूल स्थान से एयरलिफ्ट करने के बारे में बताया और इन्हें प्रेस कॉन्फ्रेंस में पत्रकारों के सामने प्रत्यक्ष दिखाया।

चूँकि हमारे पास हर क्षण की यात्री संख्या और यात्रा मार्ग पर उनके ठहरने व नियमित पड़ाव क्षेत्र का डाटा था, तो हमने सुनिश्चित किया कि सारी सुरक्षा व्यवस्था किसी भी तरह की असामान्य या खतरनाक घटना होने को लेकर मुस्तैद रहे तथा यात्रियों को हेलिकॉप्टर द्वारा हवाई मार्ग से निकालने की भी संभावना रहे। सरकार ने सुरक्षा को देखते हुए हमारी प्रेस कॉन्फ्रेंस के केवल एक घंटे बाद यात्रा को निलंबित कर दिया। अब हमारी अगली चुनौती सभी यात्रियों को सुरक्षित बाहर निकालना था, जिसमें देशी और विदेशी दोनों तरह के यात्री थे। सौभाग्य से इनमें से किसी की जरूरत नहीं पड़ी, क्योंकि स्थिति पूरी तरह से शांत और नियंत्रण में रही, हालाँकि कुछ राजनेताओं ने इस पर निराधार टिप्पणियाँ भी कीं।

यात्रियों के साथ सेल्फी, 1 जुलाई 2019

तत्कालीन राज्यपाल के साथ पवित्र गुफा में श्री अमरनाथजी की प्रथम पूजा, 1 जुलाई, 2019

अमरनाथ यात्रा 2019 की खूबसूरती

वर्ष 2019 की अमरनाथ यात्रा की एक खासियत थी, जो मुख्यत: एक वार्षिक तीर्थ-यात्रा है, इसे हिंदू आस्था में यकीन रखने वाले लोग करते हैं। हालाँकि इस यात्रा में बहुत से अन्य धर्मों के लोग और बहुत से विदेशी भी जाते हैं। जैसा कि पहले बताया है, मैं खुद भी उनसठ बार पवित्र गुफा पर माथा टेक चुका हूँ।

वर्ष 2019 में भारत के पेचीदा और अति उपयुक्त कैनवास में शीर्ष स्तर के लोग, जो उस वर्ष यात्रा के दौरान शांति व व्यवस्था सुनिश्चित करने से जुड़े थे, उनमें कई स्तर के अधिकारियों में निम्न भी शामिल थे—लेफ्टिनेंट जनरल रणबीर सिंह, नॉर्दन आर्मी कमांडर, लेफ्टिनेंट जनरल, के.जे.एस. ढिल्लों, कोर कमांडर (यानी मैं); मेजर जनरल जॉनसन मैथ्यूज, जनरल ऑफिसर कमांडिंग विक्टर फोर्स; ब्रिगेडियर एस.ए. उस्मान, यात्रा सुरक्षा के ब्रिगेड कमांडर इनचार्ज; श्री दिलबाग सिंह, डी.जी.पी. जे. एंड के. पुलिस; श्री मुनीर अहमद खान, एडीशनल डी.जी.पी. लॉ एंड ऑर्डर; श्री जुल्फिकार हसन, एडीशनल डी.जी. पी. सी.आर.पी.एफ; श्री बशीर अहमद खान, डिवीजनल कमिश्नर; श्री रविदीप सिंह साही, कश्मीर जोन के आई.जी.पी. सी.आर.पी.एफ.। इनमें से चार सिख, चार मुसलमान और एक ईसाई धर्म से थे। यह विविधता में एकता का सच्चा उदाहरण था, जो भारत की विशेषता है

और भारत के विभिन्न सुगंधों वाला गुलदस्ता होने को समुचित रूप से दरशाता था। यही वह टीम थी, जिनसे पूरे वर्ष 2019 के दौरान शांति सुनिश्चित की थी।

बालटाल पर सुरक्षा व्यवस्था जाँचते हुए; बाएँ से दाएँ : ब्रिगेडियर एस.ए. उस्मान, ले. जन. रणबीर सिंह, मेजर जन. जॉनसन मैथ्यू, ले. जन. के.जे.एस. ढिल्लों

मानेका की सलामी

अमरनाथ यात्रा के दौरान 1 जुलाई, 2019 को एक और घटना हुई। जब मैं प्रथम पूजा करने के लिए पवित्र गुफा में गया, तब मेरे साथ जम्मू-कश्मीर के माननीय राज्यपाल श्री सत्यपाल मलिक भी थे। हर वर्ष यात्रा के पहले दिन प्रथम पूजा की रस्म अन्य लोगों के साथ ही राज्यपाल और कोर कमांडर द्वारा भी की जाती है। चूँकि मैं वहाँ थोड़ा जल्दी पहुँच गया था, तो मैं सुरक्षा व्यवस्था जाँचने के साथ ही विभिन्न बलों के कर्मियों से भी मिल रहा था, तभी वहाँ मुझे एक आर्मी डॉग मिला, जो मेरे सामने अपने पिछले पैरों पर खड़ा था। जब मैंने उसके हैंडलर से पूछा कि वह क्या कर रहा है, तो उसने मुझे बताया कि मानेका (जो उस डॉग का नाम था) मुझे सैल्यूट कर रहा है। मानेका के अद्‍भुत बर्ताव और सैन्य परंपरा के

मुताबिक हर सैल्यूट का जवाब फौरन सैल्यूट द्वारा दिया जाना चाहिए। तो मैं भी अपने घुटनों पर बैठा और मानेका को जवाबी सैल्यूट किया। इसी बीच मेरे ए.डी.सी. कैप्टन संदीप सिंह ने मेरी उस डॉग को सैल्यूट करते हुए तस्वीर खींच ली और इसके फौरन बाद यह तस्वीर सोशल मीडिया पर वायरल हो गई। यह इतनी फैली कि अमेरिका की एक पत्रिका ने मुझसे संपर्क किया और इस तस्वीर को एक वन्य जीवन या प्रकृति से संबंधित लेख के संदर्भ में प्रकाशित करने की अनुमति माँगी, और यह भी पूछा कि इस तस्वीर के साथ स्रोत में किसका नाम जाएगा—मैंने उन्हें संदीप सिंह का नाम बता दिया। यह प्रसंग बताता है कि सेना में हम हर जीव के साथ कितना सम्मानजनक व्यवहार करते हैं। सेना के डॉग्स और खच्चरों के लिए अलग से राशन अधिकृत होता है और उन्हें विशेष प्रशिक्षण भी दिया जाता है, उनका अपना हैंडलर होता है और उन्हें सर्दियों में हीटर लगे कक्ष में बड़े आराम से रखा जाता है।

श्री अमरनाथजी गुफा में मेनका के सैल्यूट का जवाब, 1 जुलाई, 2019

एक जटिल लॉजिस्टिक कवायद

इस बीच राजनीतिक अनुमानों के अलावा इस रद्दीकरण के कई स्तरों पर विस्तृत लॉजिस्टिक योजना बनाना भी आवश्यक था। बतौर कोर कमांडर जिसकी बड़ी सेना नियंत्रण रेखा पर तैनात हो, जो दिसंबर में बर्फ से ढक जाता है, तो यह पूरी तरह मेरा दायित्व था कि मैं उन सैन्य दस्तों के लिए शीतकाल के राशन भंडारण की व्यवस्था करूँ, जो ऊँचे स्थानों पर बर्फ पिघलने के साथ शुरू होता है और बर्फ गिरना शुरू होने तक जारी रहता है। यह अमूमन अक्तूबर से नवंबर तक चलता है और संयोग से यही वह अवधि थी, जिसमें रद्दीकरण होना था। विडंबना देखिए कि रद्दीकरण की घोषणा होने के समय मैं कश्मीर में सबसे वरिष्ठ सैन्य अधिकारी था, और मेरी कोर में किसी को भी, यहाँ तक कि कोर हेडक्वार्टर के स्टाफ या मेरे जनरल अफसरों तक को इसकी भनक तक नहीं थी। मैंने संभावनाओं के आधार पर फॉरवर्ड एरिया के लिए राशन भंडारण का काम काफी पहले शुरू करवा दिया था, जिससे यह 31 जुलाई तक पूरा हो जाए, जिससे रद्दीकरण के बाद पत्थरबाजी या भीड़ द्वारा हिंसा जैसी संभावित घटनाओं के कारण वाहन गतिविधि में किसी भी तरह की संभावित बाधा के आने से यह प्रभावित न हो। हालाँकि मैंने यह पूरी कवायद अपने वाहनों के इस्तेमाल से की जिससे मेरे कर्मचारियों या बाहर के व्यक्ति को हमारी आगामी योजना को लेकर संदेह न हो। बल्कि जब 5 अगस्त को संसद् के दोनों सदनों में वास्तव में रद्दीकरण की घोषणा की पुष्टि हुई, तो मेरे दोनों साथी आर्मी सर्विस कोर के ब्रिगेडियर और मेजर जनरल सब एरिया कमांडर, जिनपर राशन के भंडारण की जिम्मेदारी थी, मेरे पास आए और मुझसे कहा कि लॉजिस्टिक कवायद एक छिपा आशीर्वाद रहा, उन्हें पता भी नहीं था, वास्तव में यह रद्दीकरण के बाद राशन जमा करने में आने वाली बाधा की संभावित स्थितियों को देखते हुए बनाई गई एक योजना और सोचा-समझा अभियान था।

जब जरूरत हो, तब सरकार के आसन्न निर्णयों की गोपनीयता को बनाए रखा और वह भी बिना तैयारियों के साथ समझौता किए, यह एक अहम पूर्व-शर्त थी। इस तरह चिनार हाउस (बादामी बाग कंटोनमेंट के भीतर चिनार कोर कमांडर का आधिकारिक निवास-स्थल) को वह सबसे सुरक्षित जगह माना जाता था, सभी जाने-माने व्यक्ति जमा होकर हर सूक्ष्म विवरण पर अंत तक चर्चा करते थे। कागज का एक टुकड़ा भी चिनार हाउस की चारदीवारी से बाहर नहीं जा सकता और जैसा कि सब कहते हैं, बाकी सब इतिहास है। हमने ताजा अतीत के सभी अनुभवों और उनसे हुई तैयारियों द्वारा जिस विश्वास के साथ स्थिति को शांतिपूर्वक सँभाला था, हम इतिहास का हिस्सा बनने के कगार पर थे और अब उसे बड़े दिन के लिए हम पूरी तरह से तैयार थे।

□

19

रद्दीकरण कार्यान्वयन : सुनिश्चित शांति

वह तारीख, जो इतिहास का हिस्सा बन गई

5 अगस्त, 2019 को भारत सरकार ने भारतीय संविधान की धारा 370 और 35ए को संसद् में बहुमत द्वारा ऐक्ट पास करके और भारत के माननीय राष्ट्रपति की यथावत् मंजूरी के बाद रद्द कर दिया। इसका विवरण पिछले अध्याय में दिया गया है और जिस पर मीडिया में बहुत से लोगों ने व्यापक रूप से टिप्पणियाँ की हैं। इसलिए मैं अपने आपको केवल अपनी टीम की उस कारवाई तक सीमित रखूँगा, जिसके बारे में आम जनता को अधिक नहीं पता होता, लेकिन जिसने इसे सफल बनाया था। टीम सिक्योरिटी फोर्सेस के सभी 'किरदार' शाम को मिले और इसके बाद हम हर शाम और कई बार तो दिन में दो बार मिलते रहे, जिससे कि बदलती परिस्थितियों से परिचित रहें। राष्ट्रीय सुरक्षा सलाहकार श्री अजित डोभाल भी 5 अगस्त की शाम तक श्रीनगर पहुँच गए थे, और वे करीब पंद्रह दिन वहीं ठहरे और टीम सिक्योरिटी फोर्सेस की सभी दैनिक मीटिंगों की अध्यक्षता की। इस मीटिंग में उपस्थित रहने वाले वरिष्ठ व पदस्थ अधिकारियों में चिनार कोर कमांडर, राज्यपाल के सुरक्षा सलाहकार, मुख्य सचिव, डी.जी.पी., एडिशनल डी.जी.पी. लॉ एंड ऑर्डर, इंस्पेक्टर जनरल ऑफ पुलिस, सी.आर.पी.एफ. और बी.एस.एफ., इंटेलिजेंस एजेंसियों के प्रमुख, डिवीजनल कमिश्नर और प्रिंसिपल सेक्रेटरी होम शामिल थे। इन मीटिंगों के एजेंडा में बीते बारह से चौबीस घंटों के जमीनी हालातों की समीक्षा करना और साथ ही भावी योजना बनाना और सब एजेंसियों में तालमेल बनाकर कारवाई करना, दोनों होते थे। हम एक 'वॉर-गेमिंग' एक्सरसाइज भी करते थे और ऐसा अनुमान लगाते कि क्या गलत हो सकता है और हम उसका मुकाबला किस तरह करेंगे। इन मीटिंगों में उपस्थित सभी अधिकारी हर पहलू पर अपने स्रोतों से मिली जानकारियों को साझा करते, जिनमें वे जानकारियाँ भी शामिल होतीं, जो उनके विभाग के कारवाई या अधिकार क्षेत्र में नहीं आती थीं। उदाहरण के लिए, मुझे सेना के स्रोतों से कोई खबर

मिली, जैसे किसी खास दवा की दुकान का न खुलना या ए.टी.एम. में नकदी समाप्त होना आदि, मैं ऐसी हर सूक्ष्म स्तर की जानकारी को साझा करता तथा डिवीजनल कमिश्नर उसी दिन उसपर तुरंत काररवाई करते थे। हमारी नियमित मीटिंगों से काफी फायदा हुआ और इससे हम किसी भी अहम सुझाव या किसी अनुभव या जानकारी आधारित खबर पर तुरंत काम कर सके।

शांति स्थापना के लिए गैर-समझौता लक्ष्य

हमने बतौर टीम सिक्योरिटी फोर्सेस अपने लिए दो लक्ष्य निर्धारित किए—पहला यह कि संसद् के दोनों सदनों में एक 'राष्ट्रीय कानून' पास हुआ है, जिसपर भारत के राष्ट्रपति के भी हस्ताक्षर हैं और हम इसे लागू करने के लिए अपनी शक्ति के भीतर रहते हुए जो करना होगा, करेंगे। दूसरा लक्ष्य था कि सरकार के इस आदेश के कार्यान्वयन के वक्त कश्मीर में कहीं भी जान-माल की हानि न हो। और मैं कह सकता हूँ कि सुरक्षा बलों की काररवाई से किसी भी मासूम की जान नहीं गई एवं धारा रद्दीकरण के बाद के तीन महीने कश्मीर के इतिहास में, मानव जीवन की हानि अथवा निजी या सार्वजनिक संपत्ति की हानि के संबंध में संभवत: बीते तीन दशकों में सर्वाधिक शांतिपूर्ण रहे।

हमदर्दी और 'क्रिकेटर' ने दिन जीता

यहाँ मैं धारा रद्दीकरण के दिन, अर्थात् 5 अगस्त, 2019 का एक दिलचस्प किस्सा सुनाता हूँ। पाठकों को शायद पता होगा कि भारतीय क्रिकेट टीम के पूर्व कप्तान और भारत के मशहूर स्टार खिलाड़ी महेंद्र सिंह धोनी टेरिटोरियल आर्मी में लेफ्टिनेंट कर्नल के पद पर हैं। वे उस वक्त चिनार कोर में तैनात थे और कश्मीर में अपनी बटालियन के साथ सामान्य प्रशिक्षण के लिए आए थे। 5 अगस्त, 2019 की सुबह वे अपने प्रशिक्षण से ब्रेक लेकर मुझसे मिलने मेरे ऑफिस आए, और उसी शाम उन्हें मेरे घर डिनर के लिए आना था, जहाँ मैंने क्रिकेट में रुचि रखने वाले कुछ अन्य अफसरों और उनकी पत्नियों को भी आमंत्रित किया था, जो शानदार क्रिकेटर धोनी से मिलने को लालायित थे। हम सब गुप्त रूप से रद्दीकरण के बाद की स्थिति से निपटने की तैयारियों में जुटे थे, लेकिन बाहर से इन सब दैनिक गतिविधियों की तैयारियाँ करते दिख रहे थे, क्योंकि स्थिति को सामान्य दिखाना जरूरी था, जिससे दुश्मन हमारी मंशा का अनुमान न लगा सकें। सेना में हम इसे 'सरप्राइज एंड डिसेप्शन' (औचक चकमा देना) कहते हैं और मैं पूरे विश्वास से कह सकता हूँ कि हमने इसे पूरी सैन्य सटीकता के साथ कार्यान्वित किया।

इसी बीच भारत सरकार ने 5 अगस्त, 2019 को धारा 370 और 35ए को रद्द करने की घोषणा की, जिसके बाद मेरे सामने काम का पहाड़ खड़ा था और मैं अपनी अगली कारवाई की योजना बनाने में बुरी तरह व्यस्त हो गया, जिसे हमें तब लागू करना था, यदि चीजें समय पर नियंत्रण में नहीं आतीं। इसलिए उस शाम अपने घर पर डिनर पार्टी का मेजबान होने के बावजूद मैं अपनी कार्यकारी पूर्व व्यस्तताओं के कारण देर रात 11:30 तक वापिस लौट सका, जब तक धोनी समेत हमारे सारे मेहमान मुझसे काफी पहले ही पहुँच चुके थे।

इसी बीच आतंकवादियों और पाकिस्तानी प्रोपेगेंडा का प्रचार करने वाली मशीनरी को हाई-स्पीड इंटरनेट का उपयोग करने से रोकने और अधिष्ठानों व लोगों की सुरक्षा सुनिश्चित करने के लिए कश्मीर में सभी मोबाइल सेवाएँ निलंबित कर दी गईं। भ्रम के इन हालातों में मेरे बेटे ने एक सैन्य लाइन पर मुझे फोन किया कि उसके दोस्त की बहन दिव्या, जो कश्मीर विश्वविद्यालय के होस्टल में रहकर पीएच.डी. कर रही थी, को उनके होस्टल से निकालने को कहा। मेरे बेटे ने दिव्या के बारे में जो बताया था, उसे मैंने अपनी टीम के साथ साझा किया और उन्हें विश्वविद्यालय जाकर उसे तलाशने, एयरपोर्ट पहुँचाने और उनके घर जाने वाली फ्लाइट का टिकट लेकर सकुशल व सुरक्षित भेजने को कहा। मेरी टीम ने दिव्या को तलाश लिया और उसे एयरपोर्ट भी ले गए, लेकिन दिव्या को फ्लाइट की टिकट नहीं मिली।

इसके बाद जब मैं अपनी आधिकारिक मीटिंग में व्यस्त था, तब मेरे ए.डी.सी. कैप्टन संदीप सिंह, जिन्हें मैंने दिव्या को निकालने में मदद का काम सौंपा था, बीच मीटिंग में मेरे पास आए और मुझे बताया कि उस लड़की को फ्लाइट की टिकट नहीं मिली और वह अपने आगे की स्थिति को लेकर काफी आशंकित और चिंतित है। मैंने कैप्टन संदीप से कहा कि उनसे पूछो कि वह अब क्या करना चाहती हैं, क्योंकि फ्लाइट तो उन्हें मिली नहीं और अब उनके पास यही विकल्प है कि या तो वह एक रात श्रीनगर आर्मी कंटोनमेंट में रुके या फिर अपने होस्टल वापिस लौट जाए और घर जाने के लिए विमान का टिकट मिलने तक वहीं पर रहे। प्रसंगवश, कश्मीर विश्वविद्यालय की छात्रा होने के कारण वह कश्मीर में सैन्यकर्मियों के 'हठी और अमित्रवत्' व्यवहार होने के अतिशयोक्तिपूर्ण प्रोपेगेंडा से गहरे प्रभावित थी। इसलिए वह सैन्य कंटोनमेंट में नहीं आना चाहती थी, लेकिन इसके साथ ही वह वापस होस्टल भी नहीं जाना चाहती थी। आखिरकार झिझकते हुए वह कंटोनमेंट आने के लिए राजी हो गई और कैप्टन संदीप ने उसके रातभर रुकने के लिए कमरे का इंतजाम कर दिया, जो कमांडिंग अफसर के घर के पास था, जहाँ वे अपनी माँ और पत्नी सहित अपने परिवार के साथ रहते थे। लेकिन

वह बेहद घबराई हुई थी, इस हद तक कि आखिर में रोने लगी। उसके लगातार रोने की खबर मुझ तक पहुँची। मैं हालाँकि उस वक्त एक संकट-जैसी स्थिति से निपटने के लिए जारी मीटिंग में था, और वहीं एक वास्तविक मानवीय संकट था, जिसमें एक युवती छात्रा उलझन में फँसी थी, जो होस्टल में रहने से बुरी तरह भयभीत थी और कंटोनमेंट आने से भी उतनी ही डरी हुई थी।

मैंने हमदर्दी की नजर से देखा और हालातों को उस लड़की के नजरिए से समझने की कोशिश की। तभी मुझे एक विचार आया, जिससे संभवतः इस स्थिति का समाधान हो सकता था। मैंने संदीप से कहा कि वह उसे मेरे घर पर होने वाले डिनर में ले जाए, जहाँ संभवतः अन्य महिलाओं के साथ और खासकर धोनी से मिलकर वह अपने भय से बाहर निकल सके। तो उसे मेरे घर डिनर पर ले जाया गया और इस आसान उपाय ने बढ़िया काम किया। जब मैं रात करीब 11:30 घर पहुँचा, तब तक दिव्या न केवल शांत हो चुकी थी, बल्कि काफी खुश भी थी और धोनी के साथ 'सेल्फी' लेने के साथ ही पार्टी का पूरा मजा ले रही थी। इस घटना में साफ दिखता है कि सेना का मानवीय चेहरा भी है और सैन्यकर्मी भी आवश्यकता पड़ने पर अत्यंत सज्जनता और हमदर्दी का प्रदर्शन कर सकते हैं और उसे वे उतनी ही कुशलता से करेंगे, जिस तरह युद्ध-काल में वे अपना सख्त रुख दिखाते हैं। उदाहरण के लिए, मेरे पास वे सभी कारण थे कि मैं अचंभे में फँसे किसी व्यक्ति की मदद करने के बजाय अपनी व्यस्तताएँ दिखा दूँ। लेकिन मैंने मानवता को चुना और इस संवेदनशील स्थिति को पूरी हमदर्दी और सरपरस्ती के साथ सुलझाते हुए दिव्या के साथ अपनी बेटी जैसा व्यवहार किया और वही करने का प्रयास किया, जो एक पिता अपनी बच्ची के अनजाने में मुसीबत फँसने पर करता। मेरी यह भी गारंटी है कि उस रात सुरक्षा-बल व नागरिक प्रशासन के बहुत से कर्मचारी कश्मीर के लोगों की मौजूदा हालातों से निपटने और उन्हें उनके घर सुरक्षित पहुँचाने में मदद कर रहे होंगे। दिव्या आज भी हमारे संपर्क में है, बल्कि उसने मुझे अपने भाई के विवाह में आमंत्रित भी किया है, जो सम्मान की बात है।

वरिष्ठ लीडर होने का एक सबसे अहम पहलू यह भी है कि आपको सबसे बुरे हालातों और तनावपूर्ण स्थिति का सामना करते हुए भी अपना मानसिक संतुलन और हास्योत्पादकता नहीं खोने हैं। अपने दिमाग पर अनेक अभियानों की आकस्मिकताओं का बोझ होने पर भी अपने मेहमानों के साथ मेरा संवाद उतना ही सामान्य था, जितना किसी और अवसर पर होता। महेंद्र सिंह धोनी ने चिनार हाउस की विजिटर्स बुक (अतिथि-पुस्तिका) में जो संक्षिप्त टिप्पणी की थी, वह यहाँ प्रस्तुत है।

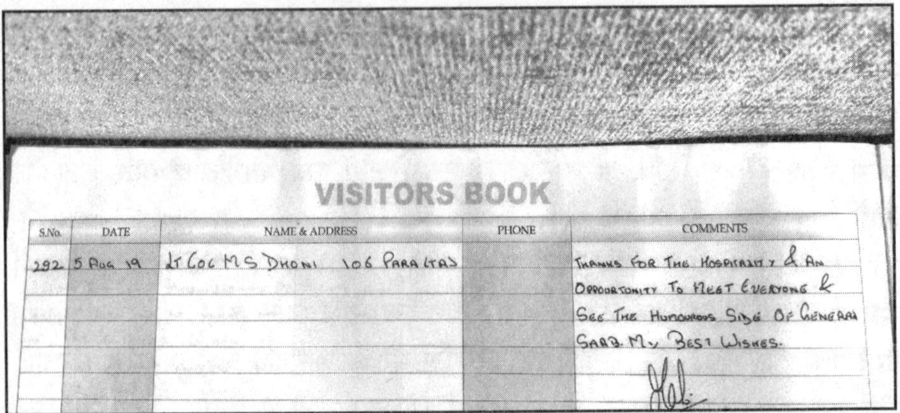

VISITORS BOOK

S.No.	DATE	NAME & ADDRESS	PHONE	COMMENTS
292	5 Aug 19	Lt Col M S Dhoni 106 Para (TA)		Thanks For The Hospitality & An Opportunity To Meet Everyone & See The Humourous Side Of General Saab. My Best Wishes.

भारतीय क्रिकेटर महेंद्र सिंह धोनी द्वारा 5 अगस्त, 2019 को, जिस दिन धारा 370 समाप्त हुई, चिनार हाउस की अतिथि पुस्तिका में लिखी गई टिप्पणी

भारतीय क्रिकेटर महेंद्र सिंह धोनी के साथ 5 अगस्त, 2019 को चिनार हाउस में, पीछे दिव्या खड़ी है

झूठे प्रचार को रोकना

मैं यहाँ यह बताना चाहूँगा कि प्रशासन को इंटरनेट बंद करना पड़ा, ताकि सोशल मीडिया पर किसी शरारतपूर्ण या भ्रामक अथवा मनगढ़ंत जानकारी को साझा करने से रोका जा सके, उदाहरण के लिए, संभव था कि कोई शरारती तत्व फिलिस्तीन या सीरिया या किसी अन्य देश में होती हिंसा को दर्शाने वाला वीडियो फैलाकर इसके कश्मीर से होने की झूठी जानकारी का प्रचार कर युवाओं को भड़का और आक्रोशित कर दे। इसलिए हाई-स्पीड इंटरनेट को रोका गया, ताकि इस तरह के प्रोपेगेंडा वीडियो को डाउनलोड और साझा करने तथा झूठी खबरों को फैलाने से रोका जा सके। हालाँकि कुछ दिन बाद लैंडलाइन फोन शुरू कर दिए गए थे। बल्कि 2जी इंटरनेट भी शुरू कर दिया गया था, ताकि छात्र आवेदन-पत्र अपलोड करने और प्रवेश के लिए फीस जमा करवाने जैसी सभी जरूरी और दैनिक गतिविधियाँ कर सकें तथा अन्य के अतिरिक्त इंटरनेट बैंकिंग और एयरलाइन टिकट बुकिंग और होटल रिजर्वेशन जैसे काम जारी रहें। अन्य महत्त्वपूर्ण स्थानों के साथ ही जिलों व तहसील दफ्तरों, पुलिस स्टेशनों और एयरपोर्ट में कियोस्क लगाए गए, ताकि लोग अपना ऑनलाइन लेन-देन आसानी से कर सकें।

वह नकारात्मक और झूठा प्रोपेगेंडा कि कश्मीर में सब बंद है और सामान्य जीवन पूरी तरह पंगु हो चुका है, पाकिस्तान ने फैलाया था।

मैं पूरे विश्वास और ईमानदारी के साथ कह सकता हूँ, सभी आवश्यक सुविधाएँ, जैसे अस्पताल, डिस्पेंसरी, मेडिकल स्टोर्स, किराने की दुकानें, ए.टी.एम. और सरकारी दफ्तर पूरी तरह कार्यरत थे। अनिश्चित काल का 'लॉकडाउन' सरासर झूठी अफवाहें थीं, क्योंकि कश्मीर में कहीं भी 'लॉकडाउन' नहीं लगाया गया था। सभी पुलिस थाना अधिकार क्षेत्रों और तत्कालीन जम्मू व कश्मीर राज्य में सी.आर.पी.सी. 144 को केवल कुछ ही स्थान पर चार से अधिक लोगों के जमा होने और गतिविधि करने से रोकने के लिए लगाया गया था। इसे शुरुआती दिनों में केवल उन सीमित स्थानों पर लागू किया गया था, जहाँ कुछ संवेदनशील अधिष्ठान थे। बल्कि इन इलाकों में भी लोग अपने रोजमर्रा के काम करने और सीमित संख्या में घूमने-फिरने हेतु बाहर निकलने के लिए स्वतंत्र थे। सभी खाद्य प्रावधान किराना और दैनिक आवश्यकता की वस्तुएँ पूर्णतः उपलब्ध थीं और लोग जरूरत पड़ने पर इन्हें खरीदने के लिए आजाद थे। 'लॉकडाउन' शब्द अपने विधिक अर्थों में अनुपयुक्त था और यह धारा रद्दीकरण के बाद कश्मीर की वास्तविकता नहीं था। बल्कि पाकिस्तान के दलालों और आतंकवादियों ने अपनी जीविका कमाने के लिए दुकानें खोलने वाले स्थानीय कश्मीरी दुकानदार तथा ट्रक ड्राइवरों और श्रमिकों की हत्या करके, सेब के बागानों और कश्मीरी सेब की ढुलाई करने वाले ट्रकों को जलाकर 'लॉकडाउन' लगाने का प्रयास कर रहे थे।

शांति से मेरी मुलाकात : मानवीय और परोपकारी पहल

इस अवधि में सभी सुरक्षा बलों और नागरिक प्रशासन ने अपने-अपने स्तर पर फिलहाल जारी सरकारी योजनाओं के साथ ही मानवीय और सामाजिक संवाद की कई मुहिम चलाईं, जिससे कश्मीर के लोगों के साथ जुड़ने में मदद मिले, खासकर सुदूर इलाकों में रहने वाले लोगों के साथ, जिससे उनकी समस्याओं का समाधान हो और उनके लिए जीवन आसान बन सके। ऐसी ही कुछ पहल सेना ने भी चलाईं, जिनका विस्तृत विवरण निम्न है—

ऑपरेशन माँ

इस पहल का निर्देशक सिद्धांत महिलाओं को अपनी मुहिम के साथ जोड़ना था, जिससे किशोर लड़कों को आतंकवादी संगठनों से जुड़ने की उत्तेजना का शिकार होने से बचाया जा सके, खासकर वे लड़के, जो बेरोजगार और असंतुष्ट हों और इस तरह वे आतंकवादियों द्वारा फुसलाए जाने का आसान लक्ष्य होते थे। पवित्र कुरान से संकेत लेकर कि 'अच्छे काम करो और अपने माँ की सेवा करो, और फिर माँ की सेवा करो, फिर माँ की सेवा करो और तब पिता की सेवा करो', मेरी माताओं से सीधी अपील थी कि वे अपने बच्चों को बुरी ताकतों द्वारा गलत राह पर ले जाने से बचाएँ। इसकी मीडिया रिपोर्टिंग भी खूब हुई। 19 नवंबर, 2019 को, इकोनॉमिक टाइम्स ने इसपर स्टोरी की : 'ऑपरेशन 'माँ' बाय द आर्मी इन जे.एंड के. यील्ड्स रिजल्ट्स; अराउंड फिफ्टी लोकल मिलिटेंट्स रिटर्न टू फैमिलीज' (आपरेशन में सेना की मुहिम रंग लाई। करीब पचास उग्रवादी परिवार में लौटे)। मेरा उन माओं के लिए बस इतना-सा संदेश था : 'आज के पत्थरबाज कल के आतंकवादी, तो अपने बच्चों को मारे जाने से बचाएँ।' इसने विशेष रूप से माँओं में, और सामान्य रूप से आवाम में, जैसे कोई तार छेड़ दिया हो।

बीते डेढ़ साल की स्थिति को लेकर हमारा विश्लेषण यही था कि स्थानीय आतंकियों का जीवन बहुत छोटा होता है—हथियार उठाने वाले स्थानीय युवाओं में से 7 प्रतिशत किसी आतंकी तंजीम से जुड़ने के पहले दस दिन में ही मारे जाते हैं, और इन 7 प्रतिशत समेत 9 प्रतिशत पहले तीस दिन में मारे जाते हैं, 17 प्रतिशत पहले तीन माह में, 36 प्रतिशत पहले छह माह में, और करीब 64 प्रतिशत पहले एक वर्ष में मारे जाते हैं। इसका अर्थ यह हुआ कि यदि तीन लड़के आतंकी संगठन में शामिल होते हैं, तो उनमें से दो या उनमें से दो-तिहाई के पहले ही वर्ष में मारे जाने की संभावना है। इसके अलावा आतंकी संगठनों से जुड़ने वाले लड़कों में से 83 प्रतिशत का पत्थरबाजी में लिप्त होने का इतिहास होता है। उन माताओं को यह संदेश इन तथ्यों व आँकड़ों के साथ बताया गया और इसे सार्वजनिक रूप से भी प्रसारित किया गया। धीरे-धीरे माताएँ यह समझने लगीं और उन्हें अहसास होने लगा कि

यदि वे अपने बेटों को पत्थरबाजी के लिए भेजेंगी, ताकि महज 500 रुपए मिल जाएँ, तो भविष्य में ये लड़के आतंकवादी बन सकते हैं, जो या तो सात दिन के भीतर या कम-से-कम एक वर्ष में मारे जाएँगे। इस तरह हमने तथ्यों के साथ किशोर लड़कों को आतंकवादी बनने से रोकने का दायित्व खुद उनकी माताओं को सौंप दिया, जिसमें उन्हें साफ बता दिया कि उनके बच्चों के पत्थरबाजी में शामिल होने के क्या परिणाम हो सकते हैं, और जो अंततः उन्हें मौत के मुँह में ले जाएगा।

मुझे अपने अनुभव से अहसास हुआ कि कश्मीरी लड़के अपने पिता से ज्यादा माँ की बात मानते थे। इसलिए 'ऑपरेशन माँ' की उत्पत्ति मेरे कश्मीर के इस सामाजिक और पारिवारिक प्रभाव को समझने से हुई। कश्मीर में मेरे बतौर कैप्टन, मेजर अथवा कमांडिंग अफसर व ब्रिगेड कमांडर के बीते कार्यकालों में, स्थानीय आतंकवादी के मारे जाने के बाद हमें उसकी जेब में हमेशा एक चिट्ठी मिलती थी, जो या तो उसने अपनी माँ को या उसकी माँ ने उसे लिखी होती थी। इस तरह मुझे समझ आया कि कश्मीर में लड़कों का अपनी माँ के साथ अत्यंत गहरा लगाव होता है। हमने इसका उपयोग इन लड़कों के प्रभावित होने की उम्र में किसी भी आतंकी संगठन में शामिल होने से रोकने में किया। इस पृष्ठभूमि में शुरू हुए 'ऑपरेशन माँ' का यह परिणाम रहा कि हाल ही में आतंकी संगठनों से जुड़े कम-से-कम पचास लड़कों ने 'वापसी' की—मैंने 'आत्मसमर्पण' की जगह 'वापसी' शब्द का इस्तेमाल सोच-समझकर किया है, क्योंकि मुझे लगता है कि ये लड़के बस भटक गए थे। इन बच्चों के परिवारों को पूरा विश्वास दिलाया गया कि उनकी पहचान गुप्त रखी जाएगी, साथ ही उनपर कोई मुकदमा भी दाखिल नहीं होगा और यदि वे चाहेंगे तो उन्हें काम के लिए देश में कहीं और भी भेजा जा सकता है।

सरकार को अपनी 'आत्मसमर्पण' नीति के एक भाग रूप में इससे काफी लाभ हुआ। लेकिन इससे बढ़कर सुरक्षा बलों और नागरिक प्रशासन ने उनकी हर संभव मदद की। यदि वे शिक्षा और शारीरिक जाँच में खरे उतरते तो उन्हें टेरिटोरियल आर्मी (टी.ए.) में ले लिया जाता—सरकार की टी.ए. में कुछ विशेष यूनिट हैं, जिन्हें 'टेरिटोरियल आर्मी होम एंड हार्थ' कहते हैं, जिसमें स्थानीय क्षेत्र के लड़कों को भर्ती किया जाता है। इसके साथ ही उन युवाओं के पास जम्मू व कश्मीर पुलिस में स्पेशल पुलिस अफसर के पद पर भर्ती होने का भी विकल्प होता है। 'ऑपरेशन माँ' वस्तुतः इन युवाओं को सीमा-पार से प्रेरित होकर, बहकावे में आकर आतंकवाद की तरफ जाने की जगह मुख्यधारा के आगामी सम्मानजनक जीवन में लाने वाले समग्र दृष्टिकोण के समान था। इस तरह युवाओं को आतंकवाद से दूर रहने के कई विकल्प और कारण बताने से ऑपरेशन माँ अत्यधिक सफल रहा।

जैसा कि मैंने पहले बताया कि पचास से अधिक लड़के पुनः अपने परिवारों के पास

वापिस लौट आए। दिलचस्प बात यह है कि कई बार, बहुत सी मुठभेड़ें बीच में ही तब समाप्त हो गईं, जब उनके माता-पिता या गाँव के दोस्तों को बुलाकर उन्हें हिंसा छोड़ने के लिए मना लिया गया। ऐसे मामलों में आतंक-विरोधी अभियान को दो या तीन घंटों के लिए रोक दिया जाता तथा जब इन नए भर्ती हुए आतंकियों के परिजन या दोस्त वहाँ आ जाते, तब अभियान फिर शुरू होता, और उन्हें लाउडस्पीकर देकर उन लड़कों के साथ रूबरू या टेलीफोन से बात करने को प्रेरित किया जाता। ऐसी भी घटनाएँ हुईं, जब आतंकियों का मोबाइल रीचार्ज खत्म हो गया था और हमने खुद उनका मोबाइल फोन रीचार्ज करवाया, ताकि वे अपनी माँ या अन्य परिजनों अथवा पड़ोसियों या दोस्तों के साथ बात कर सकें। कई बार लड़के बीच मुठभेड़ में भी 'वापिस' आए। कुल मिलाकर यह उतनी ही शांति थी, जितनी हमने 5 अगस्त, 2019 को धारा रद्दीकरण के फौरन पहले और बाद की अवधि के दौरान सुनिश्चित की थी। इसलिए यह सब अचानक नहीं हुआ था और इसके प्रभावी कार्यान्वयन के लिए बहुत सी कोशिशें और तैयारियाँ करनी पड़ीं।

आतंकी की माँ की वेदना

नागरिकों की जान जाने और आतंकियों द्वारा लोगों की हत्या करने को लेकर आमतौर पर काफी कुछ कहा जाता है, लेकिन उस माँ की वेदना को समझना होगा, जिसका बेटा आतंकवादी बन गया है। ऐसा इसलिए, क्योंकि आतंकवादी के मारे जाने के बाद उसके परिवार के दुःख और हानि के अहसास की बहुत कम रिपोर्टिंग होती है, जिसमें आमतौर पर माँ वेदना में झुलस रही होती है। हमने हमेशा यही सुना है कि जीवन और संपत्ति को नुकसान पहुँचाने वाले इन आतंकवादियों को मार देना चाहिए। लेकिन क्या हमने कभी उस माँ के बारे में सोचा है, जो अपने बेटे के असमय और क्रूरतापूर्वक मारे जाने से टूट गई है। जो कट्टरता का प्रचार करने वाली उस क्रूर व्यवस्था द्वारा गुमराह हुआ, जिसे पाकिस्तान ने कश्मीर में प्रचारित और रोपित किया है। जिसका अंत एक मासूम लड़के के डरे हुए आतंकी में बदलने पर होता है। ऐसी व्यवस्था, जो झूठे विमर्श पर फल-फूल रही है? यदि वह आतंकवाद के फुसलावे में नहीं आता, तो यही लड़का किसी अच्छे पेशेवर या अकादमिक संस्थान में उचित शिक्षा लेकर किसी नौकरी या निजी रोजगार से जुड़ता, और अपने परिवार सहित माँ के पास रह रहा होता। बजाय इसके कि भरी जवानी में अपनी जान गँवा देता और एक माँ कश्मीर में आतंकवाद के अभिशाप के कारण अपने बच्चे को खो बैठती। आतंकी की माँ होने की वेदना को शायद ही कभी दर्ज किया या समझा गया हो। मैंने ऑपरेशन माँ मुहिम में माँ को केंद्र में रखा, क्योंकि मुझे आतंकी या संभावित आतंकी की माँ को लेकर गहरी हमदर्दी और चिंता है। यही कारण है कि मैंने यह अभियान चलाया,

जिससे उस माँ की पीड़ा को कम करने या पहले ही रोक देने में मदद मिले।

'इकोनॉमिक टाइम्स' के उसी लेख में मेरा उपरोक्त से जुड़ा एक बयान उद्धृत किया गया, 'सीमा के पार कुछ गिद्ध थे, जो इन नौजवानों को शिकार बनाना चाहते थे। हमने उनकी पहचान को गुप्त रखा है, क्योंकि मुझे पता है कि उनमें से कुछ कॉलेज में पढ़ रहे हैं, कुछ खेती में अपने पिता की मदद कर रहे हैं, या कुछ अपने परिवारों के लिए रोज की रोटी कमा रहे हैं। मैं उन सबको शुभकामनाएँ देता हूँ।'

खैरियत पेट्रोल

जैसा नाम से ही पता चलता है ('खैरियत' का मतलब भलाई या कल्याण है), खैरियत पेट्रोल सुरक्षाकर्मियों का ऐसा समूह था, जो अपने दूरदराज के वर्चस्व या टोही इलाके में जाते थे, ताकि ठंडे मौसम या दुर्गम इलाका होने के कारण वहाँ के लोगों को जो समस्याएँ आ रही हैं, उन्हें सुलझाने में मदद कर सकें। पारंपरिक रूप से 'खैरियत पेट्रोल' का नेतृत्व कोई अफसर या जे.सी.ओ. करता था और उसके साथ लड़ाकू सैनिक तथा अनिवार्य रूप से दवाओं के साथ डॉक्टर या नर्सिंग सहायक भी रहते थे। इन पेट्रोलों के पास श्वेत-सूची मोबाइल फोन भी होते थे, ताकि धारा रद्दीकरण के फौरन बाद मोबाइल सेवाओं के अस्थायी निलंबन के कारण लोग भारत के भीतर व बाहर निशुल्क फोन कर सकें। इसके अलावा खैरियत पेट्रोल कई बार जिन स्थानों पर इलेक्ट्रिसिटी, पावर और संचार सुविधाएँ खराब होती थीं, वहाँ अपने साथ वाहन में जनरेटर भी ले जाते थे, जिससे लोग अपने मोबाइल फोन और अन्य उपकरण चार्ज कर सकें।

खैरियत पेट्रोल मुहिम के भाग रूप में, हम कंपनी कमांडर स्तर पर नियमित रूप से लायजन कॉन्फ्रेंस भी आयोजित करते थे, जिससे कुछ दीर्घकालिक छोटी 'परेशानियों' को सौहार्दपूर्ण ढंग से सुलझाने में मदद मिलती थी।

हमसाया हैं हम

मैंने 'हमसाया हैं हम' उक्ति को यह दोहराने के लिए रचा था कि हम एक ही जमीन के रहवासी हैं और हमें एक-दूसरे के साथ शांति व सौहार्द सहित रहना चाहिए। यह पहल मेरे दिल के सबसे करीब थी, क्योंकि मैं अपने गाँव में इतना समय नहीं रहा, जितना कश्मीर में रहा था। इस तरह कश्मीर के लोग वस्तुत: मेरी जीवनयात्रा के साथी थे, और मुझे लगता था कि इस यात्रा को सार्थक और सकारात्मक बनाने के लिए जो करना जरूरी होगा, वह मैं करूँगा, विशेष रूप से उन लोगों के लिए जो बिना किसी दोष के इस दीर्घावधिक हिंसा और विपत्तियों का शिकार थे।

इस तरह नियंत्रण रेखा और आंतरिक क्षेत्रों में भी सेना की हर चौकी हमसाया की

अवधारणा के बिंदु रूप में कार्य करती थी। हमसाया मानवीयता और शांतिपूर्ण सह-अस्तित्व के मूल्यों का प्रतीक था, इसलिए हर जगह और सभी जगह लोगों की मदद करता था। विशेष रूप से उनकी, जो कठोर वातावरण और स्थलाकृतिक इलाकों में वंचित अवस्था में रहते थे। हम लोगों को किसी भी वक्त दिन हो या रात, सैन्य चौकियों पर सहायता माँगने आने के लिए प्रोत्साहित करते थे, जहाँ हम उन्हें हर प्रकार की मदद देते थे, जिसमें आपात स्थिति, जैसे रोगियों को अस्पताल पहुँचाना या चिकित्सकीय सुविधाएँ दिलवाने के लिए लोगों को निकालने या भेजने के लिए सैन्य विमानों का उपयोग भी शामिल था। आपात स्थिति में सेना का हेलिकॉप्टर उपयोग कर नागरिक रोगियों को कश्मीर के सुदूर इलाकों में से लिया जाता था और उन्हें चिकित्सकीय देखरेख के लिए नजदीकी अस्पताल पहुँचाना 'हमसाया हैं हम' अवधारणा का हिस्सा था। अतिरिक्त चिकित्सक और मेडिकल आपूर्ति को दूर-दराज के इलाकों में लोगों के लिए भेजा जाता था, जो सेना की शांतिकाल में साथी और युद्धकाल में रक्षक की सच्ची भावना का प्रतीक था।

हमसाया हैं हम

मुझे 14 जनवरी, 2020 को घटी एक घटना याद आती है, जो सेना दिवस, यानी 15 जनवरी से ठीक एक दिन पहले की बात है, जब बारामूला के सुदूर इलाके में नियमित खैरियत पेट्रोल को एक गर्भवती महिला श्रीमती शमीमा के होने की खबर मिली, जिसे प्रसव-पीड़ा होने लगी थी और तुरंत अस्पताल पहुँचाना जरूरी था। चूँकि भारी बर्फबारी के कारण सभी सड़कें अवरुद्ध थीं, पेट्रोल लीडर ने फौरन बेस से संपर्क साधा और उस महिला को ले जाने के लिए हेलिकॉप्टर भेजने का अनुरोध किया। हेलिकॉप्टर वहाँ पहुँचा तो सही,

लेकिन तूफानी मौसम और खराब दृश्यता के कारण जमीन पर उतरने में सफल नहीं हो पाया और उन्हें इसकी जगह एंबुलेंस भेजनी पड़ी। लेकिन यह कोशिश भी बेकार गई। इसके बाद पोस्ट कमांडर ने फौरन 100 सैनिक और तीस गाँव वालों को बुलाया, जिन्होंने सारे रास्ते खुद बर्फ हटाई, ताकि एंबुलेंस को बर्फ-ढँकी सड़क पर आधे रास्ते तक पहुँचने का मार्ग मिले, वही सेना के जवान एंबुलेंस को धकेल भी रहे थे। इसी बीच चार जवान प्रसूता को चारपाई पर उठाकर आधे रास्ते तक पहुँचाने के लिए चार घंटे तक पैदल चले, जहाँ से उन्हें एंबुलेंस में शिफ्ट करके बारामूला के अस्पताल पहुँचाया गया, जहाँ उन्होंने एक स्वस्थ शिशु को जन्म दिया। इस घटना ने मीडिया का खूब ध्यान खींचा और माननीय प्रधानमंत्री ने अगले दिन यह उक्ति री-ट्विट की, जिस दिन 15 जनवरी, 2020 अर्थात् सेना दिवस था।

Narendra Modi
@narendramodi

Our Army is known for its valour and professionalism. It is also respected for its humanitarian spirit. Whenever people have needed help, our Army has risen to the occasion and done everything possible!

Proud of our Army.

I pray for the good health of Shamima and her child.

Chinar Corps - Indian Army · 14/01/20

#HumsaayaHainHum

During heavy snowfall, an expecting mother Mrs Shamima, required emergency hospitalisation. For 4 hours over 100 Army persons & 30 civilians walked with her on stretcher through heavy snow. Baby born in hospital, both mother & child doing fine. #VRWithU4U

Tweet your reply

'हमसाया हैं हम' अवधारणा कश्मीर के ऊँचे पहाड़ी इलाकों में विशेष रूप से प्रभावी थी, जहाँ ज्यादा लोग आते-जाते नहीं थे, और जहाँ अधिकांशतः सीमांत वर्ग रहता था, जिनमें अनुसूचित जाति, बकरवाल, पहाड़ी और गुज्जर थे, जो पहाड़ी मैदानों तथा नियंत्रण रेखा (एल.ओ.सी.) के नजदीक और घाटी के सुदूर और दूर-दराज के इलाकों में रहते थे। चूँकि सेना की ज्यादातर यूनिटें नियंत्रण रेखा के साथ-ही-साथ इस इलाके के आतंक-विरोधी ग्रिड में भी तैनात थीं, जहाँ का इलाका काफी दुर्गम और जहाँ जीवन अत्यंत कठिन था। वहाँ वे स्थानीय (हमसाया) लोगों को हर तरह की मदद करते थे, जिनमें बकरवालों (जो आमतौर पर अपने मवेशियों के पालन-पोषण के लिए ग्रीष्मकालीन ऋतु में निचले इलाकों से ऊँचाई वाले पहाड़ी चारागाह में आ जाते थे) के बच्चों को निशुल्क ट्यूशन कक्षाएँ भी शामिल थीं। बल्कि यहाँ के अधिकांश इलाकों में सेना की चौकियां ही यहाँ रहने वालों के लिए राहत और मदद का एकमात्र पहुँच योग्य साधन था। यहीं पर 'हमसाया हैं हम' की अवधारणा आई, क्योंकि हम उन इलाकों के निवासियों के साथ ही रहते थे।

तालीम से तरक्की

यह अवधारणा संकेत करती है कि केवल समुचित शिक्षा (तालीम) लेने से ही व्यक्ति को प्रगति (तरक्की) में मदद मिलती है और उसके परिवार की सफलता व समृद्धि सुनिश्चित हो पाती है। इस पहल के पीछे मंशा शिक्षा प्रदान करके बड़े पैमाने पर सामुदायिक अवसर उत्पन्न करना था, क्योंकि शिक्षा से वंचित लोग इन्हें अपने दल में शामिल करने के इच्छुक जिहादियों और आतंकियों का सहज शिकार बन जाते थे और इसके फलस्वरूप सुरक्षा बलों के साथ हुई मुठभेड़ों में जान गँवा देते।

यह सभी पहलें धारा रद्दीकरण से बाद के काल में भी निर्बाध जारी रहीं, जिसमें विभिन्न सामाजिक समूहों के चलाए मानवीय और पेशेवर अभियानों के साथ कंधे से कंधा मिलाकर काम किया गया। हालाँकि इनमें से कुछ मुहिम पहले से जारी थीं, वहीं कुछ को रद्दीकरण की अवधि के दौरान जीवन आसान बनाने के लिए जोड़ा गया था, जो स्थानीय लोगों के लिए अधिक उपयोगी थीं। इन मुहिमों के अनेक उद्देश्य व परिणाम थे—इनसे शांति बनाने में मदद मिली, वहीं इन्होंने स्थानीय लोगों में यह विश्वास उत्पन्न करने का भी कार्य किया कि उनका जीवन महत्त्वपूर्ण है और सेना ने उनके जीवन को संपन्न और सुरक्षित बनाने के लिए बहुत कुछ किया है।

आर्मी गुडविल स्कूल

'प्रोजेक्ट सद्भावना' अर्थात् गुडविल के भाग रूप में सेना ने पूरी कश्मीर घाटी में अट्ठाईस आर्मी गुडविल स्कूल चलाए, जिसमें एक बार में 10,000 तक छात्र पढ़ते थे। इस

स्कूलों में, 500 से ज्यादा शिक्षक और लगभग 200 सहायक कर्मी थे तथा वे सभी स्थानीय कश्मीरी थे। ये स्कूल कभी बंद नहीं हुए, बल्कि बीते वर्षों में अलगाववादियों द्वारा हड़ताल का आह्वान होने के दौरान भी छात्रों को निर्बाध रूप से अच्छी शिक्षा प्रदान करते रहे। इसके परिणामस्वरूप आर्मी गुडविल स्कूलों के छात्र हमेशा अपने उज्ज्वल भविष्य के लिए काम करते रहे और कभी भी आतंकवाद की तरफ आकर्षित नहीं हुए। उपलब्ध जानकारी के अनुसार अभी तक आर्मी गुडविल स्कूलों का कोई भी छात्र आतंकियों के दल में शामिल नहीं हुआ है।

'सुपर 30' और 'सुपर 50'

एक वक्त ऐसा भी आया, जब सेना को अहसास हुआ कि संभवत: केवल स्कूल स्तर की अच्छी शिक्षा देना ही पर्याप्त नहीं है और छात्रों को बड़े पेशेवर कॉलेजों में दाखिले के अगले कदम के लिए मार्गदर्शन और प्रेरणा देनी होगी। इस पहल में सेना को पूरे जम्मू व कश्मीर से प्रतियोगी परीक्षाओं की तैयारी के लिए छात्रों को चुनना था। इनमें तीस या पचास की संख्या में ऐसे छात्रों के समूह बनाने थे, जिन्होंने हाल ही में हाई स्कूल किया हो और उच्च शिक्षा में प्रवेश लेने वाले हों। इन बच्चों को निशुल्क रहना-खाना, निशुल्क कोचिंग व स्टेशनरी, बल्कि मेडिकल या इंजीनियरिंग कॉलेजों में प्रवेश की प्रतियोगी परीक्षाओं की तैयारी में उनकी हर तरह से मदद की जानी थी और उनकी तरफ से आवेदन भी किया जाना था।

यह मुहिम भी धारा 370 रद्दीकरण की अवधि के बाद भी निर्बाध जारी रही। हमने 'सुपर 30' और 'सुपर 50' समूहों के छात्रों को रद्दीकरण के बाद बेचैनी महसूस होने पर घर लौटने का विकल्प भी दिया, लेकिन इन समूहों में से एक भी छात्र घर वापिस नहीं गया, और उन सभी ने इस पूरी अवधि में अपना नियमित कोचिंग और अध्ययन जारी रखा। बल्कि स्थानीय इंस्ट्रक्टर और कोच भी नियमित रूप से कोचिंग सेंटर आते रहे और इसका परिणाम यह हुआ कि उस वर्ष का बैच सर्वाधिक प्रोत्साहक रहा—लगभग 90 प्रतिशत छात्रों को सबसे प्रतिष्ठित पेशेवर कॉलेजों में प्रवेश मिल गया था।

मैं यहाँ आर्मी गुडविल स्कूलों और सुपर 30 और 50 के शिक्षकों का विशेष रूप से उल्लेख करना चाहूँगा, जिन्होंने युवा और अपरिपक्व बच्चों को सँभाला, उनपर रचनात्मक काम किया, उनमें बुद्धिमत्तापूर्ण विचारणीय मन को गढ़ा व उन्हें दिशा दी कि वे समाज में कुशल और प्रभावी योगदान दे सकें। 'मिट्टी तो मिट्टी है, लेकिन कुम्हार उसको जब हाथ लगाता है, तो वो ही मिट्टी बरतन, खिलौना या भगवान् की मूर्ति बन जाती है। वरना वह मिट्टी किसी रास्ते में बस धूल की तरह पड़ी रहती।'

सुपर 30 मेडिकल छात्रों के साथ संवाद करते हुए, श्रीनगर, 2019

शांति का पुरस्कार

कश्मीर में आतंकवाद को कम करने के लिए अपनाईं विभिन्न पहल और रणनीतियों, विशेष रूप से धारा 370 और 35ए के रद्द होने के बाद के हालातों में, एक चीज समान थी—स्थानीय कश्मीरियों के साथ व्यवहार करते हुए सहानुभूति और सहयोग की भावना का उपयोग करना, और निस्स्वार्थ सेवा तथा कर्तव्यपरायणता को टीम सिक्योरिटी फोर्स का हिस्सा बनाना। हम उन्हें यह संदेश देने के लिए संकल्पित थे कि सुरक्षा बल देश और केंद्र शासितों की विकास प्रक्रिया में भागीदार हैं और इसलिए टीम सिक्योरिटी फोर्सेस को अपनी कथनी व करनी को एक बनाना होगा।

इस संपूर्ण चुनौतीपूर्ण अवधि का सबसे अहम पहलू, जिसने सुरक्षा बलों के काम करने के तरीके का किरदार बताया, वे उनमें 'श्रेय-लेने' के भाव का न होना था। किसी भी एजेंसी ने शांति कायम करने या कानून व व्यवस्था लागू करना सुनिश्चित करवाने का कोई श्रेय नहीं लिया—हमने जो भी किया या जो भी हासिल किया, वह सामूहिक सफलता या सामूहिक विफलता थी। जैसा पहले बताया गया है, यह भी प्रशंसा की बात है कि 5 अगस्त, 2019 के बाद सुरक्षा बलों की किसी भी काररवाई में एक भी मासूम व्यक्ति को नुकसान नहीं हुआ। इस दौरान जो भी हताहत हुए वे आतंकियों द्वारा नागरिकों की हत्या करने के कारण था। हालाँकि इस अवधि में आतंकवाद काफी कम रहा, लेकिन नागरिकों को आतंकी धमका रहे थे और

उन्हें उनकी दुकानें न खोलने को कह रहे थे, घूमने-फिरने को मना कर रहे थे—वे स्थानीय कर्फ्यू लगाने का प्रयास कर रहे थे, जिससे कश्मीर में असंतोष और नाराजगी दिखा सकें। आम स्थानीय कश्मीरी किसी भी तरह की हिंसा या गड़बड़ी के पक्ष में नहीं थे और वे सदा के लिए शांति के इच्छुक थे।

टीम सिक्योरिटी फोर्सेस का शानदार तालमेल न केवल रद्दीकरण से पहले और इसके बाद की अवधि में शांति कायम करने में बल्कि आतंकी समूहों पर अत्यधिक दबाव बनाते हुए शीर्ष आतंकी सरगनाओं और उनके कैडर को समाप्त करने में भी प्रभावी साबित हुआ, जो अंत में आतंकी दलों में अव्यवस्था और बिखराव का कारण बना। ऐसी घटनाएँ भी रिपोर्ट हुईं, जिनमें आतंकियों ने मारे जाने के भय से, किसी खास तंजीम के नेतृत्व से इनकार कर दिया, भले ही उनके सीमा पार के आका उनसे ऐसा करने को कह रहे थे। इस तरह मानव संसाधन और तकनीक के मिश्रण का उचित उपयोग करके नियंत्रण रेखा पर घुसपैठ को प्रभावी ढंग से रोका गया तथा कश्मीर में आतंकी संगठनों के सदस्यों के बीच दरारें आने लगीं। यहाँ मैं एक विश्लेषण से प्राप्त मुख्य जानकारी का उल्लेख करना चाहूँगा जिसे हमने यह जानने के लिए किया था कि रद्दीकरण की अवधि के बाद शांति क्यों बनी रही। तकनीकी रूप से पुलवामा और रद्दीकरण जैसी भावनात्मक और उथल-पुथल वाली घटनाओं के बाद आतंकियों द्वारा अपने दल में युवाओं की भर्ती बढ़नी चाहिए थी। जबकि इसके उलट वर्ष 2019 में आतंकियों की भर्तियाँ बीते वर्षों के मुकाबले सबसे कम हुईं। द प्रिंट के 28 फरवरी, 2022 में स्नेहेश एलेक्स फिलिप के लेख के अनुसार पूरे कश्मीर से आतंकी संगठनों में शामिल होने वालों की वार्षिक संख्या, वर्ष 2018 में 210, वर्ष 2019 में 117, वर्ष 2020 में 178 और वर्ष 2021 में 142 थी।

'लॉकडाउन' जैसा दुनिया ने देखा

शांति कायम होने का एक और संकेत तब मिला, जब यूरोपियन पार्लियामेंट (एम.ई.पी) के सत्ताईस सदस्यों का प्रतिनिधिमंडल 29 अक्तूबर, 2019 को कश्मीर की दो-दिवसीय यात्रा पर आए, जो 31 अक्तूबर, 2019 को केंद्र शासित जम्मू व कश्मीर के अस्तित्व में आने से सिर्फ दो दिन पहले की बात है, ताकि धारा 370 और 35ए के रद्द होने के बाद के हालातों की वास्तविकताओं का प्रत्यक्ष जमीनी आकलन कर सकें, जिसके पीछे पाकिस्तान का अत्यंत शातिर विमर्श और 'लॉकडाउन' का प्रोपेगेंडा था। तत्पश्चात्, 9-10 जनवरी, 2020 को विदेशी राजनयिकों (राजदूत व अन्य हाई कमिश्नरों) का एक और पंद्रह-सदस्यीय प्रतिनिधिमंडल, जिसमें अमेरिका (केनेथ जस्टर, भारत में तत्कालीन अमेरिकी राजदूत भी प्रतिनिधिमंडल का हिस्सा थे), बांग्लादेश, वियतनाम, नॉर्वे, मालदीव, दक्षिण कोरिया, मोरक्को, नाइजर,

नाइजीरिया, अर्जेंटीना, फिलीपींस, फिजी, उजबेकिस्तान, पेरू और टोगो के प्रतिनिधि शामिल थे, कश्मीर के दौरे पर आया। इसके बाद 12–13 फरवरी, 2020 को विदेशी राजनयिकों का तीसरा पच्चीस–सदस्यीय प्रतिनिधिमंडल, जिसमें जर्मनी, कनाडा, फ्रांस, न्यूजीलैंड, मेक्सिको, इटली, अफगानिस्तान, आस्ट्रिया, उजबेकिस्तान, पोलैंड और यूरोपियन यूनियन (ई.यू.) के कुछ प्रतिनिधियों ने कश्मीर का दौरा किया। सभी राजनयिकों को पूरा श्रीनगर शहर घुमाया गया, मीडियाकर्मियों, राजनेताओं तथा विभिन्न क्षेत्रों के सिविल सोसाइटी के प्रतिनिधियों से मुलाकात की और सेना व नागरिक प्रशासन से तात्कालिक स्थिति का जायजा लिया। इसे मीडिया ने बड़े पैमाने पर दिखाया।

भारत में अमेरिकी राजदूत केनेथ जस्टर के साथ, फरवरी, 2020

विदेशी राजनयिकों के साथ ; भारत में अमेरिका के राजदूत केनेथ जस्टर पहली पंक्ति में

तीसरे प्रतिनिधिमंडल का हिस्सा रहे, भारत में जर्मनी के राजदूत वॉल्टर लिंडर ने दौरे के बाद 'हिंदुस्तान टाइम्स' के साथ बातचीत में कहा : 'एयरपोर्ट से होटल तक के रास्ते में ही हमें वह पहली संक्षिप्त झलक मिल गई कि वहाँ क्या हुआ था। दुकानें खुली हुई थीं और चीजें सामान्य दिखाई दे रही थीं। हमें कहीं भी लॉकडाउन नहीं दिखा।' जब उनसे पूछा गया कि 'आपके अहम सवाल क्या थे?' तो उनका जवाब था कि 'उन्हें धारा 370 समाप्त होने के बाद के मौजूदा हालात कैसे लग रहे हैं, वे जम्मू व कश्मीर की पिछली सरकार के बारे में क्या सोचते हैं, उनकी प्रमुख चिंताएँ क्या हैं, इत्यादि। और हमने प्रशासन से भी सवाल किए; जैसे कि सेना के कोर कमांडर, ले. जन. के.जे.एस. ढिल्लों, जो बेहद प्रभावशाली व्यक्ति हैं, ने हमें नियंत्रण रेखा (एल.ओ.सी.) से घुसपैठ और आतंकी हमलों के बारे में बताया।' कोई भी इस साक्षात्कार को देख सकता है, जो 15 फरवरी, 2020 को हिंदुस्तान टाइम्स में प्रकाशित हुआ। ('ईच ऑफ अस हैड एन अपॉर्चुनिटी टू आस्क अवर मोस्ट क्रिटिकल क्वेश्चन')।

face to face

WALTER LINDNER, Germany's ambassador to India

'Each of us had an opportunity to ask our most critical questions'

NEW DELHI: Germany's ambassador to India, Walter Lindner, spoke to **Padma Rao Sundarji** on his impressions during the two-day trip to Jammu & Kashmir (J&K) organized by the Government of India for 25 global ambassadors earlier this week. In August, the Centre revoked the special status of J&K and decided to split the state into two Union territories —J&K and Ladakh. Edited excerpts:

You just returned from a trip to India's newest Union Territory (UT), J&K, organized by the Government of India to counter global criticism of some administrative and security measures it took there. Your fellow travellers tweeted pictures of the snow-capped Pir Panjal and of shikara rides on the lakes of Srinagar. Did you enjoy yourself?

Nice joke. But let me make this clear. This was not some tourist trip. I was invited by India's ministry of external affairs (MEA). I went to interact with local authorities, members of civil society and the business community and gather an impression of the situation there. And that's what I did.

What did your itinerary consist of?

On the way from the airport to the hotel, we got our first little glimpse of what's out [illegible] things seemed normal. We didn't see a 'lockdown'. But it's difficult to say for sure, [illegible] security convoy, so it's not the same as strolling through a market. [illegible] fell through because of [illegible] we were taken for the [illegible] rides on the lakes instead. Then, we had our first meeting with some local politicians, apple farmers, hoteliers, local media members and a swathe of members of civil society from border dwellers to rights activists. Of course, all these people may have been preselected. But each of us had an opportunity to ask everyone even our most critical questions.

What were your critical questions?

How they feel about the current situation, about Article 370 being abrogated, what they think of the previous governments in J&K, what their main worries are, and so on. And we questioned the authorities too, for instance the army corps commander, Lt Gen KJS Dhillon, who is an impressive person and told us about incursions and terrorist attacks along the Line of Control (LoC).

[illegible] flew to Jammu, where we met informed people like the chief secretary, and the UT's first woman judge and chief justice, Gita Mittal, who explained India's laws in an international context very impressively.

Everyone we met explained how the situation was before and after the abrogation of Article 370, which laws were valid then and now. They gave us concrete figures. We also met Kashmiri Pandits and Valmikis.

The international media is criticizing the house arrest that two former chief ministers of J&K [Omar Abdullah and Mehbooba Mufti, who were detained the Public Safety Act last week] have been under for six months, the snapping of communication, and other moves. India points to its democratic credentials and retorts that the international community has no say in domestic decisions in its own UT. What do you think of these decisions?

Look, you will have to ask the government of India all these questions. Am I satisfied with this trip? I will say that I wanted to go there, see the state with my own eyes, get an impression of the situation, see who is in charge. I could do all that and ask questions about all those under arrest and why they are in jail. And I could listen to the Indian authorities' arguments. Please note, as an ambassador, it is important to be objective. I am not an activist and I am not a member of a party.

Does all this mean that you had a positive, informative trip and got a fair idea of the situation on the ground?

As I told you, I didn't preselect the people we met. Because I couldn't talk to everyone, it could, at best, be a limited impression. But in political parlance, I can say that the trip to J&K was not a Potemkin village, an external facade to make people believe that all is hunky-dory.

Former chief ministers Omar Abdullah and Mehbooba Mufti are under house arrest. Did you ask why?

Yes. But the discussions took place behind closed doors so let's leave it at that.

A YEAR AFTER

Paramilitary personnel pay tribu[illegible] February 14, 2019, at the CRPF [illegible]

Kin of slain [illegible] financial aid

HT Correspondent

NEW DELHI: The Central Reserve Police Force said on Friday that all the families of the soldiers killed in the February 14, 2019, Pulwama attack except one have been paid all financial dues and benefits, with amounts ranging from ₹2-3 crore for each family. In addition, all the families are getting last pay drawn as monthly pension, it said.

One next-of-kin of a slain Pulwama trooper—Head Constable, Vijay Soreng, a resident of Jharkhand — has not received the financial benefits yet because the case pertaining to establishing Soreng's legal heir is currently sub-judice, said a statement by the Central Armed Police Force[illegible]

"Over and above, all the Next-of-Kins (NoKs) of martyrs have been paid the entire donations [illegible] token of gratitude to our martyrs," the CRPF said on Friday.

The payments are part of government assistance and donations collected through Bhar[illegible] Ke Veer initiative, a Union government scheme to crowdfu[illegible]

NewDelhi

भारत में जर्मन राजदूत वॉल्टर लिंडर की हिंदुस्तान टाइम्स में प्रकाशित रिपोर्ट

मैं कहना चाहूँगा कि रद्दीकरण के बाद शांति कायम करने से मासूम लोगों की जान बची और मेरे लिए बतौर मनुष्य तथा अफसर; और सरकार, यही सबसे जरूरी चीज है। मैं इसके सफलतापूर्वक होने के पीछे उन विभिन्न मानवीय पहलों को कारण मानता हूँ, जिनके बारे में इस अध्याय में पहले चर्चा हुई है। इनमें सबसे अहम ऑपरेशन माँ था, जिसका आतंकवाद को रोकने में सबसे सकारात्मक प्रभाव रहा। इसके साथ ही सुरक्षा और बचाव के वह सभी आवश्यक पैमाने भी हैं, जिन्हें हमने धारा 370 और 35ए के समापन जैसे महत्त्वपूर्ण अभूतपूर्व विकास के बाद जम्मू व कश्मीर में हिंसा और आतंक को रोकने के लिए अपनाया था।

कुछ लोग आज भी मेरी सराहना करते हैं, धारा 370 रद्दीकरण के बाद के हालातों को बखूबी सँभाला गया, लेकिन यह बताना भी जरूरी है कि हालात अपने आप ही शांत नहीं हुए थे; इसके पीछे नितांत दूरंदेशी, योजना, तैयारी, सहयोग और कड़ी मशक्कत थी, जिससे इसे इतनी बड़ी सफलता मिल सकी। इस तरह मैंने ऊपर और पिछले अध्यायों में जितनी भी घटनाएँ बताई हैं, वे वस्तुतः रद्दीकरण और इसके बाद हमने किस तरह शांति को सफलतापूर्वक कायम किया, इससे संबंधित थीं। यहाँ मेरा दायित्व पूरा नहीं होगा, यदि मैंने सेना के उन बहादुर जवानों और जम्मू-कश्मीर पुलिस व सी.आर.पी.एफ. के कांस्टेबलों और नागरिक प्रशासनिक कर्मियों का उल्लेख नहीं किया, जिन्होंने कठिन परिस्थितियों में दिन-रात काम किया, जिससे कश्मीर की सड़कों और ग्रामीण इलाकों में भी शांति कायम रहना सुनिश्चित हो सकी। मेरा विश्वास कीजिए, मैंने तैयारी से संबंधित गतिविधियों का अंशमात्र भी नहीं बताया है, जो हमारे सभी भागीदारों ने हर स्तर पर की थी ताकि शांति और सुरक्षा सुनिश्चित हो सके, और 'हमने' कर दिखाया।

□

20

'जब घर जाएँ, तो उन्हें हमारे बारे में बताएँ, और कहें कि उनके कल के लिए, हमने अपना आज कुर्बान कर दिया'

चिनार कोर" चिनार लीफ व बैटल एक्स फॉर्मेशन

15 कोर या चिनार कोर जिस नाम से यह प्रसिद्ध है, भारतीय सेना की उन चौदह कोर में से एक है, जिनपर नियंत्रण रेखा और कश्मीर में घाटी के जमीनी अभियानों का दायित्व है। चिनार कोर ने ऐतिहासिक रिकार्ड समय में अपने लिए आला स्थान बनाया है, पाठक इसके इतिहास और बहादुर पुरुषों व स्त्रियों के साहस के बारे में और अधिक जानने को उत्सुक होंगे, जिन्हें चिनार कोर के साथ विभिन्न लड़ाइयों, युद्धों और आतंक-विरोधी अभियानों में सेवा देने का दुर्लभ सम्मान हासिल हुआ।

चिनार कोर, जिस नाम से इसे आज जाना जाता है, की शुरुआत प्रथम विश्वयुद्ध के दौरान 12 जनवरी, 1916 को इजिप्ट के पोर्ट सैड में मुख्यालय 15 कोर के रूप में हुई। यह 22 अप्रैल, 1916 को फ्रांस पहुँची, जहाँ इसने सोम व यप्रेस की प्रसिद्ध लड़ाइयों में भाग लिया। प्रथम विश्वयुद्ध के बाद कोर को रिटायर कर दिया गया। दूसरे विश्वयुद्ध के दौरान इसे 20 मार्च, 1942 को कलकत्ता (अब कोलकाता) में फिर से गठित किया गया। कोर अराकान में काररवाई की और बर्मा अभियान के दौरान 14वीं आरमी का हिस्सा बनकर अपना लोहा मनवाया। युद्ध के बाद 10 फरवरी, 1947 को इसे भंग कर दिया गया।

इस बीच अक्तूबर 1947 को विलय के दस्तावेज पर हस्ताक्षर के बाद जम्मू व कश्मीर में राज्य बल और 161 इन्फैंट्री ब्रिगेड को मिलाकर जे. एंड के. फोर्स का गठन किया गया था। बादामी बाग कंटोनमेंट में मुख्यालय 21 काम्यूनिकेशन जोन सब एरिया बनाया गया। इसके बाद जे. एंड. के. में श्रीनगर डिवीजन और जम्मू डिवीजन बनाए गए; जून 1952 में 21 काम्यूनिकेशन जोन सब एरिया को अपग्रेड करके '21 काम्यूनिकेशन जोन' कर दिया

गया। इसमें पुरानी श्रीनगर डिवीजन की चिनार लीफ और जम्मू डिवीजन की बैटल एक्स को लेकर फॉर्मेशन साइन बनाया गया, जिसमें चिनार की पत्ती के ऊपर बैटल एक्स बना था। 4 जनवरी, 1955 को ऊधमपुर में मुख्यालय 15 कोर को फिर बनाया गया और इसने भंग हुई 21 काम्यूनिकेशन जोन के फॉर्मेशन साइन को अपनाया। जब ऊधमपुर में मुख्यालय नॉर्दन कमांड का गठन हुआ, तब 1 मई, 1972 को मुख्यालय 15 कोर को श्रीनगर भेज दिया गया।

15 कोर ने इसके बाद से सभी अभियानों में हिस्सा लिया। मुख्यालय जम्मू एंड कश्मीर फोर्स और बाद में जम्मू व कश्मीर कोर ने वर्ष 1947 में पाकिस्तान के नेतृत्व में हुए कबायली घुसपैठियों के हमले के खिलाफ बहादुरी से लड़ाई लड़ी, जिसमें श्रीनगर-बारामूला की धुरी को खोलने के लिए लड़ी गई बड़गाम और शालातेंग की जंग भी शामिल थी और उड़ी व तंगधार के सीमावर्ती कस्बों को सफलतापूर्वक पुनः कब्जे में लिया।

वर्ष 1962 में हिमालय डिवीजन का गठन हुआ और इसे 15 कोर के ऑर्डर ऑफ बैटल (औरबैट) के मातहत सौंपा गया कि उन्हें लद्दाख क्षेत्र की रक्षा करनी है। रेजांग ला और सिरिजैप की ऐतिहासिक लड़ाई में सैन्य दल की समर्पित रक्षा लद्दाख में चीनियों के लिए बाधा बनी और इसमें अनेक हताहत हुए। 13 कुमाऊँ रेजिमेंट के मेजर शैतान सिंह को इस लड़ाई के लिए परमवीर चक्र (मरणोपरांत) से सम्मानित किया गया।

वर्ष 1965 की काररवाई में 15 कोर ने पीर पंजाल रेंज के उत्तर व दक्षिण में साहसिक अभियान चलाया और उड़ी सेक्टर में सामरिक हाजी पीर दर्रे और तंगधार सेक्टर में टिटवाल पुल पर कब्जा कर लिया।

वर्ष 1971 में श्योक घाटी, परतापुर, कारगिल, लिपा घाटी और तंगधार सेक्टर में अभियानों के परिणामस्वरूप कुछ सामरिक महत्त्व के स्थानों पर कब्जा हुआ। अप्रैल, 1984 में दुर्गम इलाकों और खराब मौसम का मुकाबला करते हुए 15 कोर ने जहाँ कब्जा किया, वह आज धरती का सबसे ऊँचा युद्ध का मैदान है। एक महत्त्वपूर्ण दर्रा सियाचिन ग्लेशियर है, जिससे भारत को पाकिस्तान पर कूटनीतिक बढ़त मिली।

वर्ष 1989-90 से ही पाकिस्तान द्वारा कश्मीर में आरंभ किए शातिराना छद्म युद्ध के परिणामस्वरूप 15 कोर का पुनः बढ़ते अलगाववादी आंदोलनों का मुकाबला करने के लिए अनौपचारिक अभियान चलाने की चुनौती दी गई। राष्ट्रीय राइफल्स (आर.आर.) काउंटर इंसर्जेंसी फोर्स, विक्टर एवं किलो (विक्टर फोर्स और किलो फोर्स के नाम से प्रसिद्ध) को आतंक-विरोधी अभियान चलाने के लिए 15 कोर के मातहत गठित किया गया। चिनार कोर ने अन्य सुरक्षा बलों के साथ मिलकर लगातार घुसपैठ-विरोधी व आतंक-विरोधी अभियान चलाकर कश्मीर घाटी में शांति व स्थिरता सुनिश्चित की।

मई, 1999 में भारतीय सेना ने 'ऑपरेशन विजय' लॉन्च किया, ताकि कारगिल में

दुश्मन की घुसपैठ तथा इसके बाद पाकिस्तान के नियमित सैनिकों के व्यर्थ सैन्य दुस्साहस को विफल बनाएँ। इस लड़ाई के दौरान 15 कोर के सैन्य बलों ने द्रास, मुश्कोह, कारगिल और बटालिक सेक्टर में पूरी बहादुरी से लड़ाई लड़ी। कारगिल युद्ध के बाद 1 सितंबर, 1990 को 15 कोर को दो भागों में बाँट दिया गया, जिसमें लेह मुखयालय के साथ 14 कोर अस्तित्व में आई और श्रीनगर के बादामी बाग कंटोनमेंट मुखयालय 15 कोर वहीं ही रहा।

15 कोर का इतिहास जम्मू व कश्मीर के स्वतंत्रता-बाद के इतिहास के साथ परस्पर मिश्रित है। सीमाओं की रक्षा के दौरान कुछ झड़पों और नियंत्रण रेखा पर जारी आमने-सामने के टकराव के अलावा 15 कोर ने स्थिरता और शांति स्थापित करने और राज्य/संघ शासित प्रदेश में समृद्धि को प्रोत्साहन देने में गंभीर योगदान दिया, हालाँकि इसकी इन्होंने भारी कीमत भी चुकाई। वर्ष 1989 से लेकर वर्ष 2022 के मध्य तक चिनार कोर में सेवा दे रहे भारतीय सेना के 3218 अफसरों, जे.सी.ओ. और जवानों ने सर्वोच्च बलिदान दिया (इन आँकड़ों में पड़ोसी कोर के पीर पंजाल रेंज के दक्षिण में स्थित जम्मू क्षेत्र में दिए बलिदान शामिल नहीं हैं)।

अपने होंठों पर प्रार्थना और दिल में आभार व गर्व के साथ मैं सर्वोच्च बलिदान देने वाले सभी बहादुरों को सलाम करता हूँ। चिनार कोर कर्मियों द्वारा दायित्व निभाते हुए दिए बलिदान की प्रशंसा हुई और वर्ष 2022 के गणतंत्र दिवस तक जितने बहादुरों को वीरता पुरस्कारों से सम्मानित किया गया है, उनकी संख्या निम्न सूची में है—

स्वतंत्रता-पूर्व	
विक्टोरिया क्रॉस	4
विशिष्ट सेवा आदेश	1
मिलिट्री क्रॉस	4
योग	9
स्वतंत्रता-पश्चात्	
परम वीर चक्र	13
अशोक चक्र	25
परम विशिष्ट सेवा मैडल	9
महावीर चक्र	103
कीर्ति चक्र	90

उत्तम युद्ध सेवा मैडल	30
अति विशिष्ट सेवा मैडल	65
वीर चक्र	503
शौर्य चक्र	502
युद्ध सेवा मैडल	118
सेना मैडल	3476
विशिष्ट सेवा मैडल	223
मेंशन इन डिस्पैच	601
योग	**5758**

इनमें से बहुत से बलिदान मेरे बतौर चिनार कोर कमांडर कार्यकाल के दौरान हुए और ये सम्मान भी इसी दौरान मिले। मैं यहाँ अपने सभी सैन्य सहकर्मियों तथा बेहद पेशेवर जनरल ऑफिसर्स कमांडिंग, अत्यंत समर्पित इन्फैंट्री ब्रिगेड और राष्ट्रीय राइफल्स के सेक्टर कमांडर तथा अग्रणी कमांडिंग अफसर और उनके युवा अफसरों व बहादुर जवानों की शानदार टीमों, चिनार कोर मुखयालय, सब-एरिया व अन्य मुखयालयों के स्टाफ अफसरों तथा मेरे चिनार कोर कमांडर कार्यकाल के दौरान तथा विशेष रूप से पुलवामा धमाके और धारा 370 व 35ए के समापन के बाद के उनके योगदान का नाम लेकर उल्लेख नहीं कर रहा हूँ, उनके अमूल्य योगदान की भरपूर प्रशंसा हुई और इसे अत्यंत सराहा गया।

जम्मू व कश्मीर पुलिस, ऐसा बल जो श्रेष्ठ बना

देश की सेवा में भारतीय सेना के साथ कंधे से कंधा मिलाकर हमेशा साथ देने वाली जम्मू व कश्मीर पुलिस, बीते वर्षों में साधारण 'थाना पुलिस' से विकसित होकर दुनिया का सबसे पेशेवर आतंक-विरोधी पुलिस बल बना।

प्रतिवाद करने वाले और आलोचक 5 अगस्त, 2019 के बाद जे.एंड के. पुलिस के सामान्य सैनिकों को लेकर कुछ आशंकित थे, लेकिन बल के नेतृत्व ने, विशेष रूप से उस समय कमान सँभाल रहे अफसरों को ऐसी कभी कोई आशंका नहीं थी। मुझे अच्छी तरह याद है, उन्हें अपने कांस्टेबलों समेत स्पेशल पुलिस अफसर (एस.पी.ओ.), अस्थायी 'हायर एंड फायर' पुलिसकर्मियों में पूरी आस्था और विश्वास था कि वे कोई समस्या खड़ी नहीं करेंगे और अपने जवानों में उनका विश्वास पूर्णतः न्यायोचित सिद्ध हुआ। सभी दस्तों ने साथ खड़े होकर सुनिश्चित किया कि वे वही करें, जो देश के लिए सबसे बेहतर हो, और

इसके परिणामस्वरूप हमने जे. एंड के. को देश की मुख्यधारा में एकीकृत होने का सबसे शांतिपूर्ण परिवर्तन होते देखा। बल्कि सभी बलों ने, विशेष रूप से भारतीय सेना के साथ इन ऐतिहासिक दिनों में जैसा तालमेल और एकजुटता दिखाई, वह अब तक की सर्वाधिक थी।

सैकड़ों पुलिसकर्मियों तथा पुलिस और सी.आर.पी.एफ. के अफसरों ने बीते वर्षों के आतंक-विरोधी अभियानों और सड़कों पर उपद्रवियों के साथ मुकाबले में सर्वोच्च बलिदान दिया और बहुत सारे घायल भी हुए। इन बलों के सभी व हर एक सदस्य का देश की सुरक्षा व हित के लिए समर्थन का संकल्प प्रशंसनीय था। जम्मू व कश्मीर पुलिस तीन दशकों से भी अधिक से पाकिस्तान-प्रायोजित आतंकियों से लड़ रही थी, और इसके 1600 कर्मचारियों (जिनमें 1086 नियमित और 514 एस.पी.ओ.) ने वर्ष 2022 के मध्य तक पूरे जम्मू व कश्मीर राज्य में सर्वोच्च बलिदान दिया। मैं उनके दायित्व निभाते हुए दिए इस सर्वोच्च बलिदान को सलाम करता हूँ, जिसे पहचान देने के लिए वर्ष 2022 के गणतंत्र दिवस तक जे.के.पी. कर्मियों को 1518 वीरता पदक (राष्ट्रपति पुलिस पदक), 1666 शेर-ए-कश्मीर वीरता पदक (जिसका नाम अब जम्मू व कश्मीर वीरता पदक कर दिया गया है), एक अशोक चक्र (मरणोपरांत), दो कीर्ति चक्र (मरणोपरांत) और अठारह शौर्य चक्र (जिनमें से चौदह मरणोपरांत) दिए गए। इसके अलावा जे.के.पी. कर्मियों को 672 सराहनीय सेवा के लिए राष्ट्रपति पुलिस पदक (वर्ष 1990-2022), उनहत्तर विशिष्ट सेवा पदक (वर्ष 1990-2022), 164 सराहनीय सेवा के लिए जम्मू व कश्मीर पुलिस पदक (वर्ष 2003-22) और 592 पराक्रम पदक (2001-22) प्रदान किए गए।

भारतीय सेना की आर.आर. यूनिट और जे. एंड के. पुलिस के स्पेशल ऑपरेशन ग्रुप (एस.ओ.जी.) ने सी.आर.पी.एफ. के साथ मिलकर आंतरिक क्षेत्रों में संयुक्त ऑपरेशन किए, जिससे उन्हें आतंक-विरोधी अभियानों में शानदार सफलता मिली। पुलिस व सेना के बीच का समन्वय और तालमेल से दोनों ही बलों को फायदा हुआ, जहाँ पुलिस ने अभियानों के महत्त्वपूर्ण पहलुओं को जाना और सेना की ताकत के बारे में सीखा, वहीं सेना भी पुलिस के स्थानीय व संस्थागत ज्ञान को समझते हुए अत्यधिक लाभान्वित हुई। विभिन्न बलों के बीच तालमेल वाले अभियान, जिनमें 'किसी एक के बढ़कर होने' का दिखावा नहीं था, पाकिस्तान के छद्म युद्ध में हमारी सफलता का सबसे बड़ा कारण रहा।

मैं बीते दशकों में जे. एंड के. पुलिस नेतृत्व को भी पूरा श्रेय दूँगा, जिसने स्थानीय पुलिस को आतंक-विरोधी कौशल का प्रशिक्षण लेकर अपना क्षमता-निर्माण के लिए प्रेरित किया और उन्हें अत्याधुनिक नवीनतम हथियारों तथा उपकरणों से लैस बनाया।

सुरक्षा बलों की सफलता का परिणाम यह हुआ कि हिजबुल मुजाहिदीन, लश्कर-ए-तैयबा, जैश-ए-मोहम्मद तथा अंसार गजवात-उल-हिंद (ए.जी.यू.एच.) तथा और

भी अन्य आतंकी तंजीमों का संगठनात्मक ढाँचा इस कदर टूट गया कि अब कोई भी इन तंजीमों का नेतृत्व सँभालने को तैयार नहीं। शेष बचे अकेले लड़ाके और छोटे आतंकी समूह, जिनकी कोई स्पष्ट संरचना नहीं है, उनके साथ पूरे प्रभावी ढंग से निपटा जा रहा है और अंत में इनका अस्तित्व भी समाप्त हो जाएगा और इस तरह स्थिति पूर्णतः सामान्य हो जाएगी। अब बस वैचारिक और लॉजिस्टिकल प्रारूप की चुनौती शेष है, जो आतंकवाद को पालन-पोषण कर रही है, बजाय इसके कि छोटे हथियार लिए कठपुतलियों द्वारा मामूली परेशानियाँ उत्पन्न करने वालों से निपटते रहें। फिर भी पाकिस्तान की कश्मीर घाटी के हर कोने तक तथा जम्मू क्षेत्र के चिनाब व पीर पंजाल इलाकों में छोटे हथियारों की संख्या बढ़ाने की योजना भविष्य में गंभीर चुनौती बन सकती है। हमारा ऐसी सामान्य स्थिति को बहाल करना, जिसमें समाज के सभी वर्ग और पंथ शांति और सद्भाव के साथ रह सकें, को वैसी ही बाधा का सामना करना पड़ रहा है, जैसे किसी आवारा नशेड़ी को पिस्तौल देकर जनता में भय व्याप्त करने के लिए कुछ निहत्थे, बेकसूर नागरिकों को निशाना बनाने को कहा गया हो। हमें उन्हें वापिस मुख्यधारा में लाने और पाकिस्तान के षड्यंत्र से दूर रखने के प्रयास जारी रखने होंगे। इसी क्षेत्र में सेना, जे. एंड के. पुलिस, सी.आर.पी.एफ. इंटेलिजेंस एजेंसियाँ और नागरिक प्रशासन साथ मिलकर महत्त्वपूर्ण भूमिका निभा रहे हैं, लेकिन इस मिशन के लिए हमें अपनी ऊर्जा को उन्नत बनाना अतिआवश्यक है।

सी.आर.पी.एफ. : एक बल जो हार नहीं मानता

जैसा कि इस पुस्तक में कई स्थानों पर बताया गया है, टीम सिक्योरिटी फोर्सेस ने विभिन्न आतंक-विरोधी और आंतरिक सुरक्षा अभियानों के दौरान हर मोड़ पर अहम भूमिका निभाई है। पुलवामा में एक सबसे दुर्भाग्यपूर्ण त्रासदी को झेलने के बाद भी, जिसमें 14 फरवरी, 2019 को सी.आर.पी.एफ. ने अपने चालीस बहादुरों को खोया, उनकी आशा और प्रोत्साहन कमजोर नहीं पड़ा, क्योंकि सी.आर.पी.एफ. के जवानों ने अपना हौसला नहीं खोया। उन्होंने पूरे साहस के साथ अपने वतन को कैसे भी हालतों में सुरक्षित रखने के मिशन को आगे बढ़ाया। उन्होंने पुलवामा के फौरन बाद भी तत्कालीन आई.जी.पी. सी.आर.पी.एफ. श्री जुल्फिकार हसन के नेतृत्व में पूरे जोश के साथ विभिन्न अभियानों में भागीदारी की। इसमें पिछले अध्याय में वर्णित ऑपरेशन पिंग्लान भी शामिल था और इसके बाद 24 फरवरी, 2019 का अभियान, जिसमें हमने एक और पुलवामा होने से रोका, इसका भी पहले वर्णन हो चुका है। इस तरह सी.आर.पी.एफ. के अफसरों और जवानों ने टीम सिक्योरिटी फोर्सेस के आतंकियों को सफलतापूर्वक मार गिराने के अभियानों में अपने को अहम घटक के रूप में पेश किया और वे अपने इस पेशेवर रवैये और बहादुरी के लिए हर प्रशंसा के हकदार हैं।

टीम सिक्योरिटी फोर्सेस

यहाँ मैं टीम सिक्योरिटी फोर्सेस का विशेष रूप से उल्लेख करना चाहूँगा, जिसने पुलवामा घटना और धारा 370 और 35ए के रद्द होने के बाद के सबसे चुनौतीपूर्ण समय के दौरान उस झटके को सहा था।

श्री के. विजय कुमार वर्ष 1975 बैच के रिटायर्ड आई.पी.एस. अफसर पुलवामा घटना और धारा 370 व 35ए को रद्द करने के वक्त जम्मू व कश्मीर के माननीय राज्यपाल के सलाहकार (सुरक्षा) थे। श्री के. विजय कुमार ने इससे पहले वर्ष 1998-2001 के बीच की अवधि में कश्मीर घाटी में बतौर बी.एस.एफ इंस्पेक्टर जनरल सेवा दी थी, जब सीमा सुरक्षा बल आतंक-विरोधी अभियानों में सक्रिय रूप से शामिल था। इससे पहले वे तमिलनाडु में स्पेशल टास्क फोर्स प्रमुख के रूप में भी सेवा दे चुके थे, जिस दौरान उन्हें अक्तूबर, 2004 में ऑपरेशन ककून के तहत खूँखार चंदन तस्कर वीरप्पन को मारने का श्रेय मिला। उन्हें वर्ष 2010 में दुनिया की सबसे बड़ी पैरामिलिट्री फोर्स, सी.आर.पी.एफ. का डायरेक्टर जनरल नियुक्त किया गया। इस तरह उनके पास घाटी और अन्य क्षेत्रों के नक्सल व आतंकी विरोध का बड़ा अनुभव था। श्री के. विजय कुमार का नेतृत्व में होना मात्र पूरी टीम के लिए प्रोत्साहन का कारक था तथा उनका ऐसी स्थितियों से निपटने के बड़े अनुभव ने सुरक्षा और नागरिक प्रशासन के सभी कर्मियों के लिए सरल व सौहार्दपूर्ण काम करना सुनिश्चित किया। उनका जे. एंड के. में सभी अफसरों व जवानों का निर्देशन, प्रेरणा और प्रोत्साहन उत्साह का स्रोत बना।

श्री बी.वी.आर. सुब्रमण्यम, आई.ए.एस., चीफ सेक्रेटरी, जे. एंड के. (फिलहाल भारत सरकार में वाणिज्य सचिव से सेवानिवृत्ति के बाद इंडिया ट्रेड प्रमोशन ऑर्गनाइजेशन के चेयरमैन व मैनेजिंग डायरेक्टर), वर्ष 1987-बैच के छत्तीसगढ़ कैडर के आई.ए.एस. ऑफिसर, के पास लंदन बिजनेस स्कूल से प्रबंधन की डिग्री है, और वर्ष 2010 के दशक से छत्तीसगढ़ में घुसपैठ मुठभेड़ में सहायक रहे हैं। इससे पहले उन्होंने प्रधानमंत्री कार्यालय (पी.एम.ओ.) में भी दो प्रधानमंत्रियों के मातहत सेवा दी है। उनके विशिष्ट अनुभव व नेतृत्व के मायने में उनका इस चुनौतीपूर्ण समय के दौरान कश्मीर का सबसे वरिष्ठ और असाधारण रूप से पेशेवर नौकरशाह होना पेशेवर रूप पूर्ण सम्मान की बात थी। टीम में काम करने की मूल भावना के साथ उन्होंने टीम सिक्योरिटी फोर्सेस और नागरिक प्रशासन के सहजता से काम करने में स्वाभाविक समन्वयक का काम किया। श्री सुब्रमण्यम का एक गुण जो मुझे सबसे ज्यादा पसंद आया, वह यह कि उन्होंने कभी भी नेमी अमोद-प्रमोद में समय नहीं गँवाया और हाथ में आए काम को सीधा संपन्न किया। वे पूर्ण रूप से पेशेवर थे और अपने काम से पूर्णतः परिचित और सबसे जरूरी, उसे कैसे करना है, इससे वाकिफ थे।

श्री शालीन काबरा, आई.ए.एस., प्रमुख सचिव, गृह, वर्ष 1992 के ए.जी.एम.यू.टी कैडर के ऑफिसर हैं, वे आई.आई.टी. दिल्ली से मेकैनिकल इंजीनियरिंग में स्नातक और फैकल्टी ऑफ मैनेजमेंट स्टडीज, दिल्ली से एम.बी.ए. (अंशकालिक) थे। वे कारगिल युद्ध के दौरान और इससे एक वर्ष पहले भी कारगिल के डिस्ट्रिक्ट मजिस्ट्रेट थे, जब वहाँ भारी गोलाबारी होना आम बात थी। उन्हें दो वर्ष पी.एम.ओ. के काम करने का भी अनुभव था। उन्होंने वर्ष 2018 में पंचायत और नगरपालिका चुनावों को सफलतापूर्वक करवाया, जो अप्रैल, 2017 में हिंसा के कारण कश्मीर में चुनाव रद्द होने के बाद का पहला लोकतांत्रिक कार्य था। हालाँकि यह पंचायत चुनाव वर्ष 2016 में होने थे, लेकिन वे लगातार लंबित होते रहे और राज्यपाल का शासन लगने के बाद ही इनकी घोषणा हो सकी। इस प्रभावशाली कार्य पृष्ठभूमि के साथ, जब बात धारा 370 व 35ए के समापन पश्चात् शांति कायम करने हेतु किसी भी काररवाई के बाद कानूनी छानबीन या प्रशासनिक सहायता की आती थी, तो वे अकेले ही पूरी व्यवस्था जैसे थे। उनके चेहरे पर हमेशा रहने वाली मुस्कान यह दर्शाती थी कि वे अपने इस अत्यंत तनावपूर्ण कार्य को किस तरीके से करते थे। वे दूसरों को अपनी उपस्थिति मात्र से प्रोत्साहित कर देते थे।

श्री दिलबाग सिंह, आई.पी.एस. डी.जी.पी. जे. एंड के., वर्ष 1987 के बैच ऑफिसर, जो टीम सिक्योरिटी फोर्सेस का प्रमुख स्तंभ थे और जिन्होंने अपने बल का आगे रहकर नेतृत्व किया। वे हमेशा काम में लगे रहते थे और सबसे सक्रिय क्षेत्रों में काम कर रहे अपने अफसरों और जवानों से मिलने जाते थे। ऐसे दौरों के दौरान वे उस क्षेत्र के सेना और आर.आर. अफसरों के साथ भी चर्चा करते थे, जिनमें से ज्यादातर के उन्हें नाम भी पता थे। उन्होंने अपने कॅरियर की शुरुआत प्रशिक्षु अफसर के रूप में की और बाद में जे. एंड के. में आतंकवाद की शुरुआत होने से जरा पहले कुपवाड़ा के एडीशनल सुपरिंटेंडेंट पुलिस बने। उनपर वर्ष 1991 में लोलाब (जहाँ मैंने बाद में वर्ष 1999-2000 तक बतौर कंपनी कमांडर सेवा दी) और नाटनुसा कुपवाड़ा में दो बार घात लगाकर जानलेवा हमले हुए। उनके आतंक-विरोधी अभियानों के दीर्घ अनुभव में डोडा और बारामूला में बतौर एस.पी. तथा दक्षिण कश्मीर रेंज, जम्मू रेंज और उत्तरी कश्मीर रेंज में बतौर डी.आई.जी, का कार्यकाल शामिल था। उन्हें भारत के माननीय राष्ट्रपति से विशिष्ट सेवा पदक और सराहनीय सेवा पदक प्राप्त हुआ, वीरता और बार टू गैलेंट्री पदक, वीरता के लिए शेर-ए-कश्मीर पदक और सराहनीय सेवा तथा विशिष्ट सेवा के लिए 'राज्य पदक' से सम्मानित किया गया। वे एक असाधारण सहकर्मी थे, मुझे उनके साथ किसी भी दिन और किसी भी जगह काम करना अच्छा लगेगा।

श्री मुनीर अहमद खान, आई.पी.एस. एडीशनल डी.जी.पी. लॉ एंड ऑर्डर, वर्ष 1984

के राज्य पुलिस अफसर, बेहद दिलेर थे और उन्हें जम्मू व कश्मीर में आतंक के सिर उठाने के समय से ही आतंक-विरोधी अभियानों का अच्छा अनुभव था। वे वर्ष 1994 में आई.पी.एस. में शामिल हुए। मैंने अपने शुरुआती कार्यकाल में हंदवाड़ा का आर.आर. सेक्टर कमांडर तथा कोर मुखयालय में ब्रिगेडियर जनरल स्टाफ (बी.जी.एस.) के दौरान, जहाँ मुझपर अन्य के अतिरिक्त पुलिस एंड सेंट्रल आर्म्ड पुलिस फोर्सेस (सी.ए.पी.एफ.) के साथ अभियान व सहयोग का दायित्व था। उस वक्त वे उत्तरी कश्मीर के डी.आई. जी थे, तब 'खान साहब' के साथ काफी निकट रहकर काम करने का अवसर मिला। बतौर डी.आई.जी. उन्हें कश्मीर घाटी की सभी तीनों पुलिस रेंज की कमांड का विशिष्ट सम्मान हासिल था। उन्हें वर्ष 2018 में पदोन्नति देकर एडीशनल डी.जी. लॉ एंड ऑर्डर एंड सिक्योरिटी नियुक्त किया गया। उन्हें जून, 2019 में सेवानिवृत्त होना था, लेकिन वे जे. एंड के. पुलिस के इतिहास में पहले आई.पी.एस. अफसर बने, जिन्हें सेवा में एक वर्ष का विस्तार मिला। उन्होंने 5 अगस्त, 2019 की घटनाओं के दौरान और इसके बाद भी घाटी में शांति बनाए रखने में महत्त्वपूर्ण योगदान दिया। उन्हें राष्ट्रपति से विशिष्ट सेवा पदक, मेरिटोरियस सर्विस एंड गैलेंट्री प्राप्त हुए, इसके अलावा उन्हें चीफ ऑफ द आर्मी स्टाफ कमेंडेशन कार्ड से भी पुरस्कृत किया गया।

श्री जुल्फिकार हसन वर्ष 1988 पश्चिम बंगाल कैडर के आई.पी.एस. अफसर, जो कश्मीर ऑपरेशन सेक्टर में आई.जी. सी.आर.पी.एफ रहे, जिस दौरान फरवरी, 2019 को पुलवामा घटना हुई थी। कश्मीर में अपनी पोस्टिंग के दौरान उन्होंने बहुत सी चुनौतीपूर्ण परिस्थितियों का सामना किया, जिसमें वर्ष 2016 में आतंकवादी बुरहान वानी को मारने के बाद उत्पन्न आंदोलन की स्थिति तथा वर्ष 2017-19 के दौरान संयुक्त आतंक-विरोधी अभियानों में भी शामिल रहे। उन्होंने टीम के अत्यंत महत्त्वपूर्ण सदस्य के रूप में धारा 370 व 35ए के रद्दीकरण के बाद की स्थिति को बेहद संवेदनशीलता के साथ सँभाला। वे एक शानदार अफसर है, जो अत्यंत पेशेवराना तरीके से हर छोटे विवरण को तलाशते और उनपर काम करते थे, और सुनिश्चित करते कि आंदोलनों के दौरान लगभग शून्य हिंसा हो और किसी भी तरह की असैनिक हानि न हो, जिसे सुरक्षा बलों, इंटेलिजेंस एजेंसियों और नागरिक प्रशासन के समन्वित प्रयासों ने लगभग शून्य तक पहुँचा दिया। नक्सल-विरोधी और आतंकी अभियानों में उनके अनुभव में उनका वर्ष 2012-13 के दौरान छत्तीसगढ़ में इंस्पेक्टर जनरल (ऑपरेशंस), सी.आर.पी.एफ.; वर्ष 2013-16 के दौरान इंस्पेक्टर जनरल, ऑपरेशंस डायरेक्टरेट, सी.आर.पी.एफ.; वर्ष 2016-19 के दौरान इंस्पेक्टर जनरल, कश्मीर ऑपरेशंस सेक्टर, सी.आर.पी.एफ. और वर्ष 2019-20 के दौरान एडिशन डी.जी., सी.आर.पी.एफ. जे. एंड के. जोन की नियुक्तियाँ भी शामिल थीं, जो पुलवामा

घटना और रद्दीकरण के बाद आने वाली चुनौतियों से निपटने में काफी मददगार रहे। वे खासकर छत्तीसगढ़ के माओवादी-विरोधी अभियानों और कश्मीर में घुसपैठ विरोधी/आतंक-विरोधी अभियानों में वरिष्ठ पुलिस प्रबंधक के विशिष्ट कौशल से पुरस्कृत अफसर थे। उन्हें वर्ष 2004 में (दो बार) यू.एन. शांति पदक; वर्ष 2006 में सराहनीय सेवा के लिए पुलिस पदक; वर्ष 2017 में पुलिस (स्पेशल ड्यूटी) पदक; वर्ष 2019 में 'फर्स्ट बार'; वर्ष 2013 में विशिष्ट सेवा के लिए राष्ट्रपति पुलिस पदक; वर्ष 2019 में आंतरिक सुरक्षा सेवा पुलिस पदक; और वर्ष 2021 में गृह मंत्रालय से अति उत्कृष्ट सेवा पदक प्राप्त हुए। तत्पश्चात् उन्हें वर्ष 2020-22 के लिए स्पेशल डी.जी. ऑपरेशंस के पद पर नियुक्त किया गया और फिलहाल वे 'ब्यूरो ऑफ सिविल एविएशन सिक्योरिटी' (बी.सी.ए.एस.) में डायरेक्टर जनरल के रूप में सेवा दे रहे हैं।

श्री स्वयंम पानी, आई.जी.पी. कश्मीर, 2000 के जे. एंड के. कैडर (अब ए.जी. एम.यू.टी.) अफसर, जिन्होंने कश्मीर के विभिन्न हिस्सों में एस.पी., एस.एस.पी., डी.आई. जी., और अंत में आई.जी.पी. के रूप में व्यापक सेवा दी, जिनपर पूरी कश्मीर घाटी में आतंक-विरोधी पुलिस अभियानों के साथ ही साथ दैनिक पुलिस कार्यों की भी जिम्मेदारी थी। उन्हें इस इलाके और स्थानीय आबादी के बारे में गहन जानकारी थी, विशेष रूप से दक्षिण कश्मीर को लेकर, जो उस वक्त और आज भी आतंक का अड्डा बना हुआ है। उन्होंने तकनीकी इंटेलिजेंस प्राप्ति के साधनों को इस स्तर तक उन्नत बनाया कि सब लोग इसपर पूरी तरह निर्भर होने लगे, और इस कारण पुरानी मानवीय बुद्धिमत्ता नजरअंदाज होने लगी, जो कनिष्ठ कमांडरों पर विशेष रूप से लागू किया जाना अति आवश्यक और महत्त्वपूर्ण था। उनका पेशेवर उत्साह, निस्स्वार्थ समर्पण और प्रेरणादायी नेतृत्व, विशेष रूप से पुलवामा ऑपरेशन के बाद और 5 अगस्त, 2019 के बाद शांति कायम करने के दौरान भी, सभी पेशेवर फोरम में पूरे जोश और अनुमोदन सहित पहचाने व सराहे गए।

श्री विजय कुमार, आई.पी.एस. एडीशनल डी.जी.पी. (वर्ष 2019-22 के दौरान आई.जी.पी. कश्मीर), 1997 बैच के आई.पी.एस. अफसर, जो जे. एंड के. कैडर से थे, उनके पास कश्मीर के आतंकवाद और छत्तीसगढ़ के माओवाद दोनों को सँभालने का अनुभव था। उन्होंने एस.पी. के रूप में अवंतिपुरा, कुलगाम और कुपवाड़ा में बतौर डी.आई.जी. दक्षिण कश्मीर में सेवा दी। वे सी.आर.पी.एफ. में कोबरा (कमांडो बटालियन फॉर रेजॉल्यूट एक्शन) एंड ऑपरेशंस में बतौर आई.जी. सेवा दे चुके हैं। वह फिलहाल आई.जी. कश्मीर के पद पर नियुक्त हैं। उन्हें भारत के माननीय राष्ट्रपति ने तीन बार 'पुलिस वीरता पदक' से सम्मानित किया है और उन्हें दो बार जम्मू व कश्मीर के राज्यपाल से जे. एंड के. पुलिस वीरता पदक मिला है। भारतीय चुनाव आयोग ने उन्हें वर्ष 2018 में नौ राज्यों

में विधानसभा चुनाव करवाने के लिए प्रतिष्ठित 'राष्ट्रीय अवार्ड' प्रदान किया और उन्हें यह पुरस्कार भारत के माननीय राष्ट्रपति से मिला। उन्हें वर्ष 2013 में भारत के माननीय राष्ट्रपति ने सराहनीय सेवा के लिए पुलिस पदक और वर्ष 2021 में जम्मू व कश्मीर के माननीय लेफ्टिनेंट गवर्नर ने सराहनीय सेवा के लिए जम्मू व कश्मीर पुलिस पदक प्रदान किए। उन्हें चीफ ऑफ द आर्मी स्टाफ कमेंडेशन कार्ड, जनरल ऑफिसर कमांडिंग-इन-चीफ नॉर्दन कमांड कमेंडेशन कार्ड और डी.जी. सी.आर.पी.एफ. व डी.जी.पी. जे. एंड के. से कमेंडेशन कार्ड प्राप्त हुए। वे पूर्णत: समर्पित अफसर हैं। उन्होंने घाटी में ठोस इंटेलिजेंस-आधारित आतंक-विरोधी अभियानों को एक नया आयाम दिया है।

श्री रविदीप सिंह साही, आई.जी. सी.आर.पी.एफ., श्रीनगर सेक्टर, वर्ष 1986 बैच के सी.आर.पी.एफ. ऑफिसर, जिनपर सेंट्रल कश्मीर जिले का दायित्व था, जिसमें श्रीनगर, बडगाम और गंदरबेल समेत श्रीनगर इंटरनेशनल एयरपोर्ट की सुरक्षा भी आते थे। श्रीनगर सेक्टर में सुरक्षा बलों ने आतंक-विरोधी तथा कानून व व्यवस्था की चुनौतियों तथा धारा 370 व 35ए के समापन के पहले व बाद के अत्यधिक अस्थिर कानून व व्यवस्था हालातों को पेशेवर तरीके से सँभाला। सी.आर.पी.एफ. के जवानों ने जम्मू-कश्मीर पुलिस के साथ मिलकर डाउनटाउन के संवेदनशील इलाकों, जो कानून व व्यवस्था बिगाड़ने और आतंकी गतिविधियों का केंद्र थे, को नियंत्रित किया। उनका आतंक-विरोधी अभियानों में कार्यात्मक उत्कृष्टता का सिद्धांत तथा रोजमर्रा की कानून व व्यवस्था को सँभालने में न्यूनतम प्रभावी बल का उपयोग करना, जमीन पर काम कर रहे सी.आर.पी.एफ. के अफसरों और जवानों की निर्देशक और प्रेरक ताकत था। इसी तरह उन्होंने धारा 370 और 35ए के समापन के बाद की अवधि को शांतिपूर्वक सँभाला, जिसमें कोई नागरिक हानि नहीं हुई। भारतीय सेना के साथ उनके असाधारण तालमेल तथा एंटी-मिलिटेंसी ऑपरेशनों में नेतृत्व की भूमिका ने टीम सिक्योरिटी फोर्सेस को सुरक्षा चुनौतियों को प्रभावी ढंग से काबू करने में मदद की। उन्हें प्राप्त अन्य बहुत से पुरस्कारों में वर्ष 2018 में राष्ट्रपति का विशिष्ट सेवा के लिए पुलिस पदक; वर्ष 2017 में वीरता के लिए पुलिस पदक; वर्ष 2019 में अति उत्कृष्ट सेवा पदक; वर्ष 2017 और 2018 में राज्यपाल से प्रशंसा-पत्र; और वर्ष 2017 और 2018 में डी.जी. की कमेंडेशन डिस्क प्राप्त हुए।

मैंने संभवत: यहाँ कश्मीर घाटी में शांति बनाए रखने में योगदान देने के लिए जमीनी स्तर पर 24/7 काम करने वाली टीम में पुलिस, सी.आर.पी.एफ. या नागरिक प्रशासन के हर विशिष्ट अफसर का उल्लेख नहीं किया है। लेकिन जो नाम विशेष उल्लेख के हकदार हैं, उनमें राजेश कुमार, आई.पी.एस., आई.जी. सी.आर.पी.एफ.; सुलेमान चौधरी, आई.पी.एस. डी. आई.जी. उत्तर कश्मीर; विधि कुमार बिर्दी, आई.पी.एस. डी.आई.जी,

सेंट्रल कश्मीर, अमित कुमार, आई.पी.एस. पूर्व डी.आई.जी., दक्षिण कश्मीर, जो पुलवामा के बाद के अभियान में घायल हुए, जिनका मैंने पूर्व अध्याय में उल्लेख किया है; अतुल कुमार गोयल, आई.पी.एस., डी.आई.डी., दक्षिण कश्मीर, एक अत्यंत टेक-सेवी अफसर, जिन्होंने अकेले ही तकनीकी इंटेलिजेंस और एक्विजिशन तकनीक का विस्तृत विश्लेषण किया; और अंत में इम्तियाज हुसैन, सीनियर सुपरिंटेंडेंट पुलिस, जिनका युवाओं के साथ सामाजिक स्तर पर कार्य करने का व्यक्तिगत रिकॉर्ड है, उनमें से कई को मुख्यधारा में वापिस लौटा लाए।

जोजीला के तुल्ला

सेना में सेवा देने के दौरान व्यक्ति के आसपास सुरक्षा-विषयक समस्याओं के बीच ही कुछ शानदार मानवीय कहानियाँ भी घटती हैं। व्यक्ति को देश के विभिन्न हिस्सों में सेवा देने और विदेश यात्रा करने का अवसर भी मिलता है। व्यक्ति की मुलाकात अकसर ऐसे लोगों से होती है, जिन्होंने अपने क्षेत्र विशेष में असाधारण कार्य किए हैं, हालाँकि कई बार उनके किए काम अज्ञात और अनजाने ही रह जाते हैं। मुझे खराब मौसम और दुर्गम इलाकों में भीषण चुनौतियों का सामना करते हुए अपने दायित्व के प्रति असाधारण समर्पण और मानव बुद्धिमत्ता व मानसिक क्षमता के प्रदर्शन की ऐसी ही कहानी याद आती है। इस कहानी के नायक श्री अनायतुल्लाह हैं, जिन्हें 'जोजीला के तुल्ला' नाम से जाना जाता था। जोजीला दर्रा, श्रीनगर-लेह हाईवे पर 11,649 फीट की ऊँचाई पर स्थित है, जो ग्रेट हिमालयन रेंज के पास फैला है और जहाँ ठंड के महीनों के दौरान आना-जाना नहीं हो पाता, क्योंकि यह बर्फ के पहाड़ से ढका रहता है, जो अकसर कई जगह 50 फीट तक भी होती है।

तुल्ला मूक-बधिर दिव्यांग बुलडोजर ड्राइवर है, जो बॉर्डर रोड ऑर्गनाइजेशन (बी. आर.ओ.) के प्रोजेक्ट बीकन के साथ काम कर रहे हैं, जिनपर कश्मीर घाटी में सभी अहम सड़कों के निर्माण, देखरेख और सुधार की जिम्मेदारी है। जोजीला पास में हर वर्ष होने वाले बर्फ सफाई के कार्य के दौरान तुल्ला सबसे पहले बुलडोजर चलाते और जहाँ जरा सी भी सड़क न दिख रही हो, वहाँ से भारी बर्फ को काटकर पहली ऊपरी परत हटाते हैं। क्योंकि वे निर्देशों को सुन नहीं सकते, तो भारी बर्फबारी और हिमस्खलन से दबे पहाड़ को बुलडोजर द्वारा हटाने में वे अपनी समझ से काम करते हैं, जो सर्दियों के पूरे महीने में इस ऊँचाई की सड़कों पर रोज की घटना है। तुल्ला सोनमर्ग के नीलगढ़ गाँव से आते थे और बी.आर.ओ. के साथ बीते लगभग तीस वर्षों से काम कर रहे हैं।

मेरी तुल्ला से मुलाकात अप्रैल, 2019 में हुई, जब मैं चिनार कोर का कमांडर था, मैं जोजीला पास उसी दिन गया, जिस दिन वहाँ का यातायात खुला था। उनके उन्हें सौंपे

काम को लेकर निस्स्वार्थ समर्पण और नितांत प्रतिबद्धता से प्रभावित होकर मैंने फौरन उन्हें नकद पुरस्कार दिया और इसके साथ ही उन्हें नॉर्दन कमांड आर्मी के कमांडर, लेफ्टिनेंट जनरल रणबीर सिंह, नॉर्दन कमांड ने जनरल ऑफिसर कमांडिंग-इन-चीफ का कमेंडेशन कार्ड दिया।

मैंने तुल्ला के बारे में अपने ट्विटर हैंडल से ट्वीट भी किया और यह ट्वीट खूब प्रचारित हुआ, जिसमें बहुत से लोगों ने श्री अनायतुल्लाह की वित्तीय मदद करनी चाही। इसके अलावा मैंने अपने कुछ नजदीकी दोस्तों के साथ उनके बैंक खाते की जानकारी भी साझा की, जिससे वे उनकी मदद के लिए धन का योगदान दे सकें। अनायतुल्लाह अब एक जाना-माना नाम हैं और यह श्रीनगर-लेह हाईवे के यात्रियों में बी.आर.ओ. सोनमर्ग कैंप में रुककर मशहूर 'जोजीला के तुल्ला' के साथ सेल्फी लेना आम चलन हो गया है!

जोजिला के तुल्ला उर्फ अनायातुल्लाह के साथ जोजिला पास के शीर्ष पर, अप्रैल, 2019

□

21

जनरल बिपिन रावत : एक सैनिक व व्यक्ति, जैसा मैंने उन्हें जाना

एक सैनिक

मैं अपनी आत्मकथा में जनरल बिपिन रावत के बारे में इसलिए नहीं लिख रहा हूँ कि मैंने उनके साथ काम किया था या क्योंकि वे मेरे चीफ रहे और इसके बाद भारत के पहले 'चीफ ऑफ द डिफेंस स्टाफ' (सी.डी.एस.) भी बने। मैंने सीधे उनके मातहत काम किया था, बल्कि इसलिए क्योंकि मैं पाठकों को बतलाना चाहता हूँ कि भारत ने 8 दिसंबर, 2021 के दुर्भाग्यपूर्ण हेलिकॉप्टर दुर्घटना में किस महान् दूरदर्शी और लीडर को खो दिया।

जनरल बिपिन रावत के साथ मेरी पहली मुलाकात तब हुई, जब वे उत्तरी कश्मीर में राष्ट्रीय राइफल्स सेक्टर को कमान कर रहे थे, जिनपर सोपोर और इसके आसपास के क्षेत्रों में अभियानों की जिम्मेदारी थी। वे हमेशा से ही जमीन से जुड़े मिशन-उन्मुख लीडर थे, जिनमें अपने मातहतों और अपने साथियों, दोनों के साथ पूरी आत्मीयता के साथ काम करने का कौशल था, जिसमें वे उनमें पूरी आस्था दिखाते हुए छूट देकर उनसे बेहतरीन काम करवाते थे। उन्होंने हमेशा पूरी तरह स्थिर, स्पष्ट और संक्षिप्त आदेश जारी किए और इसके बाद उन्होंने शायद ही कभी अपने कमांडरों या स्टाफ अफसरों के काम में दखल दिया हो। इससे उन्हें अपने तरीके से काम करने और सौंपने की पूरी स्वायत्तता मिलती। बस उन्हें एक मुख्य आदेश का पालन करना होता था कि संगठनात्मक लक्ष्य को हासिल करने के लिए एक-दूसरे के साथ पूरे तालमेल और सहयोग सहित एकजुट टीम का हिस्सा बनकर काम करें। हालाँकि उनके शब्दकोश में हठपूर्ण अवज्ञा के लिए कोई जगह नहीं थी। वे दूसरों के साथ अपने व्यवहार और अपने लिए तय किए मानकों को लेकर पूरी तरह पेशेवर थे।

जनरल बिपिन रावत की कथित सर्वज्ञता उनकी ख्याति का कारण बनी, क्योंकि माना जाता था कि उन्हें हर विषय की गहन जानकारी थी। यदि उनका कोई मातहत उनके सामने साधारण सा बयान भी देता तो वे उसपर खूब चर्चा करते या सहज ही उसका विरोध करते

और अपने समर्थन में अकाट्य तर्क और ठोस तथ्य बताते। यही कारण है कि कोई भी उन्हें आधी-अधूरी जानकारी देकर बच नहीं सका और उन्हें कोई भी जानकारी देने या उनके साथ मीटिंग में बैठने के लिए पूरी तैयारी करनी पड़ती थी। मैंने विभिन्न चर्चाओं के दौरान खुद देखा था कि उन्हें दो या तीन दशक पहले घटी घटना के विवरण भी साफ याद रहते थे। वे उन घटनाओं का इतनी बारीकी से विवरण देते कि ऐसा लगता, जैसे वह कल की ही बात हो।

सबसे हैरानी की बात यह है कि उनमें बीती घटनाओं को याद करने के अलावा भविष्य को लेकर पैनी नजर भी थी। वे बेहद पेशावर तस्वीर दिखाते थे कि अगले बीस वर्षों में डिफेंस फोर्सेस कैसी दिखाई देंगी और वे उन्हें भविष्य के लिए तैयार करने वाले सभी आवश्यक इनपुट प्रदान करते थे। मैंने जनरल रावत के इस विजन को अपनी आँखों से तब देखा, जब वे सेनाध्यक्ष थे और मैं 15 कोर की कमान सँभालने के पूर्व, डायरेक्टर जनरल, पर्सपेक्टिव प्लानिंग था और मुझपर भविष्य को देखते हुए योजनाएँ बनाने की जिम्मेदारी थी। इन दीर्घावधिक योजनाओं को बनाते हुए मैं जनरल रावत के साथ नियमित रूप से चर्चा करता था और मैंने भविष्य को लेकर उनकी अत्यधिक सुव्यवस्थित विजन और मौजूदा वास्तविकताओं के प्रति स्पष्ट सोच को देखा था।

वरिष्ठ कमांडर की पेशेवर दूरदर्शिता का एक खास पहलू उसकी निर्णय-लेने की क्षमता भी होता है। कमांडर के सही समय पर सही निर्णय लेने का दीर्घावधिक प्रभाव होता है, क्योंकि उनके मातहत अनगिनत स्टाफ अफसरों और कमांडर अन्य भागीदारों के साथ ही उस निर्णय के विभिन्न पहलुओं के कार्यान्वित होने की प्रतीक्षा करते हैं। इस तरह जनरल रावत का व्यावहारिक दर्शन यह था कि आज युद्ध लड़ने के पूर्ण क्रम में तेजी से होते तकनीकी विकास और सदा-उभरती संभावनाओं के युग में यदि महत्त्वपूर्ण निर्णय लेने में तनिक भी देरी होती है, तो इसका उस आपात स्थिति को लेकर देश की युद्ध तैयारियों पर घातक और व्यापक प्रभाव होगा, जो पहले ही हमारे दरवाजे तक पहुँच चुकी है। इस तरह उनकी कार्यशैली यह थी कि लिए गए फैसलों को संयुक्त व सामंजस्यपूर्ण समन्वय के साथ लागू व क्रियान्वित किया जाए।

एक व्यक्ति

जनरल रावत का निजी जीवन अत्यंत सादा था। वे पूर्णतः व्यावहारिक सैनिक थे, जो वर्तमान परिस्थितियों को लेकर पूरी तरह सजग और उनकी अपनी टीम के साथ सबसे निचले पदानुक्रम के व्यक्ति तक निजी रिश्ता बनाने की गहरी इच्छा रखते थे। वे अकसर रेजिमेंटल कार्यक्रमों में अपनी जवानों के साथ नृत्य भी करते थे। उनकी गोरखा रेजिमेंट की बात करें, तो वे रेजिमेंट तथा यूनिट के 'बड़ा खाना' (सामूहिक जश्न भोज) के दौरान नेपाली गीत गाते और प्रसन्नचित्त होकर अपने जवानों के साथ घुल-मिल जाते थे। वे रक्षा बलों में उच्च

गुणवत्ता वाली और अत्याधुनिक तकनीक के सम्मिश्रण के बड़े हिमायती थे। लेकिन साथ ही उनका यह भी मानना था कि जहाँ तक हमारी सीमाओं के दुर्गम इलाकों की बात है, तो वहाँ युद्ध लड़ने की सबसे उग्र मशीन भारतीय सैनिक है।

वे दिल से इस मिट्टी के सपूत थे। वास्तव में जमीन से जुड़े व्यक्ति। उन्होंने हर तरह के हालातों में व्यावहारिक रहकर काम किया। हमेशा सबसे आगे रहे। उन्होंने अपने जवानों का नेतृत्व किया और उन्हें कितने भी कठिन हालातों या दुर्गम इलाके में सर्वोत्तम कार्य करने के लिए प्रोत्साहित किया।

पारिवारिक व्यक्ति

इस कट्टर पेशेवर व्यक्ति का एक चेहरा उदार व प्रतिबद्ध पारिवारिक व्यक्ति का भी था। मुझे यह तथ्य उनकी धर्मपत्नी श्रीमती मधुलिका रावत और उनकी दोनों बेटियों के साथ हुई हर मुलाकात में दिखाई दिया। जनरल साहब की तरह श्रीमती रावत का भी अपने परिवार और जवानों व अफसरों के प्रति उनके जैसा ही बे-तकल्लुफ व्यवहार था। जनरल रावत के पिता बतौर लेफ्टिनेंट जनरल सेना मुखयालय में तैनात थे। वे जिस घर में रहते थे, अपनी सेवानिवृत्ति के पूर्व अंतिम कार्यकाल में मैं भी वहीं रहता था। जब वे फील्ड एरिया में तैनात थे और श्रीमती रावत अपने सास-ससुर के साथ यहाँ रहती थीं और उनकी बड़ी बेटी बचपन में इसी घर के खूबसूरत बगीचे में खेला करती थीं। वे अंत तक पारिवारिक व्यक्ति रहे। श्रीमती रावत हमेशा उनके साथ रही, बल्कि 8 दिसंबर, 2021 के उस दुर्भाग्यपूर्ण दिन भी वे उनके साथ ही थीं जब हेलिकॉप्टर क्रैश ने उन्हें हमसे हमेशा के लिए छीन लिया।

अब वे हमारे बीच नहीं हैं, मुझे यहाँ एक छोटा सा किस्सा याद आता है, जो उस वक्त का है, जब मैं डिफेंस इंटेलिजेंस एजेंसी का डायरेक्टर जनरल था और वे सी.डी.एस. थे। मेरी उन्हें सीधी रिपोर्टिंग थी और इस कारण इंटेलिजेंस के सभी मामलों में मेरी उनके साथ निकट रहकर बातचीत होती रहती थी। एक रविवार की सुबह सी.डी.एस. ने मुझे एक सीलबंद लिफाफा भेजा, जिसे सैन्य कोरियर लेकर आया था। सी.डी.एस. द्वारा सीलबंद लिफाफा, वह भी रविवार को बिना किसी पूर्व सूचना के भेजने से मेरे कान फौरन खड़े हो गए। उस पैकेट को खोलते वक्त मेरे दिमाग में बहुत कुछ चल रहा था। मुझे लगा कि यह कोई इंटेलिजेंस संबंधी जानकारी है, जो उन्होंने इस कोरियर पैकेट द्वारा मेरे साथ साझा की है और वे चाहते होंगे कि मैं इसपर और आगे काम करूँ। हालाँकि वह पैकेट खोलने पर मैं हैरान रह गया। उसमें एक बेहद खूबसूरत सिल्क की प्रिंटिड जेंट्स कमीज थी। इस अप्रत्याशित उपहार से हैरान होकर मुझे संदेह हुआ कि शायद सी.डी.एस. साहब ने इसे गलत पते पर भेज दिया है तथा यह किसी दूसरे व्यक्ति के लिए होगी। लेकिन तभी मुझे उस पैकेट में हाथ से लिखा एक

नोट भी मिला—वे नोट्स को हाथ से लिखने को प्राथमिकता देते थे, बल्कि यह उनका बेहद खास और प्रीतिकर गुण था। नोट में लिखा था, 'डियर टाइनी, मैंने यह कमीज इंडोनेशिया से खरीदी थी और यह उनके देश की पारंपरिक पोशाक है। लेकिन यह मेरे लिए थोड़ी ढीली है। लेकिन मुझे लगता है कि आपको जरूर फिट आएगी।' मेरे पास वह कमीज जनरल रावत की स्मृति के रूप में आज भी रखी है।

जनरल रावत के साथ पेशेवर और सामाजिक रूप से काफी निकट रहने के कारण मैं कह सकता हूँ कि मैंने कभी भी उनका अपने अफसरों या जवानों के साथ अभिमान का भाव या दंभपूर्ण व्यवहार नहीं देखा। अधिक निजी व सामाजिक रूप से हम जब भी उनके घर गए, तो दोनों पति-पत्नी ने हमारी पूरे उत्साह के साथ मेहमाननवाजी की। ऐसे अवसरों पर उनकी व उनकी धर्मपत्नी की गर्मजोशी हमारी यादों में सदा बनी रहेगी। वे अपने मेहमानों का शायद ही कभी सात-सितारा भोजन करवाते हों। लेकिन सभी मेहमानों को घर जैसा महसूस करवाने में उनकी निजी भागीदारी और उनकी अतुलनीय मेहमाननवाजी आसमान के सितारों से भी बढ़कर थी, फिर सात-सितारों की तो बात ही क्या है!

जनरल साहब को अंतिम विदाई

8 दिसंबर, 2021 तारीख को उनका तमिलनाडु के नीलगिरि के कुन्नूर के निकट हेलिकॉप्टर दुर्घटना में निधन होना, मेरी स्मृतियों में हमेशा सबसे कठिन दिन के रूप में दर्ज रहेगा। उस दुर्भाग्यपूर्ण दुर्घटना से बस एक दिन पहले, 7 दिसंबर, 2021 की शाम को मैं उनसे मिला था और हमने एक घंटे चर्चा की थी, जिसमें ब्रिगेडियर एल.एस. लिड्डर और लेफ्टिनेंट कर्नल हरजिंदर सिंह उनके दो स्टाफ ऑफिसर भी शामिल थे, जिनका इस दुर्घटना में उनके साथ ही निधन हुआ। हमने एक दूसरे को कुछ जरूरी जानकारियाँ दीं तथा अगली सुबह मुझे उनका संदेश मिला कि वे वेलिंग्टन से लौटने के बाद मुझसे चर्चा जारी रखेंगे, जो हो नहीं सका।

8 दिसंबर की दोपहर किसी समय, मुझे एक टीवी पत्रकार का फोन आया, जिसने इस बुरी खबर की पुष्टि करनी चाही। जैसे ही दुर्घटना की खबर आई, मैं फौरन अपनी पत्नी को लेकर उनके घर गया, जहाँ उस वक्त उनकी छोटी बेटी अकेली थी, क्योंकि उनकी बड़ी बहन विवाह के बाद मुंबई में रहती हैं। मैं और मेरी पत्नी उनकी बेटी के साथ करीब चार घंटे रहे, जब तक उनके दोस्त और परिजन नहीं आ गए। जहाँ तक मुझे याद है, वे मेरे जीवन के सबसे मुश्किल चार घंटे थे। जहाँ एक ओर खबर के पुष्ट न होने के कारण अत्यधिक ऊहापोह थी, वहीं उनकी बेटी मुझसे इस बारे में सवाल कर रही थी। मैंने अपने जीवन में अनगिनत मुठभेड़ों, हमलों और लगभग मृत्यु के हालातों जैसी बहुत सी कठिन और तनावपूर्ण स्थितियाँ देखी हैं, लेकिन उनकी छोटी बेटी के साथ बिताए वे चार घंटे, अनिश्चितता में

लिपटा और उनके निधन की आशंका का वह दौर, मेरे व मेरी धर्मपत्नी हम दोनों के लिए अत्यंत मुश्किल भरा समय था। उनके साथ गहरे निजी संबंधों और ऐसे शानदार सज्जन व सुरुचिपूर्ण महिला को असमय व अचानक खोने को लेकर हमारे भावनात्मक प्रवाह और गहरी पीड़ा के कारण अनिर्वचनीय रूप से कठिन रहा।

जनरल रावत के निधन के साथ ही देश और रक्षा बलों ने उच्चतम साख वाला और ऐसा दूरदर्शी कमांडर खो दिया, जिनके पास देश के रक्षा बलों के लिए दूरगामी लाभकारी योजनाएँ थीं, जो संभवत: आने वाले दिनों और वर्षों में क्रियान्वित हो जाएँगी। उन योजनाओं की कीमत का अहसास हमें उनके क्रियान्वयन के बाद होगा। मैं जनरल साहब को उन्होंने रक्षा बलों और सेना के लिए जो कुछ भी किया और उनके मित्रवत् पेशेवर रिश्ते व मार्गदर्शन के लिए सलाम करता हूँ, जो अंत तक मेरी यादों में बने रहेंगे।

अलविदा, जनरल साहब!

जय हिंद!

जनरल बिपिन रावत के बतौर सेनाध्यक्ष कश्मीर घाटी के एक दौरे पर उनके साथ, 2019

□

22

भावी संभावनाएँ और पूर्वकल्पित रणनीति

आई.एस.आई. की मंशा

कश्मीर की भावी संभावनाओं और पूर्वकल्पित रणनीति को समझने के लिए यह समझना जरूरी है कि पाकिस्तान और आई.एस.आई. कश्मीर में किस तरह से अपने पत्ते खेल रहे हैं। भविष्य की संभावनाओं की पूर्वकल्पना करते हुए कश्मीर में पाकिस्तानी सेना, जो मेरी राय में पेशेवर सेना नहीं है और आई.एस.आई. की थोपे गए छद्म युद्ध की साजिश के कैनवास पर निम्न गतिविधियों को तलाशना शामिल है—

- किसी भड़काऊ घटना की रचना या घटना का लाभ लेना, जिससे भीड़ को सड़कों पर ले आएँ और हिंसा का ऐसा दुष्चक्र चले, जैसा बुरहान वानी की हत्या के बाद देखा गया था। इसका लक्ष्य कश्मीर की हाँड़ी को गरम रखना और अंतरराष्ट्रीय सुर्खियों में बने रहना है।
- नियंत्रण रेखा, अंतरराष्ट्रीय सीमा या किसी तीसरे देश जैसे अनेक मार्गों से घुसपैठ बढ़ाने को प्रोत्साहित किया जाए।
- वित्तीय नेटवर्क बनाए रखना, जिससे भारत-विरोधी इकाइयों का वित्तपोषण जारी रहे, जिससे वे उन विनाशकारी गतिविधियों को जारी रखें, जो भारत के खिलाफ छद्म युद्ध करने के समग्र प्रारूप में लिखी हैं।
- कश्मीर में ज्यादा से ज्यादा युद्ध-संबंधी स्टोर बनाना, जिसे पुनः या तो नियंत्रण रेखा या अंतरराष्ट्रीय सीमा या भारत के भीतर अपराधियों के अवैध हथियार-निर्माता नेटवर्क की साँठगाँठ में किया जाए या किसी तीसरे देश द्वारा करवाया जाए।
- कश्मीर में युवाओं के 'ध्रुवीकरण', 'अलगाव' और 'कट्टर बनाने' की संख्या बढ़ाने के लिए 'मजहब' को साधन के रूप में उपयोग करना जारी रखना। कच्ची उम्र के युवा मन को इस एजेंडा की तरफ लुभाने में इस सूत्र को मुख्य चालक

बनाए रखना, जो उन्हें आई.एस.आई. द्वारा तय किए समय और भौतिक लक्ष्यों के अनुसार हथियार उठाने और आतंकी संगठनों में शामिल होने के लिए उकसाएगा। कश्मीरी समाज पर आतंक के तीन दशक से भी अधिक के सामाजिक-आर्थिक प्रभाव, जिनपर पिछले अध्यायों में चर्चा हुई है, उनके प्रयासों को सशक्त बना रहे हैं।

- इसके अलावा कश्मीरियों, खासकर युवा मन को उनके एजेंडे के अनुरूप भ्रष्ट बनाने वाले सभी काम, जिनमें सोशल मीडिया और स्वदेशी प्रिंट मीडिया, पुस्तक (इलेक्ट्रॉनिक और प्रिंट दोनों तरह की) वितरण और नशीली दवाओं का आदी बनाना शामिल होगा।
- भारत सरकार द्वारा जमात-ए-इस्लामी (जे.ई.एल.) पर प्रतिबंध लगाना या राष्ट्रीय जाँच एजेंसी (एन.आई.ए.) द्वारा संबंधित लोगों पर छापे बढ़ने के बावजूद बरबादी के तंत्र को चलाए रखना।
- वांछित प्रभाव बनाने के लिए अपने विनाशकारी और हिंसक एजेंडा के अनुरूप अल्पसंख्यकों को समय-समय पर योजनानुसार निशाना बनाना।
- राजनीतिक प्रक्रिया जैसे ही स्थिर हो और विकास होने लगे तो इसे वित्तीय, वैचारिक, बलपूर्वक या आक्रामक साधनों द्वारा बिगाड़ना।

हमारी जवाबी रणनीति

पाकिस्तान और आई.एस.आई. की कश्मीर में पेचीदा व विनाशकारी तंत्र बनाने की नीति का जवाब देने के लिए हमारी रणनीति में कौटिल्य के बताए साम (समझाना), दाम (खरीदना), दंड (सजा देना), और भेद (रहस्यों का लाभ लेना) के सभी पहलू होने चाहिए।

इस तरह हमारी रणनीति में आबादी के जिम्मेदार धड़े व राय बनाने वालों, तथा साथ ही ऑपरेशन माँ जैसे मामले में माताओं को सलाह और आश्वासन (साम) देना तथा उनके लिए अच्छी शिक्षा और रोजगार के मौके प्रस्तावित करना (दाम), देश-विरोधियों को सजा देना (दंड), और अंत में युवाओं को सांघातिक व आतंकी गतिविधियों के लिए उन्मत्त बनाने की नीति में दरार डालना (भेद) को शामिल करना होगा।

पाकिस्तान की रणनीति का जवाब देने के लिए सरकार में विभिन्न स्तरों पर अनेक दीर्घावधिक योजनाएँ और लंबी प्रक्रियागत कारवाइयों की ज्यादा बारीकी में न जाते हुए, कुछ धारणाएँ जिनपर फौरन काम करने की आवश्यकता है, वे निम्न हैं—

- **साम**

आम आदमी तक पहुँच बनाना : सबको सम्मिलित करने वाला एक कार्यक्रम 'आउटरीच टू द कॉमन मैन' बनाना होगा, जिसमें आम आबादी और राज्य, जिला, ब्लॉक और पंचायत स्तर के बीच में पुल बनाया जाए। यह रिश्ता कई वर्षों तक लगभग पूरी तरह समाप्त रहा है, जिसके कारण भ्रष्टाचार, मनमानी, राजनीतिक हस्तक्षेप और जमात ऐ इस्लामी के सदस्यों द्वारा प्रायोजित उम्मीदवार और अलगाववादियों के उनके व राजनीतिज्ञों की मिलीभगत से राज्य प्रशासन में निचले स्तर की नौकरियाँ पा जाना शामिल है। इसके साथ ही इ–गवर्नेंस पोर्टल भी बनाने होंगे, जिससे संबंधित दस्तावेजों को ऑनलाइन जमा करवाने और इनमें सुधार करने की सुविधा मिल सके, जैसी अन्य राज्यों में मिलती है। इसी बीच सरकार का नव गठित संघ शासित प्रदेश के लिए 'बैक टू द विलेज' कार्यक्रम शुरू करना सही दिशा में उठाया उचित कदम है और इसे पूरे जोश सहित आगे बढ़ाना होगा।

नशीली दवाओं के मुक्ति : कश्मीर में ड्रग एडिक्शन का स्तर भयानक स्तर पर पहुँच गया है। केंद्र शासित प्रदेश के युवा बड़ी संख्या में नशे की लत के शिकार बन रहे हैं। चिंता की बड़ी बात यह है कि इन नशा करने वालों में से ज्यादातर अठारह से पैंतीस वर्ष के आयुवर्ग से हैं। इससे भी ज्यादा भयानक बात यह है कि रिपोर्ट के अनुसार, इनमें भी ज्यादा संख्या उन बच्चों की है, जो अभी किशोरावस्था के शुरुआती दौर में हैं। चूँकि नशा करने वालों को अपनी लत पूरी करने के लिए धन चाहिए होता है। तो वे धन पाने के लिए पत्थरबाजी करना, अकेले हमला करना (एक आतंकवादी का पिस्तौल या ग्रेनेड द्वारा आतंकी हमला) या वे आतंकियों के फुसलावे में आकर उनके संगठन के लिए 'जमीन पर काम' करने लगते हैं। उनमें से कुछ नशेबाज युवा, जिनकी जन्म से ही तनाव की पृष्ठभूमि होती है, हथियार उठाकर जिहादी भी बन जाते हैं। इसीलिए एक ठोस संस्थागत प्रस्ताव तैयार करना आवश्यक हो जाता है, जिसमें कई एजेंसियाँ शामिल हों, जिससे इसके मनोवैज्ञानिक परामर्श देने, नशे के दुष्प्रभावों के बारे में बताने के लिए सेमिनारों का, विशेष रूप से स्कूलों और कॉलेजों में आयोजन करना, मेडिकल कैंप और डी–एडिक्शन सेंटर स्थापित करना तथा असुरक्षित युवाओं को कौशल विकास द्वारा रोजगार के अवसर उपलब्ध करवाना एवं रोजगार उत्पन्न करने के वैकल्पिक मार्गों की पहचान करना शामिल हैं, ताकि युवा कच्ची उम्र में ही नशे की आदत का शिकार न बनें।

कट्रपंथीकरण से वापसी : कश्मीर में सामान्य स्थिति पुनः बहाल करने के लिए सबसे जरूरी पहल प्रभावित युवाओं का डी–रेडिकलाइजेशन (कट्टरपंथीकरण से

वापसी) करना तथा मजहब को कट्टरपंथी मान्यताओं से अलग करना है। कश्मीर के युवाओं में पहले से चले आ रहे बड़े पैमाने पर कट्टरपंथीकरण को देखते हुए यह और भी जरूरी हो जाता है। हालाँकि यह एक संवेदनशील कार्य है। चूँकि डी-रेडिकलाइजेशन को 'युवाओं की आस्था (मजहब) पर सवाल' करने के रूप में व्याख्यायित नहीं होना चाहिए। इसके अलावा इस काम में विमर्श के संदर्भ और स्तर के कारण लक्षित युवकों की पहचान का काम और भी चुनौतीपूर्ण हो जाता है। इसलिए इस बीमारी के उचित इलाज के लिए 'समस्त राष्ट्रीय दृष्टिकोन' को अपनाने की जरूरत है। इसके लिए विभिन्न साधनों का उपयोग करना होगा, जैसे लोगों तक शारीरिक पहुँच बनाने के लिए तंत्र का होना, ऑनलाइन हेल्प-पोर्टल, सुधारक मित्र समूह व सामुदायिक सुधार समितियों का निर्माण आदि। इससे पहले अन्य राज्यों में जो मॉडल और पद्धतियाँ कामयाब रहे हैं, उनका कश्मीर के संदर्भ व पृष्ठभूमि में दोहराए जाने का विश्लेषण करना। इस क्षेत्र में नागरिक प्रशासन, भारतीय सेना और अन्य सुरक्षा बल अपना-अपना काम कर रहे हैं, इसके लिए उन्होंने संपर्क बनाने के लिए विभिन्न कार्यक्रम स्थापित किए हैं। अभी हाल ही में ऐसे ही 'सही रास्ता' नामक भारतीय सेना की पहल कार्यक्रम द्वारा, जिसमें मानसिकता का पता लगाना, कौशल की पहचान करना, परामर्श, मजहबी नजरिए के सत्रों का आयोजन, प्रतिष्ठित और विद्वान् वक्ताओं से चर्चा तथा मनबहलाव के मार्ग जैसे विभिन्न पहलू शामिल थे, अच्छी सफलता हासिल हुई है। इस तरह यह सारी कवायद सामूहिक रूप से छोटा व जरूरी कदम है, जिससे पहुँच बढ़े और अंत में प्रभावित युवाओं के डी-रेडिकलाइजेशन में मदद मिले।

विकास : आतंकियों की संभावित भर्ती का निशाना बनने वाले युवाओं तक पहुँच बनाने के लक्ष्य के साथ ही विकास को प्रोत्साहन देना भी जरूरी है। कश्मीर घाटी में आतंकवाद के अभिशाप से सामान्य जीवन के सभी पहलुओं के प्रभावित होने के कारण यह 1990 के दशक में आर्थिक उदारीकरण के बाद शेष भारत को समवर्ती विकास के अवसरों में भागीदारी का जो लाभ मिला था, उससे चूक गया है। धारा 370 और 35ए के समापन के बाद कश्मीर के आम आदमी में सामान्य व वित्तीय रूप से सुरक्षित जीवन जीने की महत्त्वाकांक्षा फिर से जाग्रत् होने की आशा बँधी है, जिसका संकेत उनके लिए सुधरती नागरिक सुविधाओं और रोजगार के बढ़ते अवसरों तक पहुँच में है। कश्मीर के इस वक्त की सबसे बड़ी जरूरत विकास को प्रोत्साहन देना है। इसे विभिन्न रचनात्मक पैमानों द्वारा हासिल कर सकते हैं, जैसे विदेशी निवेशकों के साथ-ही-साथ भारतीय कारोबारी घरानों को भी निवेश

के लिए आकर्षित करना, तकनीकी उन्नति और नागरिक सुविधाओं के विकास की परियोजनाओं, जिनमें बेहतर सड़क निर्माण, पानी व साफ-सफाई की सुविधाएँ तथा सार्वजनिक विकास परियोजनाओं को लागू करवाना शामिल है। इस काम का पहला कदम ब्लॉक अध्यक्षों को धन आबंटित करना है, जिससे वे ऐसी कल्याणकारी परियोजनाओं की जमीनी स्तर पर शुरुआत कर सकें।

- दाम

शिक्षा व्यवस्था में सुधार : चूँकि शिक्षा युवाओं के मन को आकार देने में प्रत्यक्ष रूप से सहायक होती है, वह कश्मीरी आवाम के लिए सबसे जरूरी चीज है। इसलिए शिक्षा व्यवस्था में सुधार और इसे उन्नत बनाने का काम प्राथमिकता के आधार पर होना चाहिए। सबसे पहले बच्चों को मजहबी शिक्षा देने वाले संस्थानों के प्रबंधन, वित्त पोषण के स्रोतों, पाठ्यक्रम की विषयवस्तु और छात्रों के बीच प्रसारित गतिविधियों तथा इन संस्थानों में तालीम दे रहे शिक्षकों/मजहबी व्यक्तियों के आचार-विचार तथा राजनीतिक रुझान की छानबीन के आकलन का आवश्यक कार्य करना होगा। इस कार्य का लक्ष्य यह होना चाहिए कि इस शिक्षा से उनके अच्छे कॉलेजों में दाखिले के अवसर बढ़ सकें तथा स्कूल समाप्त होने के बाद छात्रों की रोजगार क्षमता में इजाफा हो। इसके अलावा जमात-ए-इस्लामी (जे.ई.आई.) द्वारा चलाए जा रहे सभी स्कूलों का भी इसी तरह का ऑडिट होना चाहिए। शिक्षा के क्षेत्र में एक और प्रमुख पहल में शिक्षकों को शिक्षित करने के प्रयासों को संस्थागत बनाना होगा, जिससे वे बच्चों का कौशल विकास करें और शिक्षा को इतना बढ़ा सकें कि बच्चे पूरे विश्वास के साथ अखिल भारतीय प्रतियोगी परीक्षाओं में बैठ सकें। यहाँ लक्ष्य कश्मीरी छात्रों के राष्ट्रीय मुख्यधारा में संयोजन को आसान बनाना तथा उन्हें प्रतिष्ठित संस्थानों में उच्च शिक्षा हासिल करने के बेहतर अवसर प्रदान करना होना चाहिए।

राजनीतिक प्रक्रिया की बहाली : कश्मीर में राजनीतिक प्रक्रिया को बहाल करने के लिए कश्मीर में राजनीतिक क्षेत्र बनाम राष्ट्रीय हितों की सीमाओं को स्पष्ट रूप से परिभाषित करना आवश्यक है। कश्मीर के राजनीतिक तंत्र में नवीन व शिक्षित प्रतिभाओं को शामिल करना होगा; बजाय इसके की कश्मीर के केंद्रीय मंच पर पहले से कब्जा जमाकर बैठे मौजूदा वंशवादी परिवारों पर निर्भर रहें, जो अकसर राज्य के विकास हितों को डुबोने और देश के राष्ट्रीय हितों का अतिक्रमण करने की दिशा में ले जाता है। जहाँ चुनाव करवाने के लिए सही समय की पहचान जरूरी है, वहीं यह प्रक्रिया सुविचारित होनी चाहिए। इसे जल्दबाजी में लागू नहीं करना चाहिए। जिससे

नए व उभरते हुए दलों को अपने निर्वाचन क्षेत्र से जुड़ने के लिए पर्याप्त समय मिल सके। इस दिशा में प्रगति करने का पहला पैमाना कश्मीर के सरकारी कैनवास में प्रगति होना है। इससे पक्षपात और भ्रष्टाचार समाप्त होंगे, जो ऐसी व्यवस्था है, जिसमें बहुत से ऐसे राजनीतिक तत्त्वों का सहयोग होता है, जो अकसर देशहित के बारे में नहीं सोचते।

- **दंड**

सभी घातक इकाइयों का उन्मूलन : यह जरूरी है कि राष्ट्रहित के खिलाफ काम करने वालों पर कठोर काररवाई की जाए और उन तक वित्त नहीं पहुँचने दिया जाए तथा उन्हें अपने द्वेषपूर्ण एजेंडे पर काम करने का स्थान न मिले। जे.ई.आई. पर फरवरी 2019 में पहले ही प्रतिबंध लग चुका है। इसके अलावा दुखतर-ए-मिल्लत व जे.के.एल.एफ. जैसी इकाइयों पर भी प्रतिबंध लगाना होगा। यह बेहद जरूरी है कि देश-विरोधी एजेंडा चलाने वाली अन्य इकाइयों के साथ भी यही किया जाए, क्योंकि यह उस छद्म युद्ध का सबसे स्पष्ट अलगाववादी चेहरा है, जो आई.एस.आई. और पाकिस्तान ने छेड़ रखा है।

टेरर-फंडिंग नेटवर्क को ध्वस्त करना : वह नेटवर्क जिसके द्वारा कश्मीर में विनाशकारी तंत्र के उपयोग व हस्तांतरण के लिए अवैध धन मुहैया करवाया जाता है, उसमें कश्मीरी एन.आर.आई., (जो हवाला के माध्यम से धन भेजते हैं), कारोबारी (जो सीमा-पार व्यापार करते हुए कम या अधिक बिल बनाते हैं), एन.जी.ओ., ट्रस्ट, मजहबी संस्थाएँ, जिनमें मजहबी शिक्षण संस्थाएँ और अलगाववादी नेटवर्क शामिल हैं, जो दान और योगदान का आंतरिक एकत्रीकरण करते हैं, शामिल हैं। इन नेटवर्कों का पर्दाफाश करना, इनपर अंकुश लगाना और इसके बाद कानूनी काररवाई करना जरूरी है। जम्मू व कश्मीर में काम कर रहे ज्यादातर ट्रस्ट और एन.जी.ओ. को लंबे समय से ऐसे काम करने के लिए जाना जाता है।

प्रशासन में रहकर भारतीय हितों के खिलाफ काम करने वालों की जाँच और उनपर समुचित काररवाई : हमारे संविधान की धारा 311 के तहत खंड 2 के उप खंड(ग) के तहत प्रावधान है, जिसमें ऐसे किसी भी व्यक्ति की सेवा समाप्त की जा सकती है, जिसकी सेवा का जारी रहना राज्य की सुरक्षा के लिए हानिकारक है। यह समझना होगा कि जमातियों के विनाशकारी नेटवर्क ने कश्मीरी समाज में हर स्तर पर घुसपैठ बना ली है, ताकि अपने द्वेषपूर्ण एजेंडे को प्रचारित और आगे बढ़ा सकें। इस संवैधानिक प्रावधान के उपयोग द्वारा इनका निर्मूलन करना होगा। इस दिशा में एक

छोटी शुरुआत पहले ही हो चुकी है, जिसे जारी रखना होगा, और निश्चित ही ऐसे सभी देश-विरोधी मामले की विस्तार से जाँच करके इसे आगे बढ़ाते रहने की जरूरत है।

कानून का इस्तेमाल : कश्मीर में कानून को मजबूती से लागू करवाने के लिए बहुत से कानूनी प्रावधान मौजूद हैं, इनमें सबसे महत्त्वपूर्ण हैं, गैरकानूनी गतिविधि रोकथाम अधिनियम (यू.ए.पी.ए.), जम्मू-कश्मीर सार्वजनिक सुरक्षा अधिनियम (जे. एंड के. पी.एस.ए), लोक संपत्ति नुकसान निवारण अधिनियम (पी.डी.पी.पी.ए) और धन शोधन निवारण अधिनियम (पी.एम.एल.ए.) के साथ ही एन.आई.ए. ऐक्ट। हालाँकि यह प्रावधान केवल तभी लागू हो सकेंगे, जब पुलिस की काररवाई में राजनीतिक हस्तक्षेप बिल्कुल न हो, अदालतों को भी ऐसे मामलों को स्वतंत्र रहकर अपेक्षित तरीके से न्यायिक निर्णय के अंतिम प्रावधान तक पहुँचाने की अनुमति मिले। यह अभी भी एक चुनौती है, जिसके लिए पुलिस के कार्यों में अनावश्यक दखलंदाजी को रोकने के लिए कुछ निश्चित पुलिस सुधार करना आवश्यक है।

जवाबी तैयारी : इसमें भारत के राष्ट्रीय हितों को हिंसक व आतंकी काररवाई से बचाकर व्यवस्था को अनुकूल बनाने की तैयारियाँ निहित हैं। हालाँकि एक सुगठित और कार्यशील व्यवस्था (कई बार तदर्थ) मौजूद है। इस जवाबी-तैयारी में निम्न चीजें होना अति-आवश्यक है—

- सभी सुरक्षा बलों के लिए आतंक-विरोधी अभियानों हेतु संयुक्त सिद्धांत का निर्माण।
- संयुक्त आंदोलन विरोधी रणनीति को परिष्कृत बनाना, जो प्रचलित और विकसित होने सुरक्षा वातावरण के अनुरूप हों।
- संयुक्त प्रतिक्रिया समन्वय केंद्र को जिला स्तर पर संस्थागत बनाना।
- इंटेलिजेंस को संभावित आतंकी गतिविधियों के खिलाफ इंटेलिजेंस-आधारित सर्जिकल अभियान के लिए सक्षम बनाना। उपचार से बचाव बेहतर है।
- सभी सुरक्षा बलों और इंटेलिजेंस एजेंसियों को सतत रूप से आधुनिक उपकरण उपलब्ध करवाना, जिससे हताहत और आकस्मिक असैनिक नुकसान को कम करने में मदद मिले।
- सार्वजनिक शिकायतों को प्रक्रियागत व संबोधित करने के लिए समयबद्ध सुसंगत, पारदर्शी और प्रभावी निराकरण व्यवस्था स्थापित करना।

सुरक्षा बलों का संख्या-निर्धारण : यह भी जरूरी है कि कश्मीर में शांति बनाए रखने के लिए आवश्यक सुरक्षा बलों की संख्या निर्धारित करने के लिए ऑडिट

किया जाए। फिलहाल इसके आकलन के लिए जो मेट्रिक इस्तेमाल हो रहा है, वह घाटी में कार्यरत आतंकियों की संख्या पर आधारित है। इस मेट्रिक की आतंकी गतिविधियों के स्तर के साथ-ही-साथ घाटी में शांति भंग करने वाले अन्य संभावित पैमानों को जोड़कर समय-समय पर समीक्षा होनी चाहिए। इस मामले में सुरक्षा बलों से इतर प्रशासनिक संख्या, घाटी में जारी विकास गतिविधियों का स्तर, दुर्भाग्यपूर्ण घटनाओं की अनुपस्थिति, शांति कायम रखने में प्रशासनिक और कानूनी मानकों का प्रभाव, पारदर्शी व ईमानदार राजनीतिक प्रक्रिया का पुनरुत्थान और युवाओं के सकारात्मक रूपांतरण के लक्ष्य को हासिल करने के लिए उठाए अन्य कदमों को संभावित पैमाना बनाया जा सकता है। इन गतिविधियों पर केंद्रित रहकर कश्मीर घाटी समेत आंतरिक क्षेत्रों में सुरक्षा बलों की कुल संख्या को कम करने में मदद मिल सकेगी, जिससे सामान्यीकरण की प्रक्रिया तेज होगी।

- **भेद**

  युवाओं के मन-मस्तिष्क का संरक्षण : कॉलेज जाने की उम्र (अठारह से चौबीस वर्ष) वाले युवा बड़ी संख्या में वर्ष 2008, 2010 और 2016 के दौरान हुए बड़े प्रदर्शनों में भाग लेते देखे गए थे तथा अपने सगे-संबंधियों में हिंसा के कभी न समाप्त होने वाले दुष्चक्र में हुई हत्याओं से बुरी तरह प्रभावित थे। निरंतर भारत-विरोधी विमर्श के संपर्क में रहने वाले युवाओं के यह अनुभव उनके मन-मस्तिष्क पर बुरा प्रभाव डालते हैं, जिस कारण वे आई.एस.आई. और अन्य पाकिस्तानी एजेंसियों के कट्टरपंथीकरण तथा आतंकी संगठनों में भर्ती करवाने का निशाना बन जाते हैं। इसलिए ऐसे सख्त पैमाने बनाने होंगे, जिनसे सोशल मीडिया पर देश-विरोधी प्रचार और इन कार्यों में लिप्त संदेहास्पद व्यक्तियों व संस्थाओं की गतिविधियों पर नजर रखी जा सके।

यहाँ उल्लेखित कदम अपने आप में पर्याप्त नहीं हैं, लेकिन प्राथमिकता के आधार पर लागू करने के लिए ये न्यूनतम जरूरी हैं।

□

23

ईश्वर का चहेता बालक

मेरी जीवन गाथा से पूरी तरह परिचित मेरे एक बेहद प्यारे व्यक्ति ने हाल ही में मुझसे कहा, 'आप ईश्वर के चहेते बालक हैं!' मुझे नहीं पता कि यह बात कितनी सच है, लेकिन मैं एक बात निश्चित रूप से कह सकता हूँ कि छह दशक पहले का एक तीन वर्षीय बालक बिना ईश्वर के आशीर्वाद के यह पुस्तक नहीं लिख सकता था। तो मैं अपनी तरफ से पूरी विनम्रता सहित अपने सभी दोस्तों, साथियों, वरिष्ठों, मातहतों और संबंधियों को पूरे दिल से 'धन्यवाद' देना चाहूँगा, जिन्होंने मुझे वह बनाया, जो मैं आज हूँ, जैसा ट्विटर पर कुछ दिन पहले किसी ने मुझे कहा था, 'द के.जे.एस. ढिल्लों'।

यह पुस्तक भारतीय सैन्य परिवार में शामिल होने के इच्छुक युवा लड़के व लड़कियों के लिए है, जिससे उन्हें यह अंदाजा हो जाए कि वे जीवन के जिस रास्ते को चुन रहे हैं, उसपर आगे क्या हो सकता है। मैं इन युवाओं को प्रेरित करना चाहता हूँ कि वे अपने बारे में हमेशा अच्छा सोचें और सफल होने के संकल्प के साथ आगे बढ़ें। जिससे वे अपने भीतर के योद्धा को जाग्रत् करके अपनी आकांक्षाओं को पूरा करने के लिए जीवन का पूरे साहस और विश्वास के साथ सामना कर सकें। अपनी जीवनगाथा सुनाकर मैं चाहता हूँ कि अपने पाठकों को प्रेरित कर सकूँ कि वे चुनौतियों को अवसर की तरह लें और उन्हें अहसास हो कि यह आसानी से जीती जाने वाली लड़ाई नहीं है। जीवन को अच्छी तरह जीने के मार्गदर्शक सिद्धांतों को हासिल करना, लोगों को अहम महसूस करवाना, उनकी उपलब्धियों से अधिक उनके प्रयासों के लिए सराहना करना, दोस्तों के साथ जश्न मनाना, रिश्तों का पोषण और सम्मान करना और सबसे महत्त्वपूर्ण वहाँ मौजूद रहना, जहाँ आपसे होने की उम्मीद की जाए। अगुआ के तौर पर अपने मातहतों का संरक्षण करना केवल आपका दायित्व नहीं है, बल्कि यह सम्मान की बात है कि आपको इस काबिल समझा गया कि आप भावी पीढ़ी को अपने पदचिह्नों पर चलने और आपको श्रद्धा व सम्मान सहित याद करने के लिए प्रेरित कर सकें। पुरुष और स्त्री एक दिन मरने के लिए ही जनमे हैं; दिग्गजों जैसा जीवन केवल कुछ लोग ही जी पाते हैं; आप उन्हीं में से 'एक' बनें।

'जवाँ-बुजुर्ग' का 'नौजवानों' के लिए भाव-गीत

किसी बटालियन की कमान संभालना किसी भी सैनिक के पेशेवर कॅरियर की चरम व 'उच्चतम' परीक्षा है। यहाँ मैं इस पुस्तक का समापन प्रत्यक्ष अनुभव हुई कुछ घटनाओं के साथ करना चाहूँगा, जो मेरे कमांड कॅरियर के दौरान घटी थीं। इनका घटनाओं का साक्षी वह व्यक्ति था, जिसने मेरे उस वक्त के हालातों को सबसे अधिक झेला और अब प्रसन्नता के साथ वह गोलाबारी की कथाएँ सुना रहा है, क्योंकि उसने इसे लक्ष्य की तरफ खड़े व्यक्ति के नजरिए से देखा था। उस वक्त एक युवा लेफ्टिनेंट, बाद में कैप्टन और अब कर्नल, मनीष साँगा, मेरे बटालियन की कमान सँभालने के दिनों से ही मेरे एडजुटेंट रहे, जो असाधारण पेशेवर, शानदार खिलाड़ी और स्वाभाविक किस्सागो हैं। यहाँ मैं पुस्तक समाप्त करते हुए और उन्होंने जो कहा था, उसे उनके ही शब्दों में बयान करता हूँ।

हम अकसर यह वाक्य सुनते हैं कि 'मेन विल वी मेन' (पुरुष पुरुष ही रहेंगे)। यह वाक्य हालाँकि कई तरह के भाव जाग्रत् करता है, लेकिन यह समझना जरूरी है कि वे कौन से पुरुष हैं, जो पुरुष ही रहते हैं? सैन्य बिरादरी में कहें तो यहाँ ऐसे पुरुषों की भरमार है, जो बेहतर पुरुष बनने की कोशिश में हैं, क्योंकि समाज के संतुलित पुरुष उन्हें 'आदर्श पुरुष' के रूप में देखते हैं।

सेना में कमांडिंग अफसर (सी.ओ.) को आदर्श पुरुष बनना होता है और किसी भी नव-नियुक्त सी.ओ. को बटालियन के कमांड का सम्मान मिलने के साथ ही यह दायित्व और बोझ भी मिलता है। जरा कल्पना कीजिए कि कमान सँभालते वक्त कितनी ही आकांक्षाओं और आशंकाओं से भरी निगाहें उनपर टिकी होती हैं। टाइनी ढिल्लों की बटालियन के ग्यारहवें सी.ओ. के रूप में नियुक्ति कश्मीर में ऑपरेशन पराक्रम के बीच हुई, जहाँ उनका काम संसद् पर हमले और कालूचक की घटना विवाद के बाद संभावित युद्ध के आसन्न संकट के बीच पलटन का नेतृत्व करना था। चलिए, अब मैं चीजों का परिप्रेक्ष्य बताता हूँ : सेना, बल्कि इसमें भी ज्यादातर इंफैंट्री बटालियन में शारीरिक रूप से फिट और आकर्षक अगुआ सबसे अधिक प्रेरणादायी होते हैं, आसान शब्दों में कहूँ तो 'पुरुष, जो पुरुष से बढ़कर हो।' नए आए सी.ओ. ऊँचे-लंबे कद के और दिखने में पूरे सैनिक थे और उनका ठाठ भी 'शेर' जैसा था, उनके बेहतरीन रिकॉर्ड के बावजूद वे युद्ध में सर्वोत्तम पुरुषों का नेतृत्व करने की परीक्षा में खरे उतरेंगे?

'टाइनी सर', ने स्फूर्तिदायक जलवायु वाली बर्फ-ढकी चोटियों की अछूती घाटी में बटालियन की कमान सँभाली, जो कश्मीर में ऐसी जगह थी, जहाँ के खूबसूरत नजारे वहाँ की कुछ बड़ी चुनौतियों का उप-उत्पाद भर थे। पूरी बटालियन की तौलती निगाहें इस सारी कवायद के बीच उस बड़े कद के आदमी के उठाए छोटे कदमों द्वारा उन्हें आँकना, परखना

और राय बनाना चाहती थीं। उन्हें यूनिट की जटिल भौतिक व्यवस्था में प्रवेश के बाद अकसर सख्त चेहरे के साथ घूमते देखा जाता था, जिसपर बड़े अभियानों के साथ ही करीब हजार मनुष्यों की देखरेख के दायित्व का बोझ था। युद्ध के विभिन्न तनावों को सँभालने के लिए प्रशिक्षित यह लोग भी आखिर हैं तो मनुष्य ही, जिनके परिवार हैं, जिम्मेदारियाँ हैं और बहुत सारी भावनाएँ हैं, जिन्हें कई बार सिर्फ तर्क देकर सँभालना मुश्किल होता है। यहाँ यह कहना ईमानदारी होगी कि उनके चेहरे पर मुस्कान किसी इंद्रधनुष जितनी दुर्लभ चीज थी···, ओहहह! आखिर बरसात कब होगी?

उस वक्त उनकी परिचालन प्रतिभा और पेशेवर क्षमता प्रसिद्धि के उस स्तर पर नहीं पहुँची थी, जितनी आज है। यह कहना पर्याप्त होगा कि उन्होंने अपने आपको अत्यंत चुनौतीपूर्ण परिचालन वातावरण की विभिन्न पेशेवर अवस्थाओं में शीघ्र ही स्थापित किया और यूनिट का आगे रहकर नेतृत्व करने लगे।

फील्ड एरिया में यह आम बात थी कि सभी अफसर अस्थायी रूप से बनी ऑफिसर्स मेस में रात का खाना एक साथ खाते थे। आम चलन यह था कि जब सी.ओ. खाना बंद कर देते, तब बाकी अधिकारियों को भी हाथ रोकना पड़ता था। क्या इसमें कोई समस्या थी? यदि सी.ओ. डाइट पर हों तो क्या होगा? क्या हो यदि वे 'वरिष्ठ अफसर अवसाद अवस्था' में हों? क्या हो यदि वे बस एक चपाती खाना चाहते हों? तो जब तक चपातियाँ युवा अफसरों (वाई.ओ.) तक पहुँचतीं (वरिष्ठता क्रम के कारण हुई देरी से), तब तक सी.ओ. के प्लेट हटाने की आवाज आ जाती। अब नए बॉस आए थे। वही व्यवस्था तैयार की गई। उसी ड्रिल का परिपालन होना था। लेकिन इस बार युवा अफसरों को रडार के दूर-मशहूर सिरे से खाना रुकने की आवाज नहीं आई। 'लेफ्टिनेंट साहब को चपाती पहले दो।' उन सभी स्नेहशील माताओं को 'बधाई हो!' जिन्हें कश्मीर घाटी के इस बेहद-खूँखार व्यक्ति से कड़ी चुनौती मिली थी।

समय के साथ नियंत्रण बना चुके सी.ओ. साहब बटालियन को राजस्थान के छोटे से बंजर इलाके में ले गए। लेकिन यह कोई दूर-दराज का कस्बा नहीं था। स्टेशन, जिसे फील्ड एरिया में तबदील किया गया था, जहाँ स्पोर्ट्स, खान-पान के लिए मेस, कल्याणकारी कार्यक्रम/बैठक आदि बहुत सारी स्टेशन गतिविधियाँ मौजूद थीं। इन कार्यक्रमों की विशिष्टताओं के कारण यह स्थान जल्दी ही बहुत से किस्सों-कहानियों का जन्म-स्थल बनने वाला था। इसे अपनी यह विशिष्टता यहाँ मौजूद युवा अफसरों के कारण मिलने वाली थी।

यूनिट सभी खेल गतिविधियों में अव्वल बनी और इसने खेलों के क्षेत्र में अपना नाम बनाया। एक बार जूनियर कमिशंड ऑफिसर्स (जे.सी.ओ.) का पड़ोस की इन्फैंट्री बटालियन के साथ बास्केटबॉल मैच हुआ। संयोग से उस वक्त सी.ओ साहब दूर स्थित बड़े हेडक्वार्टर में कॉन्फ्रेंस के लिए गए थे। मैच का तीसरा क्वार्टर जारी था और हमारी टीम काफी पीछे चल

रही थी। युवा अफसरों का चीयरलीडर्स की तरह उत्साह बढ़ाने का सबसे शानदार प्रयास भी प्रेरित नहीं कर पा रहा था, न ही सैन्य दल के लगातार बटालियन उद्घोष का कोई असर हो रहा था। हमारे जे.सी.ओ. का 'जोश,' टीम को उत्साहित करने में नाकाम रहा था। बटालियन का हमेशा जीतने का रिकार्ड दाँव पर लगा था। पलटन के सूबेदार मेजर मैच का अंत देखने के लिए नहीं रुके और हार को पहले से भाँपने के बाद निराश होकर तीसरे क्वार्टर समाप्त होने से पहले ही चले गए।

चौथा क्वार्टर शुरू होते ही हमने उस प्रसिद्ध जिप्सी को भीतर आते देखा, जिसमें बैठकर हमारे मुखिया वहाँ पहुँचे थे और अभी अपनी वर्दी में ही थे। उनके चेहरे पर झुँझलाहट की झलक थी (जिसका कारण या तो उनकी ऊपरी मुख्यालय में उनके बॉस थे या स्कोरबोर्ड पर हमारे जे.सी.ओ. का निराशाजनक प्रदर्शन था)। हमें तो बस यही लगा कि वे अब फटने वाले हैं। सी.ओ. साहब कोर्ट के जिस कोने पर खड़े थे, उन्होंने वहीं से यह सख्त और संभवतः सबसे खतरनाक बात कही, 'मैच हार गए तो फिर पलटन में एंट्री नहीं मिलेगी।' लाल रंग मतलब खतरा। हमारे जे.सी.ओ. ने उम्र के साथ जो उत्कृष्ट बुद्धि पाई थी, उससे वे इसे समझने से चूके नहीं। और तभी, अचानक! क्या हुआ? कि हम हारी बाजी जीत गए। आखिरकार सी.ओ. साहब की सीधी बात ने ऐसे उत्साहवर्धन व प्रेरणा का काम किया, जिसे देखकर डेविड ब्लेन की उलझाने वाली युक्तियाँ भी शरमा जाएँ। एप्पल अपने तेज बैटरी चार्जर के लिए काफी पैसे वसूलता है; यह मानव बैटरी चार्जर हैं··· क्या कोई इस मानव बैटरी चार्जर को लेना चाहता है, जो हमारी टीम में अचानक ही नमूदार हुए थे?

यह एक और सुनाने लायक घटना तब की है, जब एक युवा लेफ्टिनेंट के माता-पिता अपने नए-ब्याहे बेटे से मिलने आ रहे थे। यह इलाका आमतौर पर काफी गरम और शुष्क था। उस अफसर ने अपने माता-पिता के आराम से रहने के लिए सभी इंतजाम किए। हालाँकि अपने सीमित संसाधनों और युवाओं जैसे रहन-सहन के कारण उसके पास बहुत अधिक बुनियादी सुविधाएँ नहीं थीं। लेकिन अपने दरवाजे पर कुछ पर्दों, एक फ्रिज और एक कूलर की अचानक डिलीवरी ने उस अफसर को उत्साह से भर दिया। बाद में पता चला कि यह सब इच्छित वस्तुएँ सी.ओ. साहब के घर से सदाशय भाव तथा युवा अफसर के माता-पिता के प्रत्याशित स्वागत के लिए भेजी गई थीं। उनके माता-पिता आए और आराम से रहे, और अपने बेटे के रसूख की खुश होकर प्रशंसा की। उनके जाने के बाद उस अफसर पर सेना का रंग और गहरा चढ़ गया! हालाँकि एक निपट ईमानदार और वित्तीय रूप से मितव्ययी सी.ओ. को सँभालना आसान नहीं होता। वहीं जब बात यूनिट के वित्तीय प्रबंधन की हो तो उन्हें कायल करना आसान नहीं होता था। यूनिट के लिए सबसे उचित मूल्य वाला और पारदर्शी सौदे के लिए वे स्टेशनरी जैसी छोटी चीजें खरीदने के लिए भी मिश्रित रैंक की टीम भेजते थे, या स्पोर्ट्स

का सामान खरीदने के लिए अनेक शहरों और डीलरों को खँगालते थे।

एक दिन हमने (तब के सक्षम युवा अफसर) फैसला किया कि सी.ओ. साहब को मजा चखाया जाए, (क्योंकि हम इस समीकरण को बदलना चाहते थे) जिसके लिए हमने उन्हें अचानक ही छापा मारकर देर रात ड्रिंक्स सी औ साहब के घर पर पीने का फैसला किया। कुछ युवा अफसर (जो पहले ही कुछ ड्रिंक्स ले चुके थे) सी.ओ. साहब के पास उस वक्त पहुँचे, जब वे आधे घंटे की नींद में मदहोश थे। हमें केवल यही पछतावा है कि इस प्रक्रिया में हमने प्रथम महिला को भी परेशान किया। कुछ ड्रिंक गले उतरने के बाद मैंने, जो इस छापामार दल का सबसे वरिष्ठ-सदस्य था, सभी युवा अफसरों को पहले से तय किया इशारा दे दिया कि अब हमें सी.ओ. साहब को और तंग नहीं करना है। हालाँकि मैं अनाड़ी युवा अफसर था और मुझे अंदाजा नहीं था कि यह दाँव उलटा पड़ गया तो क्या होगा। दूसरा दृश्य, हालात बिल्कुल बदले हुए थे, अब सी.ओ. साहब किसी फूल की तरह ताजादम थे और हम सबकी आँखें मदहोश थीं (जिनसे आँसू बस ढुलकने ही वाले थे)। 'अभी क्या जल्दी है, रात तो अभी जवान है और हम सब भी। आए अपनी मर्जी से थे, जाओगे मेरी मर्जी से'—यह आदेश इस नरम और अभ्यस्त आवाज में दिया गया था कि हममें जो सबसे दिलेर थे, वे भी अपने लिए आड़ तलाशने लगे। इसके बाद ड्रिंक्स का दौर चलने के साथ ही सी.ओ. साहब ने अपनी आर.आर. के दिनों की कहानियाँ सुनाना शुरू किया, जिसमें एक ड्रिंक में पाँच कहानियाँ को अक्रम संयोजन जारी रहा। सूरज नींद की आगोश से बाहर आने लगा था, लेकिन इस जवाँ-बुजुर्ग की कहानियाँ रुकने का नाम नहीं ले रही थीं।' उनका अंतिम और सबसे खतरनाक प्रहार वह था, जब उन्होंने कहा कि 'पी.टी. परेड में सबको आना है, मैं भी वहाँ रहूँगा।'

मैं समय को फास्ट-फॉरवर्ड करता हूँ, जिससे बीती घटनाएँ बहुरंगी झलक की तरह गुजर जाएँ और अब यह हमारा अपने सी.ओ. से बिछड़ने का वक्त था। वे कमांड छोड़कर जा रहे थे। कुछ गुटों में खुशी का आलम था तथा कुछ थोड़े उदास थे, और ज्यादातर को एक खालीपन का अहसास हो रहा था, चूँकि एक सख्त सी.ओ., जो अपने अनुशासन के लिए जाने जाते थे, अब 'रोग्स' (भूतपूर्व) गैलरी का हिस्सा बनने वाले थे। प्रथानुसार, सी.ओ. साहब की तस्वीर को रोग्स गैलरी में उनके पूर्ववर्ती सी.ओ. की तस्वीरों के साथ लगाना था। वे रेजिमेंट का पैसा खराब करना नहीं चाहते थे, इसलिए उन्होंने यह तस्वीरें अपने एक दोस्त से अपने ही आवास पर खिंचवा ली। दफ्तर का वक्त था और उन्होंने अपने एडजुटेंट (यानी मुझे) बुलाया और प्रिंट करवाने के लिए उनकी चुनी तस्वीर के बारे में मेरी राय पूछी, 'तो जवान, ये कैसी है? फ्रेम में तो आ जाएगी न?' अब मैं चूँकि सीधे सी.ओ. साहब की निगरानी में रहा था, तो वक्त आ गया था कि मैं उनकी शिक्षाओं का उत्पाद दर्शा सकूँ। मैंने पेशेवर असहमति जताने के लिए खुद को तैयार किया और कहा, 'सर, आप अपनी कमांड के दौरान इतने सख्त

सी.ओ. रहे और आज जाते वक्त विरासत के रूप में अपनी यह मुसकराती हुई तस्वीर छोड़कर जाना चाहते हैं, नहीं, यह फ्रेम में फिट नहीं होगी।' यह मेरी ईमानदार राय थी। 'तुमने अभी मुझसे जो कहा है, अपने सी.ओ. से यह कहने के लिए युवा कैप्टन साहब को बड़ा कलेजा चाहिए होगा। मैं इसके लिए तुम्हारी तारीफ करता हूँ कि तुम ऐसे अधिकारी हो, जिसने अपने टाइनी सर को 'बनावटी जवाब' नहीं दिया। तो किसी दूसरी तस्वीर को चुना गया और अब उस प्रतिष्ठित गैलरी में टाइनी ढिल्लों का सख्त रुख वाला वह चित्र उन सम्मानित व्यक्तियों के चित्र का मजबूती से मुकाबला करेगा, जिनकी तस्वीरें वहाँ उनके साथ लगी हैं। कौन जाने, यह तस्वीर खिंचते वक्त वे शायद 'गाजी' के बारे में सोच रहे हों!

घटनाओं की सूची इतनी लंबी है कि उन सबको बयान करने के लिए केवल एक अध्याय काफी नहीं रहेगा। जब मैं यादों को खँगालता हूँ, तो मेरे दिलो-दिमाग के सीमित क्षितिज पर घटनाओं की स्मृतियों की बाढ़ आ जाती है। हालाँकि निष्कर्ष रूप से कहा जा सकता है कि यह हम युवा अफसरों के लिए विशिष्ट सम्मान और एहसान है कि आप सेना में हमारे प्रारंभिक वर्षों में शामिल थे, और हम ऐसे सी.ओ. के सक्षम संरक्षण और निगरानी में तपे और निखरे तथा हमें परिपक्व बनाने में ऐसी मदद की, जो महान् भारतीय सेना की समृद्ध संस्कृति, परंपराओं और सौहार्द के अनुरूप है। हमें घटनाओं और किस्सों का जो भंडार निशुल्क मिला है, वह उस बहुआयामी व्यक्तित्व का हिस्सा था, जिन्हें 'टाइनी ढिल्लों' कहते हैं।

मैंने टाइनी सर के साथ कश्मीर के जंगलों और राजस्थान में रेत के टीलों पर बहुत कदमताल की है। इसलिए मैं ट्रॉय (2004) फिल्म में ओडीसियस की इस मशहूर पंक्ति के साथ अपनी कहानी को समाप्त करना चाहूँगा कि 'यदि वे कभी मेरी कहानी सुनाएँ, तो कहें कि मैं महामानवों के साथ घूमा हूँ। मनुष्य शीत के गेहूँ की तरह बढ़ता और गिरता है, लेकिन उनके नाम कभी नहीं मरते। उन्हें बताना कि मैं घोड़ों को साधने वाले हेक्टर के वक्त में जिया था। उन्हें बताना कि मैं अकिलीस के वक्त में जिया हूँ।'

एक नए हथियार को आजमाते हुए, फिनलैंड, 2012

□□□